JN234943

# 建築材料実験用教材

2000 改

日本建築学会

ご案内

本書の著作権・出版権は日本建築学会にあります．本書より著書・論文等への引用・転載にあたっては必ず本会の許諾を得てください．

Ⓡ〈学術著作権協会委託出版物・特別扱い〉

本書の無断複写は，著作権法上での例外を除き禁じられています．本書は，学術著作権協会への特別委託出版物ですので，包括許諾の対象となっていません．本書を複写される場合は，学術著作権協会（03-3475-5618）を通してその都度本会の許諾を得てください．

一般社団法人　日本建築学会

# 序

　「建築材料実験用教材」の初版がとりまとめられたのは，昭和43年4月のことであった．その序文には，"材料実験は教室における講義と相まって，実験を通じてつぶさに材料にふれ，その性質ならびに使用上の諸性質を身をもって理解するとともに，計測や統計処理の手法を学び，さらに建築材料あるいは施工管理に役立つ知識を養うことが，その大きなねらいとなっている"とあるが，建築学生に対する材料実験の目的が実によく表現されている．

　本教材は，昭和43年4月の初版以来全国の工高，高専，大学などの建築学生のための教材として採用され刷を重ねてきた．昭和56年12月には，日本工業規格（JIS）および日本建築学会の建築工事標準仕様書（JASS）などの改正・改定による訂正を加え，吹付材，塗料，接着剤，シーリング材などの試験方法を追加して，第2版が出版された．

　第3版は，規格・基準の改正に対する修正を行い，時代の要請に対応すべく，鉄筋コンクリート構造物の耐久性に関連するものとして，反応性骨材の試験，化学混和剤，防錆剤，コンクリートの塩分量の測定，鉄筋の腐食試験など，特性試験として光学的性質，機械的性質としてフラクチャータフネスおよび粘弾性試験を追加し，さらに重要性の増してきた粉末X線回折，蛍光X線分析，熱分析，赤外線分析を加えている．

　今回第4版を出版するに当たり，現在第一線で教育に携われている先生方が相寄って，初版以来の方針を踏襲しながらも，規格・基準の改正や追加への対応に加え，時代の要請に対応すべく改訂を行った．その主なところを挙げると次のとおりである．すなわち，目次を今までより詳しく表示して，対象とする実験の項を容易に開けるようにした．また，建築材料の音響的性質は，重要であるが，音響関係の実験については，大学等の材料教育の一環としての実験が余り行われていないこと，また，日本建築学会の「建築環境工学実験用教材I　環境測定演習編」もありそれを参照にできることなどから本教材では取り扱わないこととした．人間の感覚に関わる材料の性能がますます重視されてきていることから，材料分野でも盛んに行われている官能検査の項目を加えた．また，今まではりの曲げ試験が巻末にまとめられていたものを，各材料の実験の一部として，項目を構成し直した．さらに，多目的な使用に対応できるように巻末に索引を付けた．

　執筆は全国各大学，高専の先生方にそれぞれ専門とされる分野についてお願いしたが，新しい息吹を導入するため，一部比較的若い先生方に執筆者を交替させていただいた．その際，第3版をベースに改訂作業を進めたので，その内容を引用させていただいた部分も多いと思われる．これらについて快くご承諾いただいた先生方に対し，心よりお礼を申し上げるとともに，初版以来の執筆者一覧を付して，深く謝意を表す次第である．

　なお，本教材の改訂にあたり，短時日の間にご執筆いただいた執筆者に対し深甚なる謝意を表する．

2000年2月

日本建築学会

## 建築材料実験用教材の作成，編集の方針（第4版改訂に当たり）

　本教材は，工業高校・工業高等専門学校・大学などの建築材料実験の実状に合わせ，日本工業規格・日本農林規格・本会建築工事標準仕様書および研究報告書などを参照し，各種材料ならびに特性の試験方法を平易に解説したものである．

1. 工業高校・工業高等専門学校・大学の「教材」を目標としたが，一般の実験設備の水準を考慮し，教材上の説明が可能なように，やや特殊なものに言及した．
2. 内容の編成は次の4部構成とした．
    1．序説（実験の基礎知識），2．構造材料の試験方法，3．仕上材料の試験方法，4．材料の特性試験と機器分析．
    なお，今回の改訂で次の項目が変更になった．
    仕上材料の試験方法のうちシーリングについての実験を削除した．
    材料の特性試験と機器分析のうち音響的性質を削除し，保温性，官能検査の項を加えた．
3. 各試験法の記述は，おおむね（1）目的，（2）使用機器，（3）試験方法，（4）報告および判定，（5）注意事項および関連事項，の順序をとった．
4. 各種実験のうち，多くの大学で授業として行うものについては，できるだけ丁寧にマニュアル的な記述とし，反対に学生が実験を行う可能性の少ないものについては，3の形式には必ずしもとらわれず知識の授与を目的とした内容とした．

　各校における実験教育は，それぞれ特色もあることであり，本教材を適宜に補足のうえ，ご使用いただきたい．また，実験の教育に用いられたご経験をお寄せいただき，版を重ねるごとに逐次改訂を行って，時代の要請にこたえるものとしたいと念じている．

　実験を行うに当たり，材料の性質や構成，その製造方法，施工方法・使われ方を知っておくことは大切であり，そのために本会で作成した「建築材料用ビデオ教材」が役立つと考えられるので巻末にその一覧を掲載したのでご活用いただきたい．また，本会で作成した「建築材料実験用スライド教材」を本教材に併用されることもお薦めする．

〔注〕　本書は原則として，国際単位系（SI）を使用しておりますが，国際単位系への移行後間もない分野もあり，付録に「国際単位系（SI）の採用」と「単位の換算率表」を掲載しましたのでご利用ください．

# 本書作成関係委員 (2000年2月)

**材料施工本委員会**

委員長　友澤史紀
幹　事　嵩　英雄　真鍋恒博　和美廣喜
委　員　（略）

**材料教育小委員会**

主　査　小西敏正
幹　事　清水五郎
委　員　石川廣三　岡島達雄　菊池雅史　田中享二
　　　　地濃茂雄　出村克宣　友澤史紀　松井　勇
　　　　松藤泰典　横室　隆

## 執筆担当

| | | | |
|---|---|---|---|
| 1.1 | 友澤史紀 | 4.1.1 A～D, F～J | 川瀬清孝 |
| 1.2, 1.3 | 小西敏正 | 4.1.1 E | 村上　聖 |
| 2.1 | 地濃茂雄 | 4.1.2, 4.1.3 | 横室　隆 |
| 2.2 | 二村誠二 | 4.1.4 | 田中享二 |
| 2.3 | 清水五郎 | 4.2.1 | 石川廣三 |
| 2.4.1～2.4.9 | 松藤泰典 | 4.2.2, 4.3 | 大澤徹夫 |
| 2.4.10～2.4.12 | 池永博威 | 4.4, 4.5 | 松井　勇 |
| 2.4.13 | 清水五郎 | 4.6 | 菅原進一 |
| 2.5 | 有馬孝禮 | 4.7.1 | 千歩　修 |
| 2.6.1～2.6.7 | 山田丈富 | 4.7.2～4.7.4 | 月永洋一 |
| 2.6.8 | 河辺伸二 | 4.7.5 | 横山　裕 |
| 3.1 | 浦　憲親 | 4.8.1, 4.8.2 | 二村誠二 |
| 3.2, 3.3 | 菊池雅史 | 4.8.3～4.8.7 | 田中享二 |
| 3.4 | 川村清志 | | |
| 3.5, 3.6 | 出村克宣 | | |
| 3.7 | 田中享二 | | |

## 旧版執筆担当

### 第1版（1968年）

| | | | | |
|---|---|---|---|---|
| 飯塚 五郎蔵 | 大島 久次 | 奥島 正一 | 笠井 芳夫 | 神山 幸弘 |
| 岸谷 孝一 | 大栗 山寛 | 小池 迪夫 | 小阪 義夫 | 椎名 国雄 |
| 仕入 豊和 | 重倉 祐光 | 下鳥 正孝 | 鈴木 計夫 | 十代田 知三郎 |
| 田村 恭 | 富永 恵 | 西 忠雄 | 羽倉 弘人 | 波多野 一郎 |
| 平井 和喜 | 福島 正人 | 松井 昌幸 | 松井 嘉孝 | 宮野 秋彦 |
| 向井 毅 | 六車 熙 | 森田 司郎 | 矢野 光一 | 吉岡 丹 |

### 第2版（1981年）

| | | | | |
|---|---|---|---|---|
| 飯塚 五郎蔵 | 池永 博威 | 今泉 勝吉 | 大島 敏男 | 岡島 達雄 |
| 笠井 芳夫 | 神山 幸弘 | 岸谷 孝一 | 小池 迪夫 | 洪 悦郎 |
| 小阪 義夫 | 佐藤 寛 | 椎名 国雄 | 仕入 豊和 | 重倉 祐光 |
| 清水 昭之 | 清水 五郎 | 下鳥 正孝 | 鈴木 計夫 | 十代田 知三 |
| 田村 恭 | 富永 恵 | 難波 蓮太郎 | 羽倉 弘人 | 平井 和喜 |
| 福島 正人 | 松井 昌幸 | 宮野 秋彦 | 向井 毅 | 六車 熙 |
| 森田 司郎 | 矢野 光一 | 依田 彰彦 | | |

### 第3版（1989年）

| | | | | |
|---|---|---|---|---|
| 有馬 孝禮 | 池永 博威 | 乾 正雄 | 大澤 徹夫 | 大濱 嘉彦 |
| 岡島 達雄 | 小野 英哲 | 嘉納 成男 | 鎌田 英治 | 上村 克郎 |
| 神山 幸弘 | 川上 英男 | 川瀬 清孝 | 木本 英爾 | 小池 迪夫 |
| 佐藤 寛 | 椎名 国雄 | 重倉 祐光 | 清水 昭之 | 小清水 五郎 |
| 鈴木 計夫 | 十代田 知三 | 田中 享二 | 清谷川 恭雄 | 富永 恵 |
| 友澤 史紀 | 中村 芳樹 | 難波 蓮太郎 | 二村 誠二 | 平井 和喜 |
| 平居 孝之 | 松原 光彦 | 向井 毅 | 六車 熙 | 森田 司郎 |
| 山下 恭弘 | 山田 丈富 | 依田 彰彦 | | |

# 建築材料実験用教材

## 目　　　次

1. 序　　説
    1.1 材料実験の意義 ··················································································· 1
        1.1.1 材料と実験 ················································································· 1

    1.2 実験に当たっての注意 ········································································ 2
        1.2.1 正しい実験 ················································································· 2
        1.2.2 実験室内における安全 ································································ 2

    1.3 実験データのまとめ方 ········································································ 2
        1.3.1 測定値とその精度 ······································································ 2
        1.3.2 測定値の取り方 ·········································································· 3
        1.3.3 統計量の表し方 ·········································································· 5
        1.3.4 実験データの表し方 ··································································· 5

2. 構造材料の試験方法
    2.1 セメント ···························································································· 8
        2.1.1 物理試験方法 ·············································································· 8
        2.1.2 関連事項 ··················································································· 11

    2.2 骨　　材 ··························································································· 12
        2.2.1 試料の採取 ··············································································· 12
        2.2.2 ふるい分け試験（JIS A 1102） ················································· 13
        2.2.3 単位容積質量および実積率試験（JIS A 1104） ························· 16
        2.2.4 密度および吸水率試験 ······························································ 17
        2.2.5 表面水率の試験 ········································································ 23
        2.2.6 含有不純物試験 ········································································ 24
        2.2.7 有害鉱物を含有する骨材の試験 ················································ 27
        2.2.8 骨材の耐久性および強度に関する試験 ····································· 28
        2.2.9 その他の骨材規格試験および骨材規格 ····································· 29

    2.3 混　和　剤 ························································································ 30
        2.3.1 化学混和剤 ··············································································· 30
        2.3.2 防せい剤 ··················································································· 33

    2.4 コンクリート ···················································································· 36
        2.4.1 コンクリートの調合 ································································· 36
        2.4.2 コンクリートの試し練りと調合の調整 ····································· 43
        2.4.3 スランプ試験 ············································································ 45
        2.4.4 空気量の測定 ············································································ 46
        2.4.5 ブリーディングの試験 ······························································ 48

  2.4.6　凝結試験 ……………………………………………………………48
  2.4.7　強度試験用供試体の作り方 …………………………………………49
  2.4.8　圧縮試験 ……………………………………………………………51
  2.4.9　圧縮強度の判定方法 …………………………………………………52
  2.4.10　その他の試験方法 ……………………………………………………55
  2.4.11　早期迅速試験 …………………………………………………………63
  2.4.12　非破壊試験 ……………………………………………………………67
  2.4.13　鉄筋コンクリートばりの曲げ試験 …………………………………70

 2.5　木　　　　材 ………………………………………………………………73
  2.5.1　試験の概要 …………………………………………………………73
  2.5.2　平均年輪幅測定方法 …………………………………………………74
  2.5.3　含水率の測定方法 ……………………………………………………74
  2.5.4　密度測定方法 …………………………………………………………75
  2.5.5　圧縮試験 ……………………………………………………………75
  2.5.6　引張試験 ……………………………………………………………78
  2.5.7　曲げ試験 ……………………………………………………………79
  2.5.8　せん断試験 …………………………………………………………80
  2.5.9　実大ばりの試験 ………………………………………………………81
  2.5.10　実大材の縦振動によるヤング係数 …………………………………82
  2.5.11　構造用木質材料の試験 ………………………………………………83

 2.6　金属材料 ………………………………………………………………………86
  2.6.1　引張試験（JIS Z 2241）………………………………………………86
  2.6.2　曲げ試験 ……………………………………………………………88
  2.6.3　衝撃試験（JIS Z 2242）………………………………………………89
  2.6.4　硬さ試験 ……………………………………………………………90
  2.6.5　疲労試験（JIS Z 2273）………………………………………………91
  2.6.6　非破壊試験 …………………………………………………………91
  2.6.7　高力ボルトの引張試験およびトルク係数試験（JIS B 1186）………93
  2.6.8　鉄骨ばりの曲げ試験 …………………………………………………94

3.　仕上材料の試験方法
 3.1　石材・れんが・陶磁器質タイル ……………………………………………98
  3.1.1　概　　　要 ……………………………………………………………98
  3.1.2　石　　　材 ……………………………………………………………98
  3.1.3　れ ん が ………………………………………………………………99
  3.1.4　陶磁器質タイル ………………………………………………………100

 3.2　左官材料 ………………………………………………………………………102
  3.2.1　概　　　要 ……………………………………………………………102
  3.2.2　作業性能にかかわる試験 ……………………………………………102
  3.2.3　作業性能および硬化後の性能にかかわる試験 ……………………103
  3.2.4　硬化後の性能にかかわる試験 ………………………………………104

- 3.3 仕上塗材・吹付材 ... 106
  - 3.3.1 概　　要 ... 106
  - 3.3.2 JIS A 6909（建築用仕上塗材）に規定されている試験 ... 107
  - 3.3.3 その他の試験方法 ... 109
- 3.4 建築用ボード類 ... 110
  - 3.4.1 概　　要 ... 110
  - 3.4.2 曲げおよび衝撃試験 ... 111
- 3.5 ゴム・プラスチック ... 115
  - 3.5.1 概　　要 ... 115
  - 3.5.2 試験片の作製と準備 ... 115
  - 3.5.3 硬　さ　試　験 ... 115
  - 3.5.4 強　さ　試　験 ... 116
  - 3.5.5 熱的性質に関する試験 ... 118
  - 3.5.6 老化・劣化試験 ... 118
  - 3.5.7 プラスチックの簡易鑑別法 ... 118
  - 3.5.8 関　連　規　格 ... 119
- 3.6 塗　　料 ... 122
  - 3.6.1 概　　要 ... 122
  - 3.6.2 試験片の作製 ... 122
  - 3.6.3 塗装前の試験 ... 123
  - 3.6.4 塗装作業のための試験 ... 123
  - 3.6.5 塗膜の試験 ... 123
  - 3.6.6 耐久性試験 ... 124
- 3.7 接　着　剤 ... 126
  - 3.7.1 共　通　事　項 ... 126
  - 3.7.2 試験の種類 ... 126

4. 材料の特性試験と機器分析
- 4.1 機械的性質 ... 129
  - 4.1.1 強度試験法 ... 129
  - 4.1.2 ひずみおよび応力の測定 ... 135
  - 4.1.3 強度試験機 ... 137
  - 4.1.4 粘弾性試験 ... 139
- 4.2 防水性・防湿性 ... 141
  - 4.2.1 水の浸透性・防水性の試験 ... 141
  - 4.2.2 防湿性の試験 ... 145
- 4.3 断熱・保温性 ... 148
  - 4.3.1 熱伝導性試験 ... 148
  - 4.3.2 動的熱特性試験 ... 151

- 4.4 官能検査……………………………………………………………………………………153
  - 4.4.1 官能検査とは……………………………………………………………………153
  - 4.4.2 官能検査方法………………………………………………………………………153
  - 4.4.3 心理量と刺激量との関係…………………………………………………………155
  - 4.4.4 実施例………………………………………………………………………………156
- 4.5 色彩・光沢度の測定………………………………………………………………………157
  - 4.5.1 色彩の測定…………………………………………………………………………157
  - 4.5.2 光沢度の測定（JIS Z 8741）……………………………………………………158
- 4.6 防火性・耐火性……………………………………………………………………………159
  - 4.6.1 概説…………………………………………………………………………………159
  - 4.6.2 防火材料に関連する試験…………………………………………………………159
  - 4.6.3 防火構造・防火戸試験……………………………………………………………162
  - 4.6.4 耐火構造・準耐火構造試験………………………………………………………162
- 4.7 耐久性………………………………………………………………………………………164
  - 4.7.1 耐凍害性試験………………………………………………………………………164
  - 4.7.2 耐薬品性試験および耐食性試験…………………………………………………165
  - 4.7.3 耐候性試験…………………………………………………………………………166
  - 4.7.4 汚染性試験…………………………………………………………………………169
  - 4.7.5 耐摩耗性試験………………………………………………………………………170
- 4.8 機器分析……………………………………………………………………………………173
  - 4.8.1 粉末X線回折法……………………………………………………………………173
  - 4.8.2 蛍光X線分析法……………………………………………………………………173
  - 4.8.3 熱分析………………………………………………………………………………174
  - 4.8.4 赤外線分析法………………………………………………………………………175
  - 4.8.5 走査電子顕微鏡（SEM）観察……………………………………………………175
  - 4.8.6 偏光顕微鏡観察……………………………………………………………………176
  - 4.8.7 電子線マイクロアナライザー（EPMA）による分析…………………………176

付1. 国際単位系（SI）の採用……………………………………………………………………177
付2. 単位の換算率表………………………………………………………………………………178
付3. 建築材料用ビデオ教材………………………………………………………………………181

索引…………………………………………………………………………………………………182

中性化試験

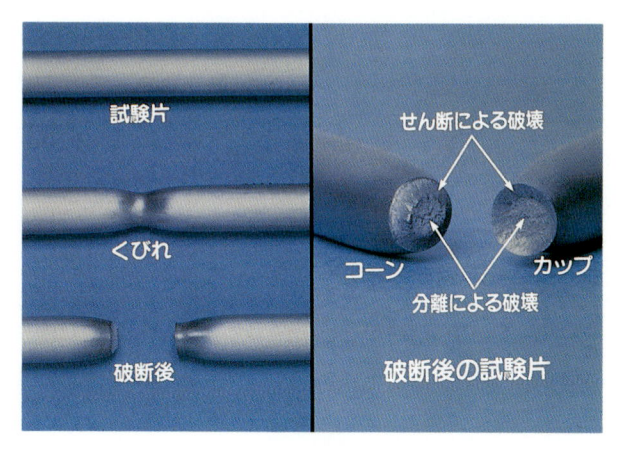

絞りの測定

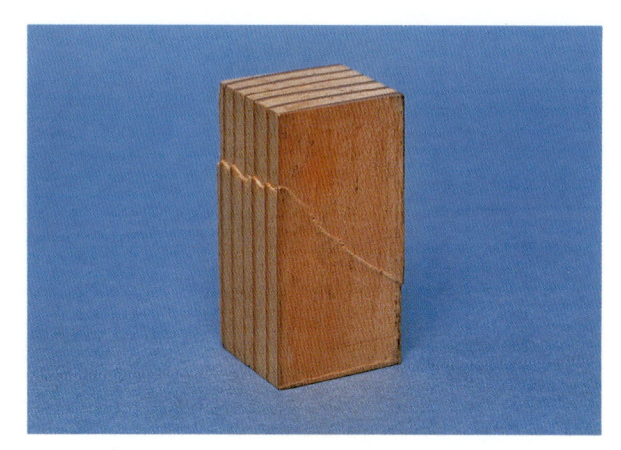

圧縮破損線

強度試験（フロー値測定）

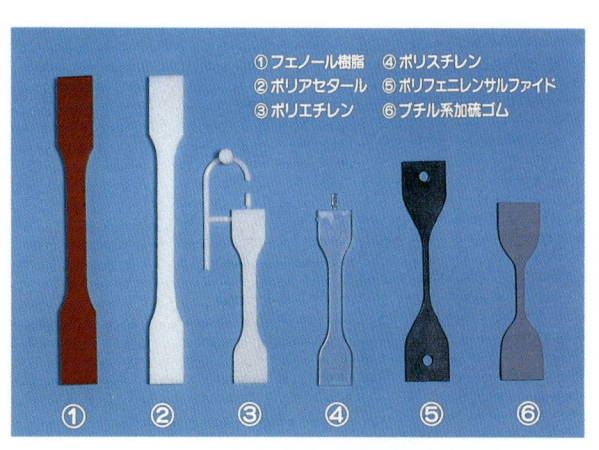

ゴム・プラスチックの引張試験体

スランプ試験（測定）

屋外暴露試験

縦引張破壊例

鉄骨ばりの曲げ試験

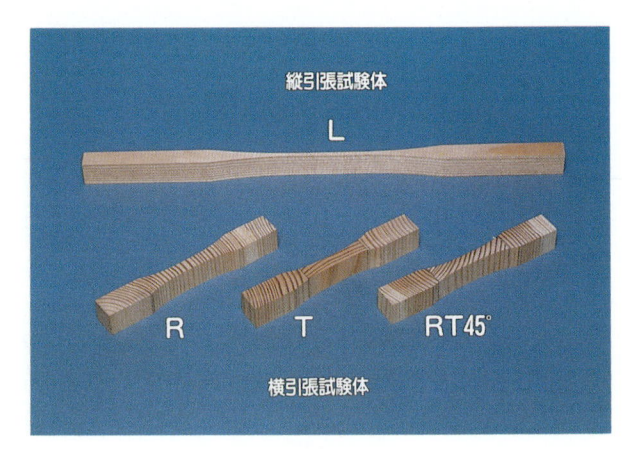

引張試験体の種類

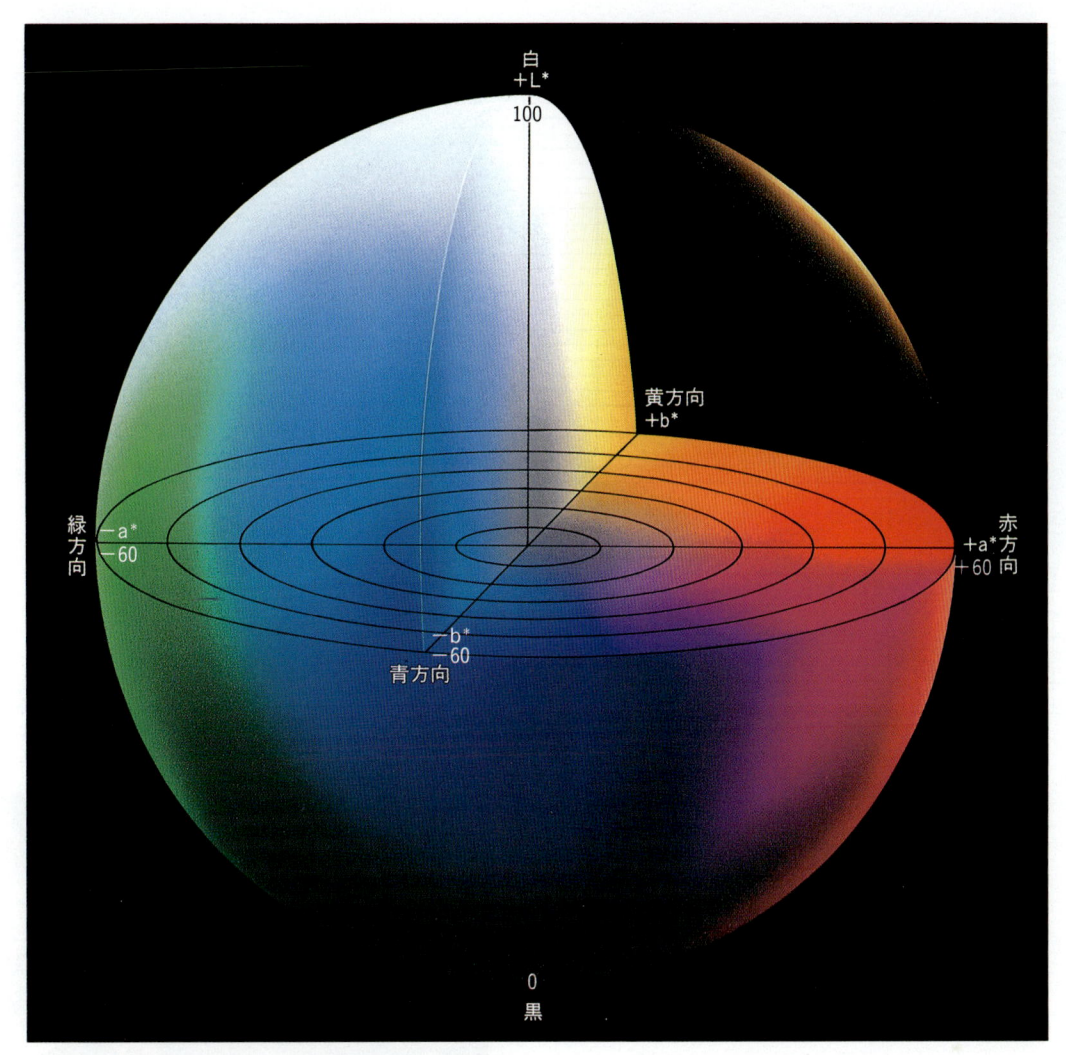

L*a*b*表色系の空間立体イメージ (p.157, 図 4.5.1)

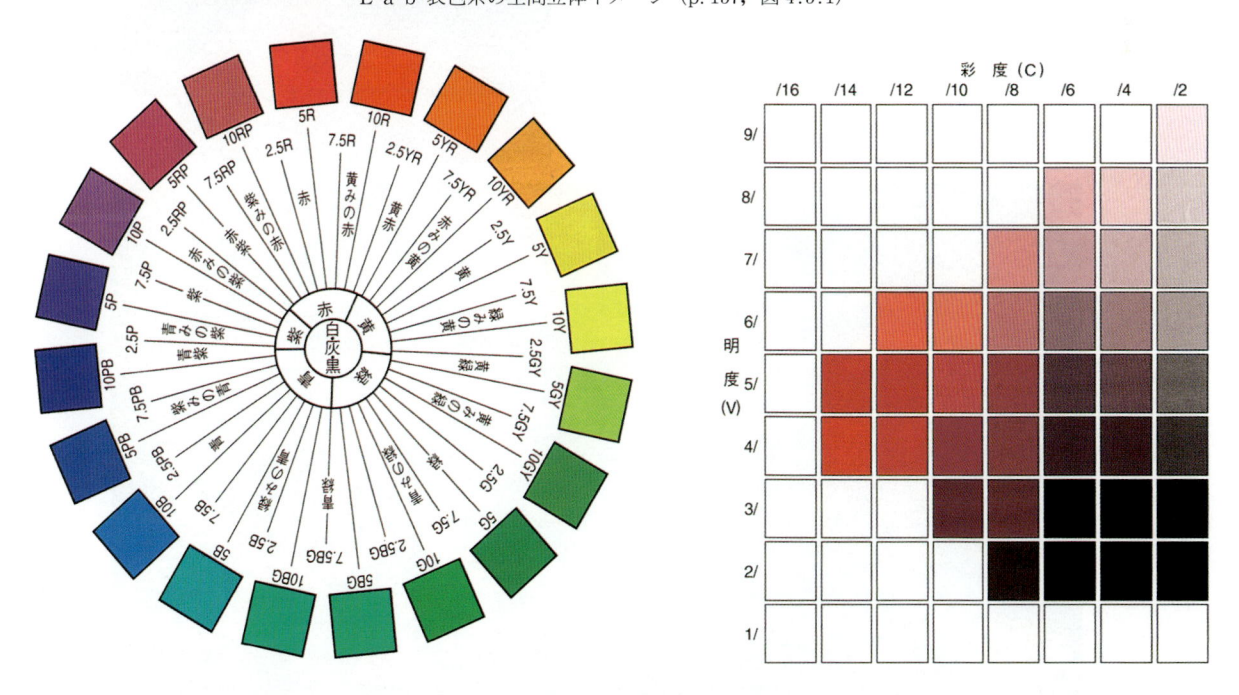

マンセル表色系 (p.157, 図 4.5.2)

XYZ 表色系 (p.157, 図 4.5.3)

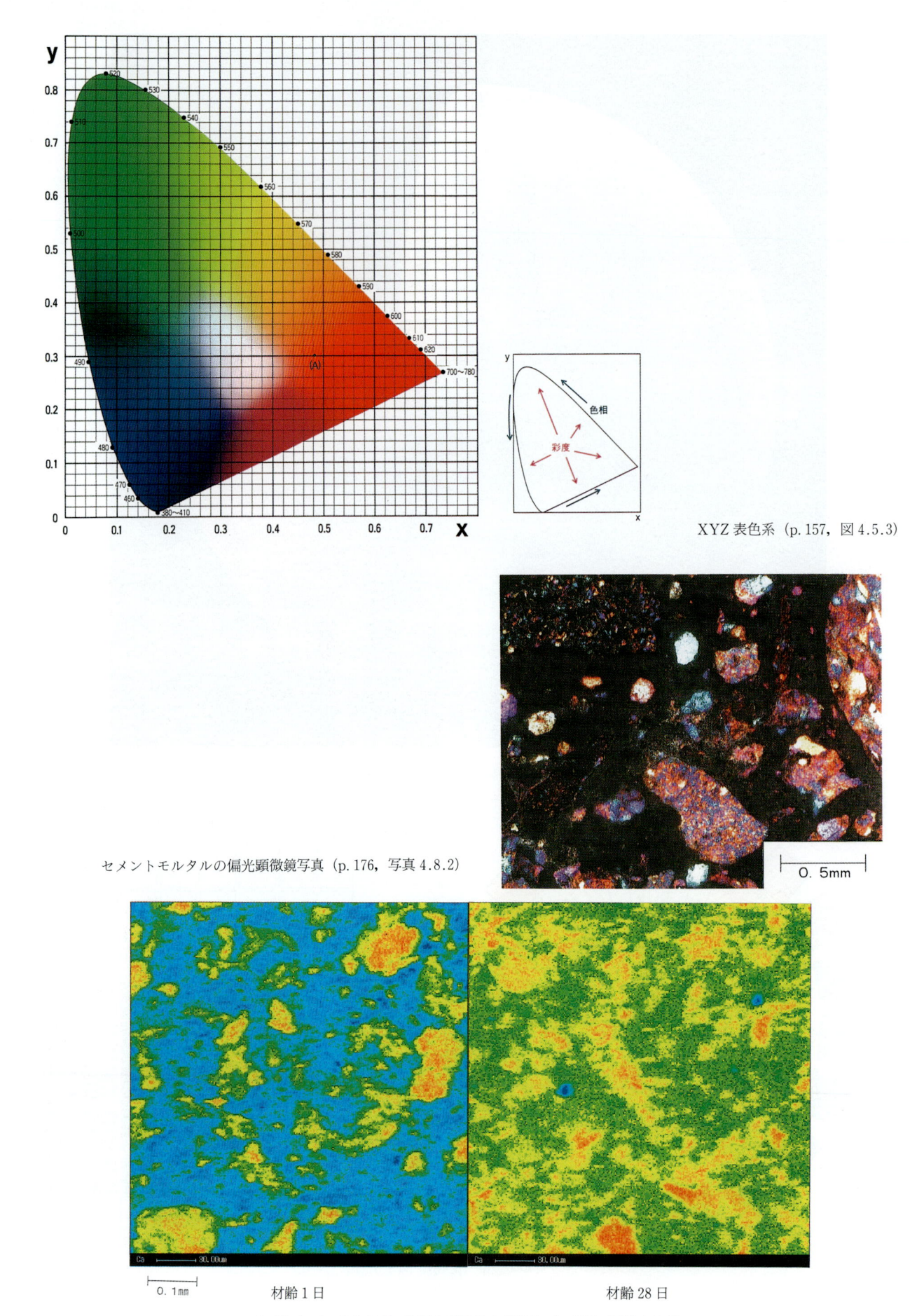

セメントモルタルの偏光顕微鏡写真 (p.176, 写真 4.8.2)

材齢1日　　　　　　　　　　　材齢28日

セメントペーストの Ca 分布の材齢による変化 (p.176, 写真 4.8.3)

# 1. 序　　　説

## 1.1　材料実験の意義

### 1.1.1　材料と実験

（1）建築材料の立場

建築物を造る際，使用される材料はすべて，（i）そのおかれる状態，（ii）用いる材料の材質，そして（iii）材料の寸法・形状について要件にかなったものでなければならない．しかし，建築材料は非常に多岐，多様であり建築物の設計・施工に際して，上の諸条件を満たすかどうかを完全に確認することは極めて困難である．さらに，建築材料の改質・改良は日進月歩であり，新材料・新工法の出現と相まってますます多様化，複雑化してゆく傾向をもっている．そこで，われわれはこれらを分類・整理して種々の要求に対応できるようにしておくべきであり，また性能について，グレードを付して整理することにより，上述の材料への3条件に対する認識がかなり判然としてくる．このためには「材料設計」のような手法が必要になってくる．材料設計の概念は，構造設計，設備設計，防火設計等と同様に，ある設定した目的に対して，与えられた条件から使用する材料・工法等を合理的に選定するシステムのことである．

（2）建築材料の機能

建築物が対象とする機能は多数あるが，これを集約すると，「安全」，「機能」，「健康」，「美」および「経済」の5項目をあげることができよう．これらの機能を満たす建築材料の具備すべき事項を少し具体的に述べれば，「安全」とは構造上の耐力を主軸とするもので，常時荷重・地震力・風力はもちろん，種々の衝撃あるいは水害その他の外力に対する安全性をさし，「機能」とは音・光・熱・空気・水・湿気などに対する諸機能，また，平面・立面計画などからくる利便性や使用上の効率までも含まれよう．

「健康」とは建築計画ないし設備による人間の健康上の効用や快適性・居住性を対象とし，「美」とは意匠上の美的効用のすべて，そして「経済」とは計画から完成までおよびその後の維持管理・補修をも含めた経済上の条件を表していると考えられる．

（3）材料実験

建築材料およびその性能は膨大な内容を持つものであり，これを大きく分けると構造材料と仕上材料になるが，この場合，設備用材料や仮設用材料は含まないことが多い．また建築の表面は，内壁，外壁，屋根，天井および床の5面から成り，それぞれに対して仕上材料がある．この材料実験用教材では対象を代表的な構造材料と仕上材料のみとしている．

材料実験の意義は材料に直接触れてためすことそれ自体にある．また，実験に際しては，どのような項目について，どのような方法によって行い，その結果をどう評価し，また判定するかということが重要である．

材料実験には材料の性状研究のためのものと，試験のためのものの2つがある．本書の重点は試験のための実験にある．材料実験の目的としては，（i）材料の受渡し，すなわち流通のための試験，（ii）品質管理のための試験，（iii）新しい用途への適用のための試験などがある．

（i）は日本工業規格（JIS）または標準仕様書による規定値どおりの品質があるかどうかを確認するための試験である．

（ii）は工事の進行に伴って，部位別・状態別に設計図・仕様書の規定どおりの品質が確保されているかどうかを管理するための試験である．

（iii）は材料の基本的な品質・性状に関して研究的に行う試験であり，それによって新しい効用・用途の拡大に資するものである．

（4）材料に要求される性能

材料の種別が多くあるように，試験項目も多い．主要な材料の特性試験ともいうべきものを挙げれば，以下のとおりである．

　i）　外力に対する性状：材料の強度・弾塑性・耐摩耗性・耐衝撃性等．

ii) 水に対する性状：吸水・透水・含水，吸湿・透湿等．

iii) 熱に対する性状：熱膨張・収縮・比熱・熱伝導率等．

iv) 音に対する性状：吸音・遮音・衝撃音等．

v) 火に対する性状：耐火，防火，材料の燃焼，ガス毒性等．

vi) 耐久性に対する性状：凍融繰返し作用や乾湿繰返し作用に対する抵抗性・耐紫外線・耐薬品・耐海水，その他屋外暴露に対する耐候性等．

## 1.2　実験に当たっての注意

### 1.2.1　正しい実験

西洋に起こった近代科学の発展の上で，実験が重要な役割を果たしてきたことは，よく知られているとおりである．科学的な立証方法と実験とは切り離せないほど密接に関連している．それだけに，実験はただやればよいというものではなく，やり方には様々な注意が必要である．

実験を行うと必ず結果が出る．このことは至極当たり前なことであるが，この結果が正しいかどうかは重大な問題である．すなわち，実験は，(i) 実験の計画，(ii) 実験の方法および状態，(iii) 実験用器具とその性能，(iv) 得られる結果，(v) 結果に対する判断，により構成され，その全般について考察されなければならない．

また，標準試験方法が定められている実験においては，その方法について忠実であったかどうかと，得られた結果の信頼度，また標準試験方法が定められていない実験の場合は，採用した試験方法とその結果の考察が重要になる．

いずれの場合も，実験に当たって必要な注意事項の要点を挙げると次のように示される．

(i) 試料：代表試料の採取方法およびその代表性の確認

(ii) 実験用機器の点検：各種計測機器のひょう量・感量・読みなどの検査と確認

(iii) 実験の状態：温度・湿度などの実験室内外環境条件

(iv) 測定と有効数字：直接測定と間接測定の違いと実験値の精度と測定値の有効数字の確認

### 1.2.2　実験室内における安全

材料実験は，経験の浅い者に予測できない様々な危険が伴う．特に技術的に未熟な段階にある学生が材料実験を行う場合，安全には十分注意しなければならない．教官の指示に従って以下のような安全項目について検討の上，留意して実験を行う．なお，安全心得や安全規則は大学（高専）ごとに，また各学部・学科ごとにそれぞれ独自のものが準備されていることが多い．

(1) 実験室内への出入りに際しては，カギの受け渡し・返却・保管，シャッター・窓の開閉・戸締まり，電気・ガス・水道等の適正な取り扱い，夜間あるいは時間外の使用等定められたとおりに行うこと．

(2) 実験室内における行動では，ヘルメット・安全靴，作業服の着用，禁煙の厳守等の指示を守り，ふざけたり，大声・奇声を発しないこと．

(3) 整理整頓に当たっては，機械，器具，工具，物品，試験体，実験用教材等の整理整頓に心がけること．精密測定器具は特に慎重に取り扱うこと．

(4) クレーンの操作・フォークリフトの運転等危険を伴う作業は教官が直接行うか，または教官の指導の下に注意深く行うこと．ワイヤーのねじれ，運搬物の安定性，玉がけ等には注意のこと．

(5) コンクリート実験では床への転倒，ミキサー・カッター等モーターの回転ベルトに指・衣服等を挟まれないように注意すること．

(6) 載荷実験中には機械の動きに注意すること．機械の性能を熟知すること．

(7) 重量物の取扱いは運搬用機械類や運搬車を使用して慎重に行うこと．また，重量のある試験体等の保管には落下や転倒の危険がないように十分注意する．

(8) 高所作業では物の落下，人の墜落に注意のこと．また，作業中の直下を避けて行動すること．

(9) その他，化学薬品の取扱い，保管，清掃，漏電，防火，盗難等に対して十分に注意すること．

## 1.3　実験データのまとめ方

### 1.3.1　測定値とその精度

#### A．測　　定

量を測るということは，その量を基準の単位量と比較し，単位量に対する比がいくらであるかを定めることであって，この操作を"測定"と呼び，測定により得られ

た数値を"測定値"という．量の測定には，"直接測定"と"間接測定"とがある．直接測定とは量そのものをそれに対する測定器で直接測定することをいい，間接測定とはその量と一定の関係にある他の量の直接測定値を利用して求める方法で，例えばある円柱体の密度 $\rho$ は，その直径 $d$，高さ $h$，質量 $m$ の直接測定値に基づき，$\rho = 4m/\pi d^2 h$ により間接測定値として求められる．

### B. 誤　　差

測定を行う場合，いかに精密な測定器を使用し，細心の注意を払っても，その結果は真の値の近似値に過ぎず，真の値を得ることはできない．この測定値と真の値との差を"絶対誤差"または単に"誤差"と呼ぶ．真の値を知り得ない以上，測定値の誤差もまた知ることはできない．しかし，その場合に応じて，いくら以下の誤差であろうという限界は分かる．真の値が得られなくても，測定値がその目的のために役立つのは，その誤差が，目的とする現象の変化量に比べて著しく小さい場合，すなわちたとえそれが絶対的なものでなくとも一定の"精度"をもっている場合である．したがって，測定を行う場合，その結果の信頼性を判断するために，必ず得られた値の精度を評価しなければならないし，また逆に，必要とする精度を保証するような測定方法を検討しなければならない．このように実験における精度の問題は重要であるが，これを処理するには"誤差論"に関する知識が必要となる．特に，間接測定においては，直接測定に比べて精度の問題は著しく複雑となり，その処理が困難を伴う場合が多いので，誤差論の適用によって解決される．

誤差が生じる原因はいろいろあり複雑であるが，これらは次のように分類される．

#### 1) 定差（または系統的誤差）

機器的誤差（目盛りの不正によって生じるものなど），物理的誤差（光線の屈折によるものなど），個人的誤差（観測者の特性として，ある量を常に過大または過小評価することによるものなど）があるが，その原因が判明すれば，定差は計算または適当な方法により，結果から誤差を除去したり減じたりすることができる．

#### 2) 過　　失

目盛の読み誤り，記録・計算上の誤りなどによるもので，十分注意すれば除去できる．

#### 3) 偶差（または偶然誤差）

定差や過失を除去しても，なお必ず残存すると考えられるもので，原因が分からずまったく偶然性に支配される．誤差論でいう誤差はこの偶差を指すもので，測定の回数が極めて多いときは，次の3つの性質を公理としてもつ．

（a）小さい誤差の起こる確率は，大きい誤差の起こる確率よりも大きい．

（b）正の誤差と，これと大きさの等しい負の誤差の起こる確率は相等しい．

（c）はなはだしく大きい誤差の起こる確率は極めて小さい．

これらの考え方から，繰り返し測定した測定値の平均値は，各個の測定値よりも誤差が小さくなり，したがってよりいっそう真の値に近いものであると考えられる．

### C. 直接測定の精度

精度は誤差の大小からだけからでは分からず，測定量の大きさが関係してくる．一般に，真の値と測定値の差，すなわち絶対誤差を真の値で除したものを"相対誤差"と呼び，精度を表す．真の値は知り得ないものであるから，そのかわりに測定値を用いる．絶対誤差もまた分からないものであるから，普通は推定による限界値（標準偏差など）を用いる．

$$\text{相対誤差} = \frac{\text{絶対誤差}}{\text{真の値}} \rightarrow \frac{\text{推定による限界値}}{\text{測定値}}$$

### D. 間接測定の精度

実験では間接測定を行うことが非常に多い．その場合，測定方法を検討し，また結果の信頼性の限界を考察する上で，直接測定の精度から間接測定の精度を知ることが非常に重要であり，それには誤差論による数学的処理が必要であることは前述した．一般に誤差伝播の法則を表す次式により求める．すなわち，直接測定すべき量 $x_1, x_2, \cdots, x_n$ が，間接測定すべき量と，$y = f(x_1, x_2, \cdots, x_n)$ なる関係にあり，$x_1, x_2, \cdots, x_n$ にそれぞれ $\varepsilon_1 \varepsilon_2 \cdots \varepsilon_n$ の誤差があるとし，$y$ の誤差を $\varepsilon_0$ とすると，

$$\varepsilon_0^2 = \left(\frac{\partial f}{\partial x_1}\right)^2 x_1^2 + \left(\frac{\partial f}{\partial x_2}\right)^2 x_2^2 + \cdots + \left(\frac{\partial f}{\partial x_n}\right)^2 x_n^2$$

## 1.3.2 測定値の取り方

### A. 測定値の描き方と有効けた（桁）数

測定値は，誤差を伴っているので，その測定の精度に応じて有効な数字のけた数で表さなければならない．それには，測定値は常にその最初の疑わしい数字の桁まで

で丸めればよい．このように表された数字を"有効数字"，そのけた数を"有効けた数"という．たとえば，1 mm 目盛りの物差しで，ある長さを測定した場合，45 mm と 46 mm の間にあったとすると 45 mm を目盛りで読み，それから目測で 0.3 mm と読んだとすると，測定値は 45.3 mm と書く．もし，45.30 mm と書いたとすると，その値の表す意味は 45.3 mm とはまったく異なってしまって，目測で読んだ 0.3 mm（実際は 0.4 mm かも知れない）が，ノギスなどで測ったような十分信頼できる値を示すことになるから，特に零の付け方には注意を要する．

以上から分かるように，直接測定の有効数値は測定値そのものであり，そこに書かれているけた数にほかならない．他方，間接測定値について考えてみると，やはり何らかの直接測定値を用いて計算するわけであるが，多くの場合，計算の過程でけた数は，直接測定値のけた数よりもかなり増加するであろうし，特にコンピュータで計算する場合には，結果が有限の正確さを持つ場合でも，測定値以上にけた数の極めて多い数値になることが多々あることに気づくであろう．そこで，実験に先立ち間接測定値と直接測定値との精度の関係を調べておき（1.3.1.D 参照），測定を能率よく行えるように直接測定値の有効けた数を決める（すなわち，直接測定の範囲を決める）のがよい．

### B. 近似値の計算法

前述したように量の間接測定には，直接測定値の数学的処理の過程が含まれ，多くの場合，直接測定に比べてはるかに煩雑である．特に近似値の計算の規則により，不必要な数字を捨てることを考慮しないで，計算を進めると，結果における数値のけた数は急速に増大する．手計算の場合には，中間操作も著しく困難になり，けた数を意識することが多かったが電卓やコンピュータの普及により測定の精度を忘れた結果が多く見られるようになってきたことについては注意を要する．結果の精度を低下させないで，しかも，過剰な精度を示さないような方法をとることが望ましい．参考にゴロヴェイコによる近似計算の規則の要約を引用して表 1.3.1 に掲げる．

### C. 数値の丸め方

測定値の整理に際して常に生じる数値の丸め方については，JIS Z 8401（数値の丸め方）に定められている．従来の四捨五入法によると 5 は常に切り上げられるので誤差が大きく出ることがあるため，ある数値を有効数字 $n$ けたに丸める場合，また小数点以下 $n$ けたに丸める場合には $(n+1)$ けた以下の数値を次のようにして丸めるように規定されている．

$(n+1)$ けた以下の数値が $n$ けたのための単位の 1/2 である場合〔すなわち $(n+1)$ けたの数字が 5 で，その後数字がないか，あるいは全部 0 の場合〕には，$n$ けたの数値が偶数（0 を含む）ならば $(n+1)$ けため以下を切り捨て，$n$ けたのための数値が奇数ならば切り上げて $n$ けためを 1 単位だけ増やせばよい．それ以外の場合は従来の四捨五入による．なお，この丸め方は 1 段階で行わなければならない．

### D. 電子計算機を用いて計算する場合の注意

電卓やコンピュータにより，間接測定の結果を使って計算を行う場合には，上述のように，過剰の精度をもった数値が示される場合が多い．特に，実験結果を次項で説明する図，表にする場合，計算結果の精度を無視して直接，図，表をつくってしまうソフトも普及しており注意を要する．計算式の意味を十分に理解した上で計算さ

表 1.3.1　近似値計算の規則の要約[*1]

| 近似値に対する算法 | 計 算 の 規 則 | 実 際 的 な 注 意 |
|---|---|---|
| 和 お よ び 差 | 近似値の和あるいは差を求めるとき，最終値は近似値のうちで絶対誤差が最大であるものと同じけたまでで端数を丸めることが必要である． | 和あるいは差を求める前にそれぞれの近似値を前述のけたまでで端数を丸めることができる． |
| 積 お よ び 商 | 近似値の積あるいは商を求めるとき，最終値は近似値のうちで有効数字の個数が最小であるものと同じ個数までで端数を丸めるべきである． | 積あるいは商を求める前に近似値のうちで有効数字個数が最小であるものと同じ個数までで端数を丸めることができる． |
| 累 乗 お よ び 根 | 累乗および根を求めるに際しては，最終値は近似値がもっているだけの有効数字の個数までで端数を丸めることが必要である． | |

［注］（1）もし，上述の操作(和，差，積，商，累乗および根)が最終的なものでなく，中間的なものであるならば，中間的な各操作の結果においては，近似値の計算のそれぞれの規則によって勧奨されるよりも有効数字を 1 個多く残すべきである．
　＊1　ア・ゲ・ゴロヴェイコ著，小泉・増井訳「実験データのまとめ方」日刊工業（1963）p.67 より

せることが重要である．すなわち，計算の目的と計算式の理解が欠かせない．

### 1.3.3　統計量の表し方

測定の結果得られたデータは，同じ値または区分ごとに組分けをして度数分布の形〔1.3.4.B-1)参照〕に整理することにより，与えられた数値の場合のもつ性質，分布状態の特徴を明らかにとらえ得る場合が多い．

これらの数値の中心的位置を示す代表値として"平均値"，ばらつきの程度を表すものとして，"不偏分散""標準偏差"，"変動係数"，"範囲"などがある．それぞれの値は次のようにして求められる．

いま，$n$ 個の測定値を $x_1, x_2, \cdots, x_n$ とすれば

平 均 値　$\bar{x}=(x_1+x_2+\cdots\cdots+x_n)/n=\sum_{i=1}^{n}x_i/n$

不偏分散　$S_2=\sum_{i=1}^{n}(x_i-\bar{x})^2/(n-1)$

標準偏差　$s=\sqrt{S_2}$

変動係数　$v=(s/\bar{x})\times 100(\%)$

範　　囲　$R=$(データ中の最大値)$-$(データ中の最小値)

以上のように，$n$ 個からなる実験データから算出される量を総称して統計量という．

統計量で実験結果を表す場合，少なくとも平均値，標準偏差および測定値の数を示す必要がある．それだけでも有用であるが，さらに確率論に基づき，母集団の性質の推定，検定などの統計的推論が行われる場合がある．統計の分野では，"推定"とは，母数に関する何らの予備知識を持たず，その値がどのくらいであるかを知ろうとすることであり，"検定"とは，母数に関するなんらかの予想をもち，これを仮説という形で提示し，測定値に基づき検証を行うことである．たとえば，平均値，分散の推定や検定，さらにその信頼区間の推定，2つの平均値の有意差の検定，測定値の棄却などの仮説の設定により，検定が行われる．もし，標本平均値 $\bar{x}$ の値がわかれば，母平均の存在区間を推定することができる．すなわち，

$$\bar{x}\pm t(n-1,\alpha)\times\sqrt{S_2/n}$$

$t(n-1,\alpha)$ は $t$ 分布表の自由度$(n-1)$に対する信頼率 $\alpha$ の値である．たとえば，$n=0$ の場合の信頼区間は，これを95％とした場合，$\bar{x}\pm 2.262\sqrt{S_2/n}$，99％とした場合 $\bar{x}\pm 3.250\sqrt{S_2/n}$ で得られる．

なお，これらの詳細は参考書によること．その他，3つ以上の母平均の差を検定することは"分散分析法"が用いられる．データのもっているばらつきの全体を原因別にいくつかに分類し，各原因の系に対する推定や検定を行う一般的な方法であり，応用範囲も広く，"実験計画法"の基礎となっている．

2つの変量間に直線的関係があると考えられるとき，その変量間の関係を評価するために相関係数がある．すなわち，2変量 $x$, $y$ の実現値にある傾向が見られるとき，$x$, $y$ 間に相関関係があるという．直線的傾向がある場合，その関係を係数化したものを相関係数といい2変量の関係の度合いを表現する．

### 1.3.4　実験データの表し方

測定の結果を表すには，"表"，"図表"，"実験式"の3つの方法がある．それぞれ特徴を持っているが，測定の目的や内容に応じて選択する．最近の測定機器には，測定結果を直接，表・図表として取り出せるものが少なくない．この場合，実験目的にあった形式の表現を選択する必要がある．どのような演算処理の結果によるものか理解した上で使用する必要がある．

#### A.　表

表はデータの保存に適しており，実験結果全体を概観することができる．また，結果間の関係や測定における欠陥を見いだすのにも役立つ．各項目の縦横欄への配置や空白の広さなど，記入や計算の能率，結果の分析や検査の便宜などを始めによく考慮して作成すること．

#### B.　図表（グラフ）

図表では，表で気付くことのできなかった数値相互の関係や最大・最小値，周期性あるいは度はずれ値などの重要な性質を容易に見いだすことができる．座標軸に置く量の種類の選択や単位，目盛りの大きさ・範囲など，見やすさや測定値の精度などを考慮して作成すること．一般に用いられる図表の形式とその特徴を以下に示す．

##### 1)　度数分布の表し方

ある量の測定値が数多く得られた場合には，その度数分布を図示することがある．それにはまず度数表をつくる．

**度数表**　度数表をつくるには，データ数は原則として100個以上が望ましいが，やむを得なければ50個でもよい．データの存在する範囲をその数に応じて7〜20くらいに区分する．区分の数が少ないと分布の状態がつ

# 1. 序　　説

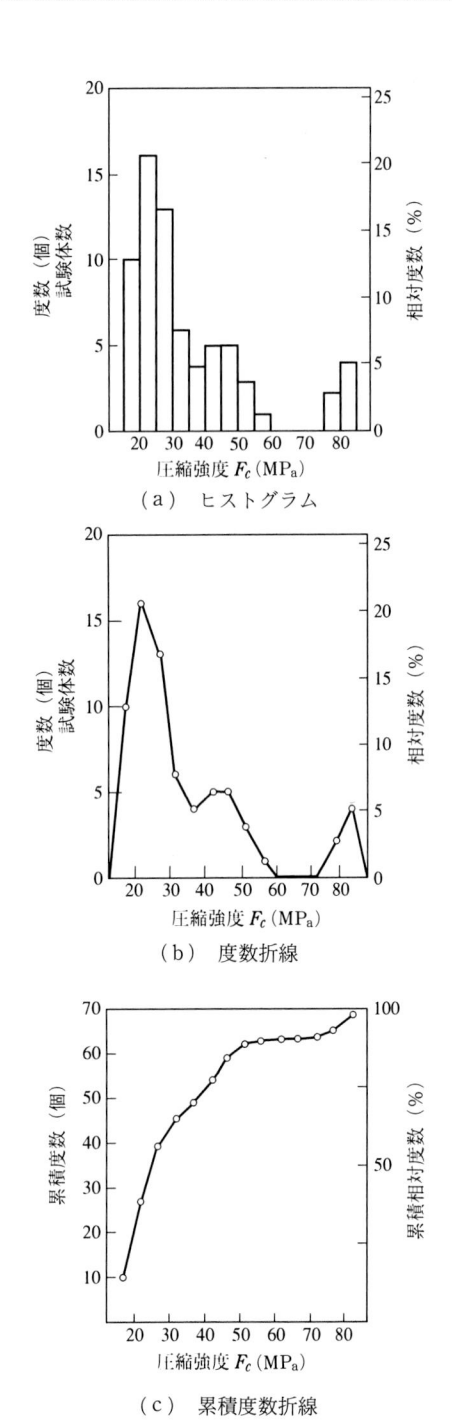

（a） ヒストグラム

（b） 度数折線

（c） 累積度数折線

図1.3.1　圧縮試験における圧縮強度の度数図

かめず，逆に多いと見にくくなる．区分の境は重複しないように注意する．普通はデータの最小けたの1/2だけの端数のついた値を境界と見る．

**ヒストグラム（柱状図）**　　横軸に測定値の区分をとり，縦軸にその区分に属する度数をとる．度数表よりはるかに分布状態がはっきりする．各区分における度数を総データ数で除した相対度数(%)を縦軸にとることもある．

**度数折線（度数多角形）**　　ヒストグラムにおいて各中央値をとって順次結んで得られる．

データ数を次第に増して区分幅を小さくしていけば，折線はなめらかな曲線に近づくであろう．この極限の曲線を"度数曲線"という．

これらを一括して度数図というが，その特徴は，ある区分幅とグラフで囲まれる部分の面積が，その区分に属する度数を表すことである．

**累積度数折線**　　累積度数を折線で表したもので，累積度数を縦軸にとると，ある値以下また以上のものが全体の何%を占めるかを知るのに役立つ．

### 2) 座軸における目盛りの刻み方

**均等目盛図表**　　縦横両軸ともその目盛が等間隔に刻まれている図表で，最も一般に使用される．

**関数目盛図表**　　座標軸において非均等な目盛をもつ図表で，$x$および$y$の値に直接比例するのではなく，それらのある関数，たとえば$\log x$および$\log y$，あるいは$\log x$および$y^2$などに比例するようになっている．一般にはこの関数の形は均等目盛での曲線グラフが直線になるように選択される．最も多く使われるのは，"半対数目盛"，"両対数目盛"である．そのほか，逆対数目盛など目的に応じて用いられる．いずれにしても実験結果の意味をしっかり把握し，その上で目盛の取り方を決める．また反対に，グラフの目盛を変えることで単純な関係を読みとれる場合その意味するところを十分に考察する必要がある．

### 3) 実　験　式

実験式により結果を示すと，求める量の間の関係を簡潔に表現でき，数学的解析方法を適用できるので便利である．また，計算作業上も有効である．

実験式を得るには2，3の方法があるが，ここでは図表を作って進める方法を考えよう．まず，均等目盛図表で，量の間の関係が直線関係であるのか曲線関係であるのかを見極め，それによって適当な実験式の形を選ぶこと．

**直線関係**　　均等目盛図表上にとった点に定規を当てて見れば容易にわかる．次に，この関係を$y=ax+b$で表すとして，定数$a$，$b$の値を求めよう．たとえば，$n$個の点から図1.3.3のような直線が得られたとすると，次の$n$個の等式が得られる．

$$y_1 = ax_1 + b$$
$$y_2 = ax_2 + b$$
$$\vdots$$
$$\vdots$$

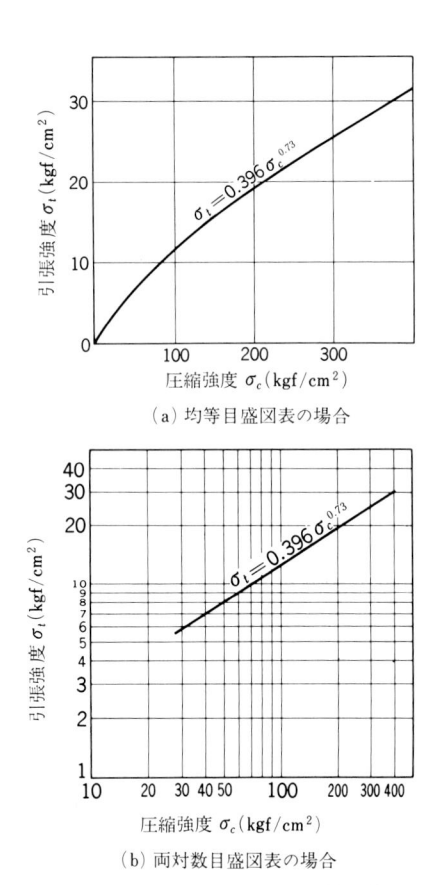

図1.3.2 コンクリートの引張強度と圧縮強度との関係
（赤沢常雄）

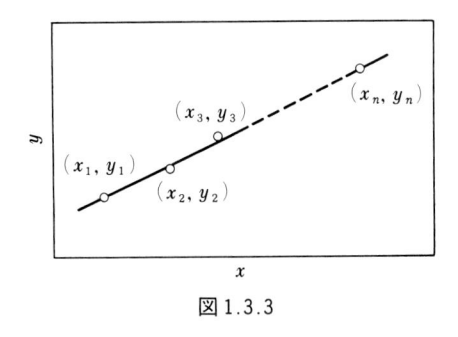

（a）均等目盛図表の場合

（b）両対数目盛図表の場合

図1.3.3

$$y_n = ax_n + b$$

定数 $a, b$ を決定するためには等式の集まりをほぼ同じ個数の組に分け，おのおのの組においてこれらの等式の左辺と右辺を加算し，2つの式より，$a, b$ を求めればよい．

$$y_1 + y_2 + \cdots\cdots y_k = a(x_1 + x_2 + \cdots\cdots x_k) + kb$$
$$y_{k+1} + y_{k+2} + \cdots\cdots y_n = a(x_{k+1} + x_{k+2} + \cdots\cdots x_n)$$
$$+ (n-k)b$$

ここに，$k$ は第1の組における等式の個数で $k$ をほぼ $n/2$ とすること．

**曲線関係**　均等目盛図表にとった実験グラフが曲線となった場合，このグラフを種々の関数のグラフと比較してみて，最も類似しているものを選び出し，それが表している方程式を知る．次に，この方程式に，新しい変数によって直線関係が得られるように変数の置き換えを行う．新しい変数の数値計算を行い，作成したグラフが直線化したかどうか調べる（完全に直線化しない場合はそれを捨てて他の方程式を用いて再び検討する）．最適の方程式を得たならば，新しい変数による実験式（直線）の定数を決定し，さらに変数の置き換えの逆算により，元の変数による実験式（曲線）の定数を決定して最終的な実験式を導く．たとえば，選出された方程式が次の形であるとする：$y = ae^{bx}$，これに $\log y = z$，$\log a = A$ の置き換えを行うと：$z = A + bx$ という直線式になる．

**最小2乗法**　以上のほか，2つの量がある関数関係にあることがわかっている場合，測定値によりこの関係の方程式を求めるには，最小2乗法がある．測定値と真の値に対する推定値との差を"残差"というが，この残差の2乗の和を最小とする値を測定値から定める方法である．同じ量を何回か測定して，これらの平均値を求める方法はこの特別な場合なのである．最小2乗法は，誤差が偶然的なもので，正負同じ確率で起こると仮定した上に成り立つ理論である．詳しくは参考書によること．

**注意**　実験式の適用に当たっては，その範囲をその式の基礎となった実験値の限界におさえるべきで，この範囲外において適用（これを外挿という）してはならない．もし，実験範囲外のことが知りたい場合は実験を追加して，そのような範囲にもこの実験式における関係が成立するかどうかを検討しなければならない．

# 2. 構造材料の試験方法

## 2.1 セメント

セメントは，水を加えると固まる性質を持ついわば無機質の結合材料であり，用途に応じて多くの種類がある．とくに，構造用として使用されるコンクリート用のセメントには，表2.1.1に示す種類のものがあり，品質も細かく規定されている．

こうしたことからセメントのJIS規格には，下記のように試験方法を規定するもの3種類がある．

JIS R 5201　セメントの物理試験方法
JIS R 5202　ポルトランドセメントの化学分析方法
JIS R 5203　セメントの水和熱測定方法

以下，ここでは物理試験方法を取り上げ，各種試験の目的と試験方法の概要を示すこととする．

なお，2.1.1項で述べるうちの強さ試験（圧縮強さ，曲げ強さ）やフロー試験は，モルタル実験にも準用できる．

### 2.1.1 物理試験方法

JIS R 5201セメントの物理試験方法には，密度試験，粉末度試験（比表面積試験，網ふるい試験），凝結試験，安定性試験，強さ試験（圧縮強さ，曲げ強さ）およびフロー試験が規定されている．

#### A. 密度試験

セメントの密度は，モルタルやコンクリートの調合設計に際し，セメントの絶対容積を求めるときに不可欠な要件である．また，セメントの密度試験の結果から，セメントの風化の程度を知る目安が得られる．さらには，セメントの種類が不明なときは，その種類を推定することもできる．

試験にはルシャテリエフラスコ（図2.1.1参照）と鉱油を用いて，次の式によって密度を算出する．

$$\rho = \frac{m}{v}$$

ここに　$\rho$：試料の密度（g/cm³）
　　　　$m$：はかりとった試料の質量（g）
　　　　$v$：鉱油液面の読みの差（ml）

#### B. 粉末度試験

セメント粒子の細かさの程度を示す値，すなわち粉末度は，セメントの水和速度，水和熱，強さなどにかかわる重要な因子の一つである．

一般に，粉末度が大きくなるほど，セメントの色は薄く，かさ密度が小さくなり，そのセメントを用いたモルタル・コンクリートの保水能力が増大しブリーディングは少なくなる．また，水和速度が速くなるため，凝結が短縮しかつ早期に強度発現を示すようになり，さらに水和速度および乾燥収縮が増大する傾向を示す[1]．

粉末度試験には，比表面積試験および網ふるい試験がある．

表2.1.1　JISに規定するセメントの種類

| | | |
|---|---|---|
| ポルトランドセメント | 普通ポルトランドセメント | 同・低アルカリ形 |
| | 早強ポルトランドセメント | 同・低アルカリ形 |
| | 超早強ポルトランドセメント | 同・低アルカリ形 |
| | 中庸熱ポルトランドセメント | 同・低アルカリ形 |
| | 低熱ポルトランドセメント | 同・低アルカリ形 |
| | 耐硫酸塩ポルトランドセメント | 同・低アルカリ形 |
| 混合セメント | 高炉セメント（A，B，C種） | |
| | フライアッシュセメント（A，B，C種） | |
| | シリカセメント（A，B，C種） | |

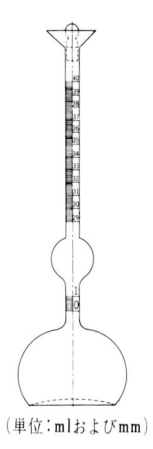

（単位：mlおよびmm）

図2.1.1　ルシャテリエフラスコ

図 2.1.2 ブレーン透過装置

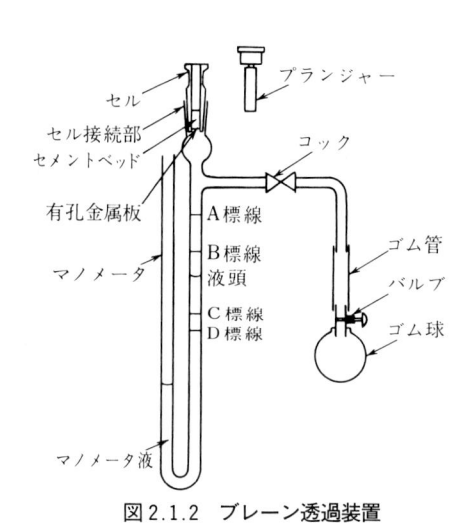

写真 2.1.1 ビカー針装置

比表面積試験では，ブレーン空気透過装置（図2.1.2参照）を用いる．この試験法は，粉末圧縮体に空気を透過させ，その透過性から粉末の表面積を測定するもので，セメント1g当たりの表面積で算出する．

一方，網ふるい試験では，網ふるい90μmを用い，微粉末を通過させた後，次の式によって粉末度を算出する．

ここに示した試験方法は，フライアッシュや高炉スラグ微粉末などの混和材料の品質試験にも適用できる．

$$f = \frac{m_2}{m_1} \times 100$$

ここに　$f$：試料の粉末度（％）
　　　　$m_2$：ふるい上の残分の質量（g）
　　　　$m_1$：試料の質量（g）

### C. 凝結試験

セメントをモルタルやコンクリートとして実際の工事に使用する場合，凝結時間があまり早くても，また遅くてもふつごうである．そこで，セメントの凝結の始まり（始発）と終わり（終結）を促えておく必要がある．

始発および終結は，ビカー針装置（写真2.1.1参照）を用い，セメントペースに始発用標準針や終結用標準針を降下させることによって求め，セメントに注水したときからの時間をもって，始発時間および終結時間とする．

一般的に凝結の始発は，セメントペーストの粘性と流動性がなくなってこわばり始める状態，終結はセメントペーストの粘性と流動性が全くなくなり，硬化過程へ移る段階の状態と考えてよい．

なお，この凝結試験法は，このほかセメント混和材を使用したときの影響を測定するためにも使用されている．

### D. 安定性試験

セメントが風化していたり，品質が不安定な場合には，硬化時に異常凝結を起こし，異常な容積変化をもたらす場合がある．このような場合には大きなひび割れを起こすことになるので，あらかじめセメントの安定性を試験する必要がある．また，性能の明らかでない混和剤を使用する場合や，異物が混入しているおそれのある水や骨材を使用する場合にも，安定性試験を行ってその影響の有無を測定する場合もある．

安定性試験では，セメントペーストでパットを作り，煮沸容器内の水中に沈め，加熱沸騰させ，自然に冷却した後，膨張性のひび割れ，または反りの有無を調べる．このパット法のほかに，ルシャテリエ装置を使用し，標準軟度のセメントペーストの体積膨張が二つの針の相対的な動きによって測定するルシャテリエ法もある．

### E. 強さ試験

セメントの強さ試験は，質量比でセメント1，標準砂3，水セメント比50％のモルタルを練り混ぜて，その成型供試体の強さの発現状態を知るものである．セメントの強さを知ることは，セメントの品質管理上のほかに，コンクリートの調合設計上でも有用であり，さらに力学的性質などの多くの性質を把握するのに有効な指標となる．

練り混ぜは機械練りにより行い，成型はテーブルバイブレータによる．

曲げ試験の供試体は，断面40mm平方，長さ160mmの角柱を用い，圧縮試験用の供試体は，曲げ試験に用いた供試体の両折片を用いる．

供試体は成形後1日（湿気箱中24時間），3日（湿気

## 2. 構造材料の試験方法

表 2.1.2 JIS セメントの品質規格

| セメントの種類 | | 混合材 (質量%) | 化学成分 (%) | | | | | 水和熱 (J/g) | | 密度(2) (g/cm³) | 比表面積 (cm²/g) | 凝結 | | 安定性 | | 圧縮強さ (N/mm²) | | | | |
|---|---|---|---|---|---|---|---|---|---|---|---|---|---|---|---|---|---|---|---|---|
| | | | 強熱減量 | 三酸化硫黄 | 酸化マグネシウム | 全アルカリ* | 塩化物イオン | C₃S (%) | C₂S (%) | C₃A (%) | 7日 | 28日 | | | 始発 (min) | 終結 (h) | パット法 | ルシャテリエ法(mm) | 1日 | 3日 | 7日 | 28日 | 91日 |
| ポルトランドセメント (JIS R 5210-1997) | 普通 | 5以下 | 3.0以下 | 3.0以下 | 5.0以下 | 0.75以下 | 0.02以下 | — | — | — | — | — | — | 2500以上 | 60以上 | 10以下 | 良 | 10以下 | — | 12.5以上 | 22.5以上 | 42.5以上 | — |
| | 早強 | — | 3.0以下 | 3.5以下 | 5.0以下 | 0.75以下 | 0.02以下 | — | — | — | — | — | — | 3300以上 | 45以上 | 10以下 | 良 | 10以下 | 10.0以上 | 20.0以上 | 32.5以上 | 47.5以上 | — |
| | 超早強 | — | 3.0以下 | 4.5以下 | 5.0以下 | 0.75以下 | 0.02以下 | — | — | — | — | — | — | 4000以上 | 45以上 | 10以下 | 良 | 10以下 | 20.0以上 | 30.0以上 | 40.0以上 | 50.0以上 | — |
| | 中庸熱 | — | 3.0以下 | 3.0以下 | 5.0以下 | 0.75以下 | 0.02以下 | 50以下 | — | 8以下 | 290以下 | 340以下 | — | 2500以上 | 60以上 | 10以下 | 良 | 10以下 | — | 7.5以上 | 15.0以上 | 32.5以上 | — |
| | 低熱 | — | 3.0以下 | 3.5以下 | 5.0以下 | 0.75以下 | 0.02以下 | — | 40以上 | 6以下 | 250以下 | 290以下 | — | 2500以上 | 60以上 | 10以下 | 良 | 10以下 | — | — | 7.5以上 | 22.5以上 | 42.5以上 |
| | 耐硫酸塩 | — | 3.0以下 | 3.0以下 | 5.0以下 | 0.75以下 | 0.02以下 | — | — | 4以下 | — | — | — | 2500以上 | 60以上 | 10以下 | 良 | 10以下 | — | 10.0以上 | 20.0以上 | 40.0以上 | — |
| 高炉セメント (JIS R 5211-1997) | A種 | 5を超え30以下 | 3.0以下 | 3.5以下 | 5.0以下 | — | — | — | — | — | — | — | — | 3000以上 | 60以上 | 10以下 | 良 | 10以下 | — | 12.5以上 | 22.5以上 | 42.5以上 | — |
| | B種 | 30を超え60以下 | 3.0以下 | 4.0以下 | 6.0以下 | — | — | — | — | — | — | — | — | 3000以上 | 60以上 | 10以下 | 良 | 10以下 | — | 10.0以上 | 17.5以上 | 42.5以上 | — |
| | C種 | 60を超え70以下 | 3.0以下 | 4.5以下 | 6.0以下 | — | — | — | — | — | — | — | — | 3300以上 | 60以上 | 10以下 | 良 | 10以下 | — | 7.5以上 | 15.0以上 | 40.0以上 | — |
| シリカセメント (JIS R 5212-1997) | A種 | 5を超え10以下 | 3.0以下 | 3.0以下 | 5.0以下 | — | — | — | — | — | — | — | — | 3000以上 | 60以上 | 10以下 | 良 | 10以下 | — | 12.5以上 | 22.5以上 | 42.5以上 | — |
| | B種 | 10を超え20以下 | — | 3.0以下 | 5.0以下 | — | — | — | — | — | — | — | — | 3000以上 | 60以上 | 10以下 | 良 | 10以下 | — | 10.0以上 | 17.5以上 | 37.5以上 | — |
| | C種 | 20を超え30以下 | — | 3.0以下 | 5.0以下 | — | — | — | — | — | — | — | — | 3000以上 | 60以上 | 10以下 | 良 | 10以下 | — | 7.5以上 | 15.0以上 | 32.5以上 | — |
| フライアッシュセメント (JIS R 5213-1997) | A種 | 5を超え10以下 | 3.0以下 | 3.0以下 | 5.0以下 | — | — | — | — | — | — | — | — | 2500以上 | 60以上 | 10以下 | 良 | 10以下 | — | 12.5以上 | 22.5以上 | 42.5以上 | — |
| | B種 | 10を超え20以下 | — | 3.0以下 | 5.0以下 | — | — | — | — | — | — | — | — | 2500以上 | 60以上 | 10以下 | 良 | 10以下 | — | 10.0以上 | 17.5以上 | 37.5以上 | — |
| | C種 | 20を超え30以下 | — | 3.0以下 | 5.0以下 | — | — | — | — | — | — | — | — | 2500以上 | 60以上 | 10以下 | 良 | 10以下 | — | 7.5以上 | 15.0以上 | 32.5以上 | — |

[注] (1) 測定値を報告する。
(2) 測定値を報告する。

*全アルカリ (%) = $Na_2O$ (%) + 0.658 $K_2O$ (%)

表2.1.3　各種セメントの物理試験結果（JIS R 5201-97）および水和熱試験結果（JIS R 5203-95）

| セメントの種類 | | 密度 (g/cm³) | 粉末度 | | 凝結 | | | 圧縮強さ（N/mm³） | | | | | 水和熱 (J/g) | |
|---|---|---|---|---|---|---|---|---|---|---|---|---|---|---|
| | | | 比表面積 (cm²/g) | 網ふるい 90 μm 残分 (%) | 水量 (%) | 始発 (h-m) | 終結 (h-m) | 1日 | 3日 | 7日 | 28日 | 91日 | 7日 | 28日 |
| ポルトランドセメント | 普通 | 3.15 | 3 450 | 0.5 | 28.2 | 2:13 | 3:15 | — | 28.1 | 43.7 | 61.3 | — | — | — |
| | 早強 | 3.13 | 4 720 | 0.2 | 30.8 | 1:55 | 2:55 | 27.6 | 45.8 | 56.0 | 67.2 | — | — | — |
| | 中庸熱 | 3.21 | 3 082 | 0.6 | 28.0 | 3:06 | 4:14 | — | 20.5 | 26.1 | 47.1 | — | 269 | 325 |
| | 低熱 | 3.22 | 3 248 | — | 26.6 | 3:28 | 5:05 | — | 11.6 | 17.0 | 40.5 | 71.8 | 196 | 258 |
| 高炉セメント | B種 | 3.03 | 3 970 | 0.3 | 29.4 | 2:51 | 4:03 | — | 21.4 | 34.9 | 60.0 | — | — | — |
| フライアッシュセメント | B種 | 2.94 | 3 630 | 1.3 | 28.2 | 2:48 | 3:53 | — | 23.1 | 36.1 | 55.5 | — | — | — |

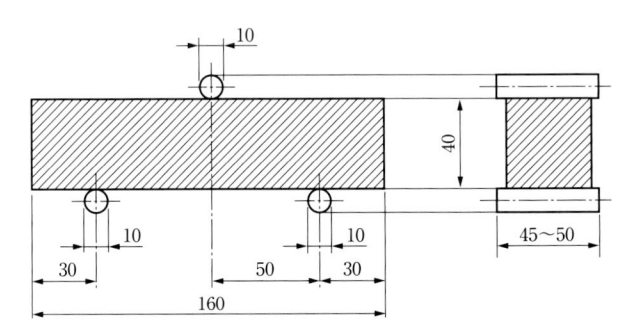

図2.1.3　曲げ強さ測定の載荷状態

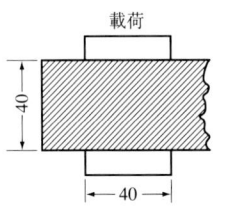

図2.1.4　圧縮強さ測定の載荷状態

写真2.1.2　フローテーブル

箱中 24 時間, 水中 2 日間), 7 日 (湿気箱中 24 時間, 水中 6 日間), 28 日 (湿気箱中 24 時間, 水中 27 日間) および 91 日 (湿気箱中 24 時間, 水中 90 日間) において曲げ, 圧縮試験を行う.

曲げ試験は, 支点間の距離を 100 mm とし, 供試体を成形したときの両側面の中央に（図 2.1.3 参照), 毎秒 50±10 N の割合で載荷して最大荷重を求め, 次の式によって曲げ強さを算出する. すなわち, 曲げ試験によって得られる破壊時の最大曲げモーメントを断面係数で割って求められるものである.

$$b = w \times 0.00234$$

ここに　$b$：曲げ強さ（N/mm²）

　　　　$w$：最大荷重（N）

圧縮試験は, 供試体を成形したときの両側面を加圧面とし, 荷重用加圧板を用いて供試体中央部に（図 2.1.4 参照), 毎秒 2 400±200 N の割合で載荷して最大荷重を求め, 次の式によって圧縮強さを算出する. すなわち, 一軸圧縮載荷時の最大耐力を, 加力軸に直行する供試体の断面積で割って求められるものである.

$$c = \frac{w}{1\,600}$$

ここに　$c$：圧縮強さ（N/mm²）

　　　　$w$：最大荷重（N）

### F.　フロー試験

まだ固まらないモルタルの流動性を測定することにより, コンシステンシーを判断することができる.

フロー試験では, 規定の機械器具（フローテーブル, フローコーンおよび突き棒）（写真 2.1.2 参照）を使い, モルタルに落下運動を与えてモルタルが広がった後の径をフロー値とする.

### 2.1.2　関連事項

セメントの品質規格を整理すると表 2.1.2 のようになる. また, 品質の代表的な例を表 2.1.3 に示す.

〈参　考　文　献〉

（1）日本コンクリート工学協会編, コンクリート便覧（第二版), p.44, 技報堂出版, 1996.2.

## 2.2 骨材

骨材は，コンクリート容積の70％前後を占めることから，コンクリートの諸性質に大きな影響を与えることになる．したがって，コンクリートに要求される性能を考えるときには，骨材品質と関連づけて検討する必要がある．普通骨材の品質項目とコンクリートの性能との関係を表2.2.1に示す．

近年は，良品質の河川産骨材が枯渇し，粗骨材の大半は砕石・山砂利に，細骨材の大半は山砂・海砂・砕砂に変わってきており，特に，細骨材は輸入骨材に依存せざるを得ない状況になりつつある．また，産業副産物の有効利用やリサイクルを考慮して，高炉スラグ・フェロニッケルスラグ・銅スラグ骨材や再生骨材など，地球環境に配慮した骨材などの利用も進められているが，超軽量骨材などの特殊な骨材の開発も行われている．今後は，これら多種多様の骨材を混合使用することも考慮しなければならない状況になりつつある．

骨材の比重による種類を表2.2.2に示す．なお，骨材は粒の大きさによって細骨材と粗骨材とに分けられる．細骨材は10 mm網ふるいを全部通り5 mm網ふるいを質量で85％以上通る骨材をいい，粗骨材は5 mm網ふるいに質量で85％以上とどまる骨材をいう．

骨材品質は日本建築学会建築工事標準仕様書（JASS 5）「鉄筋コンクリート工事」および日本工業規格（JIS）に示されている．これらを表2.2.3および表2.2.4に示す．試験方法の多くはJISによって規定されているが，一部はJASS 5によって定められたものもある．以下に骨材の主な試験方法を示す．

### 2.2.1 試料の採取

#### A. 貯蔵場所からの採取

各種の骨材試験に用いる試料は全体を代表するものでなければならない．コンクリート工事に使用する骨材は，野積みされると円すい形に広がり，粒径の大きなものが山積みのすそに集まりやすい．このため，試料の採取にあたっては，山積みのすそ・中腹・頂上，反対側の中腹およびすそのそれぞれから，ほぼ等量を採取するなどの配慮が必要である．

#### B. 採取骨材の縮分

1) **4 分 法**　試料を鉄板などの上に取り，ショベルで切り返して十分に混合し，一様な厚さの円形に広げる．この円形の試料を直交する2直径で4分し，4分し

表2.2.1　普通骨材の品質項目とコンクリート性能との関係

| 骨材の品質項目 \ コンクリート性能 | ワーカビリティー | プラスチックひび割れ | 強度・ヤング係数 | 単位容積質量 | 乾燥収縮 | 耐久性（防錆性） | 凍結融解作用 | 耐摩耗性 | 耐火性 |
|---|---|---|---|---|---|---|---|---|---|
| 粒度・最大寸法 | ◎ |  | △ |  | △ |  |  |  |  |
| 単位容積質量・実積率 | ○ |  | △ | ◎ | △ |  |  |  |  |
| 密度（比重） | △ |  | ◎ | ○ |  |  | △ | △ |  |
| 吸水率 |  |  | ○ |  |  | ○ |  |  | △ |
| 微粒分量 | △ | ○ |  | △ | △ |  |  | △ |  |
| 粘土塊量 |  | △ | △ |  |  |  |  |  |  |
| 塩化物量 |  |  |  |  |  | ◎ |  |  |  |
| 有機不純物 |  |  | ○ |  | △ |  |  |  |  |
| 岩石の鉱物組成 |  |  | △ |  | △ | ◎ |  |  | ○ |
| 物理的安定性 |  |  | △ |  |  |  | ◎ |  |  |
| すりへり減量 |  |  |  |  |  |  | △ | ○ |  |
| 骨材強度 |  |  | ○ |  |  |  |  | △ |  |

注：◎印は関係極めて大，○印は関係大，△印は関係小を示す．

表2.2.2　骨材の種類

|  | 天然骨材 | 人工骨材 | 副産骨材 |
|---|---|---|---|
| 普通骨材 | 川砂・川砂利<br>山砂・山砂利<br>海砂・海砂利など | 砕砂<br>砕石<br>など | 高炉スラグ砕砂<br>高炉スラグ砕石<br>など |
| 軽量骨材 | 火山砂・火山砂利<br>など | 膨張頁岩<br>焼成フライアッシュ<br>など | 膨張スラグ<br>など |
| 重量骨材 | 重晶石・鉄鉱石など | — | 銅スラグ砕砂など |

表2.2.3　砂利・砂の品質（JASS 5）

| 種類 | 絶乾密度（kg/l） | 吸水率（％） | 粘土塊量（％） | 微粒分量（％） | 有機不純物 | 塩化物（NaClとして）（％） |
|---|---|---|---|---|---|---|
| 砂利 | 2.5以上 | 3.0以下 | 0.2以下 | 1.0以下 | — | — |
| 砂 | 2.5以上 | 3.5以下 | 1.0以下 | 3.0以下 | 標準色より濃くない | 0.04以下[1] |

［注］（1）計画供用期間の級"長期"の場合は，0.02％以下とする．

表2.2.4　骨材のJIS品質規定値

| 骨材JIS / 骨材品質項目 | JIS A 5005 | | JIS A 5011 | | | | |
|---|---|---|---|---|---|---|---|
| 種類 | 砕石 | 砕砂 | 高炉スラグ粗骨材 | | 高炉スラグ細骨材 | フェロニッケルスラグ細骨材 | 銅スラグ細骨材 |
| | | | A | B | | | |
| 絶乾密度（kg/$l$） | 2.5以上 | 2.5以上 | 2.2以上 | 2.4以上 | 2.5以上 | 2.7以上 | 3.2以上 |
| 吸水率（%） | 3.0以下 | 3.0以下 | 6.0以下 | 4.0以下 | 3.5以下 | 3.0以下 | 2.0以下 |
| 単位容積質量（kg/$l$） | — | — | 1.25以上 | 1.35以上 | 1.45以上 | 1.50以上 | 1.80以上 |
| 安定性（%） | 12以下 | 10以下 | — | — | — | — | — |
| すりへり減量（%） | 40以下 | — | — | — | — | — | — |
| 粒形判定実積率（%） | 55以上 | 53以上 | — | — | — | — | — |
| 微粒分量（%） | 1.0以下 | 7.0以下 | — | — | — | 7.0以下 | — |
| 塩化物量（NaCl%） | — | — | — | — | — | — | 0.03以下 |

写真 2.2.1　4分法による試料の採取

写真 2.2.2　試料分取器による試料の採取

た試料のうち対角方向の一対を取り除く．残った試料が多い場合は，この試料を混合して，再び分取する．

**2) 試料分取器による法**　試料分取器は細骨材用と粗骨材用とがある．いずれも，並行なスリットの集まりで，隣接するスリットは相互に反対方向に出口を持つので，分取器を通過させることで2分される．

分取器にかけられて2分された試料の一方について試験を行う．試料が試験に必要な量より多いときは，必要な量になるまで縮分する．

### 2.2.2　ふるい分け試験（JIS A 1102）

**1) 試験の目的**

骨材のふるい分け試験は，細骨材用または粗骨材用の1組の標準網ふるいを用いてふるい分け，骨材の粒度分布を求めて，コンクリート用骨材として適当かを判定するためのものである．また，コンクリートの調合設計に必要な細骨材の粗粒率や粗骨材の最大寸法を求めるための試験でもある．

コンクリートの調合は使用する骨材の粒度によって異なる．粒度分布の適当でない骨材を使用したコンクリートは，ワーカビリティー，強度および耐久性などが劣るので，粒度調整をする必要がある．

**2) 使用器具**

**a.　はかり**　試料質量の0.1%以上の精度を有するもの．

**b.　網ふるい**　呼び寸法が0.075, 0.15, 0.3, 0.6, 1.2, 2.5, 5 mmおよび10, 15, 20, 25, 30, 40 mmの網ふるいを用いる．これらのふるいは，それぞれJIS Z 8801に規定する標準網ふるいの75, 150, 300, 600 $\mu$m, 1.18, 2.36, 4.75 mmおよび9.5, 16.0, 19.0, 26.5, 31.5, 37.5 mmである．

細骨材のふるい分け試験用には網ふるい0.15, 0.3, 0.6, 1.2, 2.5, 5および10 mmを用いるが，他に受皿およびふた(蓋)を用意するとよい．

粗骨材のふるい分け試験用で，粗骨材の最大寸法が20 mm，25 mmおよび40 mmの3種類のすべてについて，ふるい分け試験を行うために必要な網ふるいは2.5, 5, 10, 15, 20, 25, 30, 40 mmを用いるが，他に受皿およびふたを用意するとよい．

**c.　その他**　ふるい分取器，ふるい振とう機（ふる

い分け作業はふるい振とう機を使わずに行うこともできる)，ふるいブラシ，ショベル，ハンドスコップ，バット，定温乾燥器（排気口のあるもの）．

### 3) 試験方法

#### a. 試料

（1） 試料は代表的なものを採取し，4分法また試料分取器によって，ほぼ所定量となるまでこれを縮分する．その量は乾燥後において表2.2.5の質量（最大寸法のmm表示の0.2倍をkg表示）以上とする．構造用軽量骨材では，表2.2.5の質量の1/2以上とする．

（2） 縮分した試料を105±5℃で24時間，一定質量となるまで乾燥する．乾燥後，試料は室温まで冷却させる．

#### b. 試料のふるい分け方

（1） 試料を，試験の目的に合う組み合わせの網ふるいを用いて，ふるい分ける．細骨材または粗骨材の最小の網ふるいを通過する骨材についてもその質量が量れるように受皿を下に組み合わせるかバットを置く．

ふるい分けは，ふるいに上下動および水平動を与えて試料をゆり動かし，試料が絶えずふるい面を均等に運動するようにし，1分間に各ふるいを通過するものが全試料質量の0.1%以下となるまで，繰り返し行う．機械を用いてふるい分けた場合には，さらに手でふるい分け，1分間に各ふるいの通過量が全試料質量の0.1%以下となったことを確かめなければならない．ただし，ふるい分け作業中に粉砕される可能性があると判断される骨材は，機械を用いてふるい分けてはならない．

ふるい目に詰まった粒は，破砕しないように注意しながら押し戻し，ふるいにとどまった試料とみなす．5mmより小さいふるいでは，ふるい作業が終わった時点で各ふるいにとどまるものが，ふるいの面積$(mm^2) \times \sqrt{ふるいの呼び寸法(mm)}/300$を超えてはならない．各ふるいの中のどれかがこの量を超える場合は，その部分の試料を分割してふるい分けるか全試料を縮分してふるい分けるものとする．

（2） 各ふるいにとどまる試料を全試料質量の0.1%以上まで正確に測定する．なお，試料の総和はふるい分ける前の試料質量と1%以上異なってはならない．

#### c. 結果の計算

ふるい分けて計量した結果は，試料全質量に対する百分率で小数点以下1けたまで計算し，JIS Z 8401（数値の丸め方）によって整数で表す．

#### d. 報告

(i)から(v)の事項は必ず報告し，それ以外の事項は必要なものを記載する．

(i) 試料の認識記号．(ii) 試料の質量．(iii) ふるい分け方法（手動，機械）．(iv) 各ふるいにとどまるものの質量百分率，各ふるいを通過するものの累積百分率．(v) 試験日．(vi) 骨材の種類，大きさ，外観および産地．ただし，人工軽量骨材の場合は名称（名称は商品名でもよい）．(vii) 試料を採取した位置および日時．(viii) その他．

### 4) 関連事項

#### a. 通過率の求め方を表2.2.6に示す．粗粒率を求める際の網ふるいの寸法は，誤差の生じた一部を除いて$\log 2$を公差とする等差級数となっている．

#### b. JIS A 5308（レディーミクストコンクリート）の附属書1「レディーミクストコンクリート用骨材」に

表2.2.5 ふるい分け試験に用いる最小乾燥質量

| 骨材の別 | 最大寸法など | 最小乾燥質量 |
|---|---|---|
| 細骨材 | 1.2 mmふるいを95%（質量比）以上通過するもの | 100 g |
| | 1.2 mmふるいに5%（質量比）以上とどまるもの | 500 g |
| 粗骨材 | 最大寸法 10 mm程度のもの | 2 kg |
| | 最大寸法 15 mm程度のもの | 3 kg |
| | 最大寸法 20 mm程度のもの | 4 kg |
| | 最大寸法 25 mm程度のもの | 5 kg |
| | 最大寸法 40 mm程度のもの | 8 kg |

表2.2.6 粗骨材（砂利）のふるい分け試験結果の一例

| ふるいの呼び寸法(mm) | 30 | 25 | 20 | 15 | 10 | 5 | 2.5 | 1.2以下 | 計 |
|---|---|---|---|---|---|---|---|---|---|
| 各ふるい残留量 (g) | 0 | 398 | 2 616 | 1 376 | 2 358 | 2 474 | 648 | 130 | 10 000 |
| 各ふるい残留率 (%) | 0 | 4 | 26 | 14 | 24 | 25 | 6 | 1 | 100 |
| 累加残留率 (%) | 0 | 4 | 30 | 44 | 68 | 93 | 99 | | |
| 通 過 率 (%) | 100 | 96 | 70 | 56 | 32 | 7 | 1 | | |
| 粗 粒 率 | (0+30+68+93+99+100+100+100+100)/100＝6.90 | | | | | | | | |

表2.2.7 建築用普通骨材の標準粒度（JIS A 5308）

| 骨材の種類 | ふるいの呼び寸法(mm) 最大寸法(mm) | ふるいを通るものの質量百分率（%） ||||||||||||
|---|---|---|---|---|---|---|---|---|---|---|---|---|---|
| | | 50 | 40 | 30 | 25 | 20 | 15 | 10 | 5 | 2.5 | 1.2 | 0.6 | 0.3 | 0.15 |
| 細骨材 | | − | − | − | − | − | − | 100 | 90〜100 | 80〜100 | 50〜90 | 25〜65 | 10〜35 | 2〜10 |
| 粗骨材 | 40 | 100 | 95〜100 | − | − | 35〜70 | − | 10〜30 | 0〜5 | − | − | − | − | − |
| | 25 | − | − | 100 | 90〜100 | 60〜90 | − | 20〜50 | 0〜10 | 0〜5 | − | − | − | − |
| | 20 | − | − | − | 100 | 90〜100 | (55〜80) | 20〜55 | 0〜10 | 0〜5 | − | − | − | − |

（ ）内の数値は参考値．JASS 5 砂利および砂の標準粒度では（ ）が外されている．

表2.2.8 構造用人工軽量コンクリート骨材の標準粒度（JIS A 5002）

| 骨材の種類 | ふるいの呼び寸法(mm) | ふるいを通るものの質量百分率(%) |||||||||| 洗い試験により失われる率(%) |
|---|---|---|---|---|---|---|---|---|---|---|---|---|
| | | 25 | 20 | 15 | 10 | 5 | 2.5 | 1.2 | 0.6 | 0.3 | 0.15 | |
| 人工軽量細骨材 | | − | − | − | 100 | 90〜100 | 75〜100 | 50〜90 | 25〜65 | 15〜40 | 5〜20 | 0〜10 |
| 人工軽量粗骨材 | 20〜5 | 100 | 90〜100 | − | 20〜55 | 0〜10 | − | − | − | − | − | − |
| | 15〜5 | − | 100 | 90〜100 | 40〜70 | 0〜15 | − | − | − | − | − | − |

表2.2.9 レディーミクストコンクリート用砕砂および砕石の粒度（JIS A 5005）

| 骨材の種類 | ふるいの呼び寸法(mm) | ふるいを通るものの質量百分率（%） |||||||||||
|---|---|---|---|---|---|---|---|---|---|---|---|---|
| | | 50 | 40 | 25 | 20 | 15 | 10 | 5 | 2.5 | 1.2 | 0.6 | 0.3 | 0.15 |
| 砕砂 | | − | − | − | − | − | 100 | 90〜100 | 80〜100 | 50〜90 | 25〜65 | 10〜35 | 2〜15 |
| 砕石 | 4005 | 100 | 95〜100 | − | 35〜70 | − | 10〜30 | 0〜5 | − | − | − | − | − |
| | 2505 | − | 100 | 95〜100 | − | 25〜60 | − | 0〜10 | 0〜5 | − | − | − | − |
| | 2005 | − | − | 100 | 90〜100 | − | 20〜55 | 0〜10 | 0〜5 | − | − | − | − |
| | 4020 | 100 | 90〜100 | 20〜55 | 0〜15 | − | 0〜5 | − | − | − | − | − | − |

表2.2.10 使用箇所による粗骨材の最大寸法（JASS 5）

| 使用箇所 | 粗骨材の最大寸法（mm） ||
|---|---|---|
| | 砂利 | 砕石・高炉スラグ粗骨材 |
| 柱・はり・スラブ・壁 | 20, 25 | 20 |
| 基礎 | 20, 25, 40 | 20, 25, 40 |

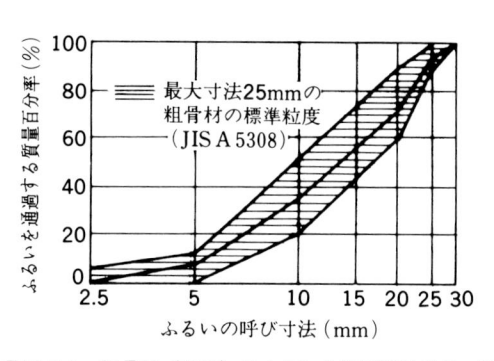

図2.2.1 粗骨材（砂利）のふるい分け試験結果の一例

規定されている建築用普通骨材の標準粒度を表2.2.7に示す．この粒度はJASS 5「鉄筋コンクリート工事」に示される砂利および砂の標準粒度に相当する．

ただし，砕砂または高炉スラグ砂を混合して使用する細骨材の場合，0.15 mmふるいを通るものの質量百分率は2〜15％とする．レディーミクストコンクリート用人工軽量骨材の粒度は，JIS A 5002（構造用軽量コンクリート骨材）に規定されており，表2.2.8に示す．

c. レディーミクストコンクリート用骨材でいう砕石および砕砂はJIS A 5005（コンクリート用砕石及び砕砂）に規定する品質をもつものであり，これらを表2.2.9に示す．

d. 使用箇所に応ずる粗骨材の最大寸法を表2.2.10に示す．骨材は鉄筋相互間および鉄筋とせき板との間を容易に通る大きさであることが規定されており，使用箇所に応ずる粗骨材の最大寸法が定められている．

e. 骨材の粒度を簡単な数字で表す方法として粗粒率

(Fineess Modulus) がある．粗粒率は 80, 40, 20, 10, 5, 2.5, 1.2, 0.6, 0.3, 0.15 mm 網ふるいの一組を用いてふるい分け試験を行った場合，各ふるいを通らない全部の試料の質量百分率の和を 100 で除した値である（表 2.2.6 参照）．ただし，粗粒率が同じであっても，各ふるいの通過率がすべて同じであるとは限らない．

**f.** 表 2.2.6 には普通粗骨材（砂利）のふるい分け試験結果および粗粒率の求め方を示した．

また，図 2.2.1 には表 2.2.6 に基づいて，ふるいの呼び寸法と通過率との関係（粒度曲線）を図示した．図 2.2.1 には JIS A 5308（レディーミクストコンクリート）に規定された粗骨材で最大寸法 25 mm の標準粒度を記入した．細骨材についても，ふるいの呼び寸法を 10〜0.15 mm にとることで粒度曲線を表すことができる．

**g.** 粗骨材の最大寸法は，骨材が質量で 90% 以上通るふるいのうち，ふるい目の開きが最小のものの呼び寸法で示される粗骨材の大きさである．表 2.2.6 に示した普通粗骨材の最大寸法は 25 mm である．

## 2.2.3 単位容積質量および実積率試験（JIS A 1104）

### 1) 試験の目的

所定の容器に所定の方法で満たした骨材の質量を，その容器の容積で除した値を単位容積質量という．実積率は，容器に満たした骨材の絶対容積の，その容器の容積に対する百分率である．

骨材の単位容積質量は，コンクリートの調合に際して単位粗骨材かさ容積を質量に，または骨材の質量をかさ容積に換算するときに必要な値である．さらに，骨材の輸送計画を立てたり，置き場の面積を考えるときなどにも必要である．

実積率はコンクリート用砕石などの粒形判定に用いられる．角ばったもの，偏平であるものなど粒形の良くない骨材は実積率が低い．

### 2) 使用器具

**a.** はかり　試料の全質量を 0.2% 以上の精度で量れるもの．

**b.** 容器　内面を機械仕上げとした金属製の円筒で，水密で十分強固なものとし，とっ手のあるもの．骨材の最大寸法によって表 2.2.11 に示す大きさのものがある．容器の容積は，これを満たすのに必要な水の質量を正確に測定して，算定する．

**c.** 突き棒　直径 16 mm，長さ 50〜60 cm の丸鋼とし，その先端を半球状にしたもの．

**d.** その他　試料分取器（4 分法によらない場合），ショベル，ハンドスコップ，絶乾にする場合は定温乾燥器．

### 3) 試験方法

**a.** 試料

（1）代表的なものを採取し，4 分法または試料分取器によって，ほぼ所定量となるまで縮分する．その量は用いる容器容積の 2 倍以上とする．試料は絶乾状態とする．ただし，粗骨材は気乾状態でもよい．

（2）試料を 2 分し，それぞれ 1 回の試験の試料とする．

**b.** 試料の詰め方

試料の詰め方には棒つき試験とジッキング試験がある．棒つき試験は骨材の最大寸法が 40 mm 以下のときに，ジッキング試験は軽量骨材に用いられる．

（1）棒つき試験の場合：試料を容器の 1/3 まで入れ，上面を指でならし，突き棒で均等に所定回数突く．突き数は表 2.2.11 による．次に容器の 2/3 まで試料を入れ，前回と同様に突く．最後に容器からあふれるまで試料を入れ，前回と同様に突く．

ジッキング試験の場合：容器をコンクリート床のような強固で水平な床の上に置き，試料をほぼ等しい 3 層に分けて詰める．各層ごとに，容器の片側を約 5 cm 持ち上げて床をたたくように落下させる．次に反対側を約 5 cm 持ち上げて落下させ，各側を交互に 25 回，全体で 50 回落下させてゆりしめる．

（2）骨材表面のならし方は次による．細骨材の場合は，突き棒を定規として余分の試料をかき取り，容器の上面にそってならす．

粗骨材の場合は，骨材の表面を指または定規でならし，容器の上面からの粗骨材粒の突起が上面からのへこみと同じくらいになるようにする．

（3）容器中の試料の質量を量る．

表 2.2.11　単位容積質量を測定する容器と突き回数

| 骨材の最大寸法 (mm) | 容積 ($l$) | 内高/内径 | 1 層当たりの突き回数 |
|---|---|---|---|
| 5（細骨材）以下 | 1〜2 | 0.8〜1.5 | 20 |
| 10 以下 | 2〜3 | | 20 |
| 10 を超え 40 以下 | 10 | | 30 |

（4） 試料の密度，吸水率および含水率の測定：棒つき試験またはジッキング試験に用いた試料から，4分法または試料分取器によって，密度・吸水率および含水率を測定するための試料を採取する．

密度・吸水率および含水率は，2.2.4 密度および吸水率試験，および JIS A 1125（骨材の含水率試験方法及び含水率に基づく表面水率の試験方法）に従って試験する．ただし，棒つき試験またはジッキング試験に用いた試料が絶乾状態であるか含水率 1.0% 以下の見込みの場合は，含水率の測定は省略してよい．

**4） 結果の計算**

**a.** 骨材の単位容積質量　　次の式によって計算し，JIS Z 8401（数値の丸め方）によって有効数字 3 けたに丸める．

$$T = \frac{W_1}{V}$$

ここに　$T$：骨材の単位容積質量（kg/$l$）
　　　　$V$：容器の容積（$l$）
　　　　$W_1$：容器中の試料の質量（kg）

気乾状態の試料を用いて試験を行い含水率の測定を行った場合は次による．

$$T = \frac{W_1}{V} \times \frac{W_D}{W_2}$$

ここに　$W_2$：含水率測定のための試料の乾燥前の質量（g）
　　　　$W_D$：含水率測定のための試料の乾燥後の質量（g）

**b.** 骨材の実積率　　次の式によって計算し，JIS Z 8401 によって有効数字 3 けたに丸める．

$$G = \frac{T}{D_d} \times 100$$

$$G = T \times \frac{100 + Q}{D_s}$$

ここに　$G$：骨材の実積率（%）
　　　　$Q$：骨材の吸水率（%）
　　　　$D_d$：骨材の絶乾密度（kg/$l$）
　　　　$D_s$：骨材の表乾密度（kg/$l$）

試験は同時に採取した試料について 2 回行い，その平均値をとる．

**c.** 精度　　単位容積質量および実積率のいずれの場合にも，平均値と各試験値との差の絶対値の平均値に対する百分率は，0.5% 以下でなければならない．

**d.** 報告事項　　（i）〜（viii）のうち必要なものを記載

表 2.2.12　構造用軽量コンクリート粗骨材の実積率を求めるための試料の採取量

| 骨材の寸法 (mm) | 1回の試験の試料質量 (g) | |
|---|---|---|
| | 密度試験 | 単位容積質量試験 |
| 10〜5 | 1 000 | 6 000 |
| 20〜10 | 1 000 | 6 000 |

する．

（i）骨材の種類，大きさ，外観および産地．ただし，人工軽量骨材の場合は名称（名称は商品名でも良い）．（ii）試料を採取した位置および日時．（iii）試料の状態，気乾状態か絶乾状態か．（iv）気乾状態の場合は，含水率測定の有無と含水率の測定値．（v）密度および吸水率．（vi）単位容積質量．（vii）実積率および試料の粒度．（viii）その他．

**5） 関連事項**

**a.** JIS A 5002（構造用軽量コンクリート骨材）による粗骨材の実積率の区分　　A が 60.0% 以上，B が 50.0% 以上，60.0% 未満である．なお，実積率は次の方法により測定した単位容積質量から求める．粗骨材を 5，10 および 20 mm ふるいでふるい分け，105±5°C で定質量となるまで乾燥する．10〜5 mm および 20〜10 mm の代表的試料を，表 2.2.12 に示す量を採取し，十分混合して 1 回の試験試料とする．

**b.** コンクリート用砕石の粒形　　粒形判定実積率を用い，その値は 55% 以上でなければならない．ただし，高強度コンクリート用は 57% 以上でなければならない．なお，この試料は，絶乾状態になるまで乾燥した砕石について，20〜10 mm の粒 24 kg，10〜5 mm の粒 16 kg をふるい分け，これを合わせてよく混合したものとする．

**c.** コンクリート用砕砂の粒形　　粒形判定実積率の試験を行い，その値は 53% 以上でなければならない．この試料は，十分に水洗いを行いながらふるい分け，2.5 mm ふるいを通過し，1.2 mm ふるいに留まるものを絶乾状態にしたもの．

### 2.2.4　密度および吸水率試験

骨材の密度（ISO では密度と表現しており，JIS も比重から順次変更される）には表乾密度と絶乾密度がある．表乾密度は表面乾燥飽水状態の骨材の質量を同じ容積の水の質量で除した値であり，絶乾密度は骨材の絶対乾燥状態の質量を骨材容積と同じ水の質量で除した値で

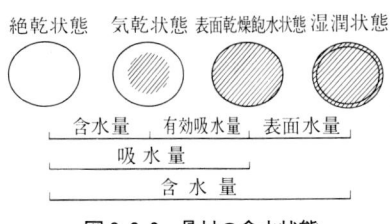

図2.2.2 骨材の含水状態

ある．また，骨材の吸水率は，表面乾燥飽水状態の骨材に含まれている全水量の，絶対乾燥状態の骨材質量に対する百分率である．

骨材の絶対乾燥状態および表面乾燥飽水状態については，JIS A 0203（コンクリート用語）で次のように規定している．すなわち，

絶対乾燥状態（絶乾状態）：105±5℃の温度で定質量となるまで乾燥し，骨材粒の内部に含まれている水が取り去られた状態．

表面乾燥飽水状態（表乾状態）：骨材の表面水がなく，骨材粒の内部の空げきが水で満たされている状態．

骨材の含水状態は図2.2.2のように示すことができる．表面水（量）は，骨材の表面についている水であって，骨材に含まれるすべての水から骨材粒の内部の水を差し引いたものである．含水量は骨材粒の内部の空げきに含まれている水と表面水の和の全量である．したがって，有効吸水量は気乾状態の骨材が表面乾燥飽水状態になるまでの吸水量である．

### A. 細骨材の密度および吸水率の試験方法（JIS A 1109）

#### 1） 試験の目的

この方法は普通細骨材（川砂・砕砂・高炉スラグ細骨材など）に適用される．骨材の密度と吸水率との間には，極めて強い相関があり，骨材品質判定の目安となる．普通骨材では，密度（比重）が大きくて吸水率の小さいものが，一般的には，品質の良い骨材といえる．構造用軽量細骨材は2.2.4 Cによる．

骨材の密度および吸水率は，調合設計にあたり次のような場合に必要である．

（1） 絶対容積調合の骨材を質量調合に換算するとき，または質量調合の骨材を容積調合に換算するとき（密度および吸水率）．

（2） 使用しようとする骨材の含水率を知って有効吸水率または表面水量を求めるとき（吸水率）．

（3） 骨材の単位容積質量から実積率を求めるとき（密度）．

#### 2） 使用器具

a. はかり　ひょう量2kg以上で感量が0.1gまたはこれより良いもの．

b. ピクノメータ　フラスコ（容量500ml程度のもの）または他の適切な容器．

c. フローコーン　金属製で上面内径40±3mm，底面内径90±3mm，高さ75±3mm，厚さ4mm以上のもの．

d. 突き棒　質量340±15g，一端が直径23±3mmの円形断面のもの．

e. その他　定温乾燥器（排気口があり試料を105±5℃に保てるもの），試料分取器（4分法による場合はショベル），ドライヤー，デシケータ，バット．

#### 3） 試験方法

a. 試料　代表的なものを採取し，4分法または試料分取器によって約2kgとなるまで縮分し，それを試料分取器で約1kgずつに2分する．24時間吸水させる．

24時間吸水させた試料を平らな面の上に薄く広げ，暖かい風を静かに送りながら，均等に乾燥させるためによくかき回す．

細骨材の表面にまだいくぶん表面水があると思われるときに，細骨材をフローコーンにゆるく詰め，上面を平らにしたのち力を加えずに突き棒で25回軽く突き，フローコーンを静かに鉛直に引き上げる．試料を少しずつ乾燥させながらこの方法を繰り返し，フローコーンを引き上げたときに細骨材のコーンが初めてスランプしたとき，表面乾燥飽水状態であるとする．

ただし，最初にフローコーンを取り去ったときに細骨材のコーンがスランプした場合は，表面乾燥飽水状態をすぎているので，そのときは少量の水を加えてよく混合し，覆いをして30分間おいたのち，改めて表面乾燥飽水状態であるかどうか調べる（図2.2.3参照）．

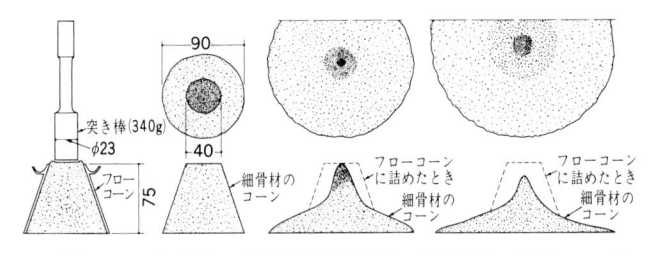

図2.2.3 細骨材の表面乾燥飽水状態の見分け方（単位：mm）

表面乾燥飽水状態に達した試料（約 1 000 g）を 2 分し，それぞれを密度および吸水率の 1 回の試験の試料とする．

**b. 密度の試験方法**

（1） ピクノメータに水をキャリブレーションされた容量を示す印まで加え，そのときの質量 $W_{F1}$ を 0.1 g まで量る．

（2） 表面乾燥飽水状態とした細骨材のうち，密度試験用の試料の質量 $W_{S1}$ を 0.1 g まで測定する．少量の水をピクノメータに入れた後，試料をピクノメータに入れ，次に水をキャリブレーションされた容量を示す印近くまで加える．

（3） ピクノメータを平らな板の上で転がして，あわを追い出した後，20±5℃ の定温の水槽の中につける．

（4） 約 1 時間ピクノメータを水槽につけてから，さらにキャリブレーションされた容量を示す印まで水を加える．

（5） ピクノメータ表面の水分を乾いた布でぬぐい去った後，ピクノメータ・試料および水の合計質量 $W_{F2}$ を 0.1 g まで量る．

**c. 吸水率の試験方法**

（1） 表面乾燥飽水状態とした細骨材のうち，吸水率試験用試料（密度試験用でない残された試料）の質量 $W_{S2}$ を 0.1 g まで測定したのち，105±5℃ の定温乾燥器に入れる．

（2） 105±5℃ で定質量となるまで乾燥した試料をデシケータ内で室温まで冷やし，その質量 $W_{D1}$ を 0.1 g まで量る．

**4） 結果の計算**

**a. 密度** 細骨材の表乾密度および絶乾密度は次の式によって計算し，JIS Z 8401（数値の丸め方）によって小数点以下 2 けたに丸める．

表乾密度は表面乾燥飽和状態の密度であり，絶乾密度は絶対乾燥状態の密度である．

$$D_S = \frac{W_{S1}}{W_{F1} - W_{S1} - W_{F2}} \times \rho_w$$

ここに　$D_S$：表乾密度（g/cm³）

　　　　$W_{S1}$：表面乾燥飽水状態の試料の質量（g）

　　　　$W_{F1}$：キャリブレーションされた容量を示す印まで水を満たしたピクノメータの質量（g）

　　　　$W_{F2}$：試料と水でキャリブレーションされた容量を示す印まで満たしたピクノメータの質量（g）

　　　　$\rho_w$：試験温度における水の密度（g/cm³）．純水の密度は，15℃ で 0.9991，20℃ で 0.9982，25℃ で 0.9970 g/cm³ である．

$$D_D = \frac{100}{100 + Q} D_S$$

ここに　$D_D$：絶乾比重

　　　　$Q$：吸水率（％）

**b. 吸水率** 細骨材の吸水率は次の式によって計算し，JIS Z 8401（数値の丸め方）によって小数点以下 2 けたに丸める．

$$Q = \frac{W_{S2} - W_{D1}}{W_{D1}} \times 100$$

ここに　$Q$：吸水率（％）

　　　　$W_{S2}$：表面乾燥飽水状態の吸水率試験用試料の質量（g）

　　　　$W_{D1}$：乾燥後の吸水率試験用試料の質量（g）

**c. 同時に採取した試料の試験回数** 試験は同時に採取した試料について 2 回行い，その平均値をとる．

**d. 精度** 平均値と各試験値との差の絶対値は，密度試験の場合は 0.01 g/cm³ 以下，吸水率試験の場合は 0.03％ 以下でなければならない．

**e. 報告事項** （ⅰ）〜（ⅴ）の事項のうち必要なものを記載する．

（ⅰ）骨材の種類・大きさ・外観および産地．（ⅱ）試料を採取した位置および日時．（ⅲ）表乾および絶乾密度．（ⅳ）吸水率．（ⅴ）その他．

**5） 関連事項**

**a. 微粒分量試験で失われる量の多い砕砂の表面乾燥飽水状態の判定** 微粒分量試験で失われる量の多い砕砂・スラグ細骨材などでは，表面乾燥飽水状態の判定が難しいことがある．その場合には，JIS A 1103（骨材の微粒分量試験方法）によって洗った骨材を試料とすることができる．

**b. 2.2.4 C 構造用軽量細骨材の密度および吸水率試験方法で用いるピクノメータを利用すると，密度測定の作業がしやすい．

**c. 全国の生コン工場およびコンクリート二次製品工場における細骨材の比重および吸水率** セメント協会

表 2.2.13 全国の生コンクリート工場およびコンクリート製品工場で使用されている細骨材の比重・吸水率（セメント協会）

| 分類 | | 特性値 | 比重（表乾） | | | 吸水率（%） | | |
|---|---|---|---|---|---|---|---|---|
| | | | 最小 | 最大 | 平均 | 最小 | 最大 | 平均 |
| 全骨材 | | | 2.48 | 2.70 | 2.58 | 0.92 | 5.27 | 2.29 |
| 種類別（個別試料） | 全骨材 | | 2.35 | 2.83 | 2.58 | 0.70 | 5.82 | 2.30 |
| | 川砂 | | 2.50 | 2.68 | 2.58 | 1.11 | 5.71 | 2.46 |
| | 陸砂 | | 2.51 | 2.70 | 2.60 | 0.70 | 5.08 | 2.25 |
| | 山砂 | | 2.50 | 2.71 | 2.56 | 0.91 | 4.57 | 2.48 |
| | 海砂 | | 2.35 | 2.68 | 2.55 | 0.81 | 5.82 | 2.23 |
| | 浜砂 | | 2.53 | 2.73 | 2.60 | 0.99 | 2.75 | 1.74 |
| | 砕砂 | | 2.53 | 2.83 | 2.67 | 1.06 | 4.90 | 1.94 |
| 地別（実際使用時） | 北海道 | | 2.56 | 2.70 | 2.63 | 1.15 | 4.06 | 2.29 |
| | 東北 | | 2.50 | 2.64 | 2.56 | 1.68 | 5.27 | 3.20 |
| | 関東 | | 2.51 | 2.66 | 2.61 | 0.92 | 4.19 | 2.21 |
| | 中部 | | 2.54 | 2.68 | 2.59 | 1.11 | 3.22 | 2.12 |
| | 近畿 | | 2.49 | 2.60 | 2.56 | 1.38 | 3.14 | 2.12 |
| | 中国 | | 2.50 | 2.63 | 2.56 | 1.23 | 2.90 | 2.00 |
| | 四国 | | 2.51 | 2.66 | 2.57 | 1.46 | 2.56 | 2.11 |
| | 九州・沖縄 | | 2.48 | 2.69 | 2.56 | 1.09 | 3.81 | 2.34 |

が昭和 50 年度に全国の生コン工場およびコンクリート製品工場 200 箇所を選び，使用されている細骨材の比重および吸水率を調査した結果を表 2.2.13 に示す．

### B. 粗骨材の密度および吸水率試験方法（JIS A 1110）

#### 1) 試験の目的

この方法は粗骨材（川砂利・砕石・高炉スラグ砕石・構造用軽量粗骨材など）に適用される．構造用軽量粗骨材を絶乾状態から 24 時間吸水させて試験する場合は 2.2.4 D による．また，ピクノメータを用いて粗骨材の密度および吸水率を試験する場合は JIS A 1109 によることができる．

#### 2) 使用器具

a. はかり　試料質量の 0.02% 以下の感量をもつもので，皿の中心から直径 3 mm 以下の金属線でかごをつるし，これを水中に浸すことができる構造のもの．

b. かご　3 mm 目以下の金属製で，直径約 20 cm，高さ約 20 cm のもの．

c. 水槽　かごが入る大きさのもので，水位が一定に調整できるもの．

d. その他　試料分取器，定温乾燥器（排気口があり試料を 105±5°C に保てるもの），ショベル，バット，網ふるい 4.75 mm，吸水性の布（骨材表面の水膜をぬぐうための乾燥した柔らかい布）

#### 3) 試験方法

a. 試料　代表的なものを採取し，呼び寸法 4.75 mm 網ふるいにとどまる粗骨材を，4 分法または試料分取器によってほぼ所定量となるまで縮分する．

普通骨材の 1 回の試験に使用する試料の最小質量は，粗骨材の最大寸法（mm 表示）の 0.1 倍を kg 表示した量とする．軽量骨材については，次の式によっておおよその試料質量を求める．

$$W_{\min} = \frac{D_{\max} \times D_e}{25}$$

ここに　$W_{\min}$：試料の最小質量（kg）
　　　　$D_{\max}$：粗骨材の最大寸法（mm）
　　　　$D_e$：粗骨材の推定密度（g/cm³）

試料は，十分に水で洗って粒の表面についているごみその他を取り除く．

b. 試料の試験方法

（1）試料をかごの中に入れて 20±5°C の清水中につけ，表面および粒の間の気泡を追い出して 24 時間吸水させる．

（2）20±5°C の水中で試料の見かけの質量（$W_w$）と水温を量る．

（3）水中から取り出した試料を吸水性の布の上で転がして，目で見える水膜をぬぐい去る．骨材粒が大きいときは粒を 1 つずつぬぐい，表乾状態の試料質量（$W_S$）を量る．

（4）試料を 105±5°C で一定質量となるまで乾燥し，デシケータ内で室温まで冷やし，その絶乾質量 $W_D$ を量る．

#### 4) 結果の計算

a. 密度　粗骨材の表乾密度（表面乾燥飽水状態の密度）および絶乾密度（絶対乾燥状態の密度）は次の式によって計算し，JIS Z 8401（数値の丸め方）によって小数点以下 2 けたに丸める．

$$D_S = \frac{W_S}{W_S - W_w} \times \rho_w$$

ここに　$D_S$：表乾密度（g/cm³）
　　　　$W_S$：表乾試料の質量（g）
　　　　$W_w$：試料の水中における見かけの質量（g）
　　　　$\rho_w$：試験温度における水の密度（g/cm³）．
　　　　　純水の密度は，15°C で 0.9991，20°C で 0.9982，25°C で 0.9970 g/cm³ である．

$$D_D = \frac{W_D}{W_S - W_W} \times \rho_W$$

ここに　$D_D$：絶乾密度（g/cm³）

　　　　$W_D$：乾燥後の試料の質量（g）

　b. 吸水率　　次の式によって計算し，JIS Z 8401（数値の丸め方）によって小数点以下 2 けたに丸める．

$$Q = \frac{W_S - W_D}{W_D} \times 100$$

ここに　$Q$：吸水率（%）

試験は，同時に採取した試料について 2 回行い，その平均値をとる．

　c. 精度　　平均値と各試験値との差の絶対値は，密度試験の場合 0.01 以下，吸水率試験の場合 0.03% 以下でなければならない．

　d. 報告事項　　（i）〜（iv）の事項のうち必要なものを記載する．（i）骨材の種類・大きさ・外観および産地または名称．（ii）密度．（iii）吸水率．（iv）その他．

**5) 関連事項**

　a. 全国の生コン工場およびコンクリート二次製品工場における粗骨材の比重および吸水率　　セメント協会が昭和 51 年度に全国の生コン工場およびコンクリートの二次製品工場 200 箇所を選び，使用されている粗骨材の比重および吸水率を調査した結果を表 2.2.14 に示す．

### C. 構造用軽量細骨材の密度および吸水率試験方法
（JIS A 1134）

**1) 試験の目的**

この方法は，JIS A 5002（構造用軽量コンクリート骨材）に規定する細骨材に適用される．

**2) 使用器具**

　a. はかり　　ひょう量 2 kg 以上で，感量が 0.1 g またはこれより良いもの．

　b. フローコーンおよび突き棒　　JIS A 1109 細骨材の密度および吸水率試験方法に規定するもの．

　c. ピクノメータ　　容量 700 ml 以上のもの．図 2.2.4 に適当なピクノメータの一例を示す．

　d. その他　　定温乾燥器，試料分取器（細骨材の密度および吸水率試験方法参照），ドライヤー，ショベル，デシケータ．

**3) 試験方法**

　a. 試料

（1）代表的細骨材を気乾状態で採取し，4 分法または試料分取器によって約 1 600 g になるまで縮分する．これを試料分取器によって約 800 g ずつに 2 分する．

（2）試料を 105±5℃ で定質量となるまで乾燥する．

（3）定質量とした試料（細骨材の粒形や粒度によって表面乾燥飽水状態とする操作の難しい場合には，0.15 mm 未満の粒をふるい去って試料とし，報告事項にその旨を付記する）を室温まで冷やし，清水中で 24 時間以上吸水させる．この際少なくとも 20 時間は水温を 20±5℃ に保つ．吸水後，試料に暖かい風を静かに送りながら均等に乾燥させる．

細骨材の表面にいくぶんか表面水があると思われるときに細骨材をフローコーンにゆるく詰め（細骨材はフローコーン中に徐々にかつ均一に流し込むようにして詰める．締固めに際して試料を追加する必要のない程度に余盛りしておく），突き棒の先端でフローコーンの約 1/3 の高さの位置を四方から 10 回ずつ軽くたたき（フロー

表 2.2.14　全国の生コンクリート工場およびコンクリート製品工場で使用されている粗骨材の比重・吸水率（セメント協会）

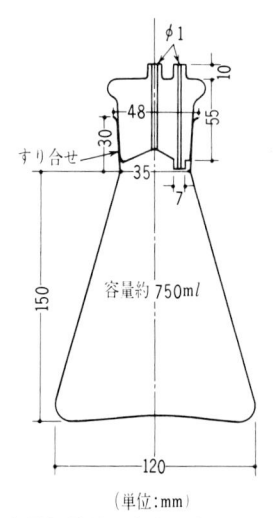

| 特性値 | | 比　重（表　乾） | | | 吸　水　率（%） | | |
|---|---|---|---|---|---|---|---|
| 分　類 | | 最小 | 最大 | 平均 | 最小 | 最大 | 平均 |
| 全　骨　材 | | 2.37 | 3.02 | 2.65 | 0.30 | 5.54 | 1.35 |
| 種類別 | 川　砂　利 | 2.37 | 2.82 | 2.63 | 0.58 | 5.54 | 1.65 |
| | 陸　砂　利 | 2.54 | 2.71 | 2.62 | 0.73 | 3.48 | 1.48 |
| | 山　砂　利 | 2.54 | 2.78 | 2.63 | 0.64 | 2.72 | 1.27 |
| | 砕　　　石 | 2.55 | 3.02 | 2.69 | 0.30 | 3.00 | 1.09 |
| 地方別 | 北　海　道 | 2.54 | 2.73 | 2.64 | 0.68 | 2.55 | 1.61 |
| | 東　　　北 | 2.37 | 2.95 | 2.60 | 0.54 | 5.54 | 2.78 |
| | 関　　　東 | 2.56 | 2.82 | 2.65 | 0.36 | 2.20 | 1.24 |
| | 中　　　部 | 2.58 | 2.78 | 2.64 | 0.55 | 2.80 | 1.12 |
| | 近　　　畿 | 2.54 | 2.82 | 2.64 | 0.30 | 2.72 | 0.95 |
| | 中　　　国 | 2.59 | 2.86 | 2.69 | 0.41 | 1.83 | 0.90 |
| | 四　　　国 | 2.58 | 3.02 | 2.67 | 0.63 | 2.18 | 1.08 |
| | 九州・沖縄 | 2.59 | 2.95 | 2.70 | 0.30 | 3.00 | 1.34 |

図 2.2.4　軽量細骨材の密度測定用ピクノメータ

コーンの表面より約 10 mm 離れた位置から，5 秒程度のうちに 10 回たたく），上面をならしてフローコーンを鉛直に静かに引き上げる．試料を順次乾燥させながら前記の方法を繰り返し，フローコーンを引き上げたときに細骨材のコーンが初めてスランプしたとき，表面乾燥飽水状態であるとする．

（4） 表面乾燥飽水状態の試料を約 300 g ずつ取り，それぞれ密度および吸水率試験 1 回分の試料とする．

**b. 密度の試験方法**

（1） 表面乾燥飽水状態の試料（約 300 g）の試料 $W_{S1}$ を量る．

（2） ピクノメータにあふれるまで水を入れ，ふたをして質量 $W_1$ を量る．

（3） ピクノメータを空にして，試料 $W_{S1}$ を覆う十分な水を入れる．試料 $W_{S1}$ を入れ，ふたをした後，試料と水とを揺り動かして粒子間の空気を十分に追い出す．約 1 時間ピクノメータを 20±5℃ の水槽につけて，さらに水を満たして質量 $W_2$ を量る（使用するそれぞれの水の温度差は 1℃ 以上あってはならない）．

**c. 吸水率の試験方法**

（1） 表面乾燥状態の試料（約 300 g）の試料 $W_{S2}$ を量る．この試料を 105±5℃ で定質量となるまで乾燥し，デシケータ内で室温まで冷やし，その質量 $W_{D1}$ を量る．

**4） 結果の計算**

**a. 密度** 密度は，次の式で計算し，JIS Z 8401（数値の丸め方）によって有効数字 3 けたに丸める．

$$D_{S1} = \frac{W_{S1}}{W_1 + W_{S1} - W_2} \times \rho_W$$

$$D_{D1} = \frac{100}{100 + Q_1} D_{S1}$$

ここに　$D_{S1}$：表乾密度（kg/$l$）
　　　　$D_{D1}$：絶乾密度（kg/$l$）
　　　　$Q_1$：吸水率（質量百分率）（％）
　　　　$W_{S1}$：表面乾燥飽水状態の試料の質量（g）
　　　　$W_1$：水で満たしたピクノメータの全質量（g）
　　　　$\rho_W$：試験温度における水の密度（kg/$l$）．純水の密度は，15℃ で 0.9991，20℃ で 0.9982，25℃ で 0.9970 kg/$l$ である．
　　　　$W_2$：試料と水で満たしたピクノメータの質量（g）

0.15 mm 以上の粒のみについて試験した場合は，細骨材の絶乾密度は次の式で計算し，JIS Z 8401 によって有効数字 3 けたに丸める．

$$D_{D2} = \frac{W_{D2}}{\frac{W_{D3}}{D_{D3}} + \frac{W_{D4}}{D_{D4}}}$$

ここに　$D_{D2}$：絶乾密度（kg/$l$）
　　　　$W_{D2}$：細骨材の全乾燥質量（g）
　　　　$W_{D3}$：細骨材中の 0.15 mm 未満の粒の乾燥質量（g）
　　　　$D_{D3}$：細骨材中の 0.15 mm 未満の粒の絶乾密度（kg/$l$）
　　　　$W_{D4}$：細骨材中の 0.15 mm 以上の粒の乾燥質量（g）
　　　　$D_{D4}$：細骨材中の 0.15 mm 以上の粒の絶乾密度（kg/$l$）

この場合の 0.15 mm 未満の粒の絶乾密度は，試料を 105±5℃ の温度で定質量となるまで乾燥し，JIS R 5201（セメントの物理試験方法）に規定するセメントの密度試験方法に準じて求める．その際は鉱油の代わりに水を用い，試料の量は約 80 g とする．

0.15 mm 未満の粒のみについて試験した場合の細骨材の表乾密度は，4）b.吸水率のうち 0.15 mm 以上の粒のみについて試験した場合の吸水率 $Q_2$ を用いて次式で計算し，JIS Z 8401 によって有効数字 3 けたに丸める．

$$D_{S2} = D_{D2} \times \left(\frac{100 + Q_2}{100}\right)$$

ここに　$D_{S2}$：表乾密度（kg/$l$）
　　　　$D_{D2}$：絶乾密度（kg/$l$）
　　　　$Q_2$：吸水率（質量百分率）（％）

**b. 吸水率**　0.15 mm 未満の粒をふるい去らない場合は次式の $Q_1$ を，0.15 mm 以上の粒のみについて試験した場合は $Q_2$（0.15 mm 未満の粒の吸水率を無視）を計算し，JIS A 8401 によって小数点以下 1 けたに丸める．

$$Q_1 = \frac{W_{S2} - W_{D1}}{W_{D1}} \times 100$$

ここに　$Q_1$：吸水率（質量百分率）（％）
　　　　$W_{S2}$：表面乾燥飽水状態の試料の質量（g）
　　　　$W_{D1}$：乾燥後の試料の質量（g）

$$Q_2 = \frac{1}{100} Q_3 \cdot P$$

ここに　$Q_3$：0.15 mm 以上の粒の吸水率（％）

$P$：細骨材中の 0.15 mm 以上の粒の質量百分率（％）

**c. 同時に採取した試料の試験回数** 密度および吸水率の試験は，同時に採取した試料について 2 回行い，その平均値をとる．

**d. 精度** 平均値と各試験値との差の絶対値は，密度試験の場合は 0.02（kg/$l$）以下，吸水率試験の場合は 0.1％以下でなければならない．

**e. 報告** （i）〜（vii）のうち必要なものを記載する．（i）軽量骨材の種類・外観および名称（名称は商品名でも良い）．（ii）試料を採取した位置および日時．（iii）試験時における骨材の吸水時間．（iv）密度．（v）吸水率．（vi）0.15 mm 以下の骨材を取り去って試料とした場合は，その旨を付記．（vii）その他．

**5) 関連事項**

**a.** JIS A 5002（構造用軽量コンクリート骨材）に規定される細骨材の絶乾密度による区分 絶乾密度は種類 L が 1.3 未満，M が 1.3 以上で 1.8 未満，H が 1.8 以上で 2.3 未満である．JIS A 5308（レディーミクストコンクリート）には，M および H を使用する規定がある．

**D. 構造用軽量粗骨材の密度および吸水率試験方法**（JIS A 1135）

**1) 試験の目的**

この方法は，JIS A 5002（構造用軽量コンクリート骨材）に規定する粗骨材の密度および吸水率を絶乾状態から 24 時間吸水させて試験する場合に適用される．近年は，超軽量骨材なども開発されており，それらの骨材特性を知る上において，密度・吸水率試験は重要である．

**2) 使用器具および試験方法**

使用器具および試験方法は 2.2.4 B 粗骨材の密度および吸水率試験方法と同様である．ただし，

**a. はかり** 試料質量の 0.1％以下の感量をもち，皿の中心からかごをつるすための装置のあるもの．

**b. かご** 目開き 1〜3 mm のかな網製で直径約 20 cm，高さ約 20 cm のもの．骨材試験中に水に浮く粒が含まれている場合は，かな網製のふたのあるもの．

**c. 試料** 試料は気乾状態の代表的なものを採取し，JIS A 1110 によって試料の最小質量を定め，105±5℃ で一定質量になるまで乾燥する．

**d. 精度その他** 2.2.4 C 構造用軽量細骨材の場合と同様である．

**3) 関連事項**

**a.** JIS A 5002（構造用軽量コンクリート骨材）に規定された粗骨材の絶乾密度による区分 絶乾密度は種類 L が 1.0 未満，M が 1.0 以上で 1.5 未満，H が 1.5 以上で 2.0 未満である．JIS A 5308（レディーミクストコンクリート）には，M および H を使用する規定がある．

### 2.2.5 表面水率の試験

表面水率の試験方法は，細骨材の場合は JIS A 1111（細骨材の表面水率試験方法）によるが，熱板法による簡易試験方法，赤外線水分計，RI（ラジオアイソトープ）水分計による方法などがある．粗骨材の場合は JIS A 1110（粗骨材の密度及び吸水率試験方法）に準じて行う．

特に，細骨材の表面水率は，コンクリートのワーカビリティーや強度に大きく影響するので，品質管理をする上で重要である．

**A. 細骨材の表面水率試験方法**（JIS A 1111）

**1) 試験の目的**

細骨材の表面水率を迅速に測定し，調合設計時の水量補正を行う．表面水率の測定法には，質量法と容積法とがある．

**2) 使用器具**

**a. 容器** ピクノメータ，メスフラスコ，目盛付フラスコあるいはくびの細い適当な容器．容器には一定の容積を示すマークがあり，その容積は試料容積の 2〜3 倍とする（通常 500 m$l$ の容器を用いている）．容器に目盛りのある場合は 0.5 m$l$ まで読めるものとする．

**b. はかり** ひょう量 2 kg 以上で，感量 0.1 g またはこれより良いもの．

**c.** ピペット，その他

**3) 試験方法**

試験は質量法・容積法いずれによってもよい．

試料：代表的試料を 400 g 以上量り，これを $W_s$ とする．この場合，試料の量が多いほど正確な結果が得られる．

**a. 質量法**

（1）容器のマークまで水を入れ，これを $W_c$ とする．

（2）試料を覆うに十分と考えられる水を容器に残

し，試料 $W_S$ を入れる．

（3） 試料 $W_S$ を入れた後，マーク近くまで水を追加し，試料と水を揺り動かして空気を十分に追い出す．

（4） マークまで水を入れ，容器・試料および水の質量を量って $W$ とする．

（5） 試料で置き換えられた水の質量 $V_S$ は次式より計算する．

$$V_S = W_C + W_S - W$$

**b. 容積法**

（1） フラスコに試料を入れた際，試料を覆うに十分な水を入れ，$V_1$ とする．

（2） 試料 $W_S$ をフラスコに入れ，空気を十分に追い出す．

（3） 試料と水といっしょになった容積 $V_2$ を目盛で読む．

（4） 試料で置き換えた水量 $V_S$ は次式により計算する．

$$V_S = V_2 - V_1$$

### 4） 結果の計算

表面乾燥飽和状態[*1]に対する試料の表面水率 $P$ (%) は次式により計算する．

$$\text{表面水率} \quad P = \frac{V_S - V_D}{W_S - V_S} \times 100 \text{ (\%)}$$

ここに $V_D = \dfrac{W_S}{\text{表乾密度}}$ とする．

なお，試験は2回行い，平均値に対する各試験値の差は0.3％以下でなければならない．

### B. 熱板法による細骨材の表面水率試験方法

#### 1） 試験の目的

細骨材の表面水率の近似値を短時間に測定する．

#### 2） 使用器具

はかり（ひょう量2000g以上），金属製皿（底の平らな皿がよい），かき混ぜ棒またはスプーン，ホットプレート．

#### 3） 試験方法

（1） 骨材の代表的試料 $Sg$（約500g）を量り取り，皿の上に薄く広げる．

（2） 試料を徐々に加熱し，乾燥しすぎないように注意しながら連続してかくはんし，表面乾燥飽和状態に達したとき直ちに計量するか，試料が冷却後表面乾燥飽和状態になるようにして表面乾燥飽和状態における試料の質量 $Bg$ を計量する．

表2.2.15 骨材の表面水率の近似値

| 骨材の状態 | 表面水率(%) |
|---|---|
| 湿った砂利または砕石 | 1.5～2 |
| 非常にぬれている砂（握ると手のひらがぬれる） | 5～8 |
| 普通にぬれた砂（握ると形を保ち，手のひらにわずかに水分がつく） | 2～4 |
| 湿った砂（握っても形はくずれず，手のひらにわずかに湿りを感ずる） | 0.5～2 |

#### 4） 結果の計算

表面水率は次式によって計算する．

$$\text{表面水率} \quad P = \frac{S - B}{B} \times 100 \text{ (\%)}$$

### C. 粗骨材の表面水率試験方法

JIS A 1110（粗骨材の密度及び吸水率試験方法）に準じ，ぬれた粗骨材を乾いた大きな布でぬぐって，その前後の質量差を測定すれば求められる．

### D. 関連事項

（1） 試料に赤外線を照射して，水分の蒸発による質量変化から表面水量を求める赤外線水分計や放射線源から放出された高速中性子の減衰量が水素原子の量によって変化することを原理とするRI（ラジオアイソトープ）水分計などが開発されている．

（2） 湿潤状態の骨材を用いてモルタル，コンクリートを製造する際は，表面水率を試験し，これを単位水量の一部とみなして混練用水を調整する必要がある．特に，細骨材の表面水はその量も多く，変動も激しいので，これを測定しておかなければならない．

（3） 骨材の表面水率の近似値を表2.2.15に示す．

## 2.2.6 含有不純物試験

有害な骨材とは，骨材中に許容限度以上の有害物質を含むものをいうが，この中には，有害な不純物が付着したり混入したりして有害な骨材と，骨材を構成する鉱物が有害なものとがある．これらの有害な骨材はコンクリートの強度や耐久性を著しく低下させる場合があるので，注意を要する．

骨材の含有不純物試験には，骨材中の泥分の試験（骨材の微粒分量試験方法および現場における簡易試験），細骨材の有機不純物試験方法および普通細骨材の塩分試験方法などがある．

## A. 骨材の微粒分量試験方法（JIS A 1103）

### 1） 試験の目的

骨材中の微粒分（シルト・粘土・雲母など）の含有量が多くなると，所定のワーカビリティーを得るのに必要な単位水量が多くなったり，骨材とセメントペーストとの付着を妨げ，強度を低下させたりする．そこで，骨材に含まれる微粒分（74 $\mu$m ふるいを通過するもの）の全量を測定する．

### 2） 使用器具

標準網ふるい：74 $\mu$m および 1.2 mm ふるい．
はかり：質量の 0.1% まで正確に計量できるもの．
水洗い容器：試料を激しく洗う際に試料が飛び出さない程度のもの（18 $l$ 程度の容器を用いるとよい）．
定温乾燥器．

### 3） 試験方法

（1） 分離を起こさない程度に湿った骨材から代表的試料を取る．試料の質量は，乾燥後において下記の質量以上とする．この際，試料の採取にあたって特に微粉分を分離しないように注意する．

細骨材　1 000 g
粗骨材の最大寸法　10 mm 程度のもの　2 kg
粗骨材の最大寸法　20 mm 程度のもの　5 kg
粗骨材の最大寸法　40 mm 程度のもの　10 kg

（2） 採取した試料は，ステンレス製あるいはホーロー製バットに広げて 100〜110°C の温度で定質量となるまで乾燥する（通常，砂・砂利で 24 時間以上乾燥し，2 回以上質量を量って定質量となったことを確認する）．

（3） 試料が室温になってから，その質量を 0.1% まで正確に量り $W_A$ とする．

（4） 試料を容器に入れ，試料を覆うまで水を加え，激しく試料をかき回す．

（5） 74 $\mu$m のふるいの上に 1.2 mm ふるいを重ねた 2 個のふるい上に洗い水をあける．

（6） 2 個のふるい上にとどまったものは，もとの試料中に戻す．

（7） 上記の操作を，洗い水が透明になるまで繰り返し行う．

（8） 洗い終わった試料は，100〜110°C で定質量になるまで乾燥し，0.1% まで正確に測定し，$W_B$ とする．

### 4） 結果の計算

74 $\mu$m ふるいを通過する量 $P$（%）は次式により計算する．

$$P = \frac{W_A - W_B}{W_A} \times 100$$

ただし，試験は 2 回行い，その平均値をもって試験値とする．平均値に対する各試験値の差が細骨材の場合 0.5% 以下，粗骨材の場合 0.3% 以下でなければならない．

### 5） 関連事項

（1） 砕砂の場合，洗い試験で失われるのは砕石粉であり，粘土・シルトなどを含まないので，最大値を 7% と規定している．

## B. 細骨材の有機不純物試験方法（JIS A 1105）

### 1） 試験の目的

旧河床または丘陵地より採取した天然砂は，粘土・有機物（タンニン酸・フミン酸など）その他の不純物を含んでいることがある．有機不純物の含有量が多い場合は，セメントの水和作用を妨げるので，コンクリートの強度・耐久性などを低下させる．そこで，コンクリートに使用する天然砂中に含まれる有機不純物の有害量の概略を決める．

### 2） 試験の概要

標準色液を作成し，これと試験溶液の色を比較することによって判定する比色試験である．

### 3） 標準色液の作り方

標準色液は 10% のアルコール水溶液を用いて 2% のタンニン酸溶液をつくり，その 2.5 m$l$ を 3% の水酸化ナトリウム水溶液 97.5 m$l$ に加える．これを，容量約 400 m$l$ の無色ガラスびんに入れ，栓をしてよく振り混ぜ，24 時間静置したものを標準色液とする．

### 4） 試験溶液の作り方

4 分法または試料分取器により代表的な試料約 500 g を取る．この試料を容量約 400 m$l$ の無色ガラスびんに 125 m$l$ のところまで入れ，これに 3% の水酸化ナトリウム溶液を 200 m$l$ のところまで加える．びんに栓をしてよく振り混ぜ，24 時間静置する．

### 5） 結果の判定

試料溶液の色が標準色液の色より薄いときは合格とする．

### 6） 関連事項

（1） 安価で良品質の細骨材が枯渇している現在，低品質の天然砂が利用される機会が増えている．腐葉土のような臭いがするときは試験をする必要がある．

### C. 骨材中に含まれる粘土塊量の試験方法（JIS A 1137）

**1) 試験の目的**

骨材中に粘土塊が有害量以上存在すると，コンクリートの強度や耐久性などを低下させるので，粘土塊量の試験が必要となる．

**2) 使用器具**

はかり：1回の試料を0.1％の精度で測定できるもの．
網ふるい：0.6，1.2，2.5 mm

**3) 試　　料**

（1）代表的試料を採取し，含まれている粒土塊を砕かないようにして縮分し，常温で徐々に気乾状態とする．

（2）細骨材は，ふるい1.2 mmにとどまるものを1 000 g以上，粗骨材はふるい5 mmにとどまるものとし，その最大寸法によって表2.2.16に示す量以上とする．

（3）（2）の試料を2分し，それぞれ1回の試料とする．

**4) 試験方法**

（1）100～110℃で定質量となるまで試料を乾燥した後，質量 $W_D$ を0.1％まで量る．

（2）試料を容器の底に薄く広げて，これを覆うまで水を加える．

（3）24時間吸水させた後，水をあけ，骨材粒を指で押しながら調べる．このとき指で押して細く砕くことのできるものを粘土塊とする．

（4）すべての粘土塊をつぶしてから，細骨材は網ふるい0.6 mm，粗骨材は2.5 mmの上で水洗いする．

（5）ふるいにとどまった粒を再び（1）により質量を量り $W'_D$ とする．

**5) 結果の計算**

粘土塊量は，下式によって計算する．

粘土塊量（％）＝$\{(W_D - W'_D)/W_D\} \times 100$

### D. 細骨材の塩化物定量分析方法（JASS 5 T-202）

**1) 試験の目的**

海水中の塩類の主なものはNaClであり，ほかに$MgCl_2$，$MgSO_4$などがある．コンクリート内部鉄筋の発錆原因となるものは$Cl^-$および$SO_4^{2-}$であるが，$SO_4^{2-}$は$Cl^-$に比較して含有量はわずかであり，$Cl^-$と一定の関係があるので，JASS 5では$Cl^-$を定量分析している．

細骨材に含まれる塩化物をNaClに換算して，定量する．

**2) 使用器具**

広口共栓びん：容量1 $l$
ピペット2本：1 m$l$ および 5 m$l$
ビューレット：25 m$l$
三角フラスコ：300 m$l$
はかり：ひょう量2 kg，感量1 gまで計量できるもの．

**3) 試　　薬**

クロム酸カリウム指示薬（5％水溶液）および1/10 mol/$l$ 硝酸銀溶液（市販品あり）を用いる．

**4) 試験方法**

（1）試料はたい積されている細骨材のなるべく深い部分3箇所からほぼ同量ずつ採取する．

（2）試料1 kgを量り，広口びんに入れ，105℃で定質量になるまで乾燥させ，絶乾質量 $W$ gを求める．

（3）これに水（精製水）500 m$l$ を入れ，栓をして24時間静置したのち，約5分間隔で3回，転倒振とうを繰り返して塩化物を抽出する．

（4）しばらく静置し，上澄液50 m$l$ をピペットで三角フラスコに移し，これにクロム酸カリウム指示薬1 m$l$ を加えてかくはんする．

（5）これにビューレットから1/10 mol/$l$ 硝酸銀溶液を滴下し，かくはんしても赤色が消えなくなったときの消費量 $A$（m$l$）を求める．

（6）抽出に用いた水を別のフラスコに等量取り，同様にして滴定して硝酸銀の消費量 $B$（m$l$）を求める．

**5) 結果の計算**

塩化物はNaClとして質量百分率で示し，次式によって求める．

$$塩化物（％）＝\frac{0.005\,84 \times (A-B) \times 10}{W} \times 100$$

試験は2回行い，その平均値で表す．

**6) 関連事項**

（1）JASS 5では，特記によって，塩化物量が0.04％を超え0.1％以下の砂も用いることができるとし

表2.2.16　粗骨材の試料質量

| 粗骨材の最大寸法（mm） | 試料の質量（g） |
|---|---|
| 10 または 15 | 2 |
| 20 または 25 | 6 |
| 30 または 40 | 10 |

ている．

（2） 海砂は本試験によって塩化物含有量を試験し，許容限度以上の場合は水洗いを行って，許容限度以下であることを確かめてから使用する．

（3） フレッシュコンクリート中の塩化物の簡易試験方法（JASS 5 T-502）で用いられる塩化物量測定器の中には，細骨材中の塩化物量を測定できるようになっているものもあり，管理用試験器として応用することができる．

### 2.2.7 有害鉱物を含有する骨材の試験

良質な河川産骨材の枯渇に伴い，多種多様な人工骨材や産業副産骨材が使用されるようになってきた．この結果，骨材を構成する鉱物組成に起因するコンクリート構造物の早期劣化が顕在化し，社会的にも大きな問題となっている．従来，骨材に対する品質規定は，密度・吸水率・安定性などに重点がおかれ，含有鉱物の化学的安定性や吸脱着水による体積変化などに対しては，あまり問題視されていなかった．現在よく知られている骨材中の有害鉱物とその作用を表2.2.17に示す．これらのうちで，最も被害の大きなものはアルカリシリカ反応によるものである．

アルカリシリカ反応は，コンクリート細孔溶液中の水酸化アルカリと骨材中に含有されるある種のシリカ鉱物（オパール，潜晶質石英，クリストバライト，トリジマイト）や火山ガラスとの間に生ずる反応である．この反応によって生成するアルカリシリカゲルが周囲から水分を吸収することによって膨張する．この反応の進行は，① 骨材の反応性の程度，② 骨材の粒度，③ コンクリート細孔溶液中のアルカリ濃度，④ 環境温度などの条件によって異なる．以下に骨材のアルカリシリカ反応性試験法の概要を述べる．

#### A. 骨材のアルカリシリカ反応性試験（化学法）（JIS A 5308 附属書7）

本試験方法は，骨材がコンクリート中でアルカリと共存する場合に，骨材中の準安定なシリカ鉱物とアルカリとの反応性を化学的に判定する方法である．試験溶液中のアルカリ濃度減少量（$R_c$）および溶解シリカ量（$S_c$）を測定することによって，骨材のアルカリシリカ反応性を判定する迅速試験法である．

**1) 試験方法**

JIS 化学法のフローを図2.2.5に示す．

**2) 判定**

3個の各定量値の平均値を用いて行うものとし，$S_c/R_c<1.000$ で「無害」，$S_c/R_c≧1.000$ で「無害でない」と判定する．

**3) 関連事項**

**a.** JIS 化学法は ASTM 化学法と比べて改良点は見られるが，試験条件が厳しいので，安全側の結果になる傾向がある．

**b.** 化学法による試験の結果「無害でない」と判定されても，モルタルバー法では「無害」となることが多く，結果に対する信頼性はやや低い．

#### B. 骨材のアルカリシリカ反応性試験（モルタルバー法）（JIS A 5308 附属書8）

本試験方法はモルタルバーの長さ変化を測定することにより，骨材のアルカリシリカ反応性を判定しようとするものである．化学法で「無害」と判定された骨材は，基本的にはこの試験を行う必要はない．

**1) 試験方法**

JIS モルタルバー法のフローを図2.2.6に示す．

**2) 判定**

供試体3本の平均値が6ヵ月後に0.100%以上の膨張を生じた骨材は「無害でない」とする．なお，3ヵ月で0.050%以上の膨張を生じたものは「無害でない」としてもよいが，3ヵ月で0.050%未満のものは，6ヵ月ま

表2.2.17 骨材中の有害鉱物とその作用

| 鉱物名 | 作用 |
|---|---|
| オパール<br>潜晶質石英<br>クリストバライト<br>トリジマイト<br>火山ガラス | これらはアルカリシリカ反応を生じる鉱物である．<br>コンクリート細孔溶液中の水酸化アルカリとの間でアルカリシリカゲルを生成し，このゲルが周囲から水分を吸水することによって膨張する．この結果，コンクリートにポップアウトや膨張ひび割れを生じさせる． |
| ローモンタイト | 乾湿の変化によるローモンタイトの体積変化などにより，コンクリートの表面剝離，ポップアウトを生じさせる． |
| モンモリロナイト | 乾湿の変化に伴う多量の水の吸脱着水により体積変化するので，骨材自体が崩壊することがある． |
| 硫化鉄 | コンクリート中で石膏を生成し，これがセメント中の $C_3A$ と反応してエトリンガイトを生成するので，コンクリートは膨張し，ひび割れやポップアウトを生じさせる． |
| 含鉄ブルーサイト | コンクリート中でコーリンガイトを生成し，それが体積膨張を伴い，ひび割れやポップアウトを生じさせる． |

で試験を続けた後に判定しなければならない．

### 3) 関連事項

a. JISモルタルバー法は骨材のアルカリシリカ反応性を判定する試験として位置づけられたことから，安全側の結果となっている．

b. モルタルバー法に対する信頼性は高いが，結果を得るまでに長期間（6ヵ月）を要するという問題がある．

c. 化学法で「無害でない」と判定された骨材に対してモルタルバー法を適用する場合には，ペシマム量に対する検討が必要となる．

## 2.2.8 骨材の耐久性および強度に関する試験

骨材の耐久性ならびに強度に関する試験としては，多くの試験方法が提案されている．ここでは，代表的な試験方法の概要を以下に述べる．

### A. ロサンゼルス試験機による骨材のすりへり試験方法（JIS A 1121）

舗装用，水路用コンクリートのようにすりへり抵抗が特に問題となる場合には，堅硬な骨材を使用しなければならない．本試験は，円筒容器（$\phi 710 \times 510$ mm）内に骨材試料とともに鋼球を入れて容器を回転させ，相互の打撃および摩擦によるすり減り減量を求めるものである．

### B. 硫酸ナトリウムによる骨材の安定性試験方法（JIS A 1122）

硫酸ナトリウム飽和溶液中に骨材を浸漬させた後，定質量となるまで乾燥する．その際に生ずる硫酸ナトリウムの結晶圧を利用して，凍結融解作用などの気象作用に対する骨材の物理的安定性を判定するための資料を得ようとする試験である．試験方法は粒径の異なる骨材を所定量取り，浸漬⇒乾燥の操作を5回繰り返したときの試料の損失質量百分率で示す．

### C. 骨材粒の圧縮強度試験方法（BS 812）

骨材の圧縮強度を得るための試験方法である．12.7〜9.5 mmの骨材を一定容器で量り，内径152 mmの試験容器に入れる．上部よりプランジャーを入れて，400 kNまで静的に載荷する．載荷後の試料をNo.7

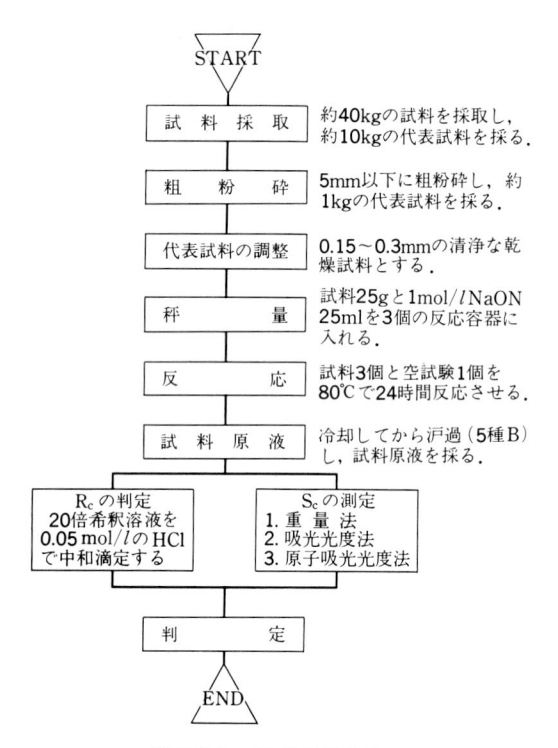

図2.2.5　JIS化学法のフロー

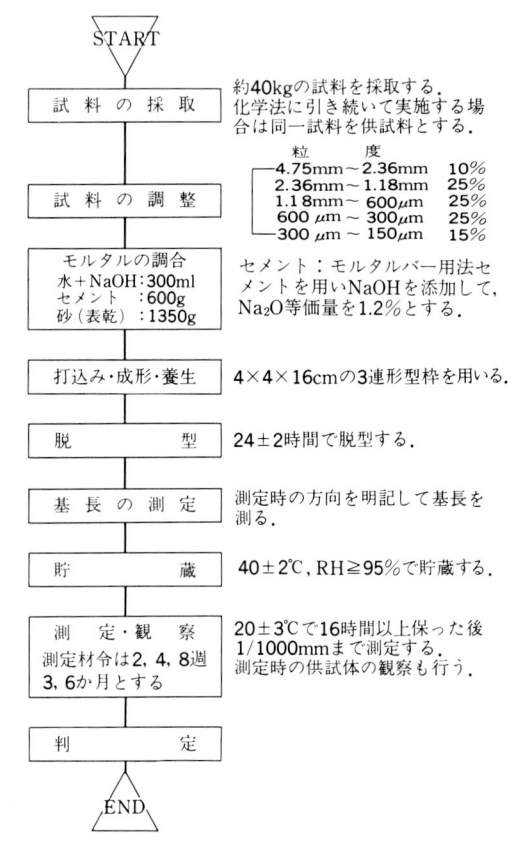

図2.2.6　JISモルタルバー法のフロー

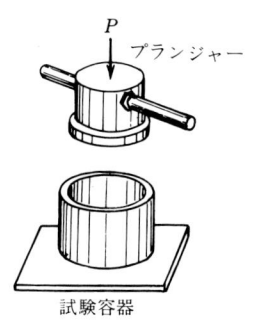

図2.2.7　BS破砕試験用器具

(2.4 mm) ふるいにかけて，骨材の破砕値を求める．このほか，石質の弱い軽量骨材などに対して，破砕率が10％に達したときの荷重を10％破砕値として求める方法がある．

### 2.2.9 その他の骨材規格試験および骨材規格

1) その他の骨材規格試験として，以下のものがある．

JIS A 1125　骨材の含水率試験方法および含水率に基づく表面水率の試験方法

JIS A 1126　ひっかき硬さによる粗骨材の軟石量試験方法

JIS A 5308　レディーミクストコンクリート　附属書2　骨材中の比重1.95の液体に浮く粒子の試験方法

JIS A 5308　レディーミクストコンクリート　附属書3　モルタルの圧縮強度による砂の試験方法

JIS A 5308　レディーミクストコンクリート　附属書4　軽量粗骨材の浮粒率の試験方法

JIS A 1801　コンクリート生産工程管理用試験方法（コンクリート用細骨材の砂当量試験方法）

JIS A 1802　コンクリート生産工程管理用試験方法（遠心力による細骨材の表面水率試験方法）

JIS A 1803　コンクリート生産工程管理用試験方法―粗骨材の表面水率試験方法

JIS A 1804　コンクリート生産工程管理用試験方法―骨材のアルカリシリカ反応試験方法（迅速法）

2) その他の骨材規格として，以下のものがある．

JIS A 5002　構造用軽量コンクリート骨材

JIS A 5005　コンクリート用砕石及び砕砂

JIS A 5011　コンクリート用スラグ骨材
　第1部：高炉スラグ骨材
　第2部：フェロニッケルスラグ骨材
　第3部：銅スラグ骨材

JIS A 5308　レディーミクストコンクリート　附属書1　レディーミクストコンクリート骨材

## 2.3 混和剤

### 2.3.1 化学混和剤

化学混和剤は，施工性，水密性，耐久性などのコンクリートの品質を改善する上で最も広く採用されている混和剤であり，主として空気連行作用，セメントの分散作用などの界面活性作用によって性能を発揮する剤の総称である．

化学混和剤は，JIS A 6204（コンクリート用化学混和剤）に品質規格，試験方法などの規定が示されているが，その基本は，混和剤の使用によってコンクリートの凝結時間が著しく変化しないこと，安全性や強度が害されないこと，コンクリート中の鉄筋が錆びやすくならないことなどの条件を満たし，所要の性能が得られることを確認することにある．したがって，試験内容は多岐にわたり，性能評価は総合的となる．ここでは JIS 法の性能試験を中心として記述するが，各種試験方法のほとんどは 2.4 コンクリートに詳細が示されているので参照いただきたい．

#### A. コンクリートによる化学混和剤の性能試験

JIS A 6204 では化学混和剤の性能として表 2.3.1 の規定値を示している．それらの試験項目および方法の概略を以下に示す．

#### 1) 試験方法

**a. コンクリートの作り方**　試験は，混和剤を用いない"基準コンクリート"と混和剤を用いた"試験コンクリート"を作製して両者を比較することになる．セメントは普通ポルトランドセメント，骨材は表 2.3.4，表 2.3.5 の品質のものを使用する．基準コンクリートは表 2.3.3 を満たすように作製する．試験コンクリートについては，混和剤の量はメーカーの指示量を原則とし，空気量は基準コンクリートの値に対して，減水剤以外の場合は＋3%を加えた値，減水剤の場合＋1%を加えた値とし，各々の差は 0.5% 以内とする．

**b.** スランプ（2.4 コンクリート参照）
**c.** 空気量（2.4 コンクリート参照）
**d.** 単位容積質量（2.4 コンクリート参照）
**e.** ブリーディング量（2.4 コンクリート参照）
**f.** 圧縮強度（2.4 コンクリート参照）
**g.** 長さ変化（2.4 コンクリート参照）
**h.** 凝結時間　JIS A 6204（コンクリート用化学混和剤）附属書 1（コンクリートの凝結時間試験方法）による．この試験は貫入針を用いてコンクリートの凝結時間を試験するものである．

表 2.3.2　化学混和剤の塩化物量による種類 (JIS A 6204)

| 種類 | 塩化物量（塩素イオン量）(kg/m³) |
|---|---|
| I 種 | 0.02 以下 |
| II 種 | 0.02 を超え 0.20 以下 |
| III 種 | 0.20 を超え 0.60 以下 |

表 2.3.3　基準コンクリートの基本調合

| 目標スランプ | 8 cm | 18 cm |
|---|---|---|
| 単位セメント量 | スランプ 8±1 cm が得られる量 | スランプ 18±1 cm が得られる量 |
| 空気量 | 2.0 以下 | |
| 細骨材率 | 40～50% | |

表 2.3.1　化学混和剤の性能 (JIS A 6204)

| 項目 | | AE 剤 | 減水剤 | | | AE 減水剤 | | | 高性能 AE 減水剤 | |
|---|---|---|---|---|---|---|---|---|---|---|
| | | | 標準形 | 遅延形 | 促進形 | 標準形 | 遅延形 | 促進形 | 標準形 | 遅延形 |
| 減水率 % | | 6 以上 | 4 以上 | 4 以上 | 4 以上 | 10 以下 | 10 以下 | 8 以上 | 18 以上 | 18 以上 |
| ブリーディング量の比 % | | 75 以下 | 100 以下 | 100 以下 | 100 以下 | 70 以下 | 70 以下 | 70 以下 | 60 以下 | 70 以下 |
| 凝結時間の差 min | 始発 | −60～＋60 | −60～＋90 | ＋60～＋210 | ＋30 以下 | −60～＋90 | ＋60～＋210 | ＋30 以下 | −30～＋120 | ＋90～＋240 |
| | 終結 | −60～＋60 | −60～＋90 | ＋210 以下 | 0 以下 | −60～＋90 | ＋210 以下 | 0 以下 | −30～＋120 | ＋240 以下 |
| 圧縮強度比 % | 材齢 3 日 | 95 以上 | 115 以上 | 105 以上 | 125 以上 | 115 以上 | 105 以上 | 125 以上 | 135 以上 | 135 以上 |
| | 材齢 7 日 | 95 以上 | 110 以上 | 110 以上 | 115 以上 | 110 以上 | 110 以上 | 115 以上 | 125 以上 | 125 以上 |
| | 材齢 28 日 | 90 以上 | 110 以上 | 110 以上 | 110 以上 | 110 以上 | 110 以上 | 110 以上 | 115 以上 | 115 以上 |
| 長さ変化比 % | | 120 以下 | 120 以下 | 120 以下 | 120 以下 | 120 以下 | 120 以下 | 120 以下 | 110 以下 | 110 以下 |
| 凍結融解に対する抵抗性（相対動弾性係数%） | | 80 以上 | — | — | — | 80 以上 | 80 以上 | 80 以上 | 80 以上 | 80 以上 |
| 経時変化量 | スランプ cm | — | — | — | — | — | — | — | 6.0 以下 | 6.0 以下 |
| | 空気量 % | — | — | — | — | — | — | — | ±1.5 以内 | ±1.5 以内 |

## 表2.3.4 骨材の品質（JIS A 6204）

| 骨材の種類 | 絶乾比重 (1) | 吸水率 (%) (1) | 粒形判定実積率（砕石）(%) (2) | 粘土塊量 (%) (3) | 洗い試験によって失われる量 (%) (4) | 有機不純物 (5) | 安定性 (5回) (%) (6) | 塩分 (NaCl) (%) (7) | アルカリシリカ反応性 (8) |
|---|---|---|---|---|---|---|---|---|---|
| 粗骨材 | 2.5以上 | 2.0以下 | 57以上 | 0.25以下 | 1.0以下 | — | 10以下 | — | 無害 |
| 細骨材 | 2.5以上 | 3.0以下 | — | 1.0以下 | 2.0以下 | 標準色液より濃くないこと | 8以下 | 0.02以下 | 無害 |

[注] (1) JIS A 1109（細骨材の比重及び吸水率試験方法）またはJIS A 1110（粗骨材の比重及び吸水率試験方法）による．
(2) JIS A 5005（コンクリート用砕石）の5.8（粒形判定実積率試験）の規定による．
(3) JIS A 1137（骨材中に含まれる粘土塊量の試験方法）による．
(4) JIS A 1103（骨材の洗い試験方法）による．
(5) JIS A 1105（細骨材の有機不純物試験方法）による．
(6) JIS A 1122（硫酸ナトリウムによる骨材の安定性試験方法）による．
(7) JIS A 5002（構造用軽量コンクリート骨材）の4.6（塩化物）の規定による．ただし，試料の量は1 000 gとする．
(8) JIS A 5308（レディーミクストコンクリート）の附属書7［骨材のアルカリシリカ反応性試験方法（化学法）］または附属書8［骨材のアルカリシリカ反応性試験方法（モルタルバー法）］による．

## 表2.3.5 骨材の粒度（JIS A 6204）

| 骨材の種類 | ふるいの呼び寸法* (mm) | | | | | | | | | |
|---|---|---|---|---|---|---|---|---|---|---|
| | ふるいを通るものの質量百分率（%） | | | | | | | | | |
| | 25 | 20 | 15 | 10 | 5 | 2.5 | 1.2 | 0.6 | 0.3 | 0.15 |
| 粗骨材 | 100 | 90〜100 | 55〜75 | 25〜45 | 0〜5 | 0〜2 | — | — | — | — |
| 細骨材 | — | — | — | — | 100 | 85〜100 | 60〜80 | 30〜50 | 15〜25 | 2〜10 |

[注] *これらのふるいは，それぞれJIS Z 8801（標準ふるい）に規定する標準網ふるい26.5 mm, 19.0 mm, 16.0 mm, 9.5 mm, 4.75 mm, 2.36 mm, 1.18 mm, 600 μm, 300 μm, および150 μmである．

貫入抵抗試験装置は，最大100 kgfまで精度1 kgfで測定できるもの，貫入針は，断面積が1 cm², 0.5 cm², 0.25 cm², 0.125 cm²の4種類とする．

試料コンクリートのセメントと水が最初に接触した時刻を記録する．容器に入れた試料表面のブリーディング水を取り除く．硬化状態に応じた適当な断面積をもつ貫入針で，約10秒をかけ鉛直下方に25 mm貫入させ，貫入に要した力とその時の時刻を記録する．貫入試験は，貫入抵抗280 kgf/cm²が得られるまで少なくとも6回行う．

経過時間を横軸に，貫入抵抗を縦軸にとって結果を図示し，その図から貫入抵抗が35 kgf/cm²と280 kgf/cm²の点の経過時間を読み取り，それぞれをコンクリートの始発時間，終結時間とする．

**i. 凍結融解に対する抵抗性**　JIS A 6204（コンクリート用化学混和剤）附属書2（コンクリートの凍結融解試験方法）により，スランプ8 cmの試験コンクリートで試験を行う．

たわみ振動の一次共鳴数測定装置は，JIS A 1127（共鳴振動によるコンクリートの動弾性係数，動せん断弾性係数および動ポアソン比試験方法）による．

供試体形状は，断面が100 mm×100 mm長さ400 mm，数は3個とする．

凍結融解は，供試体の中心温度が5℃から−18℃に下がり，また，−18℃から5℃に上がるのを1サイクルとする．1サイクルに要する時間は3時間以上4時間以内とする．融解行程は，1サイクルの25%以上とする．

試験は供試体を温度20±2℃の水槽中で材齢14日まで養生した後直ちに開始し，凍結融解試験の開始前および200サイクルにおける一次共鳴振動数を測定する．各供試体の相対動弾性係数を次式で計算し，平均値を相対動弾性係数とする．

$$\text{相対動弾性係数 (\%)} = \frac{f_n^2}{f_0^2} \times 100$$

ここに　$f_n$：200サイクルにおける一次共鳴振動数（Hz）

　　　　$f_0$：凍結融解試験開始前における一次共鳴振動数（Hz）

**2) 結果の計算**

**a. 減水率**　各バッチの単位水量を次式により算出

し，その平均値をその種類のコンクリートの単位水量とする．

$$単位水量 = W_w \times \frac{W}{W_b}$$

ここに　$W$：試験によって求めたコンクリートの単位容積質量（kg/m³）
　　　　$W_b$：1バッチ当たりのコンクリート材料の全質量（kg）
　　　　$W_w$：1バッチ当たりの水量（kg）

減水率を次式で求める．

$$減水率(\%) = \frac{W_{wc} - W_{wt}}{W_{wc}} \times 100$$

ここに　$W_{wc}$：基準コンクリートの単位水量（kg/m³）
　　　　$W_{wt}$：試験コンクリートの単位水量（kg/m³）

**b. ブリーディング量の比**　試験によって求めたブリーディング量から次式で求める．

$$ブリーディング量の比 (\%) = \frac{B_t}{B_c} \times 100$$

ここに　$B_t$：試験によって求めた試験コンクリートのブリーディング量（cm³/cm²）
　　　　$B_c$：試験によって求めた基準コンクリートのブリーディング量（cm³/cm²）

**c. 凝結時間の差**　コンクリートの凝結時間の差は，試験によって求めた始発および終結時間から次式で求める．

$$凝結時間の差 = T_t - T_c$$

ここに　$T_t$：試験によって求めた試験コンクリートの始発または終結時間（min）
　　　　$T_c$：試験によって求めた基準コンクリートの始発または終結時間（min）

**d. 圧縮強度比**　圧縮強度比は，試験によって求めた圧縮強度から次式で求める．

$$圧縮強度比 (\%) = \frac{S_t}{S_c} \times 100$$

ここに　$S_t$：試験によって求めた試験コンクリート圧縮強度（kgf/cm²）
　　　　$S_c$：試験によって求めた基準コンクリート圧縮強度（kgf/cm²）

**e. 長さ変化比**　試験によって求めた長さ変化率から次式で求める．

$$長さ変化比 (\%) = \frac{L_t}{L_c} \times 100$$

ここに　$L_t$：試験によって求めた試験コンクリートの長さ変化率（％）
　　　　$L_c$：試験によって求めた基準コンクリートの長さ変化率（％）

**f. 凍結融解に対する抵抗性**　試験によって求めた相対動弾性係数によって表す．

**g. スランプおよび空気量の経時変化**　練り混ぜ60分後のスランプおよび空気量の変化量とする．

### B. 塩化物量（塩素イオン量）試験

JIS A 6204（コンクリート用化学混和剤）附属書3（コンクリート用化学混和剤中に含まれる塩化物量（塩素イオン量）の試験方法）による．塩素イオンだけを分離して定量できるイオンクロマトグラフ法と，簡便であるが妨害イオンの存在しない場合に適用できる電位差滴定法の二つの方法がある．どちらの試験方法を使うかは製造業者に確かめる必要があるが，化学混和剤に含まれる塩化物量（塩素イオン量）の分析にほとんど電位差滴定法を用いることができる．

#### 1）試　　料

試料は1 kgまたは1 *l* とし，分析する化学混和剤を代表するものとする．

#### 2）分析方法

**a. イオンクロマトグラフ法**　一般事項は，JIS K 0050（化学分析方法通則）およびJIS K 0124（高速液体クロマトグラフ分析のための通則）による．イオン交換樹脂を充てんした分離カラムに試料溶液を通し，分離したイオンを電気的に検出する．あらかじめ求めておいた検量線から，試料溶液中の塩素イオン濃度を求め，塩化物量を算定する．

**b. 電位差滴定法**　一般事項は，JIS K 0050（化学分析方法通則）およびJIS K 0113（電位差・電流・電量滴定方法通則）による．試料溶液を硝酸酸性にして，塩素イオン選択性電極または銀電極を指示電極とした電位差滴定装置を用い，硝酸銀標準液で滴定する．図2.3.1に電位差滴定装置の原理図を示す．得られた電位差滴定曲線（一例を図2.3.2に示す）より，電位差の変化率が最大となる点（終点）の滴定値から塩化物量を求める．

**c. 全アルカリ量試験**

JIS A 6204（コンクリート用化学混和剤）附属書

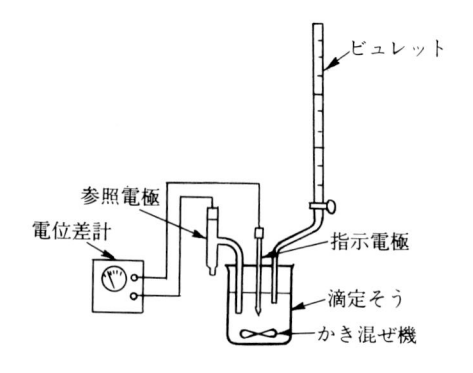

図2.3.1 電位差滴定装置の原理図

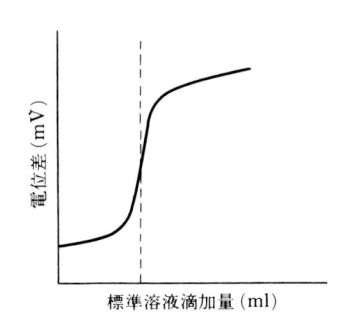

図2.3.2 電位差滴定曲線の一例

表2.3.6 防せい材の性能（JIS A 6205）

| 項目 | 規定 | |
|---|---|---|
| 鉄筋の塩水浸せき試験 | 腐食が認められないこと | |
| コンクリート中の鉄筋の促進腐食試験 | 防せい率95％以上 | |
| コンクリートの凝結時間および圧縮強度試験 | 凝結時間の差 | 始 発 ±60分以内 |
| | | 終 結 |
| | 圧縮強度比 | 材齢 7 日 0.90 以上 |
| | | 材齢 28 日 |

表2.3.7 塩分の組成（JIS A 6205 附属書1）

| 薬品名 | 質量（g） |
|---|---|
| 塩化ナトリウム（NaCl） | 24.5 |
| 塩化マグネシウム（$MgCl_2 \cdot 6H_2O$） | 11.1 |
| 硫酸ナトリウム（$Na_2SO_4$） | 4.1 |
| 塩化カルシウム（$CaCl_2$） | 1.2 |
| 塩化カリウム（KCl） | 0.7 |

4（コンクリート用化学混和剤中に含まれるアルカリ量の試験方法）による．これはコンクリート用化学混和剤中の全アルカリ量（$Na_2O+0.658 \times K_2O$）を求めるために，ナトリウム量およびカリウム量を原子吸光法によって分析する試験方法である．一般事項は，JIS K 0050（化学分析方法通則）および JIS K 0121（原子吸光分析のための通則）による．

## 2.3.2 防せい剤

防せい剤は，海砂など使用材料中に含まれる塩化物によってコンクリート中の鉄筋が腐食することを抑制するために用いる混和材料である．その性能，塩化物量および全アルカリ量について JIS A 6205（鉄筋コンクリート用防せい剤）に規定されている．表2.3.6に性能規定値を示す．

化学混和剤と同じく防せい剤の性能は，その成分または物性によって定めることは難しいので，やはりコンクリート試験等で判定する．また，防せい剤中の塩化物量は 0.02 kg/m³以下，全アルカリ量は 0.02 kg/m³ 以下に規制されている．

### A. 鉄筋の塩水浸せき試験

JIS A 6205（鉄筋コンクリート用防せい剤）附属書1（鉄筋の塩水浸せき試験）による．

調製した塩水中に鉄筋と比較電極を一定期間浸せきし，鉄筋表面，試験用塩水の変化および自然電極電位パターンにより，腐食発生の有無を判定する．

**1) 塩分溶液**

表2.3.7に示す各薬品に水を加え，全量1 $l$ に調製したものを塩分溶液とする．この塩分溶液は，コンクリートの単位水量180 kg/m³，単位細骨材量800 kg/m³，細骨材中に含まれる塩分を0.3％として調製したものである．

**2) 試験用塩水**

測定容器に水250 m$l$ 入れ，1）の塩分溶液203 m$l$ を加えた後水酸化カルシウム3gを加え，かくはんする．これに防せい剤を所定量添加し，水を加えて全量500 m$l$ とする．防せい剤の所定量は，次式により算出する．

所定量＝標準使用量×500 m$l$/180 $l$/m³

**3) 鉄 筋**

鉄筋は，みがき棒鋼を図2.3.3に示す形状・寸法に加工し，表面を研磨したものとする．

**4) 試験方法**

試験装置および各材料を図2.3.4のように設置する．試験は3回行い，1時間，3時間，6時間，1日，2日，3日，4日，5日，6日および7日の時点で，鉄筋表面の目視観察および自然電極電位（mV）の測定を行う．

**5) 腐食の確認**

次の場合，腐食が発生したものとする．

## 34　2. 構造材料の試験方法

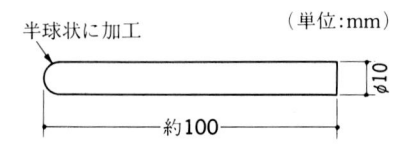

(単位:mm)

図2.3.3　鉄筋の形状および寸法（JIS A 6205 附属書1）

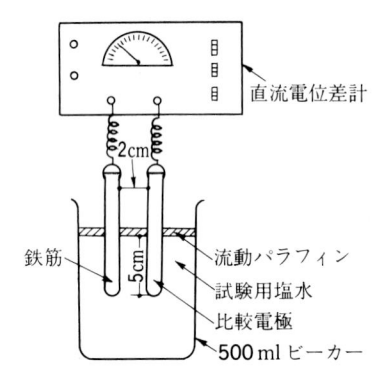

図2.3.4　試験図（一例）（JIS A 6205 附属書1）

（1）　鉄筋表面に黄色・赤茶色・黒色などのはん点または模様が生じたとき．

（2）　試験用塩水に着色または沈殿が生じたとき．

（3）　自然電極電位-時間曲線が，規定のパターン以外を示したとき．

### 6）判　　定

3個の試験体のいずれにも腐食が認められないこと．

表2.3.8　試験体の種類および個数（JIS A 6205 附属書2）

| コンクリートの記号 | 種類 | | 個数 |
|---|---|---|---|
| | 塩分量*（%） | 防せい剤の有無 | |
| $P_{0.04}$ | 0.04 | なし | 3 |
| $P_{0.2}$ | 0.2 | なし | 3 |
| $I_{0.2}$ | 0.2 | あり | 3 |

［注］＊コンクリート中の細骨材に対する塩分（NaCl換算）の質量百分率

### B.　コンクリート中の鉄筋の促進腐食試験

JIS A 6205（鉄筋コンクリート用防せい剤）附属書2（コンクリート中の鉄筋の促進腐食試験方法）による．

中に鉄筋を配したコンクリート試験体をオートクレーブ試験し，試験体の中の鉄筋表面の腐食面積から防せい率を算出し，判定する．

### 1）試　験　体

試験体の種類および個数は，表2.3.8のとおり．試験体は$\phi 100 \times 200$ mmの型枠を用いて製作する．鉄筋は形状丸13 mm，長さ178±2 mmのみがき棒鋼で，表面を研磨する．コンクリートの配合は表2.3.9に示す．粗骨材は全量15 mmふるいを通過するもの，塩分溶液は「鉄筋の塩水浸せき試験」と同じものとする．試験体の形状・寸法および鉄筋の配置を図2.3.5に示す．キャッピングはセメントペーストを用い，材齢1日目に上部

表2.3.9　コンクリートの配合（JIS A 6205 附属書2）

| コンクリートの記号 | 塩分量（%） | 水セメント比（%） | 単位セメント量（kg/m³） | 単位細骨材量（kg/m³） | 単位水量 | | |
|---|---|---|---|---|---|---|---|
| | | | | | 水（kg/m³） | 塩分溶液（kg/m³） | 防せい剤（kg/m³） |
| $P_{0.04}$ | 0.04 | 60 | 300 | 800 | 170.3 | 9.7 | なし |
| $P_{0.2}$ | 0.2 | 60 | 300 | 800 | 131.5 | 48.5 | なし |
| $I_{0.2}$ | 0.2 | 60 | 300 | 800 | 所定量* | 48.5 | 標準使用量 |

［注］＊水の所定量とは，単位水量180 kg/m³から塩分溶液量および防せい剤量を差し引いた値とする．

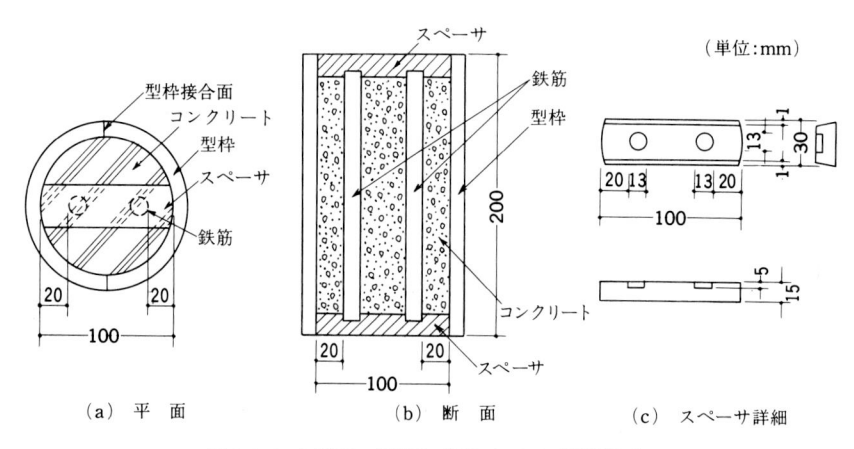

(a) 平　面　　(b) 断　面　　(c) スペーサ詳細

図2.3.5　試験体（例図）（JIS A 6205 附属書2）

を，2日目に上下を置き換えて底部を行う．

**2) 養　　生**

試験体は材齢3日で脱型し，乾燥しないようにビニル袋に入れ，20±3°Cで材齢7日まで養生する．

**3) 第1回オートクレーブ**

試験体をオートクレーブ装置に入れ，3〜4時間で温度約180°Cまたは圧力約10 kgf/cm²まで上昇させ，5時間保持し，その後自然放冷させ，オートクレーブ開始から約24時間後に試験体を取り出す．

**4) 第2回オートクレーブ**

試験体を水中に約24時間浸せきしてから，3)の繰返しによる2回目のオートクレーブを行う．

**5) 腐食面積の測定**

試験体を割裂して鉄筋を取り出し，表面に透明シートを当て，鉄筋の中心から両端へ80 mm，合計160 mmの部分の腐食部を写し取り，面積を求める．

**6) 防せい率の算出**

防せい率は次式により算出する．

$$防せい率(\%) = \frac{\sum P_{0.2} - \sum I_{0.2}}{\sum P_{0.2}} \times 100$$

ここに　$\sum P_{0.2}$：$P_{0.2}$の鉄筋6本の合計腐食面積（mm）

　　　　$\sum I_{0.2}$：$I_{0.2}$の鉄筋6本の合計腐食面積（mm）

## 2.4 コンクリート

### 2.4.1 コンクリートの調合

コンクリートは，水・セメント・骨材・(細骨材および粗骨材)および混和材料(混和剤，混和材)などからなる複合材料である．これら諸材料の混合割合を調合と呼び，計算によって得られる調合を計画調合，また調合決定の過程を調合設計という．

調合の表し方には容積表示と質量表示がある．前者は，水，セメントなどの構成材料がコンクリート $1\,\mathrm{m}^3$ 中に占める容積 $(l/\mathrm{m}^3)$ を，後者はコンクリート $1\,\mathrm{m}^3$ 中の各構成材料の質量 $(\mathrm{kg/m}^3)$ を表す．これらの一覧を表 2.4.1 に示す．両者の間には②＝①×③の関係が成立する．

調合設計の基礎方程式は，
$$W_v + C_v + S_v + G_v + A_v = 1\,000 \quad (l/\mathrm{m}^3)$$
である．

調合設計とは，B. に示す，強度，スランプなどの要求事項を満たす基礎方程式の解を求めることである．表 2.4.2 に計画調合の表し方を示す．

#### A. 計画調合の手順

コンクリートの諸性質，すなわちフレッシュコンクリートのワーカビリティー(施工難易度)や，硬化コンクリートの強度・耐久性などは，調合によって大きく変化する．

図 2.4.1 に強度，スランプ，空気量を調合の与条件として進める調合の手順を示す．基本的には，目標となる強度の値によって水セメント比 $\chi(=W_g/C_g)$ が，続いて所要スランプから単位水量 $W_g$ や単位粗骨材量 $G_g$ がといった流れで順次調合が定まっていく．

#### B. 要求事項

コンクリートに要求される性能は，強度，耐久性，ワーカビリティーである．ワーカビリティーに関しては代替特性値としてスランプが用いられる．耐久性に関しては，凍害に対しては空気量が代替特性値となり，他の劣化，例えば中性化に対しては水セメント比の上限が，乾燥収縮に対しては単位水量の上限が定められている．強度は水セメント比で定まる．調合の基礎方程式の解はこれらの要求条件を満足するように定められる．

1) 水セメント比

$\chi\,(=W_g/C_g) \leq \chi_{\max}$　(表 2.4.3 参照)

2) 単 位 水 量

$W_g \leq W_{g\max}$

(普通コンクリートで $185\,\mathrm{kg/m}^3$)

3) 単セメント量

$C_g \geq C_g \min$　(表 2.4.4 参照)

4) 空 気 量

air：4%以上 5%以下　($40 \leq A_v \leq 50$)

#### C. 調合設計の手順

1) 調 合 強 度

調合強度は，標準養生した供試体の材齢 28 日における圧縮強度で表すものとし，構造体コンクリートの強度管理の材齢に応じて，下記(1)または(2)による．

(1) 構造体コンクリートの強度管理の材齢が 28 日の場合，調合強度は，(1)式および(2)式によって算定される値のうち，大きい方の値とする．

$$F = F_q + T + 1.73\sigma \quad (\mathrm{N/mm}^2) \quad (1)$$
$$F = 0.85(F_q + T) + 3\sigma \quad (\mathrm{N/mm}^2) \quad (2)$$

(2) 構造体コンクリートの強度管理の材齢が 28 日を超え，91 日以内の $n$ 日の場合，調合強度は，(3)式

表 2.4.1　調合における容積表示と質量表示

|  | ①容積表示 $(l/\mathrm{m}^3)$ | ②質量表示 $(\mathrm{kg/m}^3)$ | ③密度 $(\mathrm{kg}/l)$ |
|---|---|---|---|
| 単位水量 | $W_v$ | $W_g$ | $\rho_W$ |
| 単位セメント量 | $C_v$ | $C_g$ | $\rho_C$ |
| 単位細骨材量 | $S_v$ | $S_g$ | $\rho_S$ |
| 単位粗骨材量 | $G_v$ | $G_g$ | $\rho_G$ |
| (空気量) | $A_v$ | — | — |

表 2.4.2　計画調合の表し方 (JASS 5 表 5.4)

| 調合強度 $(\mathrm{N/mm}^2)$ | スランプ (cm) | 空気量 (%) | 水セメント比 (%) | 最大粗骨材寸法 (mm) | 細骨材率 (%) | 単位水量 $(\mathrm{kg/m}^3)$ | 絶対容積 $(l/\mathrm{m}^3)$ ||||質量 $(\mathrm{kg/m}^3)$ ||||化学混和剤の使用量 $(\mathrm{cc/m}^3)$ または $(\mathrm{g/m}^3)$ |
|---|---|---|---|---|---|---|---|---|---|---|---|---|---|---|---|
| | | | | | | | セメント | 細骨材 | 粗骨材 | 混和剤 | セメント | 細骨材 | 粗骨材 | 混和剤 | |
| | | | | | | | | | | | | | | | |

## 2.4 コンクリート

```
設計基準強度    耐久設計基準強度    所要スランプ    所要空気量(Air)
         ↓構造体コンクリートの強度との差
         による割り増し ΔF=3N/mm²
      品質基準強度
         ←温度補正→ 呼び強度
         ←ばらつきによる補正←
      ①調合強度
         ←水セメント比の算定式
      ②水セメント比
         ↓
      ③単位水量 Wv   ⑤単位粗骨材量 Gv
      ④単位セメント量 Cv   ⑥単位細骨材量 Sv
```

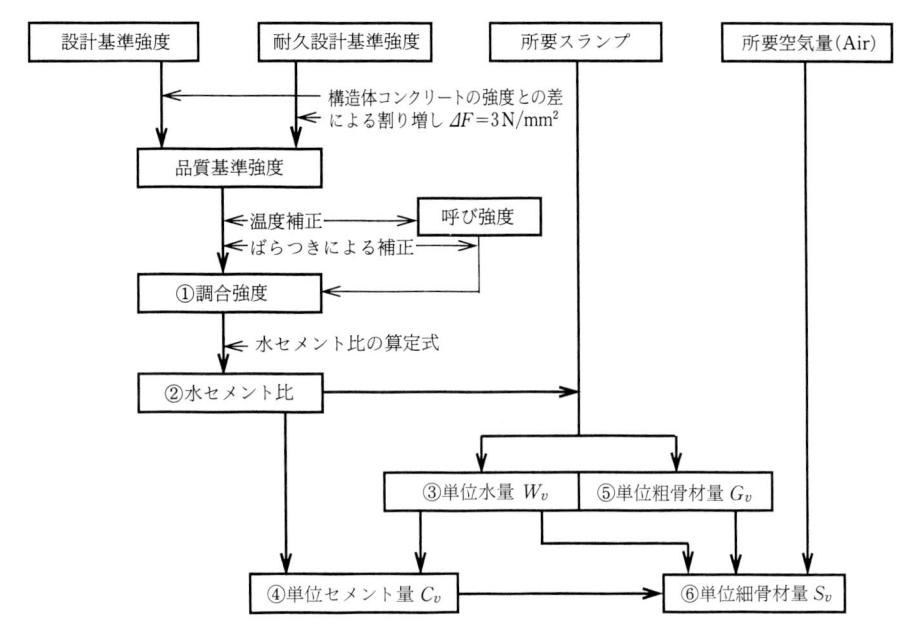

図2.4.1 調合計画の手順

**表2.4.3 水セメント比の上限値 $x_{max}$** (JASS 5 表5.3)

| セメントの種類 | 水セメント比の最大値 (%) |
|---|---|
| ポルトランドセメント<br>高炉セメント A 種<br>フライアッシュセメント A 種<br>シリカセメント A 種 | 65 |
| 高炉セメント B 種<br>フライアッシュセメント B 種<br>シリカセメント B 種 | 60 |

［注］（1）低熱ポルトランドセメントを除く．

**表2.4.4 単位セメント量の下限値 $C_{gmin}$** (JASS 5 解説表5.5)

| コンクリートの種類 | 単位セメント量の最小値 (kg/m³) |
|---|---|
| 普通コンクリート | 270 |
| 軽量コンクリート | 320 ($F_c \leq 27$ N/mm²) |
|  | 340 ($F_c > 27$ N/mm²) |
| 高強度コンクリート | 320 |
| 水中コンクリート | 330（場所打ち杭） |
|  | 360（地中連続壁） |

**表2.4.5 コンクリートの耐久設計基準強度** (JASS 5 表3.1)

| 計画供用期間の級 | 耐久設計基準強度（N/mm²） |
|---|---|
| 一　　般 | 18 |
| 標　　準 | 24 |
| 長　　期 | 30 |

**表2.4.6 コンクリート強度の補正値 $T$ の標準値** (JASS 5 表5.1)

| セメントの種類 | コンクリート打込みから28日までの期間の予想平均気温の範囲（℃） | | |
|---|---|---|---|
| 早強ポルトランドセメント | 15 以上 | 5 以上<br>15 未満 | 2 以上<br>5 未満 |
| 普通ポルトランドセメント | 16 以上 | 8 以上<br>16 未満 | 3 以上<br>8 未満 |
| フライアッシュセメント B 種 | 16 以上 | 10 以上<br>16 未満 | 5 以上<br>10 未満 |
| 高炉セメント B 種 | 17 以上 | 13 以上<br>17 未満 | 10 以上<br>13 未満 |
| コンクリート強度の気温による補正値 $T$（N/mm²） | 0 | 3 | 6 |

および（4）式によって算定される値のうち、大きい方とする．

$$F = F_q + T_n + 1.73\sigma \quad (\text{N/mm}^2) \quad (3)$$

$$F = 0.85(F_q + T_n) + 3\sigma \quad (\text{N/mm}^2) \quad (4)$$

ここに　$F$：コンクリートの調合強度（N/mm²）

$F_q$：コンクリートの品質基準強度（N/mm²）（注①）

$T$：構造体コンクリートの強度管理の材齢を28日とした場合の，コンクリートの打込みから28日までの予想平均気温によるコンクリート強度の補正値（N/mm²）（表2.4.6）

$T_n$：構造体コンクリートの強度管理の材齢を28日を超え91日以内の $n$ 日とした場合の，コンクリートの打込みから $n$ 日までの予想平均気温によるコンクリート強度の補正値（N/mm²）（表2.4.7）

$\sigma$：使用するコンクリートの強度の標準偏差（N/mm²）

レディーミクストコンクリートの場合は工場の実績をもとに定める．実績がない場合は，2.5 N/mm² または $0.1F_q$ の大きい方の値とする．

注① コンクリートの品質基準強度 $F_q$

コンクリートの品質基準強度は，(5)式および(6)式によって算定される値のうち，大きい方の値とする．

$$F_q = F_c + \Delta F \tag{5}$$
$$F_q = F_d + \Delta F \tag{6}$$

ここに $F_q$：コンクリートの品質基準強度（N/mm²）
$F_c$：コンクリートの設計基準強度（N/mm²）
$F_d$：コンクリートの耐久設計基準強度（N/mm²）
$\Delta F$：構造体コンクリートの強度と供試体の強度との差を考慮した割増しで 3 N/mm² とする．

コンクリートの設計基準強度は，18, 21, 24, 30, 33 および 36 N/mm² とする．

コンクリートの耐久設計基準強度は，構造物または部材の計画供用期間の級に応じて表2.4.5による．

**2) 水セメント比**

コンクリートの圧縮強度と水セメント比との間には一定の関係があり，この関係をもとに調合強度を得るための水セメント比を定める．レディーミクストコンクリートの場合は，工場において独自にセメント水比と圧縮強度との関係式を求めて定めている場合もあるが（注②），材料実験などにおいてこのような関係式が得られない場合は，JASS 5 による水セメント比の算定式により定める．表2.4.8は，セメント強さ $K$ の値を JIS R 5201 に基づくセメント強さに置き換えた場合の水セメント比算定式を示したものである．なお表中の $K$（セメント強さ）は，セメント製造会社が毎月発行するセメント試験成績書の 28 日圧縮強さを参考にする．

普通ポルトランドセメントを用いる場合の算定式を以下に示す．

$$x = \frac{51}{F/K + 0.31} \tag{7}$$

注② 一般にコンクリートの圧縮強度とセメント水比は，以下のような一次関数で近似できる．

$$F = aX + b$$

表2.4.7 コンクリート強度の補正値 $T_n$ の標準値 (JASS 5 表5.2)

| セメントの種類 | 材齢 $n$（日） | コンクリート打込みから $n$ 日までの期間の予想平均気温の範囲（℃） | | |
|---|---|---|---|---|
| 普通ポルトランドセメント | 42 | 12以上 | 4以上 12未満 | 2以上 4未満 |
| | 56 | 7以上 | 2以上 7未満 | — |
| | 91 | 2以上 | — | — |
| フライアッシュセメントB種 | 42 | 13以上 | 5以上 13未満 | 3以上 5未満 |
| | 56 | 8以上 | 2以上 8未満 | — |
| | 91 | 2以上 | — | — |
| 高炉セメントB種 | 42 | 14以上 | 10以上 14未満 | 6以上 10未満 |
| | 56 | 10以上 | 5以上 10未満 | 2以上 5未満 |
| | 91 | 2以上 | — | — |
| コンクリート強度の気温による補正値 $T_n$ (N/mm²) | | 0 | 3 | 6 |

表2.4.8 水セメント比の算定式 (JASS 5 解説表5.3)

| セメントの種類 | | 水セメント比の範囲（%） | 水セメント比算定式 | 備考 |
|---|---|---|---|---|
| ポルトランドセメント | 普通 | 40〜65 | $x = \dfrac{51}{F/K + 0.31}$ (%) | |
| | 早強 | 40〜65 | $x = \dfrac{41}{F/K + 0.17}$ (%) | |
| | 中庸熱 | 40〜65 | $x = \dfrac{66}{F/K + 0.64}$ (%) | |
| 高炉セメント | A 種 | 40〜65 | $x = \dfrac{46}{F/K + 0.23}$ (%) | 本式で求めた水セメント比は平均的な値である |
| | B 種 | 40〜60 | $x = \dfrac{51}{F/K + 0.29}$ (%) | |
| | C 種 | 40〜60 | $x = \dfrac{44}{F/K + 0.29}$ (%) | |
| シリカセメント | A 種 | 40〜65 | $x = \dfrac{51}{F/K + 0.45}$ (%) | |
| | B 種 | 40〜60 | $x = \dfrac{71}{F/K + 0.62}$ (%) | |
| フライアッシュセメント | A 種 | 40〜65 | $x = \dfrac{64}{F/K + 0.55}$ (%) | |
| | B 種 | 40〜60 | $x = \dfrac{66}{F/K + 0.59}$ (%) | |

[注] $x$：水セメント比（%） $F$：調合強度（N/mm²）
$K$：セメント強さ（N/mm²）

ここに　$F$：コンクリートの圧縮強度
　　　　$a, b$：セメントの性質やコンクリートの試験方法によって定まる定数
　　　　$X$：セメント比

　一般的には，この関数を利用して試し練りにより，調合強度に応ずるセメント水比を求め，その逆数として水セメント比を求める．すなわち，実際に使用する材料を用いて所要の性能（スランプ，空気量など）が得られる調合で，水セメント比を変えたコンクリートを3～4種作り，最小2乗法により $a, b$ を求め，圧縮強度（通常材齢28日）とセメント水比の関係式とする．

### 3）単位水量

　単位水量は，所要スランプおよび水セメント比から表2.4.9より直線補間により求める．

　AE減水剤以外の化学混和剤を用いる場合，AE剤を用いる場合は6%程度増し，高性能AE減水剤を用いる場合は6%程度低減する．プレーンコンクリートの場合は，約15%増しとする．

　また粒形が角張って実積率が小さい粗骨材を用いるコンクリートでは，所定のスランプを得るためには単位水量を大きくする必要がある．この単位水量の増加率は，次式により求めるとよい．

単位水量の増加率

$$\varDelta W(\%) = \frac{(1-\varDelta_g)v_g}{1\,000 - v_g} \times 100 \quad (8)$$

ここに　$\varDelta_g$：標準調合で用いた粗骨材の実積率に対する使用する骨材の実積率の比

すなわち

$$\varDelta_g = \frac{使用する粗骨材の実積率}{標準調合で用いた粗骨材の実積率（表2.4.9）}$$

　　　　$v_g$：標準調合で用いた粗骨材の絶対容積 $(l/\mathrm{m}^3)$

　表2.4.9の値は，表下部の物理的性質を持つ骨材による標準値である．日本建築学会発行の「コンクリートの調合設計指針・同解説」では，使用する混和剤，細骨材の種類，細骨材の粗粒率に応じた標準値を参考表として示している．使用する混和剤や骨材の物理的性質が異な

表2.4.9　普通ポルトランドセメントおよびAE減水剤を用いる普通コンクリートの標準単位水量
（JASS 5 解説表5.4）

| 水セメント比 (%) | スランプ (cm) | 粗骨材の種類 砂利 | 砕石 |
|---|---|---|---|
| 40 | 8 | 155 | 166 |
|  | 12 | 164 | 176 |
|  | 15 | 172 | 184 |
|  | 18 | 184 | (195) |
|  | 21 | (195) | (206) |
| 45 | 8 | 150 | 161 |
|  | 12 | 160 | 171 |
|  | 15 | 167 | 179 |
|  | 18 | 179 | (190) |
|  | 21 | (190) | (201) |
| 50 | 8 | 149 | 160 |
|  | 12 | 157 | 168 |
|  | 15 | 164 | 175 |
|  | 18 | 175 | (186) |
|  | 21 | (187) | (197) |
| 55 | 8 | 147 | 158 |
|  | 12 | 154 | 165 |
|  | 15 | 160 | 171 |
|  | 18 | 171 | 182 |
|  | 21 | 183 | (193) |
| 60～65 | 8 | 145 | 156 |
|  | 12 | 152 | 163 |
|  | 15 | 158 | 169 |
|  | 18 | 168 | 179 |
|  | 21 | 179 | (189) |

［注］（1）表中にない値は，補間によって求める．
　　　（2）表中（　）で示した単位水量が185 kg/m³を超える場合は，高性能AE減水剤などを用いてできるだけ185 kg/m³以下とする．
　　　（3）本表に用いた骨材の物理的性質は下表のとおりである．

|  | 砂 | 砂利 | 砕石 |
|---|---|---|---|
| 最大寸法 (mm) | — | 25 | 20 |
| 粗粒率 | 2.8 | — | — |
| 単位容積質量 (kg/$l$) | 1.70 | 1.70 | 1.54 |
| 実積率 (%) | 65.4 | 65.4 | 59.4 |

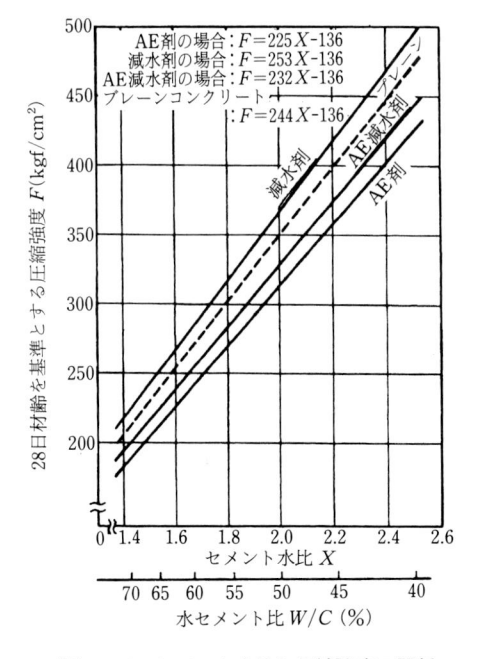

図2.4.2　セメント水比と圧縮強度の関係

（グラフ）
AE剤の場合：$F = 225X - 136$
減水剤の場合：$F = 253X - 136$
AE減水剤の場合：$F = 232X - 136$
プレーンコンクリート：$F = 244X - 136$

る場合はこの参考表を用いるとよい．

### 4) 単位セメント量

単位セメント量 $C_g$ およびその絶対容積 $C_v$ は，2)で得られた水セメント比と，3)で得られた単位水量とから，次式により求める．

$$C_g = \frac{W_g}{\chi} \times 100 \qquad (9)$$

$$C_v = \frac{C_g}{セメントの密度} \qquad (10)$$

ここに　$C_g$：単位セメント量（kg/m³）

　　　　$C_v$：セメントの絶対容積（$l$/m³）

　　　　$W_g$：単位水量（kg/m³）

　　　　$\chi$：水セメント比

### 5) 単位粗骨材量

単位粗骨材量 $G_g$ およびその絶対容積 $G_v$ は，単位粗骨材かさ容積（コンクリート1 m³ 中の粗骨材の標準計量容積）から次式により求める．

$G_g =$ 単位粗骨材かさ容積（m³/m³）

　　　×粗骨材の単位容積質量（kg/m³）　（11）

$G_v =$ 単位粗骨材かさ容積（m³/m³）

　　　×粗骨材の実積率（％）/100×1 000　（12）

または

$$G_v = \frac{G_g}{絶乾密度} \qquad (13)$$

単位粗骨材かさ容積は表 2.4.10 により求める．表 2.4.10 の値は，表 2.4.9 で用いた骨材に対応した標準値であり，単位水量の場合と同様に使用する混和剤，骨材の種類，骨材の物理的性質が異なる場合，「コンクリートの調合設計指針・同解説」参考表を用いるとよい．

**表 2.4.10　普通ポルトランドセメントおよび AE 減水剤を用いる普通コンクリートの単位粗骨材かさ容積**
（JASS 5 解説表 5.6）

| 水セメント比（％） | スランプ（cm） | 粗骨材の種類 砂利 | 粗骨材の種類 砕石 |
|---|---|---|---|
| 40〜60 | 8 | 0.69 | 0.68 |
|  | 12 | 0.68 | 0.67 |
|  | 15 | 0.67 | 0.66 |
|  | 18 | 0.63 | 0.62 |
|  | 21 | 0.59 | 0.58 |
| 65 | 8 | 0.68 | 0.67 |
|  | 12 | 0.67 | 0.66 |
|  | 15 | 0.66 | 0.65 |
|  | 18 | 0.62 | 0.61 |
|  | 21 | 0.58 | 0.57 |

［注］（1）表中にない値は，補間によって求める．

なお粗骨材の単位容積質量は絶乾状態の骨材の値である．よって得られる単位粗骨材量は絶乾状態の骨材の値であるから，表乾状態の骨材として求める場合は，吸水率による補正分（1+吸水率/100）を乗じる．

### 6) 単位細骨材量

単位細骨材量 $S_g$ およびその絶対容積 $S_v$ は，調合設計の基礎方程式をもとに，次式により求める．

$$S_v(l/m^3) = 1\,000 - (W_v + C_v + G_v + A_v) \qquad (14)$$

$S_g$(kg/m³)$= S_v \times$ 細骨材の密度

　　　　　　　　　（絶乾あるいは表乾）　（15）

ここに　$W_v$：水の絶対容積（$l$/m³）

　　　　$C_v$：セメントの絶対容積（$l$/m³）

　　　　$G_v$：粗骨材の絶対容積（$l$/m³）

　　　　$A_v$：空気の絶対容積（$l$/m³）

　　　　　　（$A_v$＝空気量（％）×1 000/100）

なお絶乾状態として求める場合は絶乾密度を用い，表乾状態として求める場合は表乾密度を用いるかあるいは絶乾状態として求めた値に吸水率による補正分（1+吸水率/100）を乗じる．

### 7) 細 骨 材 率

細骨材率 $s/a$ を次式により求めておく．

$$s/a\,(\%) = \frac{S_v}{S_v + G_v} \times 100 \qquad (16)$$

### 8) 混 和 剤

混和剤は，所要のワーカビリティー，スランプ，空気量が得られるように信頼できる資料あるいは試験によって定めておく．この他の混和材はコンクリートのボリュームにも影響するので，信頼できる資料によるか試験によって性能を確かめた上で定める．なお，混和剤は容積を単位水量の一部として単位水量の補正が必要になる．

### D. 調合設計例

下記の条件による普通コンクリートの調合計算を行う．骨材は表乾状態とする．

①コンクリートの仕様：JASS 5 による普通コンクリート

②設計基準強度：$F_c = 21$ N/mm²

③計画供用期間の級：標準

④構造体コンクリートの強度管理：現場水中養生，材齢 28 日

⑤打設後材齢 28 日までの予想平均気温：14.0℃

⑥所要スランプ：18 cm

⑦所要空気量：4.5％

⑧セメント：普通ポルトランドセメント
　　　　　（強度 60 N/mm²，密度 3.16 kg/$l$）
⑨細骨材：砂（表乾密度 2.60 kg/$l$，吸水率 2.00%，
　　　　　粗粒率 2.60）
⑩粗骨材：砕石（表乾密度 2.70 kg/$l$，
　　　　　吸水率 1.50%，最大寸法 20 mm，
　　　　　単位容積質量（絶乾）1 556 kg/m³，
　　　　　実積率 58.5%）
⑪混和剤：AE 減水剤（標準使用量はセメント質量の
　　　　　0.25%）

### 1) 調合強度 (p.36 参照)

計画供用期間の級は標準であるから，表 2.4.5 より耐久設計基準強度 $F_d$ は 24 N/mm² となる．

よってコンクリートの品質基準強度 $F_q$ は，(5)式および(6)式から，

$$F_q \geq F_c + \Delta F = 21 + 3 = 24$$
$$F_q \leq F_d + \Delta F = 24 + 3 = 27$$

よって $F_q = 27$ N/mm² となる．

次に調合強度 $F$ は，圧縮強度管理の材齢が 28 日であるから(1)式および(2)式を用いる．

予想平均気温による補正値は，表 2.4.6 より $T = 3$ N/mm² となる．

標準偏差 $\sigma$ は，資料がない場合の値 2.5 N/mm² と $0.1 \times 27 = 2.7$ N/mm² の大きい方であるから 2.7 N/mm² となる．

(1)式および(2)式から

$$F = F_q + T + 1.73\sigma$$
$$= 27 + 3 + 1.73 \times 2.7$$
$$= 34.7 \text{ N/mm}^2$$
$$F = 0.85(F_q + T) + 3\sigma$$
$$= 0.85(27+3) + 3 \times 2.7$$
$$= 33.6 \text{ N/mm}^2$$

よって調合強度 $F = 34.7$ N/mm² となる．

### 2) 水セメント比 (p.38 参照)

水セメント比は，水セメント比の算定式(7)式より次のようになる．

$$x = \frac{51}{F/K + 0.31} = \frac{51}{34.7/60 + 0.31}$$
$$= 57.4 \text{ (\%)}$$

### 3) 単位水量 (p.39 参照)

細骨材の粗粒率が 2.60 であるから，細骨材の粗粒率が 2.2 の場合および 2.8 の場合の参考調合表（表 2.4.11，表 2.4.12）から直線補間により求める．

まず，細骨材の粗粒率が 2.2 の場合，表 2.4.11 においてスランプ 18 cm，水セメント比 55% および 60% 値を求めると，185 と 182 である．この値を用いて直線補間により水セメント比 57.4% のときの単位水量を求めると

$$W_{2.2} = 182 + (185 - 182) \times \frac{60 - 57.4}{60 - 55}$$
$$= 183.56$$

同様に，細骨材の粗粒率が 2.8 の場合，表 2.4.12 においてスランプ 18 cm，水セメント比 55% および 60% 値を求めると，182 と 179 である．この値を用いて直線補間により水セメント比 57.4% のときの単位水量を求めると

$$W_{2.8} = 179 + (182 - 179) \times \frac{60 - 57.4}{60 - 55}$$
$$= 180.56$$

よって細骨材の粗粒率 2.6 の場合の単位水量は

$$W = 180.56 + (183.56 - 180.56) \times \frac{2.8 - 2.6}{2.8 - 2.2}$$
$$= 181.6$$

表中の粗骨材の実積率は 59.4% で，使用する粗骨材の実積率は 58.5% である．よって(8)式により粗骨材の実積率による補正を行う．(8)式に代入する $\Delta_g$ は，

$$\Delta_g = \frac{58.5}{59.4}$$

また $v_g$ は，細骨材の粗粒率が 2.2 の場合，表 2.4.11 においてスランプ 18 cm，水セメント比 55% および 60% の値を求めると，いずれも 398 である．細骨材の粗粒率が 2.8 の場合，表 2.4.12 においてスランプ 18 cm，水セメント比 55% および 60% の値を求めると，いずれも 368 である．この値を用いて直線補間により細骨材の粗粒率 2.6 の場合の $v_g$ は

$$v_g = 368 + (398 - 368) \times \frac{2.8 - 2.6}{2.8 - 2.2}$$
$$= 378$$

よって

$$\Delta W = \frac{(1 - 58.5/59.4) \times 378}{1\ 000 - 378} \times 100$$
$$= 0.92 \text{ (\%)}$$

ゆえに

$$W = 181.6 \times 1.009\ 2 = 183 \text{ (kg/m}^3\text{)}(l/\text{m}^3)$$

### 4) 単位セメント量 (p.40 参照)

単位セメント量は，水セメント比および単位水量(9)

表2.4.11 AE減水剤を用いるコンクリートの参考調合（コンクリートの調合設計指針・同解説付録）
普通ポルトランドセメントを用いる砂・砕石コンクリートの参考調合表
（砂の粗粒率2.2（1.2mm），砕石の最大寸法20mm）

| 水セメント比 (%) | スランプ (cm) | 細骨材率 (%) | 単位水量 (kg/m³) | 絶対容積 ($l$/m³) | | | 質量 (kg/m³) | | | 単位粗骨材かさ容積 (m³/m³) |
|---|---|---|---|---|---|---|---|---|---|---|
| | | | | セメント | 細骨材 | 粗骨材 | セメント | 細骨材 | 粗骨材 | |
| 40 | 8  | 32.7 | 173 | 137 | 211 | 434 | 433 | 549 | 1 128 | 0.73 |
|    | 12 | 32.5 | 179 | 142 | 206 | 428 | 448 | 536 | 1 113 | 0.72 |
|    | 15 | 31.5 | 189 | 150 | 194 | 422 | 473 | 504 | 1 097 | 0.71 |
|    | 18 | 33.7 | 198 | 157 | 202 | 398 | 495 | 525 | 1 035 | 0.67 |
|    | 21 | 35.7 | 208 | 165 | 208 | 374 | 520 | 541 | 972   | 0.68 |
| 45 | 8  | 35.4 | 166 | 117 | 238 | 434 | 369 | 619 | 1 128 | 0.73 |
|    | 12 | 35.1 | 174 | 122 | 231 | 428 | 387 | 601 | 1 113 | 0.72 |
|    | 15 | 34.6 | 182 | 128 | 223 | 422 | 404 | 580 | 1 097 | 0.71 |
|    | 18 | 36.6 | 192 | 135 | 230 | 398 | 427 | 598 | 1 035 | 0.67 |
|    | 21 | 38.6 | 203 | 143 | 235 | 374 | 451 | 611 | 972   | 0.63 |
| 50 | 8  | 36.8 | 164 | 104 | 253 | 434 | 328 | 658 | 1 128 | 0.73 |
|    | 12 | 36.5 | 172 | 109 | 246 | 428 | 344 | 640 | 1 113 | 0.72 |
|    | 15 | 36.4 | 178 | 113 | 242 | 422 | 356 | 629 | 1 097 | 0.71 |
|    | 18 | 38.4 | 189 | 120 | 248 | 398 | 378 | 645 | 1 035 | 0.67 |
|    | 21 | 40.4 | 200 | 127 | 254 | 374 | 400 | 660 | 972   | 0.63 |
| 55 | 8  | 38.0 | 162 | 93  | 266 | 434 | 295 | 692 | 1 128 | 0.73 |
|    | 12 | 38.0 | 168 | 97  | 262 | 428 | 305 | 681 | 1 113 | 0.72 |
|    | 15 | 37.8 | 175 | 101 | 257 | 422 | 318 | 668 | 1 097 | 0.71 |
|    | 18 | 40.1 | 185 | 106 | 266 | 398 | 336 | 692 | 1 035 | 0.67 |
|    | 21 | 42.1 | 196 | 113 | 272 | 374 | 356 | 707 | 972   | 0.63 |
| 60 | 8  | 39.0 | 160 | 84  | 277 | 434 | 267 | 720 | 1 128 | 0.73 |
|    | 12 | 38.9 | 167 | 88  | 272 | 428 | 278 | 707 | 1 113 | 0.72 |
|    | 15 | 39.0 | 172 | 91  | 270 | 422 | 287 | 702 | 1 097 | 0.71 |
|    | 18 | 41.2 | 182 | 96  | 279 | 398 | 303 | 725 | 1 035 | 0.67 |
|    | 21 | 43.5 | 192 | 101 | 288 | 374 | 320 | 749 | 972   | 0.63 |
| 65 | 8  | 40.3 | 160 | 78  | 289 | 428 | 246 | 751 | 1 113 | 0.72 |
|    | 12 | 40.3 | 167 | 81  | 285 | 422 | 257 | 741 | 1 097 | 0.71 |
|    | 15 | 40.5 | 172 | 84  | 283 | 416 | 265 | 736 | 1 082 | 0.70 |
|    | 18 | 42.7 | 182 | 89  | 292 | 392 | 280 | 759 | 1 019 | 0.66 |
|    | 21 | 45.1 | 192 | 93  | 302 | 368 | 295 | 785 | 957   | 0.62 |

式および(10)式によって，以下のように求める．

$$C_g = \frac{W_g}{\chi} \times 100 = \frac{183}{57.4} \times 100$$
$$= 319 (kg/m^3)$$

$$C_v = \frac{319}{3.16} = 101 (l/m^3)$$

**5) 単位粗骨材量** (p.40参照)

単位粗骨材かさ容積は，細骨材の粗粒率が2.2の場合，表2.4.11においてスランプ18cm，水セメント比55%および60%の値を求めると，いずれも0.67である．細骨材の粗粒率が2.8の場合，表2.4.12においてスランプ18cm，水セメント比55%および60%の値を求めると，いずれも0.62である．この値を用いて直線補間により細骨材の粗粒率2.6の場合の単位粗骨材かさ容積は

$$v_g = 0.62 + (0.67 - 0.62) \times \frac{2.8 - 2.6}{2.8 - 2.2}$$
$$= 0.637$$

よって単位粗骨材 $G_g$ は

$$G_g = 0.637 \times 1\,556 = 992 (kg/m^3) \text{（絶乾）}$$
$$G_g = 992 \times (1 + 1.5/100) = 1\,007 (kg/m^3) \text{（表乾）}$$

また粗骨材の単位容積 $G_v$ は(13)式より，

$$G_v = 0.637 \times 58.5/100 \times 1\,000 = 373 (l/m^3)$$

**6) 単位細骨材量** (p.40参照)

2)～4)で求めた値および空気量4.5%（45$l$）を(14)式および(15)式に代入すると

$$S_v = 1\,000 - (W_v + C_v + G_v + A_v)$$
$$= 1\,000 - (183 + 101 + 373 + 45)$$
$$= 298 (l/m^3)$$

$$S_g = 298 \times 2.60 = 775 (kg/m^3) \text{（表乾）}$$

表 2.4.12 AE 減水剤を用いるコンクリートの参考調合（コンクリートの調合設計指針・同解説付録）
普通ポルトランドセメントを用いる砂・砕石コンクリートの参考調合表
（砂の粗粒率 2.8（2.5 mm），砕石の最大寸法 20 mm）

| 水セメント比 (%) | スランプ (cm) | 細骨材率 (%) | 単位水量 (kg/m³) | 絶対容積 ($l$/m³) | | | 質量 (kg/m³) | | | 単位粗骨材かさ容積 (m³/m³) |
|---|---|---|---|---|---|---|---|---|---|---|
| | | | | セメント | 細骨材 | 粗骨材 | セメント | 細骨材 | 粗骨材 | |
| 40 | 8  | 38.6 | 166 | 131 | 254 | 404 | 415 | 660 | 1 050 | 0.68 |
|    | 12 | 37.8 | 176 | 139 | 242 | 398 | 440 | 629 | 1 035 | 0.67 |
|    | 15 | 37.3 | 184 | 146 | 233 | 392 | 460 | 606 | 1 019 | 0.66 |
|    | 18 | 39.3 | 195 | 154 | 238 | 368 | 488 | 619 | 957   | 0.62 |
|    | 21 | 41.1 | 206 | 163 | 241 | 345 | 515 | 627 | 897   | 0.58 |
| 45 | 8  | 40.7 | 161 | 113 | 277 | 404 | 358 | 720 | 1 050 | 0.68 |
|    | 12 | 40.1 | 171 | 120 | 266 | 398 | 380 | 692 | 1 035 | 0.67 |
|    | 15 | 39.7 | 179 | 126 | 258 | 392 | 398 | 671 | 1 019 | 0.66 |
|    | 18 | 41.7 | 190 | 134 | 263 | 368 | 422 | 684 | 957   | 0.62 |
|    | 21 | 43.7 | 201 | 141 | 268 | 345 | 447 | 697 | 897   | 0.58 |
| 50 | 8  | 41.8 | 160 | 101 | 290 | 404 | 320 | 754 | 1 050 | 0.68 |
|    | 12 | 41.6 | 168 | 106 | 283 | 398 | 336 | 736 | 1 035 | 0.67 |
|    | 15 | 41.4 | 175 | 111 | 277 | 392 | 350 | 720 | 1 019 | 0.66 |
|    | 18 | 43.5 | 186 | 118 | 283 | 368 | 372 | 736 | 957   | 0.62 |
|    | 21 | 45.5 | 197 | 125 | 288 | 345 | 394 | 749 | 897   | 0.58 |
| 55 | 8  | 42.8 | 158 | 91  | 302 | 404 | 287 | 785 | 1 050 | 0.68 |
|    | 12 | 42.7 | 165 | 95  | 297 | 398 | 300 | 772 | 1 035 | 0.67 |
|    | 15 | 42.9 | 171 | 98  | 294 | 392 | 311 | 764 | 1 019 | 0.66 |
|    | 18 | 44.9 | 182 | 105 | 300 | 368 | 331 | 780 | 957   | 0.62 |
|    | 21 | 47.0 | 193 | 111 | 306 | 345 | 351 | 796 | 897   | 0.58 |
| 60 | 8  | 43.7 | 156 | 82  | 313 | 404 | 260 | 814 | 1 050 | 0.68 |
|    | 12 | 43.6 | 163 | 86  | 308 | 398 | 272 | 801 | 1 035 | 0.67 |
|    | 15 | 43.8 | 169 | 89  | 305 | 392 | 282 | 793 | 1 019 | 0.66 |
|    | 18 | 46.0 | 179 | 94  | 314 | 368 | 298 | 816 | 957   | 0.62 |
|    | 21 | 48.2 | 189 | 100 | 321 | 345 | 315 | 835 | 897   | 0.58 |
| 65 | 8  | 45.0 | 156 | 76  | 325 | 398 | 240 | 845 | 1 035 | 0.67 |
|    | 12 | 45.0 | 163 | 79  | 321 | 392 | 251 | 835 | 1 019 | 0.66 |
|    | 15 | 45.2 | 169 | 82  | 318 | 386 | 260 | 827 | 1 004 | 0.65 |
|    | 18 | 47.5 | 179 | 87  | 327 | 362 | 275 | 850 | 941   | 0.61 |
|    | 21 | 49.7 | 189 | 92  | 335 | 339 | 291 | 871 | 881   | 0.57 |

### 7) 細骨材率（p.40 参照）

(16)式より

$$s/a = \frac{S_v}{S_v + G_v} \times 100 = \frac{298}{298 + 373} \times 100 = 44.4\ (\%)$$

### 8) 混和剤量

混和材は AE 減水剤をセメント質量比 0.25% 添加するので

$$A_d = 319 \times 0.25/100 = 0.8\,(\mathrm{kg/m^3}) \to 800\,(\mathrm{g/m^3})$$

## 2.4.2 コンクリートの試し練りと調合の調整

### A. 骨材の含水状態による補正

前項に示した方法により，練り上がり 1 m³ のコンクリートに必要な各材料の単位量が定まるが，これは骨材の含水状態が，絶乾状態または表乾状態で表されているので，試し練りを行う場合には，実際に使用する骨材の含水状態による補正が必要となる．表 2.4.13 は，使用する骨材の含水状態による補正を示したものである．

例えば，計画調合を絶乾状態の骨材として行い，使用する骨材が気乾状態にあるときは，骨材の含水量を骨材単位量に加え，さらに骨材が吸水する水量を単位水量に加える．骨材が湿潤状態にあるときは，骨材の吸水量および表面水量を骨材単位量に加え，また表面水が余分となるので，単位水量から表面水量を減ずる必要がある．

前項 D. において調合設計を行った材料が，以下の条件にあるときの補正を行う．

細骨材：表乾密度 2.60 kg/$l$，吸水率 2.00%，
　　　　含水率 4.00%

粗骨材：表乾密度 2.70 kg/$l$，吸水率 1.50%，
　　　　含水率 1.00%，有効吸水率 0.50%

表 2.4.13 使用する骨材の状態による水量の補正

| 項目\骨材状態 | 単位水量 | 骨材の単位量（絶乾調合） | 骨材の単位量（表乾調合） |
|---|---|---|---|
| 気乾状態 | $+c$ | $+a$ | $-b+d$ または $-c$ |
| 表乾状態 | — | $+b$ | — |
| 湿潤状態 | $-d$ | $+b+d$ | $+d$ |

$a$：骨材の含水量　$b$：骨材の吸水量　$c$：骨材の有効吸水量
$d$：骨材の表面水量

### 1) 細骨材の補正

細骨材の表面水率は

$$(4.00-2.00)/1.02 = 1.96(\%)$$

細骨材に付着している表面水量は

$$775 \times 0.0196 = 20.5 (\text{kg/m}^3)$$

単位細骨材量は

$$775 + 20.5 = 795 (\text{kg/m}^3)$$

### 2) 粗骨材の補正

粗骨材の有効吸水量は

$$1007/1.015 \times 0.005 = 5.0 (\text{kg/m}^3)$$

単位粗骨材量は

$$1007/1.015 \times 1.01 = 1002 (\text{kg/m}^3)$$

### 3) 水量の補正

砂の表面水量 20.5 は余分となるので水量から差し引き、粗骨材の有効吸水量は吸水する量として加えておく必要がある。

$$183 - 20.5 + 5 = 167 (\text{kg/m}^3)$$

## B. 試し練り

実験室におけるコンクリートの練り混ぜ方法は、通常 JIS A 1138（試験室におけるコンクリートの作り方）に準じて行う。

### 1) 材料の計量

通常、実験室などでは、各材料は質量で計量する。ただし、水および混和剤溶液などは容積計量でもよい。計量は1回計量分の 0.5% の精度で正確に行う。材料をいくつかの容器に分けたら、幾バッチも練る場合は材料が不均一にならないよう注意し、また含水状態が計量から練り混ぜまで変化しないようにしなければならない。

### 2) 材料の投入

材料の投入に先立って、同じような調合のコンクリートを少量捨て練りし、ミキサー内面にモルタルペーストを付着させておくことが必要である。特に、ペースト分の少ないコンクリートに対しては、この操作を行わないと正確な結果が得られない。

材料の投入順序は、コンクリートの種類や調合などによっても異なるので、速やかに均一になるような順序とする。特に、セメント、水の順に投入すると、セメントペーストの固まりがミキサー内面の羽の根元などに付着し、最後まで混合されずに残るから注意を要する。

### 3) 練り時間

全材料投入完了時から排出開始直前までの練り時間は、1～5分くらいまでは、コンクリートの強度の向上に非常に影響する。実験室では一般に3分程度練る。10分以上練っても強度は増加しないし、練りすぎはかえってスランプや空気量の変動を起こす。また、幾バッチにも分けて練る場合には各バッチの練り時間をそろえる。

## C. 調合の調整

試し練りの結果、所要のコンクリートが得られなかった場合は、調合の調整が必要である。調整は所要の性能の全項目を総合的に考慮して行わなければならない。一般には以下のような調整方法を用いる。

### 1) スランプの調整

通常所要スランプと実際スランプとの差 1 cm につき、単位水量を次の割合で増減させる。

スランプ 18 cm 以下のとき、約 1.2%
スランプ 18 cm 以上のとき、約 1.5%

この操作によってコンクリートの強度が変化するので水セメント比が変わらないようにするためセメントの量を増減させ、それに応じて骨材量を増減する。

### 2) 骨材分離と流動性の調整

コンクリートが材料分離するとき
（1）細骨材率を増すか細粒の多い砂を用いる。
（2）表面活性剤を用いて単位水量を減らす。

この調整は水セメント比が変化しないように行う。ただし、表面活性剤を用いたときは使用した表面活性剤の性能に応じ、信頼できる資料に示された割合で調整する。

### 3) 空気量の調整

AE コンクリートの空気量は日本建築学会では 4% が標準である（ただし、軽量コンクリートは通常の場合 5% を標準としている）。空気量が標準以上になった場合は、表面活性剤の量を減らして調整しなければならない。空気量 1% の増加は、強度約 4～6% の低下とスランプ約 2 cm の増加となる。

AE 剤の量と空気量とはほぼ直線関係にあるので、た

とえば6%の空気量の場合は普通コンクリートの空気量が1%であるから，$(4-1)/(6-1)=3/5$倍の使用量に修正すればよい．

#### 4) 強度に対する調整

練り混ぜ時にはコンクリート強度が実際いくらになるかわからないので，水セメント比を計算値よりも安全側に小さく決めるか，2，3種の水セメント比による調合を選定して，それぞれのテストピースをとり，その強度試験結果から適正な水セメント比を決定し，それに従って調合を定めることになる．

### 2.4.3 スランプ試験

スランプ試験は，コンクリートのコンシステンシーを測定するために行われるもので，日本工業規格にその試験法および測定法が規定されている．このスランプの大小によってコンクリートの軟らかさの程度がわかり，またスランプする速さや状態によってコンクリートの粘ちょう性すなわち骨材の分離性の難易を知ることができる．ふつう，この結果からコンクリートの運搬や打ち込みについての作業性の良否，すなわちワーカビリティーを推定する．以下，JIS A 1101：コンクリートのスランプ試験方法に基づいたスランプ試験方法について述べる．

#### 1) 試験用器具

**a. スランプコーン** スランプコーンは上端内径10 cm，下端内径20 cm，高さ30 cmの鋼製枠であり，測面には適当に足押さえと取っ手がつけられている．

**b. 突き棒** 突き棒は直径16 mm，長さ50 cmの丸鋼で，その先端は半球状に加工してある．

**c. 測定尺** 写真2.4.1に見られるようなもので，支柱部分には1 mm刻みで目盛が記入されている．

**d. 水密性平板（台板）** 1片70 cm前後の水密性の平板で，普通厚さ3 mm程度の鋼板が用いられる．

**e. その他** ハンドスコップ，こてなど．

#### 2) 試　　料

試料は練り混ぜを完了したコンクリートから直ちに採取する．採取したコンクリートは均一になるまでショベルで混合する．すなわち，実験室では，練り混ぜを完了したコンクリートをまずミキサーから練り板の上に排出し，練り板上でさらによく混合して均一にする．この際，練り板表面は排出するコンクリートの水分を吸収しないよう，適度の湿りを与えておくこと，およびミキサ

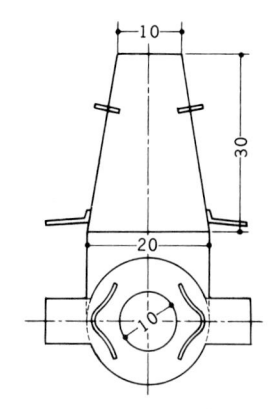

図2.4.3 スランプコーン

写真2.4.1

ー内のセメントペースト分はできるだけ完全に排出させることが必要である．

#### 3) 試　験　方　法

（1）スランプコーンの内面および水密性平板などを湿布でふく．スランプコーンを水密性平板上におき，コーンについた足押さえあるいは取っ手によってコーンが動かないように押さえる．

（2）試料はスランプコーンの容積の1/3ずつ3層に詰める．まず，1/3のところ（コーン底から約6 cm）まで詰め，突き棒の先端部でならしたのち25回均等に突く．材料の分離を起こすおそれのあるときは分離を起こさない程度に突き数を減らす．

次にコーンの容積の2/3（コーン底から約15 cm）まで詰め，第1層と同様突き棒で突き，最後にコーン上端までいっぱいに試料を詰め，前と同じ要領で突いたのち，上面をこてで上端に合わせて平らにならす．

この際の突き棒の突き入れ深さはその前層にわずかに達する程度とする．また，スランプコーンにコンクリートを詰め始めてから詰め終わるまでの時間は3分以内とする．

（3）詰め終わったら直ちにスランプコーンを静かに

鉛直に引き上げ，コンクリートの上面の下り量を測定尺によって測定する．この際スランプコーンを引き上げる時間は2～3秒とする．

**4) 結果の表示**

コンクリートの上面の下りをcmの単位で測定して（測定精度0.1～0.5cm）これをスランプ何cmとして表示する．

このほか報告には，日時，天候，気温，バッチ番号，粗骨材の最大寸法およびコンクリートの温度などを記載する．

**5) 注意事項**

（1）水密性平板は，水平に，また，がたつかないように置く．

（2）試料をコーンに入れる場合，スコップをコーンの上縁に沿って移動させながら落とし込み，コンクリートがコーンの中で均一に詰まるようにする．

（3）第1層のコンクリートを突くとき，水密性平板を突かない．

（4）スランプコーンを引き上げるとき水密性平板の上に載らない．

（5）スランプしたコンクリートが著しく傾いたときには試験をやり直す（注③）．

（6）スランプ値の測定にあたっては，コンクリートによっては頂面の形が少し崩れた状態で残り，また傾斜する場合などがあって，測定位置の選定の判断が難しい場合も起こるが，上面の中央部分付近を目安とする．

（7）スランプは温度によってかなり変化し，また練り混ぜ完了から試験までの時間における水和反応の変化および水分蒸発などによる影響を受けるので，コンクリート温度および練り混ぜ完了から試験までの時間などを記録しておくことが望ましい．特に，幾バッチも練る場合には試験を手際よく行うこと，前述の練り時間をそろえることが大切である．

**6) 関連事項**

スランプ試験が終わったのち，突き棒でコンクリートの側面を軽くたたき，コンクリートの山の崩れていく様子を観察することによって，ワーカビリティーの程度をさらによく判断することができる．

スランプ試験を正確に行うことにより，コンクリートのコンシステンシーの変化ばかりでなく，同一水セメント比においてセメントの種類がコンシステンシーに及ぼす影響および混和剤を用いた場合の減水率などを求める

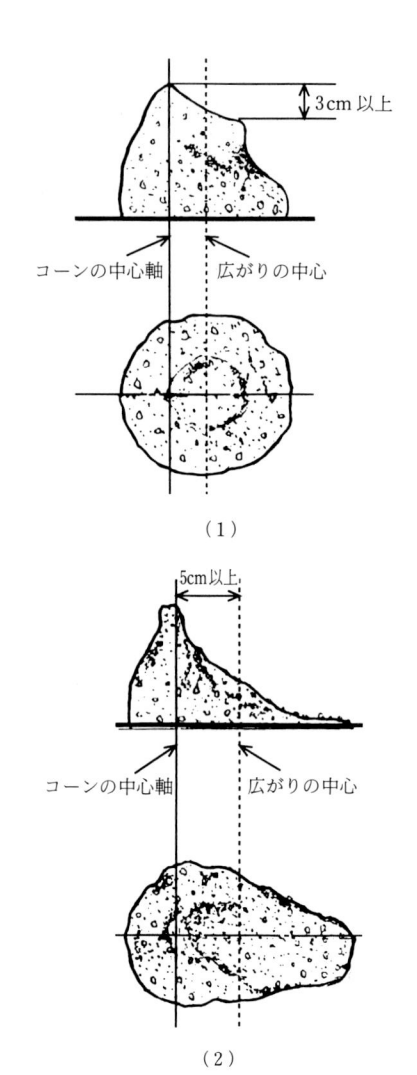

**図2.4.4 再試験とするスランプの形状**

ことができる．

注③ 生コン工場品質管理ガイドブック（全国生コンクリート工業組合連合会）に基準が設けられており，参考にするとよい．

（1）コンクリートがスランプコーンの中心軸に対してかたよってスランプしたときで，かつ，はっきりとしたコーン上面の痕跡の最高・最低の差が3cm以上のとき．

（2）スランプしたコンクリートの拡がりの中央部とコーンの中心軸との距離が5cm以上かたよったとき．

## 2.4.4 空気量の測定

まだ固まらないコンクリート中の空気量は，コンクリートのワーカビリティー・強度・耐久性などに大きな影響を及ぼす．したがって，AEコンクリートは空気量を測定する必要がある．その測定には，圧力法・質量法・容積法の3種類がある．

### A. 圧力法による空気量の測定（JIS A 1128：フレッシュコンクリートの空気量の圧力による試験方法―空気室圧力方法）

コンクリート中で可圧縮性の成分は空気であるので，この方法は気体の圧力と容積とに関するBoyleの法則を応用したものである．圧力法には，圧力を与える媒体として，水を使用する水柱圧力法と，空気を使用する空気室圧力法とがある．ここでは，最もよく使用される空気室圧力法について述べる．

#### 1) 使用器具

エアメーター，突き棒（スランプ試験と同じ），木づち，定規，ハンドスコップ

#### 2) エアメーターの点検

**a. 容器**　満たした水の質量を量る．容器と水の質量の0.1％以下の感量のはかりを使用する．

**b. 初圧力**　空気が追い出されるまで注水して，圧力計の指針が空気量0％になるかを確かめる．

**c. 空気量の目盛**　適量の水を取り出して空気量を量り，取り出した水量と一致するかを確かめる．

#### 3) 試験方法

容器のほぼ1/3ずつ3層に分けて試料を詰め，各層は突き棒で25回均等につき，容器の外側を10～15回木づちでたたく（第1層を突くときは容器の底を突かないようにし，第2，第3層を突くときは前層の表面に達する程度とする）．3層目の突きと，たたきが終わったら，定規で余分の試料をかき取ってならす．

振動機で締め固めるコンクリートの場合は，2層に分けて試料を詰め，振動締固めを行う．振動時間はコンクリートの表面に大きい泡がなくなるのに必要な最小時間とする．

注水しないときは，特にコンクリートの表面を容器の上面と正しく一致させないと誤差が大きいので注意する．

注水する場合は，ふたの裏側とコンクリート面との間の空気が追い出されるまで注水する．空気室内の気圧を初圧力に一致させ，約5秒ののち，作動弁を開いてコンクリートの各部に圧力をゆきわたらせるよう側面を木づちでたたく．圧力計の指針が安定してから圧力計の空気量の目盛りを読む．これを見かけの空気量 $A_1$ とする．

#### 4) 試験の結果

空気量は次式による．

$$A = A_1 - G$$

ここに　$A$：コンクリートの空気量（％）

　　　　$A_1$：見かけの空気量（％）

　　　　$G$：骨材修正係数，普通骨材を使用するコンクリートのときは，$G \fallingdotseq 0$

#### 5) 骨材修正係数 $G$ の測定

骨材修正係数の測定は，次のとおり行う．

空気量を求めようとする容積（$V$）のコンクリート試料中にある細骨材および粗骨材の質量を次の式によって算出する．

$$m_f = \frac{V}{B} \times M_t$$

$$m_c = \frac{V}{B} \times M_c$$

ここに　$m_f$：容積 $V$ のコンクリート試料中の細骨材の質量（kg）

　　　　$V$：コンクリート試料の容積（容器の容積に等しい）（$l$）

　　　　$B$：1バッチのコンクリートのでき上がり容積（$l$）

　　　　$M_f$：1バッチに用いる細骨材の質量（kg）

　　　　$m_c$：容積 $V$ のコンクリート試料中の粗骨材の質量（kg）

　　　　$M_c$：1バッチに用いる粗骨材の質量（kg）

細骨材および粗骨材の代表的試料を，それぞれ質量で $m_f$ および $m_c$ だけ採取する．試料骨材粒の含水状態を，コンクリート試料中の骨材粒の含水状態と同様にするため，細骨材および粗骨材を別々に水に浸す（5分程度）．約1/3まで水を満たした容器の中に骨材を入れる．骨材を入れるには，スコップ1杯の細骨材を入れ，次にスコップ2杯の粗骨材を入れるようにして，すべての骨材が水に浸されるようにする．骨材を入れるときには，できるだけ空気が入らないようにし，出てきた泡は手早く取

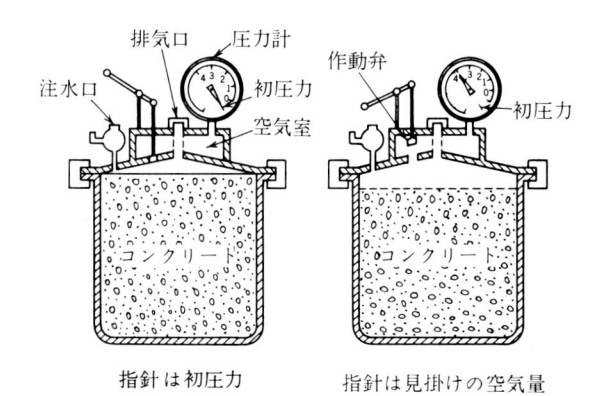

**図2.4.5　空気室圧力法による空気量の測定**

り去らなければならない．空気を追い出すために，容器の側面を木づちでたたき，また細骨材を加えるごとに約 25 mm の深さに達するまで突き棒で約 10 回突くものとする．

全部の骨材を容器に入れた後，水面の泡をすべて取り去り，容器のフランジとふたのフランジとをよくぬぐい，ゴムパッキンを入れ，ふたを容器に締め付ける．空気量の測定と同じ操作を行って，圧力計の目盛りを読み，これを骨材修正係数 $G$（％）とする．

### B. 参 考 試 験
① 質量法（JIS A 1116：まだ固まらないコンクリートの単位容積重量試験方法および空気の重量による試験方法（重量方法））
② 容積法（JIS A 1118：まだ固まらないコンクリートの空気量の容積による試験用法（容積方法））

### 2.4.5 ブリーディングの試験

ブリーディングは一種の材料分離で，混合水がセメント粒子，骨材の沈降によって上方に浮き上がって生ずるものである．若干のブリーディングはコンクリートの打込みには不可避のものであるが，ブリーディングが大きいと付着力を低下させ，水密性を悪くする．以下 JIS A 1123：コンクリートのブリーディング試験方法に基づいたブリーディング試験方法について述べる．

#### 1) 使用器具

容器（内径 25 cm，内向 28.5 cm の円筒），はかり（感量 10 g），メスシリンダー（容量 10，50，100 m$l$）ピペットまたはスポイト，突き棒

#### 2) 試験方法

室温およびコンクリート試料の温度を 20±3°C に保つ．容器のほぼ 1/3 ずつ 3 層に分けて試料を詰め，各層を突き棒で 25 回均等につき，容器のふちから 3±0.3 cm 低くなるようにしてこてでならす．ならした直後の時刻を記録する．

容器は水平に保ち振動を与えないように注意して適当なふたをする．記録した最初の時刻から 1 時間の間，10 分間隔でコンクリート上面にしみ出した水を吸い取り，その後はブリーディングが認められなくなるまで 30 分間隔で水を吸い取る．吸い取った水はメスシリンダーに移し，そのたびにメスシリンダーの水の総量を m$l$ 単位まで記録する．試験が終わった直後に容器と試料の質量を量る．試験の質量には，メスシリンダーに移したブリーディングによる水量を加算する．

#### 3) 試験の結果

ブリーディング量は次式で計算する．

$$\text{ブリーディング量 (cm}^3/\text{cm}^3) = \frac{V}{A}$$

ここに　$V$：最終時まで累計したブリーディングによる水量（cm$^3$）
　　　　$A$：コンクリートの上面の面積（cm$^2$）

ブリーディング率は次式で計算する．

$$\text{ブリーディング率 (\%)} = \frac{B}{G} \times 100$$

ただし　$G = \frac{w}{W} \times S$

ここに　$B$：最終時まで累計したブリーディングによる水量（kg）
　　　　$G$：試料コンクリート中の水量（kg）
　　　　$W$：1 m$^3$ 当たりのコンクリートの質量（kg）
　　　　$w$：1 m$^3$ 当たりのコンクリート中の水量（骨材は表乾状態として計算する）（kg）
　　　　$S$：コンクリート試料の質量（kg）

ブリーディング量，ブリーディング率は小数点第 2 位まで計算する．

### 2.4.6 凝 結 試 験

JIS A 6204（コンクリート用化学混和剤）附属書 1（コンクリートの凝結時間試験方法）による．この試験は，貫入針を用いたコンクリートの凝結時間を試験するものである．

#### 1) 使用器具

貫入試験装置は，最大 100 kgf まで精度 1 kgf で測定できるもの，貫入針は，断面積が 1 cm$^2$，0.5 cm$^2$，0.25 cm$^2$，0.125 cm$^2$ の 4 種類とする．

#### 2) 試験方法

試料コンクリートのセメントと水が最初に接触した時刻を記録する．容器に入れた試料表面のブリーディング水を取り除く．硬化状態に応じた適当な断面積をもつ貫入針で，約 10 秒をかけ鉛直下方に 25 mm 貫入させ，貫入に要した力とそのときの時刻を記録する．貫入試験は，貫入抵抗 280 kgf/cm$^2$ が得られるまで少なくとも 6 回行う．

#### 3) 試験の結果

経過時間を横軸に，貫入抵抗を縦軸にとって結果を図示し，その図から貫入抵抗が 35 kgf/cm$^2$ と 280 kgf/

cm² の点の経過時間を読みとり，それぞれをコンクリートの始発時間，終結時間とする．

### 2.4.7 強度試験用供試体の作り方

JIS A 1132：コンクリートの強度試験用供試体の作り方に基づいた強度試験用供試体の作り方について述べる．

#### A. 使用器具

##### 1) 供試体成形型枠

a. 圧縮強度試験用型枠　型枠は供試体の高さが直径の 2 倍となる金属製円筒で，変形および漏水のない寸法の正確なものであり，組み立てたとき，型枠の側面（円筒）の軸と底板とが直角でなければならない．型枠の寸法の誤差は，直径で 1/200，高さで 1/100 以下でなければならない．型枠の底面の平面度は 0.02 mm 以内でなければならない．粗骨材の最大寸法が 50 mm 以下の場合には，供試体の直径は 15 cm を原則とし，供試体の直径が 15 cm 未満のものを使用する場合には，その直径は粗骨材の最大寸法の 3 倍以上，かつ 10 cm 以上とする．

b. 引張強度試験用型枠　型枠は供試体の高さが直径以上，2 倍以下となる金属製円筒で圧縮強度試験用型枠精度に準ずるものでなければならない．直径は粗骨材の最大寸法の 4 倍以上かつ 15 cm 以上とする．

c. 曲げ強度試験用型枠　型枠は断面が正方形である直方体供試体が作れるものが必要で，断面の 1 辺の長さは粗骨材の最大寸法の 3 倍以上とし，粗骨材の最大寸法が 50 mm 以下の場合は 15 cm を原則とする．断面の 1 辺の長さが 15 cm 未満のものを使用する場合には，その 1 辺の長さは粗骨材の最大寸法の 3 倍以上，かつ 10 cm 以上とすることができる．供試体の長さは断面の 1 辺の長さの 3 倍より 8 cm 以上長くする．型枠の寸法の誤差は，断面の寸法の 1/100 以下，側板の平面度は 0.05 mm 以内でなければならない．

##### 2) 突き棒または振動機

突き棒は直径 16 mm，長さ 50 cm の丸鋼で，先端が半球状のもの，内部振動機は JIS A 8610（コンクリート棒形振動機）に規定するものとする．20 cm 以下の直径の供試体に対しては，公称直径 27 mm の振動機を用いるのがよい．

##### 3) キャッピング用押板

厚さ 6 mm 以上のみがき鋼板またはみがき板ガラスを用いる．板ガラスを用いる場合，できれば直径の 1/10 以上の厚みのものを用いる方が望ましい．押板は型枠直径より 25 mm 以上大きいものを用いる．押板の平面度は 0.02 mm 以内でなければならない．押板とキャッピング用セメントペーストの間に硬質ビニルシートを挿入できるようにしておく．

##### 4) その他

こて，ハンドスコップ，木づち

#### B. 材料の準備と計量

（1）材料は練り混ぜる前に原則として 20±3°C の温度に保っておく．

（2）セメントは風化しないように防湿容器に密閉して貯蔵してあるものを使用する．

（3）骨材は粒度の分離が生じないこと，表面乾燥飽水状態に近い均一な含水状態にあるものを使用する．練り混ぜ直前に表面水量を測定し，必要に応じて練り混ぜ水量を補正する．

（4）1 バッチ分の材料の量に適した容量のはかりを用い，各材料は質量で別々に計量する．水および混和剤は容積で計量してもよい．

（5）計量に用いるはかりは日常よく整備点検をし，精度（1 回分の計量の 0.5％）を確保する．

（6）計量し終わった材料から蒸発または飛散のため材料の量的変化が生じないよう注意する．

#### C. コンクリートの練り混ぜ

（1）コンクリートの練り混ぜは原則として温度 20±3°C，湿度 60％以上に保たれた試験室で行う．

（2）コンクリートは原則としてミキサーを用いて練り混ぜる．

（3）1 回の練り混ぜ量は，ミキサー容量の 50％以上 80％以下とするほうがよい．試験に必要な量よりやや多めに練る．

（4）ミキサーを用いて練り混ぜる場合は，同じコンクリートで一度捨て練りをし，ミキサー内部にモルタル分が付着した状態にしておく．

（5）ミキサーへの材料投入順序は，各材料が固まりを作ってミキサー内部に付着せず，均一に練ることのできるような順序とする．

（6）練り混ぜ時間は一般に傾胴式ミキサーで 3 分以上，強制練りミキサーで 2 分以上とする．

（7）練り混ぜの終わったコンクリートは，鉄板の上にあける．この際，ミキサー内部に付着しているコンク

グは不要である．この場合，供試体作成時の型枠側面を加圧面として圧縮試験を行う．立方体またははりの切片による圧縮強度も，高さが直径の2倍の円柱供試体に比べて，得られる強度は大きくなる．この理由は加圧面の摩擦による拘束が供試体内部の応力分布に影響し，単軸圧縮試験においても3軸応力状態となっているためである．

（2） コンクリートから切り取ったコアおよびはりの圧縮強度試験はJIS A 1107に規定されている．このコアの高さと直径（1辺）の比が必ずしも2：1とならないため，得られる見かけの圧縮強度もこの比によって異なる．このため供試体の高さがその直径の2倍より小さい場合には，試験で得られた圧縮強度に表2.4.14に示す補正係数をかけて，直径の2倍の高さをもつ供試体の強度に換算することになっている．

（3） 供試体の形状が相似であれば，供試体寸法の小さいものほどコンクリート強度は高くなる．しかしながら，$\phi 15 \times 30$ cm円柱供試体と比べて$\phi 10 \times 20$ cm円柱供試体強度はほとんど同じ強度を与えるものと見られている．

（4） 供試体加圧面のキャッピングの凹凸は破壊強度の大きさに大きく影響する．また，キャッピングの厚さが大きいと，キャッピング部の破壊により供試体の破壊が誘起され，また，キャッピングの強度が供試体の強度と誤認されるため，キャッピングの厚さは2～3 mm程度にとどめるべきである．

（5） 圧縮試験機の一方の加圧板を球座支承とすることは疑問がある．コンクリートの圧縮強度試験は円柱供試体の全断面に一様な等しい応力度が生ずることを前提としている．ところが，コンクリートのような材質的に均質でないものは，断面の部分で弱いところを持っており，圧縮力の載荷によって，この部分が他の強いところより大きく変形する．加圧板が供試体の部分変形によって傾くと，弱い部分が先に破壊してしまうので，供試体に載荷されている荷重は残りの健全な部分だけで負担しなければならなくなり，結果的に供試体断面が一様に応力を受け平均強度が得られる場合より，低めの圧縮強度が得られる．それゆえ，加圧板を供試体載荷面に載せて密着させる場合のみ球座を自由にして働かせ，加圧が始まると球座を固定してしまう方がよいといわれている．

（6） 圧縮試験機は機枠の剛性が大きいものを用いなくてはならない．試験機の載荷枠の弾性変形が左右で相違すると供試体に対し圧力を斜めにかける原因となる．

（7） 試験時の載荷速度，試験時の供試体の温度および湿り具合なども圧縮強度に影響するため，これらを一定にするように注意しなければならない．

## 2.4.9 圧縮強度の判定方法

コンクリートの圧縮強度は，使用セメントや使用骨材品質のばらつきあるいは調合計量の誤差，練り混ぜ設備，養生および試験設備などの品質管理の優劣により，初期の強度に対してかなりばらつきがあるものである．この強度の分布はおおよそ正規分布に従うとみることができる．

正規分布は平均値$F_m$と標準偏差$\sigma$とによってその形が決まる．調合強度$F$はこの平均値$F_m$を示すものである．生コンクリートの呼び強度$F_0$（気温補正強度に近い）を調合強度$F$と等しくすると，図2.4.6分布aの状態となる．その供試体の半数は平均値を下まわるのであるから，当然呼び強度を下まわる強度の供試体は半数となり，使用者側からみて不都合となる．それで，同図，分布bで示すように呼び強度より調合強度（平均強度）を高くとっておくと，呼び強度を下まわる圧縮強度を示す供試体の数を全体の一定割合以下になるようにすることができる．

ただし，建物設計者が定めるコンクリートの強度品質

表2.4.14 高さ/直径比による強度補正数

| 高さと直径の比 $h/d$ | 補正係数 |
|---|---|
| 2.00 | 1.00 |
| 1.75 | 0.98 |
| 1.50 | 0.96 |
| 1.25 | 0.93 |
| 1.00 | 0.89 |

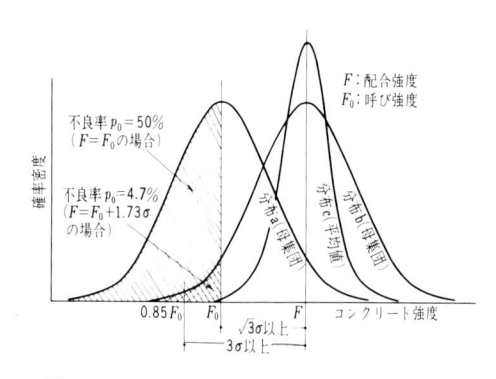

図2.4.6 コンクリートの強度の分布と判定法

としての設計基準強度を下まわる圧縮強度を示す供試体の数が全体の何％になるようにするかは，その構造物に要求される安全率によるもので，構造物のどの部分も必ず所定の安全率が必要であるというような設計の場合は，当然調合強度はこのことを考慮して定めなければならない．ここでは，JIS A 5308（レディーミクストコンクリート）に規定される圧縮強度の判定法について述べる．

### 1) 判定条件

生コンクリートの呼び強度について下記の2つの条件が規定されている．

（1）1回の試験結果は，購入者が指定した呼び強度の値の85％以上でなければならない．

（2）3回の試験結果の平均値は，購入者の指定した呼び強度の値以上でなければならない．

### 2) 調合強度と呼び強度との関係

一般に平均 $F$，標準偏差 $\sigma$ という正規分布（図2.4.6 分布b）の母集団からの標本の値が $F-3\sigma$ より大きな値となる確率は99.87％である．これは，標本の値がほとんど常に $F-3\sigma$ より大きくなることを意味するので，判定条件（1）は下式のように表せる．

$$0.85F_0 \leq F - 3\sigma$$

また，このように正規母集団から任意に $n$ 個の標本を取り出し，その平均値を作ると，この平均値を母集団とする標本の分布は，平均値が $F$，標準偏差が $\sigma/\sqrt{n}$ の正規分布（図2.4.6 分布c）となる．

判定条件（2）は3回の試験結果の平均に基づいているので，下式のように表せる．

$$F_0 \leq F - 3 \cdot \frac{\sigma}{\sqrt{3}} = F - \sqrt{3}\sigma$$

この場合，標本の値が呼び強度 $F_0$ を下まわる確率は4％となる．図2.4.6 分布bに示すような母集団より，もっとばらつきの大きい扁平な分布の場合には（2）式で示す不良率4.7％という条件だけでは，呼び強度 $F_0$ よりかなり小さめの強度のコンクリートが生ずるおそれがあるため，（1）式でほとんどすべてのコンクリートの強度が $0.85F_0$ を上まわるように定めたものである．（1）式および（2）式の関係を図で示すと図2.4.6のようになる．

### 3) 関連事項

構造体中の各部分において発現している圧縮強度を構造体コンクリートの圧縮強度という．これは，標準養生した供試体の圧縮強度より低めの28日圧縮強度を発現するが，材齢91日頃までは，強度の発現が継続すると考えられている．そのため，構造体コンクリートの圧縮強度については，建築基準法施行令第74条の規定に基づく判定基準が設けられている．以下のいずれかを満足するものでなければならない．

（a）現場水中養生による供試体の材齢28日圧縮強度が設計基準強度以上であること．

（b）現場封かん養生による供試体の材齢28日圧縮強度が設計基準強度の70％以上であり，かつ材齢が91日以前において，供試体の圧縮強度が設計基準強度以上であること．

## 54　2. 構造材料の試験方法

(参考表)　コンクリート試験用データシート

| 打設年月日 | 年　　月　　日 | | 天　候 | 室　温(℃) | 湿　度(%) |
|---|---|---|---|---|---|
| 記　録 | 所属 | | 氏名 | | |

| 使用材料 | 材料名 | セメント | 細骨材 | | 粗骨材 | | 混和剤 | |
|---|---|---|---|---|---|---|---|---|
| | 種　類 | | | | | | | |
| | 粗粒率 | — | | | | | 品名 | 品名 |
| | 表乾密度 (kg/$l$) | | | | | | 添加量(C×%) | 添加量(C×%) |

| 水セメント比 | | | (%) | 細骨材率 | | | (%) | |
|---|---|---|---|---|---|---|---|---|
| 材料名／項目 | | セメント | 水 | 細骨材 | | 粗骨材 | | 混和剤 |
| 標準調合 (絶乾・表乾) | 質量 (kg/m³) | | | | | | | |
| | 容積 ($l$/m³) | | | | | | | |
| 表面水率 (%) | | — | — | | | | — | — |
| 表面水量 (kg/m³) | | — | — | | | | — | — |
| 有効吸水率 (%) | | — | — | | | | — | — |
| 有効吸水量 (kg/m³) | | — | — | | | | — | — |
| 補正値 (kg/m³) | | | | | | | | |
| 計量配合 (kg/m³) | | | | | | | | |
| 1バッチ当たり計量 (kg/バッチ)(　$l$) | | | | | | | | |

| 試験結果 | 練り混ぜ時間 (分) | スランプ (cm) | スランプフロー (cm) | 空気量 (%) | コンクリート温度 (℃) | 単位容積質量 (kg/m³) |
|---|---|---|---|---|---|---|
| | | | × | | | |

| 強度試験結果 (N/mm²) | 項目 | 圧縮・引張 | | 項目 | 圧縮・引張 | | 項目 | 圧縮・引張 | | 項目 | 圧縮・引張 | |
|---|---|---|---|---|---|---|---|---|---|---|---|---|
| | 養生 | | | 養生 | | | 養生 | | | 養生 | | |
| | 材齢 | 1 | | 材齢 | 1 | | 材齢 | 1 | | 材齢 | 1 | |
| | | 2 | | | 2 | | | 2 | | | 2 | |
| | 日 | 3 | | 日 | 3 | | 日 | 3 | | 日 | 3 | |
| | | 平均 | | | 平均 | | | 平均 | | | 平均 | |

## 2.4.10 その他の試験方法

硬化コンクリートの強度以外の性質は，JIS で試験方法が規定されていないものが多い．しかし，いくつかの性質については既に試験方法の JIS 案ができていて，現在 JIS にする作業が進められている．ここでは，硬化コンクリートの主要な性質の求め方について，現在 JIS を作成中の試験方法や慣習的に使われている試験方法に準拠して説明する．

### A. 静弾性係数試験（JIS 原案）

弾性係数は弾性体における応力とひずみの比例定数で，応力やひずみの違いによって縦弾性係数（ヤング係数），せん断弾性係数，ポアソン比，体積弾性係数などがある．また荷重の加え方によって，静的な荷重を加えて求めたものが静弾性係数で，振動や衝撃などの動的な荷重を加えて求めたものが動弾性係数である．このうち縦弾性係数は圧縮強度とともにコンクリートの最も基本となる力学的性質であり，弾性範囲にある応力の大きさからひずみの大きさを求める場合に用いたり，コンクリート構造物の応力解析や断面設計を行う際に必要となる．

静弾性係数の試験方法は，縦静弾性係数の求め方について 1981 年に JIS 案が作られて，それに基づいて現在 ISO の試験方法と整合させて JIS にする作業が進んでいる．一方動弾性係数の試験方法は，JIS A 1127「共鳴振動によるコンクリートの動弾性係数，動せん断弾性係数及び動ポアソン比試験方法」で定められている．JIS 案に示された縦静弾性係数の試験方法の概要は次のとおりである．

供試体は直径の 2 倍の高さをもつ円柱形とする．ただし，直径は粗骨材の最大寸法の 3 倍以上かつ 10 cm 以上とする．供試体の数は同一条件の試験に対して 3 個以上とする．JIS A 1132（コンクリートの強度試験用供試体の作り方）の 4. により作った供試体は，試験日まで所定の養生を行う．試験の直前に養生室から供試体を取り出して，供試体の軸に平行でかつ対称な 2 つの線上に，供試体の高さの 1/2 の位置を中心にひずみ計を取り付ける．ひずみ計は $10 \times 10^{-6}$ よりよい精度で測定できるものとし，一般にはコンプレッソメータか抵抗線型ひずみ測定器を用いる．

抵抗線ひずみゲージは，骨材最大粒径の 4 倍以上の有効ゲージ長さのものを用いる．ゲージ長さがこれより短いと，測定誤差が大きくなる．抵抗線ひずみゲージを供試体の表面にはり付けるには，試験を行う材齢まで所定の養生を行い，その後，温度 18〜22°C，湿度 60%RH 以上の室内で供試体を放置して表面を乾燥させる．供試体をサンドペーパーで平滑にして乾燥していることを見受けたら，直ちに急硬性の接着剤でひずみゲージを張り付ける．所定の養生の終了時から試験までの時間は 12 時間以内とする．

試験は温湿度の変化の少ない室内で行う．圧縮試験は JIS B 7733（圧縮試験機）に規定するものを用い，最大荷重がひょう量の 1/2 から 4/5 ぐらいまでの範囲にくるよう試験機のひょう量を選定する．供試体は偏心のないよう試験機の機枠の中心線上に正しく設置する．荷重は中断することなく加え，その荷重速度は原則として毎秒 $0.2 \sim 0.3 \mathrm{~N/mm^2}$ とする．

ひずみ度の測定は原則として最大荷重の 1/2 まで行うこととし，測定間隔は荷重で表して等間隔に少なくとも 10 点以上記録する．なお，ASTM および RILEM の試験法では，本試験の前に何回か適当な応力度まで供試体に対し繰返し載荷することにしている．これによってひずみ度の測定値が落ち着き，偏心の調整も可能となるので，特に精度の高い試験結果が要求されるような試験においては，繰返し載荷を試みることが望ましい．

計算の結果は各供試体ごとに図 2.4.7 に示すような応力度-ひずみ度曲線を作成して，縦静弾性係数を下式で計算し，有効数字 3 けたまで求める．

$$E = \frac{S_1 - S_2}{\varepsilon_1 - \varepsilon_2}$$

ここに　$E$：静弾性係数（$\mathrm{N/mm^2}$）

$S_1$：最大応力度 $S_{\max}$ の 1/3 に相当する応力度（$\mathrm{N/mm^2}$）

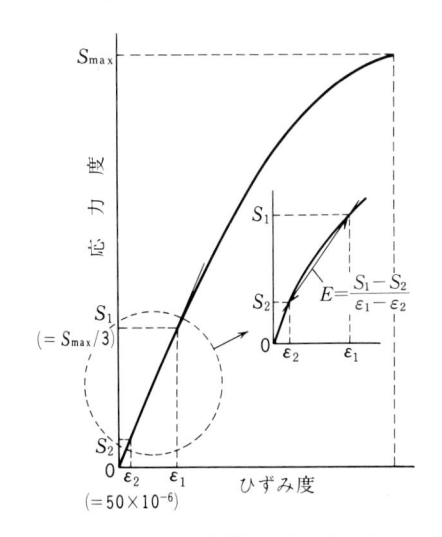

**図 2.4.7　縦静弾性係数の求め方**

$S_2$：ひずみ度 $50\times10^{-6}$ に相当する応力度 $(\text{N/mm}^2)$

$\varepsilon_1$：応力度 $S_1$ によって生じるひずみ度

$\varepsilon_2$：$50\times10^{-6}$

### B. 収縮試験

コンクリートは乾燥が進むにつれて水を逸散して収縮する．これを乾燥収縮という．また，水の逸散とは無関係にセメントの水和による水の消費に伴う内部空隙中のメニスカスの形成に起因する収縮を特に自己収縮といい乾燥収縮と区分けしている．コンクリートの収縮の要因として，コンクリートの使用材料や調合，部材の大きさ，相対湿度，材齢など多いが，乾燥収縮では単位水量が，自己収縮では単位セメント量が特に密接に関与している．一般には乾燥収縮や自己収縮が大きいほどコンクリートはひび割れが発生しやすくなる．

乾燥収縮の測定方法として，JIS A 1129「モルタル及びコンクリートの長さ変化試験方法 第1部：コンパレータ方法，第2部：コンクリートゲージ方法，第3部：ダイヤルゲージ方法」が規定されている．また，自己収縮の測定方法には日本コンクリート工学協会の自己収縮研究委員会で作成した標準試験法「セメントペースト，モルタルおよびコンクリートの自己収縮および自己膨張試験方法（案）」がある．それぞれの方法の概要を以下に示す．

**1) 乾燥収縮試験** 乾燥収縮ひずみはコンクリートの供試体の側面または中心の任意の検長（基長という）間の長さ変化をひずみ計によって測定して得られる．長さ変化の測定は，一般にはコンクリートを打ち込んでから24時間以上経過して型枠から脱型し，所定の養生を行ってから開始する．ひずみ計には，コンパレータ，コンタクトゲージ（どちらも側面の長さ変化が測定できる），あるいはダイヤルゲージ（中心の長さ変化が測定できる）のいずれかを用いる．ひずみ計については4.1.2項を参照されたい．

供試体は，断面が正方形の角柱とし，断面の一辺は粗骨材の最大寸法の3倍以上，長さは断面の一辺の3.5倍以上とするのが望ましい．粗骨材の最大寸法が25 mm以下の場合，$100\times100\times400$ mm（または500 mm）とする．供試体の個数は，同一条件の試験に対して3個以上とする．

相対湿度が収縮ひずみに及ぼす影響が大きいので，温度と湿度が一定（温度は20℃，湿度は60%か70%が多い）の室内で試験を行うのが一般的である．粗骨材の最大寸法の4倍以上になるように基長を設定して長さ変化を測定する．なお，長さ変化を測定する際に質量を同時に測定すれば，水分の逸散と長さ変化の関係が明らかになる．

長さ変化率を次の式によって算出し，JIS Z 8401によって，有効数字3けたに丸める．

$$\varepsilon = \frac{(X_{o1}-X_{o2})-(X_{i1}-X_{i2})}{L_0}$$

ここに　$\varepsilon$：長さ変化率

$L_0$：基長

$X_{o1}, X_{o2}$：それぞれ基準とした時点における標準尺および供試体の測定値

$X_{i1}, X_{i2}$：それぞれ時点 $i$ における標準尺および供試体の測定値

長さ変化率は，$10^{-8}$ % で示すことが多い．

**2) 自己収縮試験** 自己収縮ひずみは，コンクリート供試体から水分が逸散しない状況で，基長間の長さ変化をひずみ計によって測定して得られる．長さ変化の測定は，コンクリートの始発時間に達した時点で開始する．ひずみ計として，始発時から脱型時までの測定はダイヤルゲージを，脱型後の測定は JIS A 1129 に規定するコンパレータまたはコンタクトゲージを用いる．

供試体は，幅と高さが等しい角柱で，幅は粗骨材最大寸法の3倍以上，長さは幅の3.5倍以上とする．粗骨材の最大寸法が30 mm以下の場合は，原則として供試体の寸法は $100\times100\times400$ mm（または500 mm）とする．同一条件の試験に対して必要な供試体の個数は3個以上とする．

試験は温度と湿度が一定（温度 20℃±2℃，湿度 60～80%）の室内で行うのがよい．試験の手順は，①両端板の中央に直径 3～5 mm の穴をあけた型枠を用い，型枠の底面の内側にテフロンシート（厚さ1 mm），両端部の内側にポリスチレンボード（厚さ3 mm）を入れ，さらに型枠内側の側面，端面および底面にポリエステルフィルム（厚さ 0.1 mm）を入れ，試料と型枠が接触しないようにする．②型枠の端板の穴にゲージプラグを埋め込み深さが 30±5 mm で供試体の長軸と一致するようセットし，ゲージプラグ間の距離（$L$）を 1 mm まで測定してからコンクリートを打ち込む．③直ちに表面仕上げを行い，試料からの水分の逸脱を防ぐために，仕上げ面をポリエステルフィルム（厚さ 0.1 mm）で覆

い，さらにその上から湿った布を覆い，20°C±2°Cの室内に静置する．④試料が始発時間に達した時点で，ダイヤルゲージのスピンドルを，供試体の長軸に一致して動くようにゲージプラグに接触させ，第一回目の測定を行い，この時点を基準とする．次に，材齢24時間および脱型時までの所定の材齢において同様に測長する．この際，供試体の中心部の温度を測定し，線膨張係数を $10 \times 10^{-6}$ °Cとして長さの補正を行う．図2.4.8に測定の一例を示す．⑤供試体を脱型し，乳色ガラスまたはゲージプラグを供試体の上面両端に近い部分に接着して供試体質量を測定し，直ちに供試体全面をアルミ箔粘着テープ（厚さ0.5mm）でシールして基長を測定する．⑥供試体をビニール袋に入れ密封した後，温度20°C±2°C，湿度60～80%の室内に静置し，材齢が3日，7日，14日，28日以降必要に応じて供試体の長さ変化および質量を測定する．測定期間中の供試体の質量変化率が0.05%以下でなければならない．

自己収縮ひずみ（$\Delta L$）は，測定値の平均値を用いて，次の式により算出する．

脱型以前においては，

$$\Delta L = \Delta L_1$$

脱型以後においては，

$$\Delta L = \Delta L_1 + \Delta L_2$$

ここに　$\Delta L$：長さ変化率

$\Delta L_1$：脱型以前の長さ変化率，次式で計算する．

$$\Delta L_1 = \frac{(X_{ia} - X_{oa}) + (X_{ib} + X_{ob})}{L}$$

$L$：ゲージプラグ間の距離

$X_{oa}, X_{ob}$：それぞれ基準とした時点での測定値

$X_{ia}, X_{ib}$：それぞれ時点 $i$ における測定値

$\Delta L_2$：脱型以降の長さ変化率，JIS A 1129「モルタルおよびコンクリートの長さ変化試験方法」により算出する．ただし，%で表示しないこととする．

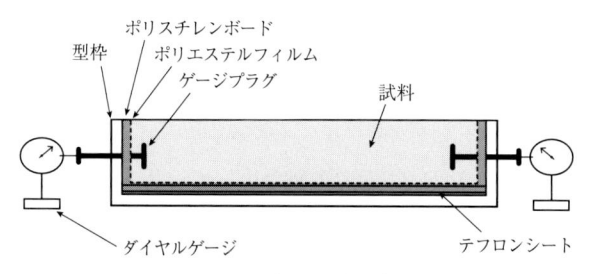

図2.4.8　脱型前の自己収縮ひずみの測定方法

## C. クリープ試験

コンクリートに載荷するとその瞬間に弾性ひずみが起こるほか，長年月にわたってひずみの進行がみられる．このような現象をクリープという．コンクリートのクリープはコンクリートの構造物のひび割れや大変形の原因の一つとなる．クリープは，使用水量が多いほど，単位セメント量が多いほど，供試体寸法が小さいほど，乾燥状態におかれるほど大きくなる．さらに，載荷開始材齢が早いほど，載荷応力が大きいほど大きくなる．図2.4.9は載荷開始材齢が早いほど，図2.4.10は載荷応力が大きいほどクリープひずみが大きくなることを示す例である．クリープひずみの測定方法はJISとして規定されていないが，1981年にJIS案が作られている．試験方法の概要は次のとおりである．

供試体は円柱形とし，その直径は粗骨材の最大寸法の3倍以上，高さは直径の2～4倍で，できれば3倍以上とすることが望ましい．クリープひずみ測定用供試体と乾燥収縮ひずみ測定用供試体は同一寸法とする．供試体数は，同一条件の試験に対してクリープひずみ測定用供試体，乾燥収縮ひずみ測定用供試体共に2個以上とする．供試体はJIS A 1132によって作成し，コンクリートを型枠に詰め終わった後，24時間以上48時間以内に脱型し，材齢7日まで温度20°C±3°Cの水中養生を行う．材齢7日以降は温度20°C±2°C，湿度65±5%の室に保存して，標準として材齢28日にコンクリートの圧縮強度25～35%の範囲で載荷して，以後少なくとも1年間は載荷を持続する．

持続載荷は，通常は図2.4.11に示すようなスプリングによる定荷重持続装置をもった載荷フレームを用いる．また，載荷荷重が大きい場合にはスプリングのかわりに圧力ラムなどを用いて定荷重に保持する．荷重は，±2%の範囲の精度で載荷および保持されなければ

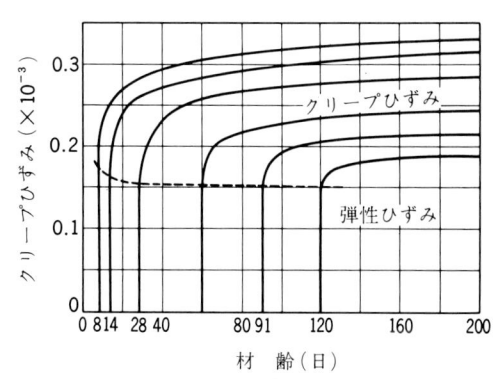

図2.4.9　載荷開始材齢とクリープとの関係（A.D.Rossの実験）

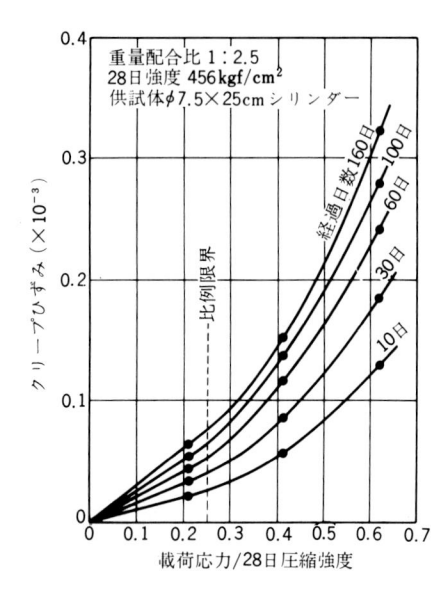

図 2.4.10　載荷応力の大きさとクリープひずみの関係（Fredental Roll の実験）

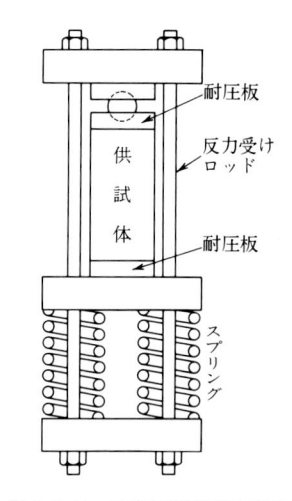

図 2.4.11　定荷重持続載荷装置

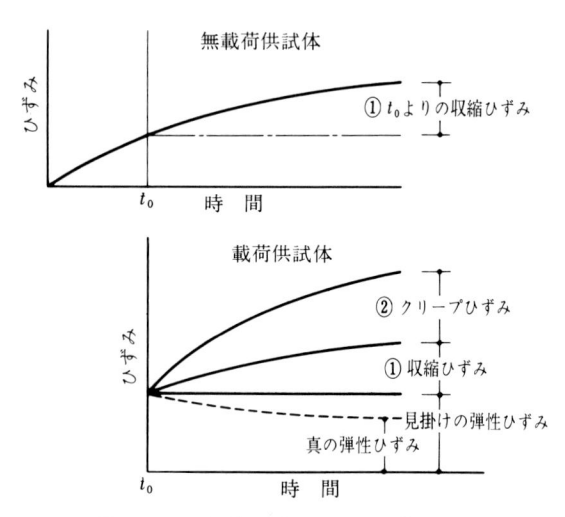

図 2.4.12　収縮ひずみとクリープひずみ

ならない．

　ひずみの測定は，少なくとも，$10 \times 10^{-6}$ のひずみが読みとれるひずみ計を用いる．検長は粗骨材の最大寸法の3倍以上でかつ10cm以上として，供試体の外側面において，少なくとも対向する2点で，かつ供試体の端面から直径の1/2以上離れた位置でひずみを測定する．なお，載荷供試体から実測されるクリープひずみは，図2.4.12に示すように真のクリープひずみと乾燥収縮ひずみとが加算されたものである．したがって，真のクリープひずみを知るためには上述の載荷試験と同時に同一条件の供試体について乾燥収縮ひずみを測定しておかなければならない．

　単位クリープひずみ（$\mu\varepsilon_{ct}$）は次式によって求める．

$$\mu\varepsilon_{ct} = \varepsilon_{ct}/\sigma$$

$$\varepsilon_{ct} = \varepsilon_{at} - \varepsilon_e - \varepsilon_{st}$$

ここに　$\mu\varepsilon_{ct}$：単位クリープひずみ
　　　　$\varepsilon_{ct}$：クリープひずみ
　　　　$\sigma$：載荷応力（kgf/cm²）{N/mm²}
　　　　$\varepsilon_{at}$：全ひずみ
　　　　$\varepsilon_e$：載荷時弾性ひずみ
　　　　$\varepsilon_{st}$：載荷後の乾燥収縮ひずみ

また，クリープ係数（$\phi_t$）は次式によって求める．

$$\phi_t = \varepsilon_{ct}/\varepsilon_e$$

試験結果を図示する場合，また試験結果からクリープ曲線式を求める場合は，片対数方眼紙を用い，縦軸に単位クリープひずみ，またはクリープ係数を，横軸に載荷後の経過材齢（日数）を目盛る．クリープ曲線式を求める場合は次式によって表す．

$$\mu\varepsilon_{ct} = A \log t + B$$

または，

$$\phi_t = A \log t + B'$$

ここに　　　　$t$：載荷後の経過材齢（日）
　　$A, A', B, B'$：実験結果から得られた定数

なお，コンクリートのクリープひずみ $\varepsilon_t$ と載荷後の経過時間 $t$ との関係式は，他にも次のようなものが提案されている．

A. D. Ross 式　$\varepsilon_t = \dfrac{t}{A + Bt}\sigma$

D. McHenry 式　$\varepsilon_t = (A + Be^{ct_1})(1 - e^{Dt})$

J. R. Shank 式　$\varepsilon_t = At^{1/B}\sigma$

ここに　$A, B, C, D$：実験によって決まる定数
　　　　$\sigma$：持続載荷応力
　　　　$t_1$：載荷開始材齢

### D. 中性化試験

硬化したコンクリートはセメントの水和生成物である水酸化石灰を遊離し，強いアルカリ性を示す．水酸化石灰は日時の経過とともにコンクリート表面から空気中の炭酸ガスの影響を受け，徐々に炭酸石灰に変化してアルカリ性を消失する．このような現象をコンクリートの中性化という．コンクリート中にある鋼材はコンクリートの中性化が進むと水分と炭酸ガスの作用で発錆しやすくなる．鋼材の錆は体積膨張が著しく大きいので，かぶりコンクリートを破壊し，さらにこの破壊部分から水や空気が浸入して，鋼材の腐食をますます促進し，場合によってはコンクリートを崩壊に至らしめることさえある．

コンクリートの中性化の程度の測定は，実際の構造物が受ける条件下で，供試体を屋外に暴露して行う暴露試験が望ましい．しかし，結果を得るまでに長い年月を要するので，一般には炭酸ガスによる促進中性化試験を行い，一応の判定基準としている．

促進試験は，気密室中に供試体を入れ，液化炭酸ガスを注入してその濃度が一定になるように撹拌し，恒温・恒湿に保った状態で試験する．炭酸ガスの濃度は一般には5%（時には15%），室内温度は30〜35℃，湿度は50〜70%とする．小形の供試体を使用するときには，デシケーター中で湿潤炭酸ガスを用いて試験することもある．

中性化度の測定には供試体を切断し，切断面にフェノールフタレイン1%エチルアルコール溶液（アルコール溶液は全水分が75%となるようにする）を噴霧器で塗布し，着色しない部分を直接測長用顕微鏡で測定するか，供試体切断面を撮影したものについて着色しない部分の面積をプラニメーターで測定し，平均中性化深さを求める．また，コンクリート中に鋼材を埋め込んであるときには，コンクリートの中性化深さを実測後破壊して鋼材を取り出し，鋼材が錆びていれば錆びた部分の面積を測定して発錆面積率を計算するほか，試験前の鉄筋の重量から試験後の錆を取り除いた鉄筋重量から平均腐食深さを計算する．

中性化深さはセメントの種類，骨材の種類，表面活性剤の使用，水セメント比などによって著しく異なる．岸谷の実験によると水セメント比 $w/c$（%/100），期間 $t$（年）における中性化深さ $x$（cm）の関係は次のとおりである．

$w/c \geq 0.6$ のとき

$$t = \frac{0.3(1.15 + 3w/c)}{R^2(w/c - 0.25)^2} x^2$$

$w/c \leq 0.6$ のとき

$$t = \frac{7.2}{R^2(4.6w/c - 1.76)^2} x^2$$

上式で $R$ はセメントの種類，骨材の種類，表面活性剤の使用などによって異なる定数であって，川砂・川砂利コンクリートで表面活性剤を使用しないときには，

普通ポルトランドセメント使用時 $R = 1.0$

早強ポルトランドセメント使用時 $R = 0.6$

混合セメント（高炉・シリカ・フライアッシュなど）使用時 $R = 1.7 〜 2.2$

である．AE剤・分散剤などの表面活性剤を用いると，中性化深さは用いないときの 1/2 以下となり，$R$ の値としては 0.4〜0.6 倍程度になる．図 2.4.13 は $R = 1$ の場合（普通ポルトランドセメント・川砂・川砂利使用プレーンコンクリート）の水セメント比や期間と中性化深さの関係を図表化したものである．

### E. 凍結融解試験

コンクリートの凍害は，水を含んだコンクリートが凍結することによって生じる．このような劣化は，凍結と融解が繰り返されることによって促進され，凍害は一般にこの作用を繰り返しコンクリートに与える凍結融解試験によって判定される．

凍結融解の作用は，凍結温度が低いほど影響が大きいことなどから，自然条件下での繰返し回数は直接的な指

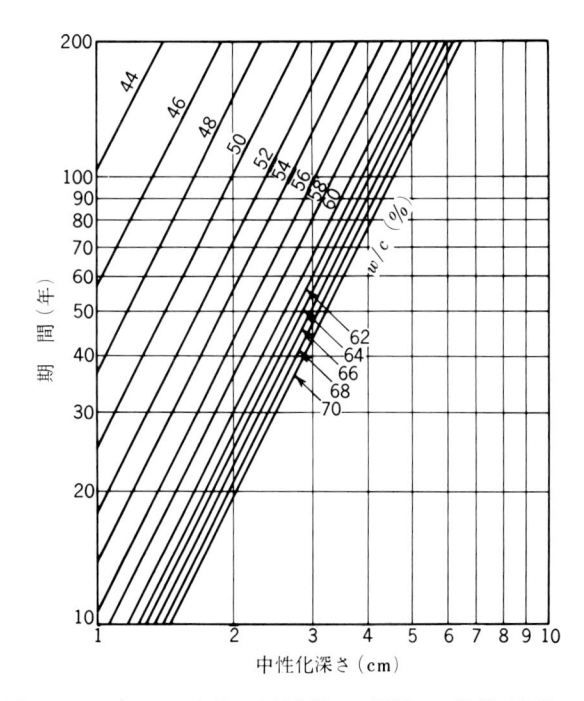

図 2.4.13 水セメント比・中性化深さ・期間との関係（普通ポルト・川砂・川砂利・コンクリート）

標とはならないが，最低気温が氷点以下，最高気温が氷点以上となる凍結融解の回数は，温暖地で年に10数回，寒冷積雪地では数10回から100回を超す．

従来，凍結融解の試験方法としてASTM規格C 666（急速凍結融解に対するコンクリートの耐久性試験）が用いられてきたが，数年にわたる共同研究に基づいて，この規格と整合性のあるJIS案が1981年作成され，それ以降はJIS案によって慣習的に試験が行われている．JIS案は1997年より見直しがされていて，今後1～2年の間にJISとして制定される予定である．その方法は水中凍結融解法で，1日6～8回凍結融解試験を繰り返す急速法である．水に浸した状態でコンクリートを凍結融解させるのには凍結融解試験機を用いる．試験機には，試験槽・加熱液槽・冷却液槽を有する三槽式と，試験槽に熱交換器で加熱または冷却したブラインを制御流入させる一槽式とがある．

凍結融解の1サイクルに要する時間は3時間以上4時間以内として，供試体の中心温度が-18±2℃～+5±2℃となるように管理する．なお1981年に作成されたJIS案には，冷却を空気中で行い，温水によって加熱する気中凍結水中融解法も規定されている．この場合には，試験条件は水中凍結融解法よりもかなり穏やかになる．

供試体は，一辺が100 mmの正方形断面で長さが400 mmの角柱を原則とする．ただし，一辺の長さは粗骨材最大寸法の3倍以上とし，粗骨材が25 mmを全通する場合には75 mmとしてもよい．供試体の作製はJIS A 1132の5とJIS A 1138（試験室におけるコンクリートの作り方）により，養生はJIS A 1132の7によるが，養生温度の影響が大きいので，型枠を取り外した後は，20±2℃での水中養生を行う．試験開始材齢は28日を基本とし，セメントの種類，配合または試験の目的により他の材齢としてもよい．

測定は原則として，JIS A 1127によるたわみ振動の一時共鳴振動数と質量である．また，参考試験として供試体の長さ増加比の試験方法も示されている．これは凍結融解による供試体内部ひび割れの集積として現れる膨張を直接計測するものであり，一時共鳴振動数から得られる動弾性係数の低下と相関性がある．質量の変化は，表面のスケーリングを示し，必ずしも，動弾性係数の低下，膨張とは対応しない．試験は300サイクルを原則とし，相対動弾性係数が60%以下（長さ増加比で1×10$^{-3}$）となった場合に終了とする．試験の目的により，規格や仕様書で指定するサイクルで終了してもよい．

試験結果は次の各式で計算して，JIS Z 8401により相対動弾性係数と耐久性指数は整数に，質量減少率は小数点以下1けたに丸める．

相対動弾性係数 $\quad P_n = \left(\dfrac{f_n^2}{f_o^2}\right) \times 100$

耐久性指数 $\quad DF = \dfrac{P \times N}{M}$

質量減少率 $\quad W_n = \dfrac{w_o - w_n}{w_o} \times 100$

ここに $\quad P_n, P$：凍結融解$n$または$N$サイクルのときの相対動弾性係数（%）

$w_o, w_n$：凍結融解開始直前または$n$サイクルのときの供試体の質量（g）

$f_o, f_n$：凍結融解開始直前または$n$サイクルのときの一次共鳴振動数（Hz）

$N$：相対動弾性係数が60%になるサイクル，または300サイクルのいずれか小さなもの

$M$：300サイクル

図2.4.14に凍結融解試験結果の一例を示す．

## F. 鉄筋とコンクリートの付着力試験

この試験は鉄筋とコンクリートとの間の付着効果を調べるためのもので，鉄筋の種類を変えて他の条件を同一

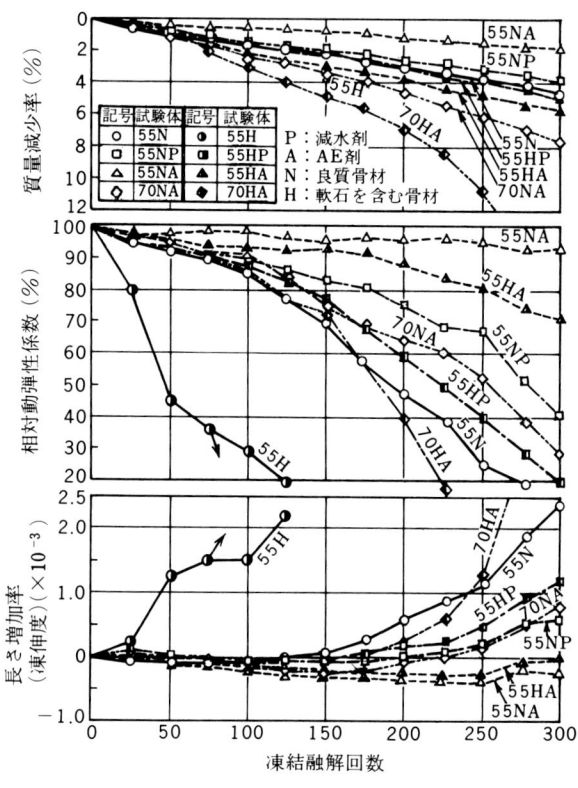

図2.4.14 凍結融解試験結果の例

にして試験すれば，鉄筋の径，表面形状の影響を試験することができる．また，同一の鉄筋を用いてコンクリートの品質，打設方法，鉄筋の位置や方向，養生方法などを変えれば，これらの要因の付着性状に与える影響を調べることができる．

付着破壊は，鋼とコンクリートの界面の接着破壊であると考えられる場合と，付着によってコンクリートに伝えられた応力によって鋼の周辺のコンクリートが破壊すると考えられる場合がある．丸鋼の場合の付着破壊は前者に近く，異形鉄筋の場合は後者に属する破壊をするのが一般的である．異形鉄筋をコンクリート中から引き抜くと表面のふしがコンクリートを押し開き，この押し開き作用によってコンクリートが割り裂かれる．スパイラルのような補強鉄筋を密かに配置するほど，コンクリートが割り裂かれても付着破壊に至らず，付着強度は増大する．

構造物における付着応力度状態に影響を与える要因は，上記のようなコンクリートの品質に関するもののほか，構造的要因といえる各種の要因，たとえば，コンクリートのかぶり厚さ，補強鉄筋の形状や鉄筋量，主筋の並び方，部材の断面力の組合せ（曲げモーメント，せん断力，軸力の相互作用），載荷方法（繰返し載荷か単調載荷か）などがあり，その影響は複雑でいまだよくわかっていないのが現状である．したがって，単一の付着試験で設計上の資料となるようなデータを直接得られるような試験法はない．標準的な試験法は条件をごく単純化して，材料特性の一面のみを評価するように目的を限定することになる．

鉄筋とコンクリートの付着力を試験する方法はJISで規定されていないが，1980年に異形鉄筋を対象とする引張試験方法のJIS案が作成された．この方法は試験方法が簡単確実で，異種の鉄筋間の付着性状の差異を比較する場合，コンクリートの品質の影響を調べる場合に有効である．この試験方法では鉄筋の表面形状やコンクリートの品質が，鉄筋軸に沿う割裂き縦ひび割れ発生時の付着応力度に与える影響を求めることが目的であるから，横補強鉄筋を配置しないのが特色である．

供試体は表2.4.15に示す寸法の立方体の中心線に鉄筋を配したものとし，表に示す寸法以外の鉄筋を試験する場合には，一辺を鉄筋の公称直径の6倍とする．

鉄筋とコンクリートの付着区間は図2.4.15のように自由端側に設け，その長さは鉄筋径の4倍とする．載荷端側の鉄筋突出長さは，載荷装置で鉄筋に引張力を加えることができる長さとする．自由端側の鉄筋突出長さは5mm程度とし，ダイヤルゲージが当たる端面は垂直で平滑な面に仕上げる．供試体の数は3個を標準とする．

コンクリートは，粗骨材に最大寸法が20mmまたは25mmの普通骨材を用い，スランプが$10\pm2$cm，材齢28日における圧縮強度が$30\pm3$N/mm$^2$のものを標準とする．鉄筋の所定区間にコンクリートとの付着を絶つための処置を施し，鉄筋が載荷面に垂直となるようにして型枠内に水平に設置し，コンクリートを打ち込む．型枠は材齢2日で取りはずし，その後試験時まで$20\pm3$℃の水中で養生する．

供試体を載荷板上に据え，その下に球座を入れて，鉄筋が曲げを受けないようにする．載荷板の穴の直径は，鉄筋の直径の約2倍とする．載荷速度は鉄筋応力の増加が毎分50N/mm$^2$以下となるように定め，一様な速度で載荷する．表2.4.16に従って各すべり量に対する荷重を読み取る．すべり量が鉄筋径の0.002倍に達したときの荷重および最大荷重を記録する．試験を行う材齢は28日を標準とする．

表2.4.15 供試体の寸法

| 鉄筋の呼び名 $D$ | 供試体の一辺の長さ $B$ (cm) | 付着長さ $4D$ (cm) |
|---|---|---|
| D 16 | 10 | 6.4 |
| D 25 | 15 | 10.2 |
| D 32 | 20 | 12.7 |
| D 41 | 25 | 16.5 |
| D 51 | 30 | 20.3 |

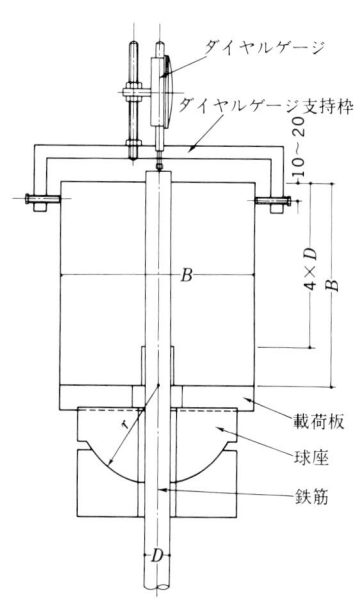

図2.4.15 組立図

た「コンクリート品質の早期判定指針」に集約されている．ここではそれらの試験方法の主なものについて，さらに1985年以降に研究されたいくつかの早期判定のための試験方法を加えて，その原理と特徴を主として説明する．試験には，フレッシュコンクリートから直接求める方法とフレッシュコンクリートを5mmのふるいでふるったモルタルから求めてコンクリートに換算する方法がある．

なお，これらの早期迅速試験は，その操作の途中で結果に誤差が生じやすいので，それぞれの試験の誤差範囲を十分に確認した上で結果を判定することが大切である．さらに，JISやJASSなどで定められた試験に比べて回数を増やして試験することが望ましい．

### A. セメント量の試験

**1) 比重計法**　モルタルに水を加えて搔き混んだけん濁液の比重は，モルタル中のセメント量に比例して大きくなる原理を利用する．操作は，フレッシュコンクリートから5mmふるいでふるい分けたモルタル400gを1000mlメスシリンダーに取り，これに水800mlとAE減水剤20%溶液4mlを加え（AE減水剤を加えるのはセメントのけん濁している時間を長くするためである），メスシリンダーの口をラップフィルムでふさいで10回ゆっくり上下に転倒し，静置して1分後のけん濁液の比重を計る．予備試験で作成しておいたけん濁液の比重とセメント量の検量線からセメント量が求まる．試験に要する時間は約15分，誤差は約±5%である．細骨材の微分量が多いと誤差が大きくなる．

**2) 逆滴定法**　酸を加えて酸性にしたモルタルをアルカリで中和するときの滴定量は，モルタル中のセメント量に逆比例して少なくなる原理を利用する．操作は，フレッシュコンクリートから5mmふるいでふるい分けたモルタル200gを1000mlの水で希釈して，これに塩酸200mlを加えて10分間ガラス棒で攪拌し，1%フェノールフタレインアルコール液（指示薬として用いる）約5mlを加えた後に3規定の水酸化ナトリウム溶液で滴定する．予備試験で作成しておいた水酸化ナトリウム溶液の滴定量とセメント量の検量線からセメント量が求まる．試験に要する時間は約30分，誤差は約±2%である．骨材に石灰質のものを含んでいると誤差が大きくなる．

**3) 色差計法**　フレッシュコンクリートに水と指示薬（カルセイン）を加えて攪拌し，けん濁液の色を色差計で測定して，予備実験によって求めた色差とセメント量の関係式を用いてセメント量を推定する．直接コンクリート試料からセメント量が測定できる．

**4) 加熱破砕法**　フレッシュコンクリートからウエットスクリーニングしたモルタルを，電子レンジで5分間高周波加熱して絶乾にした後，バットの中で破砕して0.09mmふるいでふるって，通過した質量を測ってセメント量とする．

### B. 水量の試験

**1) 加熱乾燥法**　フレッシュコンクリートまたはフレッシュコンクリートからウエットスクリーニングしたモルタルをガスコンロ，電熱器や電子レンジで加熱して恒量になるまで乾燥させれば，質量の減少分が水量に相当する．乾燥によって細骨材中の水分も同時に蒸発するので細骨材の吸水率をあらかじめ実験によって求めておいて補正する必要がある．原始的な方法であるが，操作が簡単で，誤差も約±2%と少ない．

**2) アルコール比重計法**　コンクリートにアルコールを混合すると，コンクリート中の水が多いほどアルコール濃度が下がる原理を利用する．操作は，フレッシュコンクリート約1lを広口ポリエチレン瓶に採取し，エチルアルコール400gを加えふたをして，広口ポリエチレン瓶を上下に3分間振とうして15分間放置してから，上澄液をろ過したエチルアルコール水混合液の比重を測定する．比重と濃度の関係（化学便覧に掲載されている対応表を利用する）からエチルアルコールの濃度を求め，濃度から水量を算出する．試験に必要な時間は約20分，誤差は約±5%である．なお，セメントの一部がエチルアルコール水混合液に溶解して比重にも影響する．溶解の程度（水分回収率）はエチルアルコール濃度によって異なるので，あらかじめ水分回収率を仮定して補正する必要がある．

**3) 塩分濃度差法**　コンクリートにNaCl溶液を混合すると，コンクリート中の水が多いほどNaCl溶液の塩分濃度が下がる原理を利用する．操作は，フレッシュコンクリート2lを容器に採取して，ブリーディング水からろ過液1～2滴を抽出して塩分濃度を測定する．次にコンクリートに濃度25%NaCl水溶液を300g加えて，容器に上ぶたをとり付け転倒攪拌を行った後，けん濁液の上澄液からろ過液1～2滴を抽出して塩分濃度を測定して，塩分濃度の変化から水量を算出する．小型でハンディーな塩分濃度屈折計を用いて，少量のろ液から

短時間で塩分濃度が測定できるが，屈折計の読み値が温度の影響を受けやすい．

**4） 中性子測定法**　フレッシュコンクリート中へ速中性子を放射して透過させ，水素原子との衝突によって生じる速度の減衰率をラジオアイソトープ水分計（RI水分計）で測定する．水量が多いほど速度の減衰率が大きくなる．骨材中に含まれる水分を補正する必要がある．

### C. 水セメント比の試験

コンクリートから直接水セメント比を求める方法はない．一般にはコンクリートまたはコンクリートをウエットスクリーニングしたモルタルでセメント量と水量を測定して，モルタルの水セメント比がコンクリートの水セメント比と同じであると仮定して，計算によってコンクリートの水セメント比を求める．したがって，水セメント比の測定はAのセメント量を求める試験方法と，Bの水量を求める試験方法を適当に組み合わせれば行うことができる．ただし，それぞれの試験方法は測定の精度が異なり，精度の高い試験方法を組み合わせて求めた水セメント比が真の水セメント比に近いとは必ずしもかぎらない．

**1） 洗い分析試験**　コンクリートの洗い分析試験の方法は，JIS A 1112「まだ固まらないコンクリートの洗い分析試験方法」で規定されている．操作は，フレッシュコンクリート約5 kgを試料としてJIS A 1116によりコンクリートの単位容量質量を求め，さらにそのコンクリートから5 mmふるいでふるい分けて粗骨材量を求める．細骨材量およびセメント量は，試料を水洗いしながら，5 mmふるいを通したものをさらに水洗いしながら0.6 mmと0.09 mmふるいを重ねてふるい，0.09 mm通過分をセメントとし，止まったものを細骨材とする．湿式ふるい分けしたモルタルの重量から，セメントおよび細骨材の重量を差引いて水量を求める．水セメント比はセメント量と水量から計算によって求まる．試験に要する時間は約60分である．

**2） 塩酸溶解熱法**　セメントと塩酸の反応熱によるモルタル温度の上昇はセメント量に比例する．この原理を利用してセメント量を測定する．操作は，フレッシュコンクリートを5 mmふるいでふるい分けたモルタル約200 m$l$（空中質量と水中質量を量る）を断熱容器（たとえば，図2.4.19に示すもの）にとり，800 m$l$の水で希釈して温度を計り，次に500 gの1級塩酸を加えて約30秒間振とうした後で温度の上昇を計る．予備実

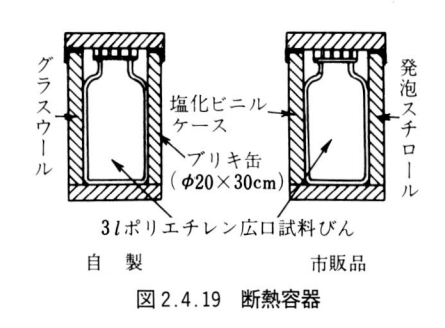

**図2.4.19　断熱容器**

験で作成しておいたセメント量と上昇温度の検量線よりモルタル中のセメント量が求まる．モルタル中の水量はモルタルの空中質量の水中質量の差から計算により求まるので，モルタルとコンクリートの水セメント比が同じであると仮定すれば，コンクリートの水セメント比が測定できる．試験に要する時間は約30分で試験の誤差は市販の断熱容器を用いれば誤差は±2%以内である．骨材に貝殻などの石灰質のものを含んでいる場合には誤差が大きくなる．

**3） 比 重 計 法**　フレッシュコンクリートを5 mmふるいでふるい分けたモルタルを試料とする．モルタル中のセメント量はAの1）に示した比重計法で測定する．また，モルタル中の水量はモルタルの空中質量と水中質量の差から計算により求めて，水セメント比を算定する．試験に要する時間は約30分である．細骨材の微粒分が多いとセメント量の誤差が大きくなる．

### D. 塩分量の試験

**1） 塩化物量試験方法**　フレッシュコンクリート中の塩化物量試験方法はJASS 5 T-501で規定されていたが，現在はJIS A 5308「レディーミクストコンクリート」の附属書5「フレッシュコンクリート中の水の塩化物イオン濃度試験方法」として規定されている．この試験法は近くJISとして制定される予定である．

分析のための試料ろ液として，フレッシュコンクリートかそれをウエットスクリーニングしたモルタルから吸引ろ過または遠心分離によって採取したろ液，あるいはコンクリートかモルタルから直接採取したブリーディング水を用いる．塩素イオン濃度の分析は，精度・取扱いやすさなどを考慮して，次に示した3種の分析方法のうちからいずれかを選べばよい．

　i．吸光光度法：JIS K 0101（工業用水試験方法）に規定されたチオシアン酸第2水銀法．

　ii．硝酸銀滴定法：JIS K 0101 による．

　iii．電位差滴定法：JIS K 0113（電位差・電流・電

量滴定方法通則）に準拠した塩素イオン選択電極を用いる方法．

分析は同一試料ろ液に対して3回行い，分析結果は質量パーセントを求めて，平均値を小数点以下2けたに丸める．分析値を単位水量に乗じてフレッシュコンクリート中の塩化物量とする．

$$C_c = C_w \times W \times \frac{1}{100} \quad (\text{kg/m}^3)$$

ここに　$C_c$：フレッシュコンクリート1m³中に含まれる塩化物量（塩素イオン）（kg/m³）

$C_w$：試料ろ液の塩素イオン濃度の分析値（%）

$W$：計画調合に示されたコンクリートの単位水量（kg/m³）

**2) 塩化物量の簡易試験方法**　フレッシュコンクリート中の塩化物量を直接測定できるもので，精度，再現性，取扱いの簡易性，耐久性などについて公的な機関の評価を受けた測定器が現在17種類ある．測定器の評価は(財)国土開発技術センターが行っており，その分析精度に対する評価基準は，フレッシュコンクリート中の水溶液の塩素イオン濃度が0.1〜0.5%（$Cl^-$/水）において，基準値に対し±10%以内の誤差範囲としている．測定器の例を挙げると次のようである．

ⅰ)　検知紙や検知管によるもの（滴定法）

毛細管の吸引現象を利用し，ブリーディング水を吸い上げ，重クロム酸銀（茶褐色）と塩素イオンとを反応させて白色の酸化銀を生成させ，白色に変色した部分の長さで塩素イオン濃度を測定する．測定時間は20数分かかるが操作は簡便である．検知紙は使い捨てである．

ⅱ)　電極を用いるもの（電極法）

塩素イオン選択性電極を用いて水溶液中の電位差を測定することによって塩素イオンを検出するもので，測定前にNaCl標準溶液による初期較正を行う必要がある．また塩素イオンと銀電極が反応するときの酸化還元電流から塩素イオン濃度を測定するものもある．

これらの方法の測定時間は10分以内である．なお，測定器の中には，換算計を組み込み，単位水量を入力すればコンクリート1m³中の塩素イオン量を出力するものもある．

試験は，原則としてはフレッシュコンクリートに直接測定器の検知部（検知紙あるいは電極）を差し入れて，マニュアルによって測定すればよい．試験方法として規定されているものには，日本建築学会のJASS 5 T-502「フレッシュコンクリート中の塩化物量の簡易試験方法」，AIJの「まだ固まらないコンクリート中の塩化物の含有量試験方法（試験紙法，塩分濃度計法，滴定法）」，JCIのSE 12「まだ固まらないコンクリートまたは普通骨材中の塩化物含有量の判定試験方法」などがある．

**E.　圧縮強度の推定法**

セメントの水和反応の進行によって発現するコンクリートの強度は，一般に材齢28日における圧縮強度を基準としているが，工事管理上はもっと早期にこれを推定することが必要とされる．一般には，7日強度からの推定が行われているが，信頼度の高い推定値が得られるならば，推定時期が早いほど有効であることは当然である．そこで早期に圧縮強度を求める種々の方法が古くから試みられているが，これらを大別すると次のようである．

（1）　まだ固まらないコンクリートの分析試験結果に基づく推定方法

（2）　促進硬化させた供試体の早期強度試験結果に基づく推定方法

（3）　同一養生条件の供試体の早期強度試験結果に基づく推定方法

以上は打込み後から推定までの所用時間の順を並べたもので，大まかにみて，それぞれ(1)数分，(2)数時間，(3)数日である．

このうち(1)の方法は，水セメント比を測定して，水セメント比と28日圧縮強度との関係から強度を推定するものであり，時間的には最も早い方法であるが骨材の品質の影響による強度低下などは把握できない．（2）と(3)の方法は，早期強度と28日強度との関係をあらかじめ求めておき，煮沸・蒸気・温水・自己水和熱などによる促進養生方法と密閉型枠や急結剤などを組み合わせて促進強度を求めて強度を推定する方法である．なお，推定する28日強度は標準養生の場合の値である．ここでは(2)の方法についていくつか示す．

**1) 急速硬化法**　フレッシュコンクリートを5mmふるいでウエットスクリーニングしたモルタルに一定量の急結性薬剤を添加して再練し，直ちに型枠に詰めて，あらかじめ温度70℃，湿度100%に保っておいた恒温恒湿槽に入れて，1.0〜1.5時間の養生を行った後，直ちに圧縮試験をして，その結果からあらかじめ求めておいた推定式を用いてコンクリートの28日強度を推定する

方法である．試料採取から1.5時間程度で推定強度が得られる．

**2) 55℃温水法** フレッシュコンクリートを型枠（通常の強度試験用のものでよい）に詰めて3時間後にセメントペーストでキャッピングし拘束用ふたで密閉した後，直ちに55℃恒温水槽で20.5時間養生し，取り出して30分冷却して圧縮試験し，その結果から推定式を用いて28日強度を推定する方法である．立方体型枠を用いればキャッピングを省くことができる．試験材齢は24時間となる．促進強度と28日強度との関係の一例を図2.4.20に示す．

温水を利用する方法としては，55℃の温水を利用する方法以外にも，通常のようにキャッピングをして脱型してから70℃温水で養生する方法があるが，試験材齢は43～58時間となる．また，コンクリートを成形後直ちに35℃の水中に浸漬し，材齢23.5時間で脱型し試験をする方法もあるが，精度は低い．

**3) 自己水和熱法** 型枠に成形したコンクリートを，スチロフォーム製断熱容器中で養生してから圧縮強度を試験する．養生時間として24時間と48時間があるが，精度は低い．

### 2.4.12 非破壊試験

硬化したコンクリートの強度を非破壊的に推定する方法は，古くから数多く提案されているが，それらの代表的なものを表2.4.17に示す．

これらの方法は，それぞれ特徴があるが，強度推定精度の点では複合法が比較的優れている．なお，対象とするコンクリート強度はほとんどが圧縮強度であるため，ここでは，単に強度というときは圧縮強度を指すことにする．以下，コンクリート強度を推定するための非破壊試験法の主要なものについて述べる．

なお，シュミットハンマー法，音速法および複合法については，日本建築学会の「コンクリート強度推定のための非破壊試験方法マニュアル」に詳しいので参照されたい．

#### A. シュミットハンマー法

シュミットハンマーと称する特殊なハンマーでコンクリート表面を打撃し，反発の程度つまり測定硬さを求めて，コンクリート強度を推定する方法である．測定装置が小型，軽量で操作が容易なため，広く実用されている．シュミットハンマーには，N型（普通コンクリート用），L型（軽量コンクリート用），P型（低強度コンクリート用），M型（マスコンクリート用），ならびにこれらに記録装置のついたNR型，LR型などがあるが，広く実用されているのはN型シュミットハンマーである．

N型シュミットハンマーの内部機構を図2.4.21に示す．測定は，プランジャーをコンクリート面に垂直にあてて徐々に力を加えながら押し付ける．プランジャーがケース内の所定位置まで押し込まれると，ハンマーはインパクトスプリングの作用によって，プランジャーを介してコンクリート面を打撃し，コンクリート硬さに応じて一定の位置まではね返る．このはね返りの距離を指針と目盛板とによって読み取る．

測定箇所として，厚さ10 cm以下の板材や1辺が15 cm以下の断面の柱・はりなど小寸法の部材で支間の長いものは避ける．測定面としては均質で平滑な平面部を

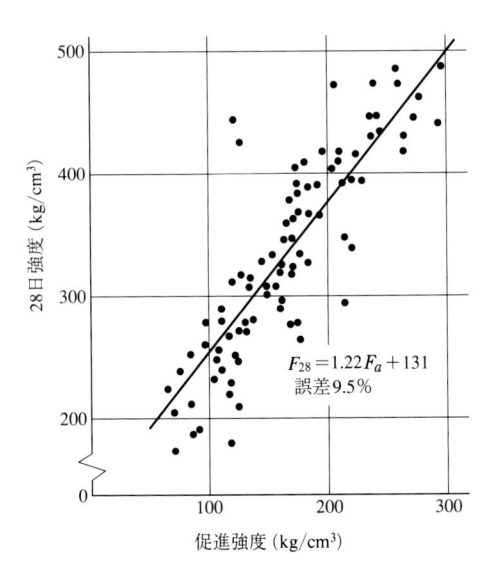

$F_{28} = 1.22 F_a + 131$
誤差9.5%

図2.4.20 促進強度（55℃温水法）と28日強度（標準養生）の関係の一例

表2.4.17 代表的なコンクリート強度非破壊試験法

| | |
|---|---|
| 反発法<br>（シュミットハンマー法など） | コンクリート表面の打撃の際の反発の程度から強度を推定する． |
| 共振法 | 被測定物の共振時の動的特性値によって強度を測定する． |
| 音速法 | 被測定物を伝わる音波の速度から強度を推定する． |
| 複合法 | 反発法・音速法などを併用して強度を推定する． |
| 引抜き法* | コンクリートに埋め込んだボルトなどの引抜き耐力から強度を推定する． |

［注］*引抜き法は局所的にコンクリートを損傷するので，厳密には非破壊試験法とはいえないが，実用的な方法である．

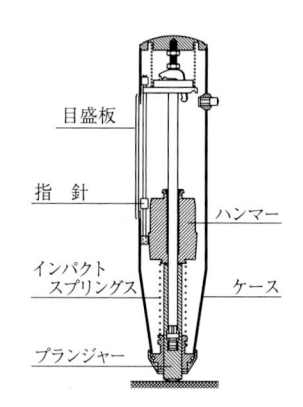

図2.4.21 シュミットハンマーの内部機構

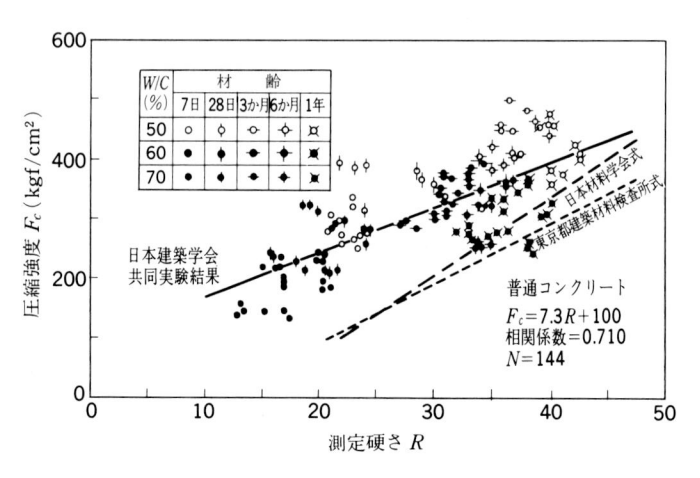

図2.4.22 N型シュミットハンマー実験例

選ぶ．仕上層や上塗のある場合はこれらを除去してコンクリート面を露出させる．打撃は測定面に直角に行い，徐々につき，出隅から3cm以上入ったところで互いに3cm以上の間隔をもった20点以上の測点を選んで測定を行い，全測定値の算術平均をその箇所の測定硬さとする．誤差が平均値の約20%以上になる値は，それを捨ててこれに代わるものを補って平均値を求める．

強度の推定は，あらかじめ求めておいた強度と測定硬さ（反発値）との関係（推定式）を用いて行う．図2.4.22はコンクリート強度と測定硬さとの関係について諸提案を示したものである．日本建築学会共同実験結果では次の関係が得られている．

$$F_c = 0.73R + 10$$

ここに　$F_c$：推定強度（N/mm²）
　　　　$R$：測定硬さ

なお，N型シュミットハンマーは長期間使用しているうちに，反発硬さに誤差が生ずることがある．このため，規定のテストアンビルを使用して定期的に検定を行わなければならない．

### B. 共振法

共振法は，円柱形，角柱形などのコンクリート供試体の共振振動試験によって，動的特性（動弾性係数，動せん断弾性係数など）を求め，これらの動的特性とコンクリートの強度との相関関係を利用して強度の推定を行うものである．コンクリートの共振試験の要領は，JIS A 1127で詳しく規定されている．ただし，この規定は，あくまでもコンクリートの動的特性を測定するためのものであって，ここで述べるような強度の推定を目的とするものではない．強度の推定は，共振振動試験の一つの応用例にすぎない．

測定方法の概要は，およそ図2.4.23のようである．

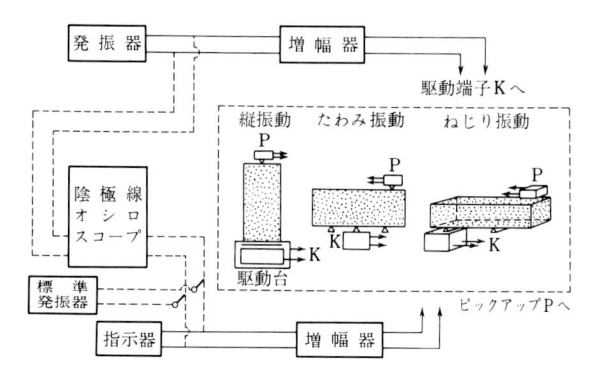

図2.4.23 共振試験装置のブロックダイヤグラム

すなわち，発信機によって励起された振動は，増幅器で増幅され，駆動端子Kによって供試体に加えられる．発振周波数を適当に選んだとき，供試体は共振し，供試体の所定の箇所（一般的には共振時の最大振幅を受振できる箇所）に取り付けたピックアップPの出力が最高値を示す．ピックアップ出力の確認は指示器のメータの読み取り，あるいは陰極線オシロスコープの図形の観察などによって行う．供試体に対する加振方法としては，図中に示したように，縦振動，たわみ振動，ねじり振動などの方法があるが，動弾性係数の測定には縦振動によるのが便利である．このとき，動弾性係数は，次式によって算出する．

$$E_d = C_1 W f_{d1}^2$$

ただし　$C_1 = 4.08 \times 10^{-3} L/A$

ここに　$E_d$：動弾性係数（N/mm²）
　　　　$W$：供試体の質量（kg）
　　　　$f_{d1}$：縦共振動数（Hz）
　　　　$L$：供試体長さ（mm）
　　　　$A$：供試体断面積（mm²）

動せん断弾性係数は，ねじり振動によって求まる．ま

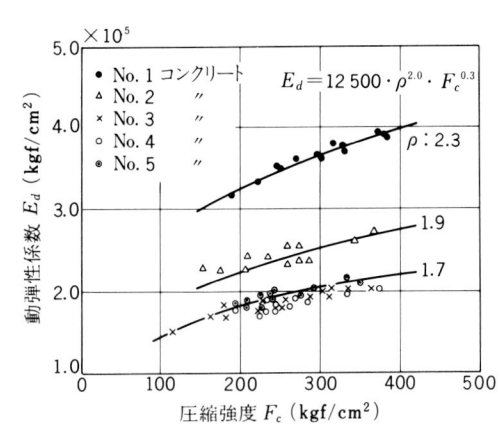

図 2.4.24 動弾性係数圧縮強度の関係（小阪による）

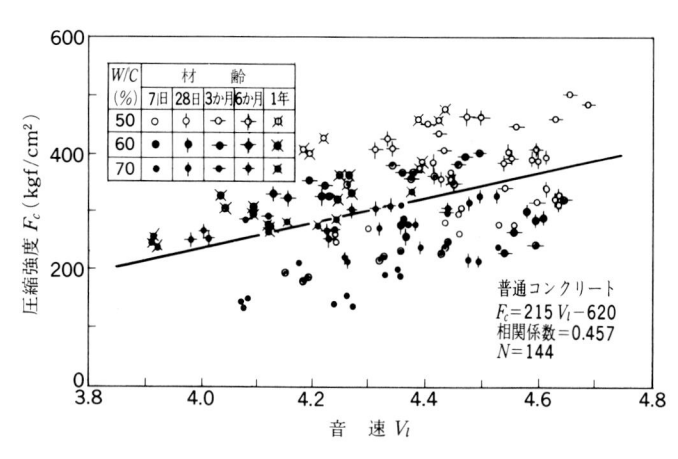

図 2.4.25 強度と音速の関係

た，これらの共振試験によって対数減衰率を求めることもできる．

動的特性を用いてコンクリートのおよその強度を推定することができる．図 2.4.24 は各種コンクリートの材齢 28 日における動弾性係数 $E_d$ と強度 $F_c$ および気乾比重 $\rho$ との関係を示したものである．

### C. 音速法

コンクリート中の音速の大きさによって強度を推定する方法である．音速は，被測定物の所定の箇所に取り付けた発振子と受振子の間を，音波が伝わる時間を測定し，次式によって求める．

$$V_l = L/T$$

ここに $V_l$：音速（m/s）
$L$：測定距離（m）
$T$：音波の伝わり時間（s）

コンクリートの強度は，あらかじめ求めておいた強度と音速との関係図表または関係式を用いて推定する．

先に述べた共振法は，適用するコンクリート供試体の形状・寸法に制約があって，実施コンクリート構造物には適用が困難であるが，音速法にはそのような制約はあまりない．ただし，コンクリートの音速と強度の関係は，図 2.4.25 に示すように，コンクリートの材齢，養生方法，品種などによって大きく異なるので，強度の推定に際しては，これらの要因に関する情報を収集しておく必要がある．

今日比較的多く用いられているコンクリート用音速測定装置は，50〜100 kHz 程度の超音波パルスを用いるものである．コンクリートの調合が既知の場合には，強度推定の精度は向上するが，一般には音速のみによる強度推定の精度はあまりよくない．そのため，強度の推定には音速法を単独で用いるよりも，次に述べる複合法として適用する方がよい．

### D. 複合法

コンクリート強度を，シュミットハンマー法や音速法を併用して推定する方法であって，強度推定精度の点でそれぞれの非破壊試験方法を単独で用いる場合よりも優れており，一部の国ではすでに複合法に対する指針が策定されている．我が国ではシュミットハンマー値と超音波音速値による複合非破壊試験値の際の強度推定式として，次式に示すような提案がある．

$$F_c = k_1 R_o + k_2 V_l + C$$

ここに $k_1, k_2, C$：実験定数

### E. 欠陥探査法

上記のように，コンクリートの非破壊試験方法は，従来から，主として強度推定に用いられてきたが，最近，タイルのはく離やコンクリート内部の欠陥を探査するための種々の非破壊試験法が開発されている．たとえば，赤外線カメラを用いて表面温度の分布から内部の欠陥を探査する方法（サーモグラフィー法），衝撃波，超音波，電磁波による反射波を解析して内部欠陥を視覚的に観察する方法（音波法，レーダ法，AE 法），自然電位からコンクリート中の鉄筋の腐食状態を探査する方法（自然電位法）などが実用化されている．

### F. 小孔法

コンクリート構造物からコンクリートの中性化やコンクリート中の塩分量を測定するには，直径 10 cm で深さが 10〜30 cm の円柱コアーを採取して，コアーの割れつ面に 1% フェノールフタレイン溶液を噴霧して呈色反応から中性化深さを判定したり，コアーを砕いた粉末に注水ろ過して作製したろ液について塩分分析をするの

が一般的である．これらの方法は広く認知されたもので，長い実績に基づいてある程度の信頼性を得た試験方法ではあるが，コアーを抜くのでその後の補修が面倒であり，試験費用も高い．

小孔法はこれを解消するために考案されたもので，ドリルで直径10 mm 程度の孔を削孔した際に生ずる粉を利用して簡易に短時間で，構造物から直接コンクリートの耐久性が試験できる．現在のところ(社)日本非破壊検査協会で「ドリル削孔粉を用いたコンクリート構造物の中性化深さ試験方法(案)」ができている．また，ドリル削孔粉を用いたコンクリート中の塩分量の試験方法についても現在作成中であり，さらに小孔を利用してコンクリートの透水性や透気性を試験する方法や，$\phi=10\sim20$ mm の小径コアーを用いてコンクリートの強度を試験する方法についても検討がされている．ここでは，中性化の試験について概略を示しておく．

削孔に用いる電動ドリルは携帯型振動式ドリルとし，ドリルの刃は 10 mm とする．図 2.4.26 に示すようにコンクリート面（モルタルや仕上材はあらかじめはがしておく）に垂直に電動ドリルをあてて，ゆっくり削孔し，1%フェノールフタレイン溶液を噴霧し吸収させたろ紙の上に落下させる．この際，削孔粉がろ紙の一部に集積しないようにゆっくりろ紙を回転させる．落下した削孔粉がろ紙に触れて紅色に変色したとき直ちに削孔を停止して，ノギスのデブスバーと本尺の端部を用いて孔の深さを mm 単位で測定し，小数点以下1ケタに丸めて中性化深さとする．削孔は3個とし，3個の平均値を整数に丸めて平均中性化深さとする．

### 2.4.13　鉄筋コンクリートばりの曲げ試験
#### 1) 概　要

曲げ荷重を負担する鉄筋コンクリートばりの耐力や曲げ挙動を検査するための試験方法について基本的事項を述べる．試験は，特に定められた試験方法が存在しないため，現実には種々の試験目的に応じた適切な試験方法の採用が求められることになる．主要な目的としては部材を構成する材料の質量，形状寸法，載荷方法などに基づく部材の性能評価（耐力，じん性，変形能など）を行うものであるが，学生実験等にあっては，理論と実際との関連からはり部材の一般的挙動について理解を深め，性能評価のための基礎知識を学習することが大切となる．

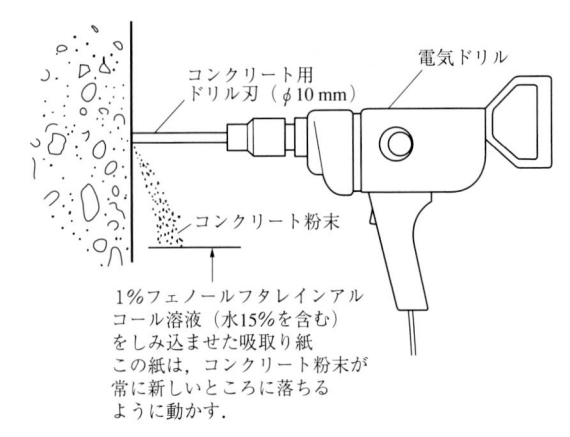

**図 2.4.26　削孔による中性化試験方法**

#### 2) 使用機器

**a．荷重装置**　　アムスラー型試験機あるいは，H形鋼などで構成される加力フレームと油圧ジャッキ，後者の場合は，検力計またはロードセルを用いて荷重を求める．

**b．たわみ測定器**　　ダイヤルゲージ，差動トランス，あるいは電気抵抗線式変位計．

**c．ひずみ測定器**　　コンタクトゲージ，ダイヤルゲージあるいは電気抵抗線式ひずみ計．

**d．ひび割れ幅測定器**　　クラックスケール，測微鏡あるいはコンタクトゲージ．

**e．ひび割れ長さ測長器**

#### 3) 実験計画一般

**a．試験体の形状・寸法**　　試験体は実大に近くなるほど実用的な試験データとなるが，実際には，載荷装置や取扱い上の制約が加わるため小型の試験体を採用する場合が多い．現象的には実際のはりとの対応を考えてはり幅20 cm 以上，はりせい30 cm 以上とすることが望ましい．

**b．載荷方法**　　代表的なはりの曲げ試験方法には，図 2.4.27 に示すように，単純ばりの中央部に一点の集中荷重を加える場合(a)と，同様に2点の対称な荷重を加える場合(b)とがある．一般に，前者は3点曲げ試験，後者は4点曲げ試験と呼ばれている．各々の $M$ 図および $Q$ 図からわかるように，4点曲げ試験の場合，中央部の載荷点間では $Q=0$ となってせん断力が存在しないことから純曲げ区間が存在し，はりの純粋な曲げ性状を観測することができる．なお，図 2.4.28 において，せん断スパン $a$ をはりの有効せい $d$ で除いた値をせん断スパン比 $a/d$ といい，通常，この値を 2～3 とする．

なお，せん断スパン比と破壊モーメントとの間には図2.4.29のような関係が認められている．

**c. その他の支配因子**　はりの曲げ性状は，試験体の形状寸法のほか，鉄筋やコンクリートの強度，主筋比，あばら筋比，定着方法などの影響を受ける．実験計画に際してはこのことに留意して，各々の目的に応じた適切な試験内容となるように考慮する必要がある．

### 4) はり試験体の製作

**a. 構成材料・品質**　コンクリート材料および鉄筋は試験体寸法や試験の目的に応じて日本建築学会建築工事標準仕様書・同解説5鉄筋コンクリート工事（JASS 5）を参考として選定することが望ましい．また，コンクリート強度は日本建築学会鉄筋コンクリート構造計算規準（RC規準），JASS 5，本書36頁等を参考として定める．

**b. 型枠・鉄筋の加工組立**　金属型枠や合板型枠を用いるが，それらは必要な剛性と平滑度を有し，コンクリート打設後の試験体が十分な寸法精度を得られるものでなければならない．鉄筋の加工は，接合，曲げ加工，端部の定着法などに詳細な規定があるため，JASS 5等を参照するとよい．なお，配筋の精度を高める方法として，図2.4.30のようなスペーサ，バーサポートなどを使用することは有効ではあるが，その悪影響が最小限に止まるように数量と配置に十分留意しなければならない．

はりの曲げ試験において，鉄筋のひずみを求める場合は鉄筋の所定位置にストレインゲージを貼り付け，その挙動を検査することができる．

**c. コンクリートの打設・養生**　コンクリートの打ち込みは型枠中の配筋を乱すことのないように十分注意して行う必要がある．締固めは強度試験用供試体の作り方に準じて入念な棒突きによるかまたは棒状バイブレータにより実施する．試験体の養生は所定の試験材齢まで急激な乾燥を避け，できるだけ湿潤養生を維持することが望ましい．曲げ試験時の母材コンクリートの強度は通常，同時に製作した同一養生条件の円柱供試体（$10\phi \times 20\,\mathrm{cm}$）の強度で代表される．

### 5) 載荷試験

**a. 測定項目**

**i 荷重**　アムスラー型試験機を使用の場合は，メーターを直読すればよい．検力計使用の場合は，メーターを直読するもの，直読したものを較正表を用いて荷重に読み替えるものがある．ロードセルを使用の場合は，その出力をストレンメーターで読み，較正表を用いて荷重を求める．荷重$P$から計算によって曲げモーメント$M$を求める．

**ii 中央たわみ**　ダイヤルゲージの場合は目盛りを

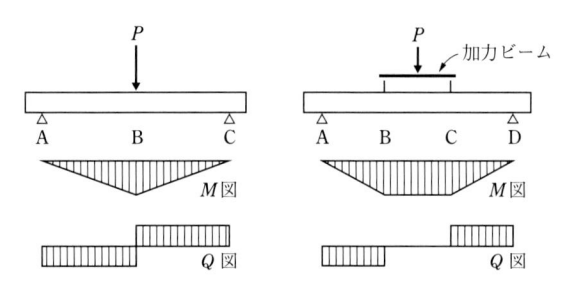

図2.4.27　はりの載荷例と応力分布
（a）集中荷重載荷　　（b）2点対称荷重載荷

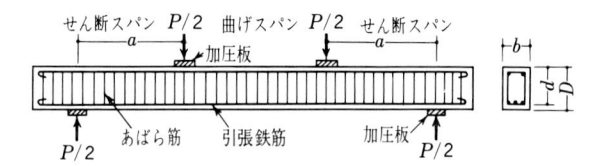

図2.4.28　2点対称荷重載荷の曲げ試験体例

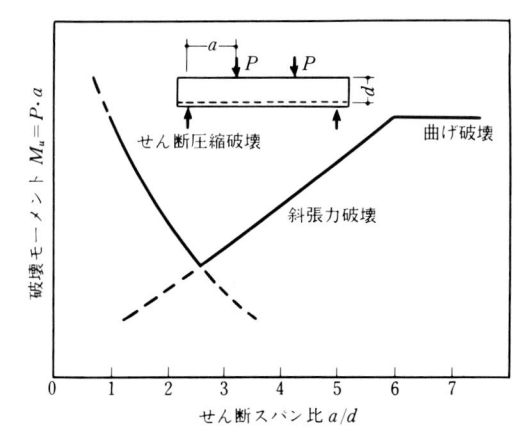

図2.4.29　せん断スパン比（$a/d$）と破壊モーメント（$M_u$）の関係[2]

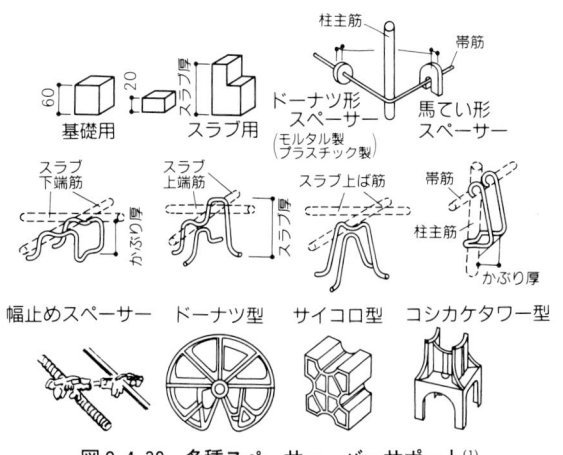

図2.4.30　各種スペーサ，バーサポート[1]

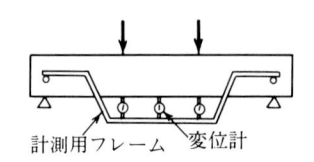

図 2.4.31　たわみ計測例

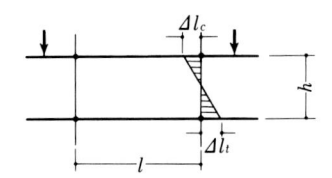

図 2.4.32　曲率の算定例

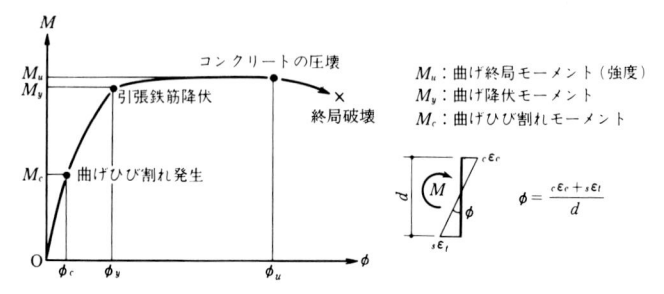

図 2.4.33　曲げモーメントを受ける鉄筋コンクリート梁のモーメント($M$)-曲率($\phi$)関係の計算方法[3]

直読する．差動トランスの場合は指示計の目盛を，電気抵抗線式変位計を用いる場合は，ストレンメーターの出力と較正表からたわみを求める．この際，支承部での供試体の局部変形や両者の間のがたなどによる影響を防ぐため，図 2.4.31 のような計測フレーム 2 組を供試体両側面にセットし，これに変位計を取り付けるのがよい．

　iii　ひずみ　　図 2.4.32 のように純曲げ区間内の一定区間 $l$ cm の上下縁の変形量を求め，これから曲率 $\phi$ を算定する．変形は，コンタクトゲージを用いたり，ジグを介してダイヤルゲージか電気抵抗線式変位計を用いて求める．この際，検長 $l$ をはりせい $D$ の 2 倍以上としたい．あまり $l$ を小さくとると，ひび割れなどの局部的な影響が強く出て，はり全体の挙動を把握できない場合がある．

　iv　ひび割れ　　載荷前に供試体側面に白色ペイント，石こうペーストなどを塗布し，その上に 5〜10 cm の間隔の格子線を入れる．載荷後，ひび割れが発生したり，伸張するたびにフェルトペンなどで追跡し，そのときの荷重を記録する．曲げ区間のはり下端のひび割れなどについては，その幅を顕微鏡などで測定する．

　b．載荷

　i　調整　　実測に先立ち以下の調整を行う．

・供試体が載荷装置中に正しくセットされているかどうか，その位置を確認する．

・検力計，変位計などのゼロ点を確認する．

・微小荷重に加えて，各変位計の変位量を求め，その方向や量を検討し，偏心のある場合は除荷し，供試体の位置や測定器などの取り付け状態を再調整し，再び載荷する．

　ii　実測　　各荷重階に対する中央たわみ・ひずみ・曲率などを測定する．また，初ひび割れ発生荷重，引張主鉄筋の降伏荷重，曲げ圧縮によりコンクリートが圧壊するときの荷重などを記録する．

　純曲がり区間内のはり下端から，はり上端に向けて発生するひび割れを，曲げ引張ひび割れ，はり上端がはく離したり圧壊するのは曲げ圧縮破壊という．せん断区間内で，はり下端から載荷点に向かって約 45 度の傾きで生じるひび割れをせん断ひび割れ，または斜め引張破壊と呼び，さらにせん断区間内で，材軸に垂直な曲げひび割れがだんだん傾いてきて，加力点に向かって進展していくひび割れも生ずる．このひび割れを便宜上，曲げせん断ひび割れと呼ぶこともある．

　引張鉄筋の降伏は，純曲げ区間内のはり下端の材軸方向のひずみが，荷重増分に対して急激に増える時点をもって判定する．なお，鉄筋にワイヤストレンゲージを直接はり付け，その出力から判定することもできる．

### 6) 実験結果の整理

　i　荷重・変位($P\cdot\delta$)関係，曲げモーメント・曲率($M\cdot\phi$)関係，および曲げモーメント・曲げ剛性($M\cdot K$)関係のグラフを作成する．一例を図 2.4.33 に示す．

　ii　上記のグラフに，初ひび割れ発生荷重，引張鉄筋の降伏荷重，圧縮側のコンクリートの圧縮荷重などを書き込む．

　iii　参考資料に基づき，母材の品質とはり理論から $M\cdot\phi$ 関係を求めて上記グラフに重ねて記す．このとき，初ひび割れモーメント，降伏時モーメント，終局時（最大）モーメントなどに留意する．

　iv　実験結果と理論とを比較検討する際，各荷重階のひび割れパターンを参照すると理解しやすい．

〈参　考　文　献〉

(1)　建築施工教科書研究会編，建築施工教科書　第二版, p. 64, 1997 年, 彰国社.
(2)　小阪義夫・森田司郎, 鉄筋コンクリート構造, p. 238, p. 239, 1975, 丸善.
(3)　谷川恭雄ほか, 鉄筋コンクリート構造—理論と設計—, pp. 7〜60, 1987, 森北出版.

## 2.5 木　　材

### 2.5.1 試験の概要

　木材は細胞の集合体であり，天然生産物であるという点で，他の材料と著しくおもむきを異にしている．すぎ・まつといった同一樹種の木材でも，その生育環境・施業方法・樹齢により，同じ樹木から採取した木材でも樹枝・樹幹といった採取位置によって性質に差がある．さらに，木材は細胞の配列状態によって繊維方向・接線方向・半径方向の三つの方向性をもち，含有水分量は蒸気圧によって変動しやすく，また生物学的に現れる節・割れ・腐れなどの欠点を内蔵しており，これらの因子が木材の性質に大きな影響を与えている．木材試験を行うにあたっては以上の諸点に留意しなければならないが，これらは木材試験全般に共通する事項であるので，ひとまとめにして JIS Z 2101（木材の試験方法）に規定している．

#### 1) 試験試料の採取

　試験試料の採取は，樹木の種・変種の比較，木材要素の数量的変化，異樹種間の強度値の比較，使用材の強度値測定および老朽材の強度測定などその試験の目的によって異なる．いずれにしても木口面や側面をよく観察して，年輪の広狭，夏材率（晩材率）の大小，辺心材の区別，色彩の濃淡その他外観に現れる品質に基づいて，できるだけ対象物全体を代表するように試料を選ぶ．ただし，年輪幅・夏材率，その他外観がはなはだしく異なる場合および辺・心材が明らかな場合には区分して別の試料とする．なお，辺・心材を別々に試験できない場合には，図示その他の方法で辺材と心材との割合を明らかにする．

　一般的な試料の採取方法として，JIS Z 2101（木材の試験方法）では，ロットが丸太，製材品の場合には髄周辺と辺材外周部心外のところから供試材を切り出し，供試材には，あて，腐れ，節，もめ，きず，割れ，ぜい（脆）心材などの欠点が含まれないようにすると規定されている．

#### 2) 試験体の作製

　試験は，標準状態あるいは気乾状態で行うことになるので，試験体作製に先立ちあらかじめ含水率を調製するために供試材は，標準状態の試験の場合は含水率12%，気乾状態の場合は，含水率15%近くまで乾燥させる．その後，各試験に応じた試験体を作製する．

　試験体は通常の試験では，無欠点材であることが条件であるので，節，割れ，腐れ，その他の欠点がないものとし，できるだけ正確な板目またはまさ目とし，年輪幅はほぼ等しく，木理の正常なものとする．

#### 3) 試験体の個数

　試験体の個数は，1試料につき各試験ごとに12個以上を原則とする．試験項目によっては別に試験体個数が示されている．

#### 4) 標準ならびに気乾状態の試験

　木材はそれをとりまく温度ならびに関係湿度によって含水率が変化する．また含水率が変化すれば，その結果，物理的性質・機械的性質に変動を生ずるので，一定環境条件下で試験を行う必要がある．木材試験は下記のうち，どちらかの状態で行う．

（1）　標準状態の試験　　標準状態の試験とは，JIS Z 8703（試験場所の標準状態）に規定する標準温湿度3類の室内で，含水率が12±1.5%の試験体について行う試験をいう．このために，試験体は JIS Z 8703 に規定する標準温湿度状態3類（温度20±2℃，湿度65±5%）以上の条件のもとで，含水率が平衡状態（12±1.5%）に達するまで含水率の調整を行う．

（2）　気乾状態の試験　　気乾状態の試験とは，含水率11〜17%に調整した試験体を，温湿度が15〜25℃，60〜80%の範囲の試験場所で行う試験をいう．

#### 5) 試験体の測定精度

　試験体の測定精度は0.5%以上と規定されているので10 mm であれば0.5 mm，5 mm であれば0.25 mm 以上読めるノギスまたはマイクロメーターを用いて寸法を測定する．

#### 6) 結果ならびに結果の表示

　試験によって得られた結果は次により計算を行う．

$$\bar{x} = \frac{\sum x_i}{n}$$

$$S = \sqrt{\frac{\sum(x_i - \bar{x})^2}{n-1}}$$

$$C.V = \frac{S}{\bar{x}} \times 100$$

ここに　　$n$：試験体数
　　　　　$\bar{x}$：平均値
　　　　　$x_i$：測定値
　　　　　$S$：標準偏差
　　　　　$C.V$：変動係数

　結果の表示には，上記の計算値のほか試験時の温度・

湿度，試験体の数および試験体の含水率を明記する．また，1) 試験試料の採取の項で述べたように試験の目的によって，その性質を明らかにする項目を明記する．

### 7) 注意事項

（1） 試料は，試験体が作られたのち変形しないよう試験体にほぼ近い含水率に調整しておくとよい．試料が大きい断面をもつ場合は，所定の試験体の寸法よりやや大きめに木取りして乾燥を図る．

（2） 含水率を15％に調整するには，温度20℃，湿度75％の室中か，塩類過飽和溶液あるいは硫酸溶液を入れた容器中に，平衡含水状態になるまで放置する．

## 2.5.2 平均年輪幅測定方法

平均年輪幅は年輪の広狭を示す尺度として用いられるばかりでなく，樹木形成の履歴を表している．年輪は夏材（晩材）と春材（早材）より構成されており，その年輪幅はその成長の度合いを示すので比重・含水率とともに木材の性状を示す基本的事項である．

### 1) 使用器具および測定方法

1/20 mm 精度のバーニヤ付きキャリパース（ノギス）を用いる．

平均年輪幅は両木口面上の平均年輪幅の平均値で表すが，片面の木口面のみにて代表できる場合は一木口面上の平均年輪幅で表してもよい．平均年輪幅は木口面上に現れた年輪にほぼ垂直方向の同一線上において年輪幅の完全なものをすべてとり，その幅（$a$ mm）と年輪数（$n$ 個）を測り，その平均値 $a/n$ で示す．平均年輪幅は mm 単位で表し小数点以下1位までをとる．

### 2) 関連事項

夏材率は年輪幅と密接な関係にあり，機械的性質が夏材率により左右されることから夏材率が測定される．夏材率は木口面積に対する夏材の占める面積の百分率で表すが，一般的には半径方向に測られた年輪幅に対して，その夏材部分の幅の平均比率で表される．夏材幅は春材部と夏材部との色の濃淡により肉眼でその区別をして測定される．

辺材率は夏材率と同様，木口面積に対する辺材部の占める面積百分率で表される．

成長期間中に生じた急激な環境の変化によってしばしば年輪状の模様ができるが，これは偽年輪で正規の年輪とは異なるので試験から省かなければいけない．偽年輪は完全な円を形成していないので，注意すれば判別できる．

## 2.5.3 含水率の測定方法

木材の全乾重量に対する含有水分の割合を含水率という．含水率は木材の諸性質に著しい影響を与えるので，性質を表示する指標として密度（比重）とともに欠くことのできないものである．

### 1) 使用器具および測定方法

使用器具としては，電気乾燥器・天びん・デシケーターなどを用いる．

試験体（強度試験体にあっては強度試験終了後）の乾燥前の質量 $W_1$ をひょう量する．ひょう量後，試験体を換気の良好な，温度 100～105℃ に調節した電気乾燥器にて恒量に達するまで乾燥する．しかるのち，乾燥剤の入ったデシケーター中に移して室温になるまで冷却したのち，全乾質量 $W_2$ をひょう量する．

### 2) 結果の表示

含水率は測定された数値に基づいて次式より算出し，0.5％まで正確に求める．

$$含水率（\%）=\frac{W_1-W_2}{W_2}\times 100$$

ここに　$W_1$：乾燥前の質量（g）
　　　　$W_2$：全乾質量（g）

### 3) 関連事項

（1） 含水率を求める場合に全乾法によることができないときには，含水率計を用いる．含水率計には電気的性質を利用したものが多く，電気抵抗式・誘電率式・高周波式などがあるが，一般に電極部分の含水率しか測定できないので，断面の大きい材の測定には注意を要し，全乾法による較正をすることが必要である．

（2） 含水率を算出する場合，0.5％まで正確に求めるとは，0.2 は捨て，0.3 は 0.5 に切り上げ，0.7 は捨てて 0.5 とし，0.8 は 1.0 にすることである．特に精密を要する場合でも 0.1％までわかればよく，それ以上の精密さを求めても無意味なことが多い．

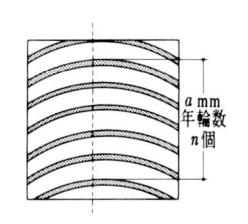

図 2.5.1　年輪幅の測定

### 2.5.4 密度測定方法

木材の密度は見掛けの単位容積に対する質量の割合を意味しており，g/cm³ の単位で示される密度（比重）は，含水率とともに諸性質の指標となる基本的事項の一つである．特に木材の空げきを含まない実質部分の比重は真比重と呼ばれ，樹種によらずおよそ1.5で，通常の比重と区分している．

#### 1) 使用器具および測定方法

測長には 1/20 mm 精度のバーニヤ付きキャリパース（ノギス），ひょう量には天びんを用いる．

ノギスまたはマイクロメーターにより試験体の各辺の長さを測定し，ついで質量をひょう量して次式によって密度を小数点以下2位まで正確に求める．

$$密度 = \frac{W}{V}$$

ここに　$W$：試験体の質量（g）
　　　　$V$：質量測定時の試験体の容積（cm³）

含水率の多少によって質量・容積ともに変化するので，密度測定の場合には含水率も必ず計測する．

#### 2) 関連事項

密度の表示には必ず全乾・生材など測定された状態を必ず付記する．

### 2.5.5 圧縮試験

木材は圧縮力を受ける状態で使用されることが多く，かつ圧縮強度が材料の基本的性状を示すので重要な試験である．木材を構造材として使用する場合，実際に荷重を受ける状態に適合した方法となると柱の材長に関係する座屈などの問題がある．単純な圧縮試験として日本工業規格では繊維に平行な荷重による「縦圧縮」と，繊維に垂直な荷重による「横圧縮」とのほかに，材表面の一部にのみ繊維方向に垂直な荷重が加わる「部分圧縮」とを規定している．

#### A. 使用機器

縦圧縮試験に用いる試験機はアムスラー型またはインストロン型の試験機である．ひずみの測定は一般にワイヤーゲージが用いられる．

#### B. 試験前・後の試験体の操作

（1）試料より作製された試験体は標準あるいは気乾状態になるように含水率調整を行う．

（2）調湿された試験体は試験に先立ち，年輪幅ならびに密度の測定を行う．

（3）ひずみを測定する場合には所定の標点距離を試験体に記録する．

（4）最大荷重ならびにひずみの測定

（5）試験終了後は直ちにひょう量を行い，しかるのちに変形性状の記録，写真撮影などを行い，乾燥器で全乾状態にして，含水率を算出する．

#### C. 縦圧縮試験方法

縦圧縮試験とは木材繊維方向に対し荷重方向が平行な場合の圧縮試験をいう．

#### 1) 試験体の形状

試験体の形状は横断面（木口）が正方形の直六面体であって，その寸法は，辺長 $a=20\sim40$ mm，高さ $h=2a\sim4a$ である．

#### 2) 試験体の作製

試験体の作製にあたっては，できるだけ二方まさに木取ることが望ましく，試験体の材軸は繊維方向に平行にし，加圧を受ける上下面は正しく材軸に垂直で，しかも平面になっていなければならない．材軸と繊維方向とが傾斜をなしたり，目切れ・旋回木理などがある場合にはいずれも圧縮強度が小さくなる．

#### 3) 試験方法

試験は試験体を鋼製平板の間に挟んで荷重を加えて行うが，試験体の材軸と上下面とが正確に垂直であれば，特に加圧板に球座を付ける必要がない．

最大荷重は荷重指針より読み取ることができるが，比例限度荷重は圧縮ひずみと荷重の曲線上より求められる．ひずみの測定を行うにあたって，材端部においては接触部の摩擦，接触応力その他の2次応力により自由なひずみが生じないので，この影響を避けるために試験体の両端部より $a/2$ 以上離れた領域において標点距離を定め，相対する2面上にて縮みを測定する．縮み測定面は板目面に比べ，まさ目面が安定している．

試験を行う際の荷重速度は，機械的性質に大きく影響し，またひずみを測定する場合の時間的余裕などを考慮に入れて，毎分 9.80 N/mm²（100 kgf/cm²）以下としている．荷重速度の調整は油圧式試験機であれば，油圧バルブの開閉の程度によって調節されるが，試験中特別の装置がない限り，同一速度で試験を行うことは困難であるので，試験当初設定した荷重速度により試験を行い，試験開始より試験終了までの時間を測定して平均荷重速度を算出する．近年一般に用いられる万能試験機は変位速度が一定になっているものが多いのでそのときは

荷重速度が上記のようになるように変位速度を定める．

### 4) 結果の表示

試験では，次の事項を決定する．

縦圧縮強度　　　$\sigma_c = \dfrac{P}{A}$　(N/mm², kgf/cm²)

縦圧縮比例限度　$\sigma_{cp} = \dfrac{P_p}{A}$　(N/mm², kgf/cm²)

縦圧縮ヤング係数　$E_c = \dfrac{\Delta P l}{\Delta l A}$

(N/mm², kgf/cm²)

ここに　$P$：最大荷重（N，kgf）

　　　　$A$：断面積（mm²）

　　　　$P_p$：比例限度荷重（N，kgf）

　　　　$\Delta P$：比例域における上限荷重と下限荷重との差（N，kgf）

　　　　$l$：標点距離（mm）

　　　　$\Delta l$：$\Delta P$ に対応する縮み（mm）

木材の圧縮力による破壊は，細胞が座屈することによって生じ，図2.5.2のように，まさ目面では水平に，板目面では応力の方向に対して45°の傾斜に圧縮破壊面を表す．この現象は，荷重針が最大荷重を示し，止針をおいて戻り出してからしばらくすると板目面に現れてくる．この破壊面は展開図にして記録しておく．

最大荷重は荷重針より読み取ることができるが，比例限度荷重は図2.5.3に示すような荷重―変位図を描き，荷重と変位とがほぼ比例すると判断される直線部分の上限荷重を比例限度荷重とすればよい．ヤング係数については，その直線部分の傾斜から計算する．荷重―変位関係は，その初期にやや不安定な挙動を示す場合が多く，かつ直線性も多少厳密さを欠く場合があるので，比例限度荷重に至るまでの変位を測定した場合には，比例域の上限荷重と下限荷重との差と，これに対応する変位の関係から計算する．荷重―変位図を描く場合の荷重刻みは，あまり間隔が大きいと上限荷重の判定が困難になり，細かすぎれば測定時間が長びくため，比例限度荷重の1/10程度がよいとされている．比例限度荷重は破壊荷重のほぼ2/3であるので予備試験を行って荷重刻みを決定し，所定の荷重に対する縮みを読む．

図2.5.3　荷重―変位図

### D.　横圧縮試験

横圧縮試験とは，図2.5.4のように繊維方向に対して垂直に荷重が加わる場合の試験をいう．

#### 1) 試験体の形状

試験体の形状は横断面正方形の直六面体とし，その寸法は辺長 $a = 20 \sim 40$ mm，高さ $h = 2a$ である．縦圧縮試験体は荷重面が木口面であったが，横圧縮試験体では，それぞれ，板目面・まさ目面・追まさ面となる．

#### 2) 試験体の作製

試験体の作製にあたっては，その材軸の繊維方向に垂直にし，両端面を材軸に垂直，かつ平面になるように注意する．

#### 3) 試験方法

試験体を鋼製平板の間に挟んで荷重を加えることも，変位の測定を行う場合には試験体の両端より $a/2$ 以上離れた領域で標点距離を定めることも縦圧縮試験の場合と同様である．

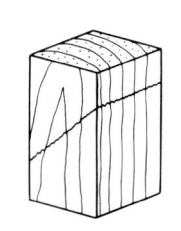

図2.5.2　縦圧縮試験体の破壊

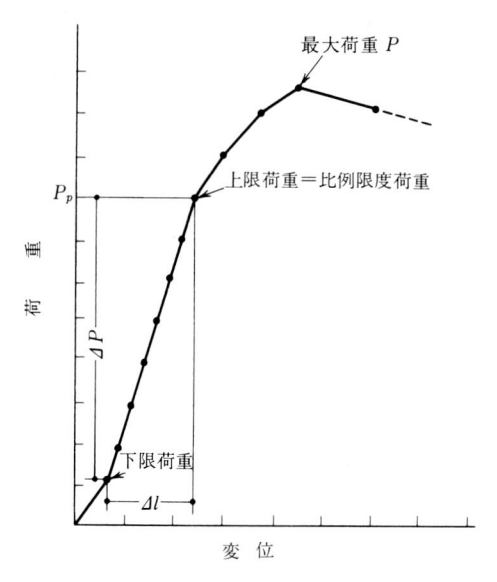

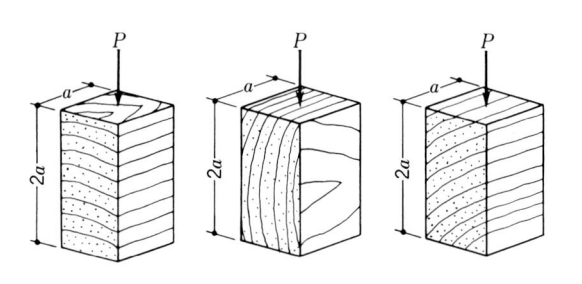

図2.5.4　横圧縮試験体

横圧縮試験は繊維方向に対して垂直の荷重を加えるが，二方まさに木取りした試験体に対し，半径方向から荷重を加える場合（a），接線方向から荷重を加える場合（b），また年輪に対して45°をなす方向から荷重を加える場合（c）がある．いずれをとるかは利用面，試験の性質などを考慮して決定すればよいが，報告に必ず加力方向・年輪傾角・年輪矢高などを付記する．

平均荷重速度は針葉樹・多湿材・低比重材（軟材）などつぶれやすい材は毎分 0.49 N/mm²（5 kgf/cm²）以下，広葉樹（硬材）のように比重が大きくつぶれにくい材は 1.47 N/mm²（15 kgf/cm²）以下である．

#### 4) 結果の表示

横圧縮試験では，次の事項を決定する．

横圧縮比例限度　$\sigma_{cp90} = \dfrac{P_p}{A}$　（N/mm², kgf/cm²）

横圧縮ヤング係数　$E_{c90} = \dfrac{\Delta p l}{\Delta l A}$

（N/mm², kgf/cm²）

ここに　$P_p$：比例限度荷重（N, kgf）

$A$：断面積（mm²）

$\Delta p$：比例域における上限荷重と下限荷重との差（N, kgf）

$l$：標点距離（mm）

$\Delta l$：$\Delta p$ に対応する変位（mm）

横圧縮荷重と変位曲線をモデル図として示せば図 2.5.5 のようで，最大荷重の確認は困難なので求めず，荷重－変位曲線より比例限度荷重のみを求める．

### E．部分圧縮試験

部分圧縮試験は図 2.5.6 に示すように，試験体上面中央部に加圧鋼板を置き，繊維方向に垂直に荷重を加えて局部的に圧縮し，鋼板の木材中へのめり込み量を測定する試験である．

#### 1) 試験体の形状

試験体は横断面正方形の柱体とし，その寸法は，辺長 $a = 20 \sim 40$ mm，材長 $L = 3a$ 以上とする．

#### 2) 試験方法

試験は試験体の中央部に直六面体の加圧鋼板を用いて荷重を加える．変位の測定は被圧部の全厚について行う．試験の際には加圧鋼板と台座とに挟まれた試験体の厚さ全体の変位量をダイヤルゲージなどにより測定するので，試験体の上下面の平滑度や平行度の良否荷重の位置などが重要な要素になってくる．なお，加圧鋼板の角・隅には全く丸みを付けない．

横圧縮の場合と同様，年輪に対して半径方向に荷重を加えるときは木表より荷重を加える．

平均荷重速度は軟材では毎分 0.98 N/mm²（10 kgf/cm²）以下，硬材では毎分 2.94 N/mm²（30 kgf/cm²）以下としている．これは部分圧縮における比例限度が横圧縮の約 1.5〜2 倍であり，辺長の 5% まで加圧する場合のことを考慮して決められている．

#### 3) 結果の表示

部分圧縮試験では，次の事項を決定する．

部分圧縮比例限度　$\sigma_{ep} = \dfrac{P_p}{A}$（N/mm², kgf/cm²）

辺長の 5% 部分圧縮強度　$\sigma_{e5\%} = \dfrac{P_5}{A}$

（N/mm², kgf/cm²）

ここに　$P_p$：比例限度荷重（N, kgf）

$P_5$：辺長の 5% 変位したときの荷重（N, kgf）

$A$：荷重面積（mm²）

この試験では縦圧縮のような破壊点の確認が困難なため，かなり変形した状態における一つの指標値として，

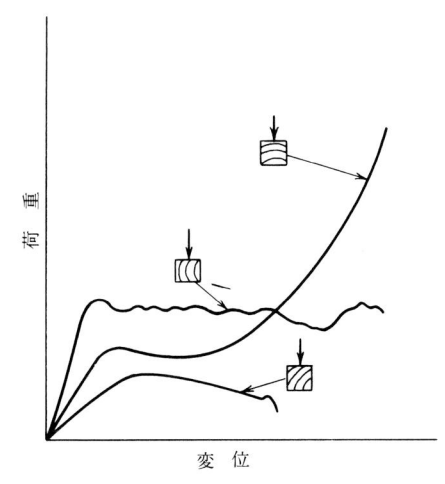

図 2.5.5　横圧縮試験体の荷重－変位のモデル図

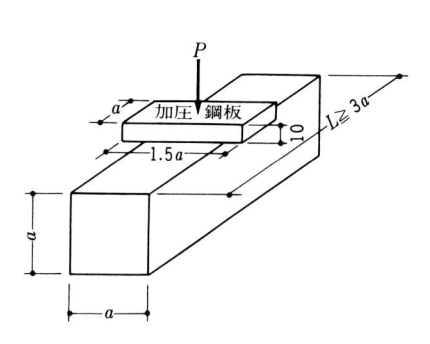

図 2.5.6　部分圧縮試験

変位が辺長の5％（1〜2 mm）に達したときの応力値を求めることにしている．

### 2.5.6 引張試験

木材の引張試験方法には，繊維方向と加力方向が平行の縦引張試験と，直角の場合の横引張試験とがある．

実際の建築物で，引張を受ける材としてはトラス・筋かいなどがあるが，木材の引張性能は基本的性質の一つとして重要なデータとなるので，大切な試験の一つである．

#### A．使用機器

通常使用する試験機はアムスラー試験機またはそれに類する試験機が使われる．伸びの測定は一般にワイヤストレインゲージが使われる．

#### B．縦引張試験

##### 1) 試験体の形状・寸法

図2.5.7に示すように製作した試験体を用い，引張試験時に正しく破断するように中央部を細くし，またつかみ部分のめり込みおよび切断を防ぐために軟材では堅い添え木を接着または木ねじ止めとする．木ねじは全長25 mm，頭の直径約7 mmのものを使うとよい．その取付けはあらかじめ穴をあけて，割れの起こらないように相対した交互の位置にねじ込むとともに添え木が試験体に密着するように十分な深さまでねじ込む．

また，中央平行部の厚さは場合によって3 mmとし，円弧の半径を355 mmとしてもよい．なお，平行部分内の適当な距離に標点距離 $l$ をとる．

試験体の製作にあたっては，まさ目および板目の両面にできるだけ目切れが生じないように注意して木取るとともに，円弧の両端の平行部分がなめらかに接続するように加工する．材料の組織構造やその他の事情でやむを得ず目切れ材を使用する場合は，その状態を測定記録しておく必要がある．

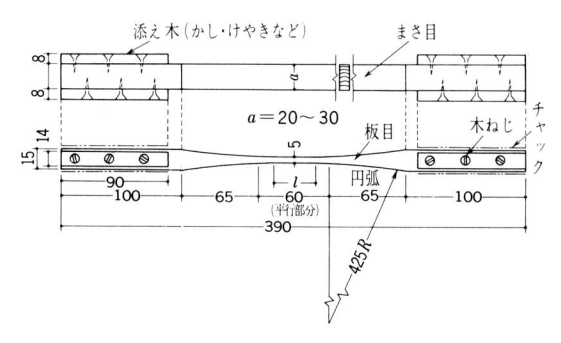

図2.5.7 縦引張試験体（単位：mm）

##### 2) 試験方法

試験体を試験機に取り付ける前に，平均年輪幅の測定，平行部分についての断面積・含水率測定のための試験前重量の測定を行う．

引張速度は毎分 19.6 N/mm² （200 kgf/cm²）とする．

測定は破断まで行い，そのときの荷重と，荷重一変形曲線が描けるように，荷重に対する変形量（伸び）の測定を行う．

##### 3) 結果の表示

引張強度，ヤング係数の計算は次式による．

縦引張強度　　$\sigma_t = \dfrac{P}{A}$　（N/mm², kgf/cm²）

縦引張比例限度　$\sigma_{tp} = \dfrac{P_p}{A}$　（N/mm², kgf/cm²）

縦引張ヤング係数　$E_t = \dfrac{\varDelta p l}{\varDelta l A}$

　　　　　　　　　　　　（N/mm², kgf/cm²）

ここに　$P$：最大荷重（N）

　　　　$A$：中央部断面積（mm²）

　　　　$P_p$：比例限度荷重（N）

　　　　$\varDelta p$：比例域での上限と下限荷重との差
　　　　　　（N, kgf）

　　　　$l$：標点距離（mm）

　　　　$\varDelta l$：$\varDelta p$ に対応する変位（伸び）（mm）

$P_p$（比例限度荷重）の求めかたは圧縮における $P_p$ の求めかたに準じる．

##### 4) 関連事項

この試験体による木材の縦引張強度は圧縮強度よりかなり上まわった高い値を示すが，実大寸法の木材の縦引張強度は曲げや圧縮強度より低いのが一般的である．

縦引張強度を十分に発揮するためには材端の留付け強度が必要である．これはボルトまたはくぎの木材に対するせん断耐力であり，通常は木材自身の引張強度よりも弱いからである．

#### C．横引張試験

##### 1) 試験体の形状・寸法

図2.5.8のように，$a=20\sim30$ mm，場合によっては中央部厚さを6 mm，円弧半径を48 mmとしてもよい．荷重方向が年輪に対して半径方向・接線方向および45°をなす方向の3種の場合がある．

この試験では平行部分における木口断面の年輪傾角の影響が大きいので，木取りの際は少なくとも標点区間の年輪が所定の傾角をなすよう注意する．そして平均的な

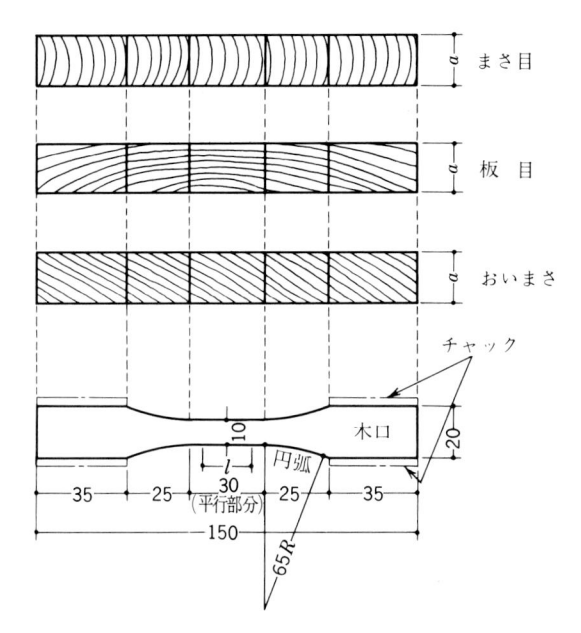

図 2.5.8 横引張試験体（単位：mm）

年輪傾角や年輪矢高を測定記録しておく．また，年輪幅の広い場合でも平行部分に完全年輪が含まれるよう考慮して木取る．

### 2) 試験方法

縦引張試験に準じて事前の測定を行う．低荷重で破壊するので添え木はいらない．荷重速度は軽軟材で毎分 0.49 N/mm²（5 kgf/cm²）以下，硬材では 1.47 N/mm²（15 kgf/cm²）以下とする．縦引張試験と同じ方法で伸びを測る．

### 3) 結果の表示

この試験では次の事項を計算する．

横引張強度　　　　$\sigma_{t90} = \dfrac{P}{A}$ （N/mm², kgf/cm²）

横引張比例限度　　$\sigma_{tp90} = \dfrac{P_p}{A}$ （N/mm², kgf/cm²）

横引張ヤング係数　$E_{t90} = \dfrac{\Delta p \, l}{\Delta l \, A}$

（N/mm², kgf/cm²）

ここに　$P$：最大荷重（N, kgf）
　　　　$A$：中央部断面積（mm²）
　　　　$P_p$：比例限度荷重（N）
　　　　$\Delta p$：比例域における上限荷重と下限荷重との差（N, kgf）
　　　　$l$：標点距離（mm）
　　　　$\Delta l$：$\Delta p$ に対応する変位（mm）

### 4) 関連事項

含水率の引張強度に及ぼす影響は圧縮ほど著しくないが，含水率1%の変化による強度の増減率に縦引張で1%，横引張で1.5%程度である．

## 2.5.7 曲げ試験

木材は，はりやけたとしてよく使われる関係上，その曲げ強度，曲げヤング係数は重要で，測定も容易なことからもっとも一般的な試験である．

### A．測定機器

通常使用する試験機は，アムスラー試験機またはインストロン型の試験機が使われる．

たわみの測定には，ダイヤルゲージや電気式変位計を使うことが多いが，ストローク 30～50 mm のものがよい．このほか，試験体側面の両支点中央に張られた細線（釣糸など）を補助として読取り顕微鏡でたわみを測定することもある．

### B．試験体

試験体は横断面正方形の柱体とし，辺長 $a=20～40$ mm，スパン $l=14a$，全材長 $L=$スパン$+2a$ とする．

試験体の木取りは二方まさ，または追まさとする．

### C．試験方法

集中荷重をスパンの中央に加える．荷重面は原則としてまさ目とし，板目または追まさの場合は木表（樹皮に近い方向）から荷重を加える．荷重点はめり込みが多いから，図 2.5.9 のようなゆるやかな曲面とし，支点には鋼板を挟んで局部圧縮を防ぐ．

平均荷重速度は毎分 14.70 N/mm²（150 kgf/cm²）以下とする．なお，破壊に近くなると荷重の進み方が極めて遅くなるので，たわみを測り得る速度まで下げる．

荷重点下の試験体中立軸の変位を破断荷重まで追跡するためにはダイヤルゲージの設置を破損の影響を受けないような安全な場にすることが肝要である．

### D．結果の表示

曲げ試験では次の事項を決定する．

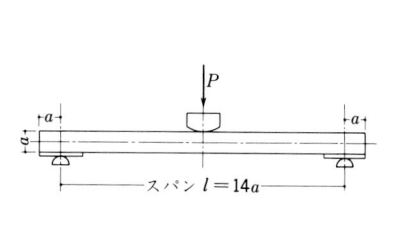

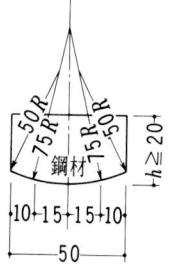

図 2.5.9　曲げ試験方法

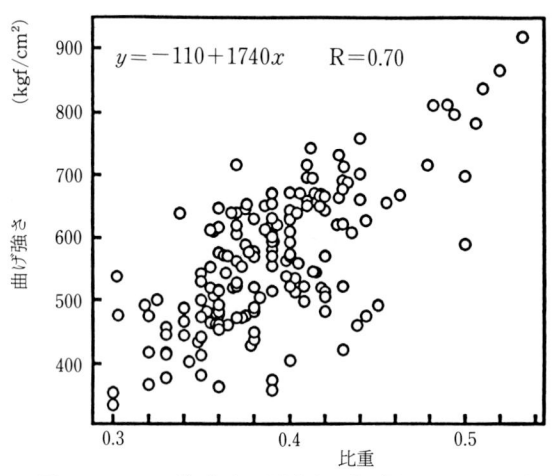

図2.5.10 スギ無欠点小試験体の曲げ強さと比重の関係
（日本木材学会「スギ」分科会報告）

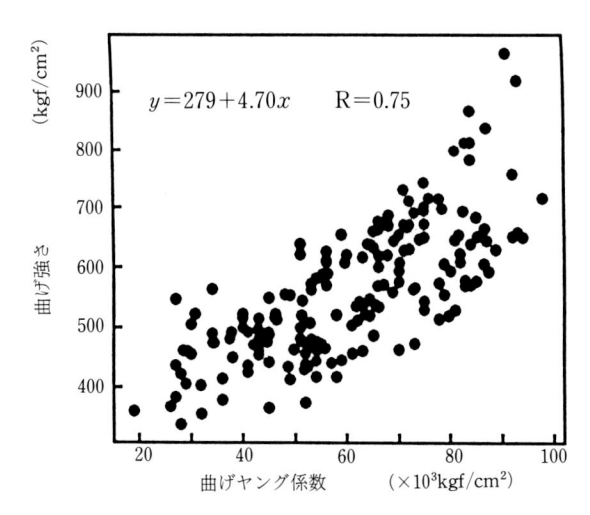

図2.5.11 スギ小試験体の曲げヤング係数と曲げ強さの関係
（日本木材学会「スギ」分科会報告）

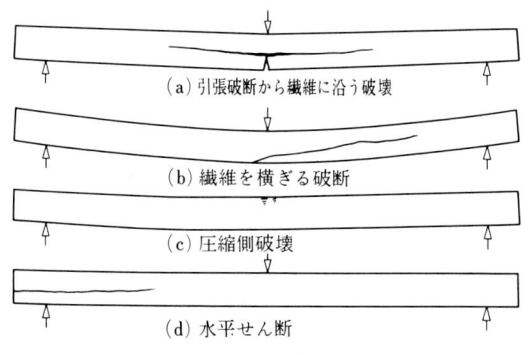

図2.5.12 曲げ破壊の種類

(a) 引張破断から繊維に沿う破壊
(b) 繊維を横ぎる破断
(c) 圧縮側破壊
(d) 水平せん断

曲げ強度　　$\sigma_b = \dfrac{Pl}{4Z}$　（N/mm², kgf/cm²）

曲げ比例限度　$\sigma_{bp} = \dfrac{P_p l}{4Z}$　（N/mm², kgf/cm²）

曲げヤング係数　$E_b = \dfrac{\Delta p l^3}{48 I \Delta y}$
　　　　　　　　　　　　　（N/mm², kgf/cm²）

ここに　$P$：最大荷重（N, kgf）
　　　　$\Delta p$：比例域における上限荷重と下限荷重との差（N, kgf）
　　　　$l$：スパン（mm, cm）
　　　　$\Delta y$：$\Delta p$に対応するスパン中央のたわみ（mm, cm）
　　　　$Z$：断面係数（mm³, cm³）
　　　　$I$：断面2次モーメント（mm⁴, cm⁴）
　　　　$P_p$：比例限度荷重（N, kgf）

$P_p$の求め方は圧縮試験における$P_p$の求め方と同じ．

### E. 関連事項

木材の含水率の曲げ強度へ及ぼす影響は大きく，含水率1%の変化による強度の増減率は比例限度応力で5%，破壊係数で4%の割合となる．

また，木材の曲げ強度は一般にその比重が大きければ大きいという結果があり，実験的に求められたものに

$$F = 1\,010\,\rho^{1.2}$$

ここに　$\rho$：比重

の関係があるといわれている．

図2.5.10にスギの曲げ強さと比重の関係を示した実験例を示す．図2.5.11にはスギの曲げ強さと曲げヤング係数との関係を示す．この2つの例にみるようにスギという一つの樹種にあってもこのように大きな差異がある．

一般に曲げ強度は圧縮強度に比べて大きく，圧縮を100としたとき，曲げ強度は繊維に平行な場合は約150，繊維に直角な場合は10～20となる．

木材の曲げ破壊には図2.5.12のような種々な様相がある．この試験法ではスパンが材厚に対して十分長く取ってあるから，せん断破壊は通常は起こらない．

### 2.5.8 せん断試験

木材のせん断強度は木材の構造的利用のうえで重要なもので，圧縮や引張強度に比べてかなり小さく，接合部はせん断で破壊することが多い．背の高いはりの材端にせん断破壊の起こりやすいこともよく知られている．

#### A. 試験装置

せん断試験は図2.5.13のような装置を使って試験を行う．

#### B. 試験体

図2.5.14に示すような形状寸法とし，$a = 20 \sim 30$ mmとする．せん断面は，標準としてまさ目および板

図 2.5.13　木材せん断試験原理図　　図 2.5.14　せん断試験体
（単位：mm）

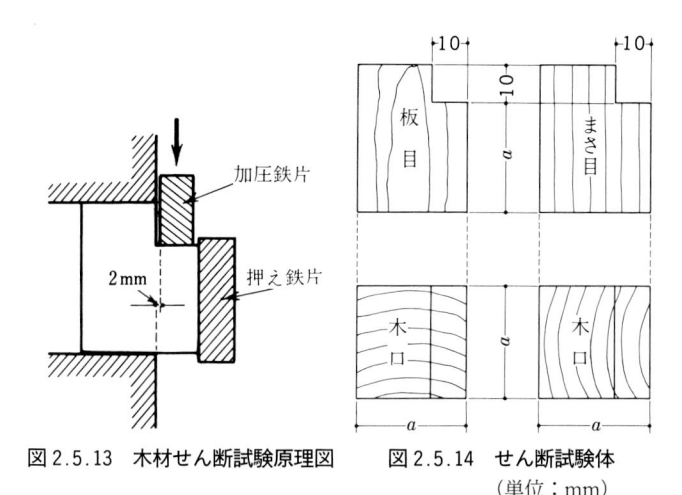

目の場合のそれぞれについて行う．

この試験では，試験に際して試験体の切欠き部に生ずると考えられる応力集中および曲げモーメントのために寸法差によるせん断強度の影響がみられる．したがって 20 mm と 30 mm では値がやや異なる．またかなり繊維が斜走したもの，旋回性のもの，年輪の曲率の小さいものなどでは，せん断面の良好な条件のもとに，30 mm 形をとることが困難なため 20 mm をとらなければならないことがある．いずれにしても試験体の状態を記録しておくことが必要である．

#### C．試験方法

荷重速度は軟材では毎分 5.88 N/mm²（60 kgf/cm²）以下，硬材では毎分 9.80 N/mm²（100 kgf/cm²）以下とする．せん断強度は極めて荷重速度に敏感であるから，できる限り前記荷重速度を保つようにする．せん断面近くで圧縮力を受けないように 2 mm のクリアランスを設ける．また，押え鉄片をあまり締め付けると摩擦力が働いて破壊荷重が大きくなりすぎるので注意を要する．

#### D．結果の表示

せん断強度の計算は次式による．

せん断強度　$\tau = \dfrac{P}{A}$　（N/mm²，kgf/cm²）

ここに　$P$：最大荷重（N，kgf）
　　　　$A$：せん断面積（mm²）

試験後直ちに含水率の測定を行う．

#### E．関連事項

せん断強度と含水率の関係では，含水率 1％の変化に対し，3％の強度の増減があるといわれている．

また，実験的に，その木材の比重 $\rho$ に対し，

$$F = 134\rho$$

という結果もあり，木材の比重がわかればそのせん断強度のおおよそはわかる．

### 2.5.9　実大ばりの試験

木材が建築材料として実際に使用される場合には前述した標準試験体のように目の通った，しかも節などのない木材が使用されることがむしろ稀である．強度を期待する構造材料として木材にはこの不均一性が強度的な低下をもたらし，寸法形状によって，これらの因子の出現や影響度が大きく異なってくるため，使用される部材そのものの評価のために強度試験が行われる．これを一般に実大試験と呼んでいる．実大試験のもう一つの目的は節や目切れなどの状態や出現頻度から強度を推定して強度等級区分（これを目視的等級区分 Visual grading という）に生かすことである．節などのない標準試験体の強度に対する実大試験材の強度の比率を強度比と呼んでおり，各種製材品の規格（たとえば構造用製材の日本農林規格 JAS）の強度的な品質を定める基準の基礎になっている．

#### A．測定機器

実大試験体は標準試験体と異なり寸法形状が大きく，多大な労力を必要とし，しかも試験体数が少なく，やり直しの許されないことが多いので，試験前の入念な準備と見通しを立てておく必要がある．すなわち試験装置，機器が目的にあう荷重容量と変形容量を持っているか，記録が確実に取れるようになっているか，変位形の取り付けは間違いないかなど，十分に注意を払う．必ずある予想をたてて，計算をあらかじめ行っておく．通常使用する試験機はアムスラー型試験機またはそれに類するものが使用される．変位測定はダイヤルゲージ，電気式変位計などを用いるが，一般に測定点が多いので最近では後者が一般的である．

#### B．試験体

実大ばりの曲げ試験体は木取りおよび節や目切れの位置，出現状態をスケッチし，含水率，乾燥割れ，その他の損傷を記録する．

#### C．試験方法

実大の曲げ試験はその目的によって中央集中荷重，4点荷重，等分布荷重のような方法がとられるが，一般に測定装置，実用面などの関係から 4 点荷重が採用されることが多い．

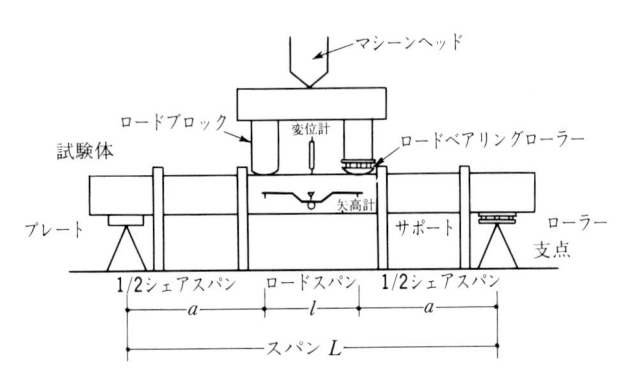

図2.5.15 実大曲げ試験の試験装置

図2.5.15は実大試験体の曲げ試験方法を示したもので，ASTM D-198はこれに類似している．実大試験体の曲げ試験では，しばしばはり背が高くなることがあり，その場合には横倒れや横座屈を生じるのではりの両側から倒れ止めをつける．また支持点や荷重点でかなり大きな横圧縮を受けるときには，圧潰を少なくするように接触面積の大きい支持版を挿入し，荷重点の面積を増してやる．変位計は曲げモーメント一定区間の変位，および全スパンの変位を測定するように配置する．圧潰の影響が予想されるときにはその近傍にも変位計を配置する．変位計を設置するときは試験体の破壊時に損傷のないように変位方向と反対に，かつ破壊時の衝撃で落下しないように注意を払う．

実大試験終了後，試験体のなかで損傷の少ない部分から，節や目切れのない標準試験体を取りだし曲げ試験を行う．

### D． 結果の表示

測定された荷重（応力）とたわみの関係をプロットし，次の事項を求める．

(1) 曲げ強さ　$\sigma = Pa/(2Z)$　(N/mm², kgf/cm²)

(2) 曲げ比例限度　$\sigma_p = P_p a/(2Z)$
(N/mm², kgf/cm²)

(3) 最大せん断応力　$\tau = 3P/(4A)$
(N/mm², kgf/cm²)

(4) 見掛けの曲げヤング係数
$E' = \Delta Pa(3L^2 - 4a^2)/(48I\Delta Y)$
(N/mm², kgf/cm²)

(5) 真の曲げヤング係数
$E = \Delta Pal^2/(16I\Delta y)$ (N/mm², kgf/cm²)

ここに　$P$：最大荷重（N，kgf）
$a$：1/2シェアスパン（mm）
$l$：ロードスパン（mm）
$L$：スパン（mm）
$P_p$：比例限度荷重（N，kgf）
$\Delta P$：比例域における上限荷重と下限荷重との差（N，kgf）
$\Delta Y$：$\Delta P$に対応するスパン$L$に対するたわみ（mm³）
$\Delta y$：$\Delta P$に対応するロードスパン$l$に対するたわみ（mm³）
$Z$：断面係数（mm³）
$A$：断面積（mm²）
$I$：断面2次モーメント（mm⁴）

(6) 破壊形態をスケッチし，節や目切れとの関係をみる．

(7) 強さ，ヤング係数について実大試験体の標準試験体に対する比率（強度比，ヤング係数比）を求める．

### E． 関連事項

図2.5.16はスギの実大正角材の曲げヤング係数と曲げ強度の関係を示している．このような関係から曲げヤング係数から曲げ強度を推定できるので，たわみを測定して強度区分する機械的等級区分の基本となっている．

### 2.5.10　実大材の縦振動によるヤング係数

木材の木口面をハンマーなどで打撃して，その発生音の固有振動数や弾性波の伝播速度から縦振動ヤング係数が求まる．ここでは実大材によく用いられる比較的簡易な発生音の固有振動数による方法（共振法，タッピング法）を示す．

この方法は音による計測なので，形状が大きく，丸太のような実大材でも比較的容易に測定が可能である．し

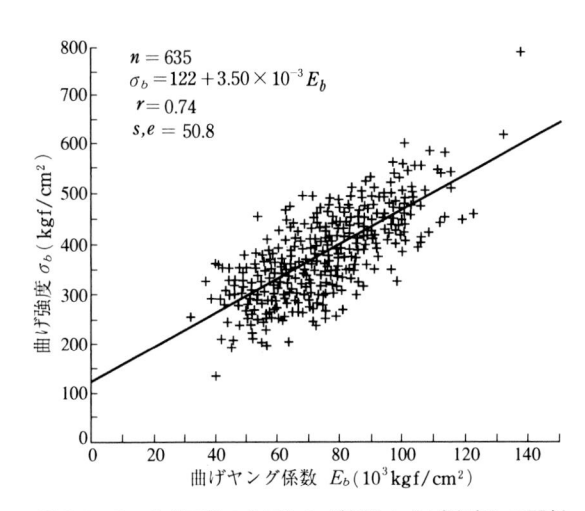

図2.5.16　すぎ正角の曲げヤング係数と曲げ強度との関係
（日本木材学会：「スギ」分科会報告）

$n = 635$
$\sigma_b = 122 + 3.50 \times 10^{-3} E_b$
$r = 0.74$
$s,e = 50.8$

かも縦振動から得られた動的ヤング係数は静的曲げヤング係数と相関がきわめて高い．また比較的短い材でもヤング係数の測定が可能で，曲げヤング係数のようにスパンや断面寸法の影響を受けにくい．木材中に含まれる水分は木材実質の重量と同じに扱え，桟積みされたような状態でも高次の周波数の測定することで，ある程度可能である．得られたヤング係数は材中に分布するヤング係数の平均的な数値になるので，試験体の製材木取りや集成材ラミナの配置などではりとして用いるときの曲げヤング係数との間に若干の差異は生じるが，高い相関がある．簡易な測定法として製材などのヤング係数や強度等級区分に応用されるほか，丸太材のヤング係数の計測によって用途区分や集成材ラミナなどの生産工程に展開されている．

### A．測定方法

測定法は図2.5.17のように材の木口面をハンマーで打撃し，反対側の木口面付近に設置したマイクロフォンで材中を伝播した縦振動波の固有振動数をFFTアナライザー（高速フーリエ変換）でスペクトル解析し，基本振動数を求める．重量と体積を計測して密度を求め，固有振動数 $f$ から次式のように縦振動ヤング係数 $E_t$ を求める．

$$E_t = (2l \cdot f)^2 \rho / g$$

$l$：長さ　$g$：重力加速度　$\rho$：密度

なお，密度は計測時の重量から求められたもので，多量に水分を含んだ状態のものでも可能である．ここでえられたヤング係数はその含水率状態でのヤング係数である．

計測上注意すべき点は試験体の支持方法で，単独の材を計測するときにはスポンジのようなもので支持することで，低周波側に存在する急峻なピークである1次固有振動数でも測定値に誤差が少なくなる．しかしながら，桟積みのような状態で計測すると単独で計測されたときと差異を生じる．その場合には3次，4次のような高次の固有振動数を次数で除した基本振動数を用いると比較的誤差の少ない適切な値がえられる．

### B．試験結果の表示

（1）寸法，形状，木取り図
（2）密度，含水率など
（3）縦振動ヤング係数

可能ならば静的曲げヤング $E_s$ との関係を求める．

### C．関連事項

先に述べたように縦振動ヤング係数は各層の平均的な値となる．静的曲げヤング係数は表層付近のヤング係数に支配されるので，縦振動ヤング係数と必ずしも一致しないが，木取りなどに留意すればかなり相関性は高い．また，丸太材からえられる心持ち製材は心（髄心）付近のヤング係数の低い未成熟部の占める比率が丸太材に比較して多くなるので，丸太材よりもヤング係数は低下する傾向にある．丸太の縦振動ヤング係数とそれからえられた製材の静的曲げ強度の相関はきわめて高い．樹種，丸太寸法，製材寸法についてこのような関係をあらかじめ導いておけば，丸太段階で心持ち製材の強度等級区分やその丸太からえられる集成材ラミナの状況を予測することが十分可能である．

## 2.5.11　構造用木質材料の試験

構造用の木質材料は大きく区分すると柱やはりとして使用する軸材料と耐力壁や床面などを構成する面材料になる．軸材料としては日本農林規格（JAS）で集成材，単板積層材など，面材料として日本農林規格（JAS）で構造用合板，構造用パネルが，日本工業規格（JIS）でパーティクルボード（削片板），ファイバーボード（繊維板），硬質木片セメント板などがある．

軸材料の実大材の試験は主として曲げ試験が行われるが，基本的に前述の実大材曲げの試験に準じればよい．また，集成材は製造管理の上からも集成材ラミナ（ひき板）も試験が行われるが，その強度等級と縦継ぎ（フィンガージョイント）部の接着性を確認する方法として曲げ試験，あるいは引張試験がある．集成材，単板積層材とも接着性に関するせん断試験とはくり試験がある．

面材料は板としての曲げ試験は建築用ボード類の試験に準じればよい．合板は単板の性質と接着性を評価するために面内せん断試験と接着力試験がある．構造用パネルやその他のボード類ははくり試験が重要視される．

ここでは木質材料の強度を支配する接着に関係する代

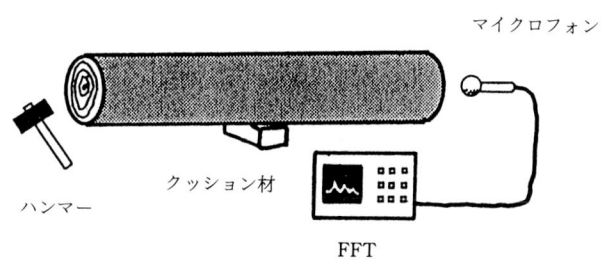

図2.5.17　打撃による縦振動法

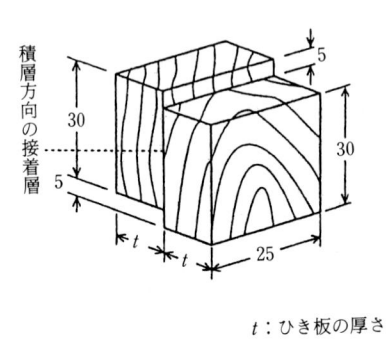

図 2.5.18  $t$：ひき板の厚さ

表的な試験について示す．

### 1) 集成材のブロックせん断試験

試験体は集成材の両端から接着面をせん断面とした図2.5.18のようなものとする．すべての接着層が含まれるように作成する．試験は木材のせん断試験と同じように，せん断面に平行に力が作用するように行う．せん断強さと平均木部破断率を求める．

せん断強さは最大荷重をせん断面積で除して求め，木部破断率は破壊したせん断面積に対して木部で破断した面積の比率を％表示する．

### 2) 単板積層材の水平せん断試験

単板積層材 LVL（laminated veneer lumber）は切削した単板を主として繊維方向を互いに平行にして積層接着した材をいい，LVL またはマイクロラムと呼称されている．合板が単板の繊維方向を直交して積層しているのに対して，平行しているためにかつては平行合板とも呼ばれた，はりや柱あるいは枠材といった角材のような用途に用いられ，狂いの少ない工業化木材として位置付けられている．

試験法は図 2.5.19 のように曲げ試験のスパンを小さくした中央集中荷重による．単板の積層方向と荷重方向が平行する平使い方向と直交する縦使い方向の 2 種類を行う．これはせん断に及ぼす接着層と単板の裏割れなどの評価をみていることになる．

$$\text{せん断強さ} = 3P/(4bh)$$

$P$ は最大荷重，$b$ は幅，$h$ は梁背（厚さ）である．

### 3) 合板の接着力試験

試験体は 3 プライのとき図 2.5.20 のように心板の裏割れの方向と荷重方向が順逆半数になるように切り込みを入れる．構成プライ数が増したときには同様に各接着層が評価できるようにする．せん断強さと平均木部破断率を求める．

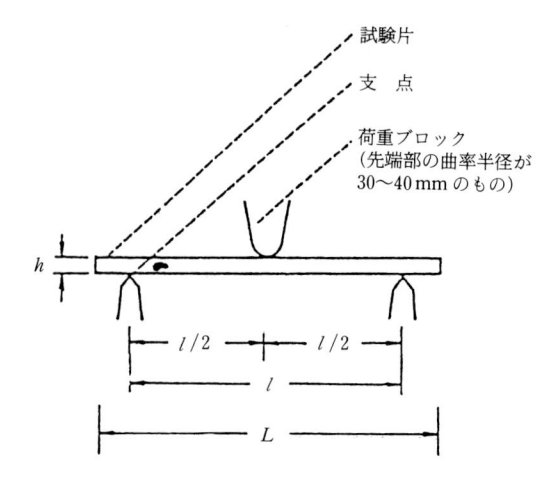

$L$ は，試験片の長さ
$l$ は，スパン
$h$ は，試験片の厚さ

(注) 1 $l = 4h$ とする．
2 平均荷重速度は，毎分 14.70 N/mm²（150 kgf/cm²）以下とする．

図 2.5.19  単板積層材の水平せん断試験

3枚合わせ合板　　　　　　　　　（単位 mm）

A 心板の裏割れ方向と荷重方向が順の場合

B 心板の裏割れ方向と荷重方向が順の場合

心板の裏割れ方向と荷重方向が逆の場合

心板の裏割れ方向と荷重方向が逆の場合

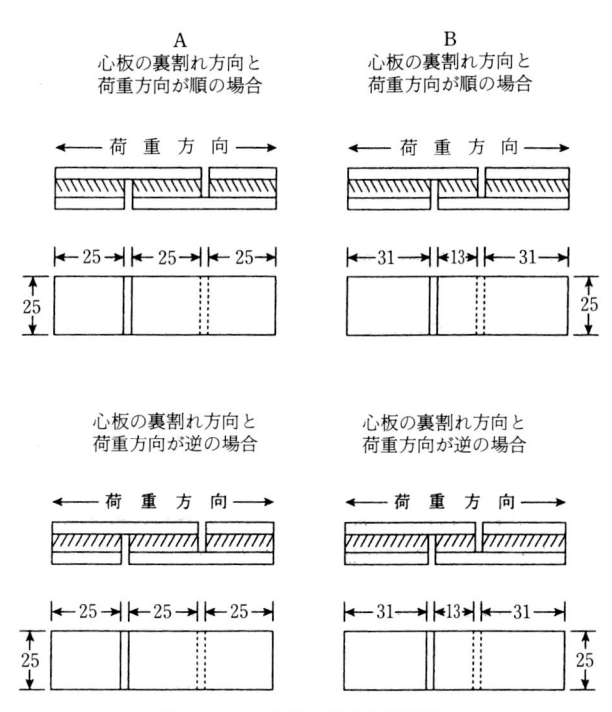

図 2.5.20  合板の接着力試験体

せん断強さは最大荷重をせん断面積で除して求める．表板に対して心板の厚さが 1.5 以上のときには補正のための係数を乗じることが JAS では定められている．

接着力試験を行うとき，劣化促進のために条件として以下の 3 種類がある．

連続煮沸：煮沸水中に 72 時間浸せきした後，室温の

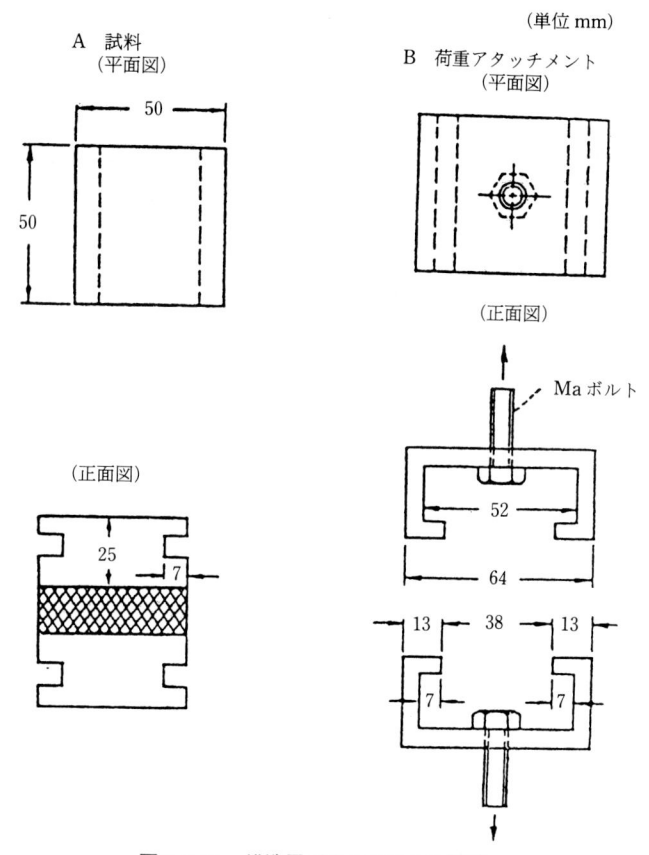

```
A 試料                    （単位 mm）
 （平面図）        B 荷重アタッチメント
                      （平面図）
```

**図 2.5.21　構造用パネルのはくり試験**

水中にさめるまで浸せきし，ぬれたままの状態で試験

スチーミング繰り返し：室温の水中に72時間浸せきした後，130±2℃で2時間スチーミングを行い，室温の水中にさめるまで浸せきし，ぬれたままの状態で試験

減圧加圧：室温の水中に浸せきし，635 mmHg の減圧を30分間行い，さらに 4.6〜4.9 kgf/cm² の加圧を30分間行う．その後ぬれたままの状態で試験．

### 4） 構造用パネルのはくり試験

構造用パネルは日本農林規格に示された名称で，一般的には配向性ボード OSB (oriented strand board) をさすことが多い．パーティクルボードよりも構成する削片の形状が大きく（ウエハーやフレイクといわれる），その配列が方向性を有している．強度，剛性などに異方性をもたせたもので，構造材としての用途を重視したものである．北米では早生樹種のアスペンを原料としたものも多く，木材資源状況からも合板の代わりに多く使用されるようになってきている．接着が悪いと厚さ方向に膨潤し，構造面材としての機能を果さなくなるので，このはくり試験は IB ((Internal Bond) として重視される．

試験体および試験法は図2.5.21のようになる．試験体とアタッチメントはホットメルト接着剤によることが多い．パネル面に垂直に引張られると層内のもっとも弱いところからはくりが生じる．はくり強さは最大荷重をはくり面積で除して求める．

## 2.6 金属材料

### 2.6.1 引張試験 (JIS Z 2241)

引張試験は金属材料の機械的性質を知るための最も基本的で重要な試験である．

#### A. 試験片の形状・寸法 (JIS Z 2201)

引張試験に用いる試験片の形状・寸法は鋼材の材質・形状により様々な種類があり，それぞれ試験しようとする鋼材に応じて試験片を選び，規定の寸法に機械加工（棒鋼は加工しないときもある）する．建築の分野でよく用いられる試験片の例を図2.6.1に示す．平行部の加工寸法の許容差および寸法変化の許容値（最大値と最小値の差）を表2.6.1に示す．

#### B. 引張試験機

引張試験に用いる試験機は JIS B 7721（引張試験機）により，その構造や検査について規定されている．

引張試験機には通常，引張・圧縮・曲げ荷重を加えられる万能試験機が用いられ，アムスラー型（油圧振り子型）・オルゼン型（てこ振り子型）が広く用いられているが，オルゼン型・ボールドウィン型・インストロン型の試験機においては荷重が電気的に制御されていて，負荷中にひょう量の切換えが可能で，応答速度も早く，定負荷・定ひずみ試験も可能である．

#### C. 試験片の計測

試験片に伸びの測定の基準となる標点をポンチまたはけがき針で記すのを標準とする．ただし，試験片の材質が表面きずに対して敏感な場合またはきわめて硬い材質の場合は塗布したけがき塗料の上にけがき針で記す．標点は試験片中央より両側に，図2.6.1に示された距離に設けるが，多少の誤差もあるので，ポンチ後，標点間の距離をコンパスと物差しまたはノギスなどで0.4%の数値まで正確に測定し，記録しておく．また，試験片平行部の原断面積は標点間の両端部および中央部の3箇所の断面積の平均値とする．おのおのの断面積を求めるための直径・幅・厚さは0.5%の数値で（2mm以下の寸法では0.01mmまで）測定する．円形の場合は互いに直交する2方向の直径の平均値をとる．

#### D. 試験の方法 (JIS Z 2241)

試験片の形状に応じたつかみ装置（通常チャック）で偏心のないよう試験機に試験片を固定し荷重を加える．荷重速度はできるだけ均一であることが望ましく，その指定はいずれかの方法による．

(1) 応力増加率
(2) ひずみ増加率
(3) 経過時間

上降伏点・下降伏点または耐力の測定を必要とする場合には，その規定値に対応する荷重の1/2の荷重までは適宜の速度で荷重を加えてよいが，鋼においてはこの1/2荷重を超えたのちは，上降伏点・下降伏点または耐力までの平均応力増加率を $3 \sim 30 \, \text{N/mm}^2/\text{s}$ とする．

引張強さの測定を行う場合で，上降伏点・下降伏点または耐力の測定を必要としないときには，引張強さの規定値に相当する荷重の1/2の荷重までは適宜の速度で荷

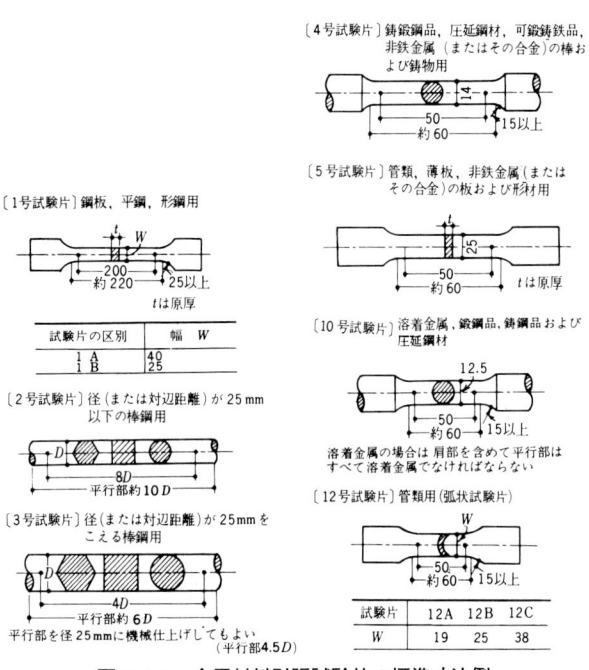

図2.6.1 金属材料引張試験片の標準寸法例
（単位：mm）（JIS Z 2201 参照）

表2.6.1
(a) 試験片平行部の呼び寸法に対する許容差

（単位：mm）

| 寸法の範囲 | 許容差 |
|---|---|
| 4を超え 16以下 | ±0.5 |
| 16を超え 63以下 | ±0.7 |

(b) 試験片平行部寸法変化の許容値
円形断面の場合　（単位：mm）

| 機械仕上げによってできた径 | 許容値 |
|---|---|
| 3を超え 6以下 | 0.03 |
| 6を超え 16以下 | 0.04 |
| 16を超えるもの | 0.05 |

長方形断面の場合　（単位：mm）

| 機械仕上げによってできた厚さおよび幅 | 許容値 |
|---|---|
| 3を超え 6以下 | 0.06 |
| 6を超え 16以下 | 0.08 |
| 16を超えるもの | 0.10 |

重を加えてもよいが，鋼においてはこの1/2荷重を超えたのちは，試験片平行部のひずみ増加率が20〜50%/minになるような速度で引張る．降伏点の測定が終わった後，引き続き引張強さを求める場合もこれと同じとする．

試験温度は，一般に10〜35℃の範囲内とし，必要があれば試験温度を記録する．

### E. 結果の表示
#### 1) 降伏点

降伏点を分けて上降伏点と下降伏点に区別する．ただし，紛らわしくないときには上降伏点を単に降伏点と呼んでよい．

（1）上降伏点 $\sigma_{SU}$（N/mm²）とは引張試験の経過中，図2.6.2に示すように試験片平行部が降伏し始める以前の最大荷重，たとえば荷重指針を有する試験機では，指針が一時停止または逆行する以前の最大荷重 $F_{SU}$（N）を原断面積 $A_0$（mm²）で除した商をいう．

$$\sigma_{SU} = \frac{F_{SU}}{A_0} \; (\text{N/mm}^2)$$

（2）下降伏点 $\sigma_{SL}$（N/mm²）は試験片平行部が降伏し始めたのち，ほぼ一定の荷重，たとえば荷重指針を有する試験機では，指針が一時停止または逆行したのち一時停止する荷重 $F_{SL}$（N）を原断面積 $A_0$（mm²）で除した商をいう．

$$\sigma_{SL} = \frac{F_{SL}}{A_0} \; (\text{N/mm}^2)$$

#### 2) 耐力

降伏点を明りょうに示さないもの（たとえばアルミニウム合金）の降伏点の代用に測定する値として耐力 $\sigma_\varepsilon$ が用いられる．

規定された永久伸び $\varepsilon$ を起こす荷重 $F_\varepsilon$ を原断面積 $A_0$ で除した商をいう．

$$\sigma_\varepsilon = \frac{F_\varepsilon}{A_0} \; (\text{N/mm}^2)$$

特に永久伸びの規定がない場合は，通常0.2%とし

$$\sigma_{0.2} = \frac{F_{0.2}}{A_0} \; (\text{N/mm}^2)$$

したがって，耐力を測定するためには，荷重を段階的に増し，試験片に取り付けた伸び計で全伸びを測定し，荷重一伸び曲線図を図2.6.3のように作り，0.2%の伸びの点から最初の直線部分に平行な直線を引き，これと曲線の交点の荷重を $F_{0.2}$ とする．また，同種の材料で永久伸びが0.2%となるときの全伸び $\lambda$% がわかっているときは，伸び計の指示が $\lambda$% となったときの荷重 $F_\lambda$ を測定してもよい．

#### 3) 引張強さ

試験片が耐えた最大荷重，すなわち最大引張荷重 $F_{max}$ を原断面積 $A_0$ で除した商をいう．

$$\sigma_B = \frac{F_{max}}{A_0} \; (\text{N/mm}^2)$$

以上の上降伏点・下降伏点・耐力または引張強さを求めるための荷重の読みは，それぞれの値の0.5%までの精度とし，それぞれの数値はJIS Z 8401により整数に丸める．

#### 4) 破断伸び

試験片が破断したのち破断箇所をていねいに突き合わせ，中心線を一直線にした状態で，適当な測長器で標点間の長さ $l$ を測定し次式で求める．

$$\delta = \frac{l - l_0}{l_0} \times 100 \; (\%)$$

板状試験片で図2.6.4のように中央部にすき間（CP）がある場合にも，このCPの寸法は差し引かず，$O_1$〜$O_2$ の長さを $l$ とする．

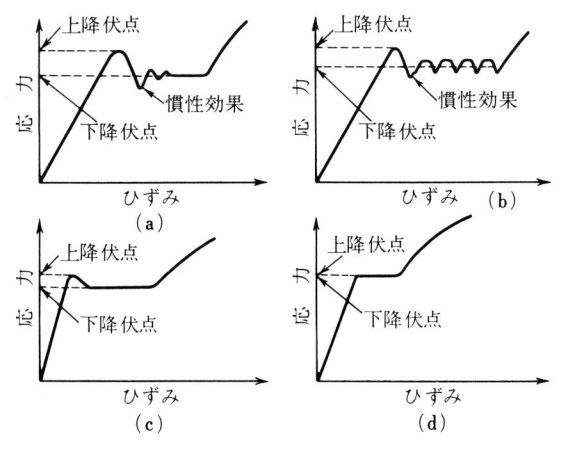

図2.6.2 降伏点

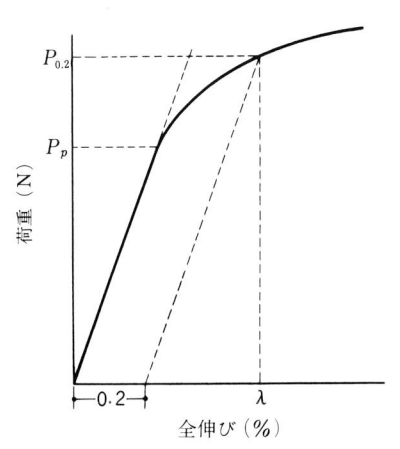

図2.6.3 荷重一伸び曲線

図2.6.4

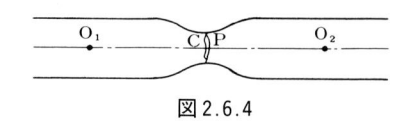

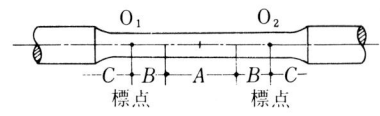

図2.6.5 破断箇所の区分

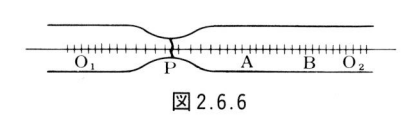

図2.6.6

試験片の破断箇所を明示するため，図2.6.5のように標点間の中心より$(1/4)l_0$の範囲をA，標点間でA以外の範囲をB，標点外の範囲をCとして試験成績にこの記号を付ける．B範囲で破断した場合の伸びの推定値は次の方法による．

（1） あらかじめ図2.6.6のように標点間を適当な長さに等分し，目盛りを付ける．

（2） 試験後，破断面を突き合わせて短いほうの破断片上の標点$O_1$と破断点Pの長さに最も近い反対側の目盛りAとの長さ$O_1A$を測定する．

（3） 長いほうの破断片上の標点$O_2$とAとの等分点の数を$n$とし，$n$が偶数のときは$n/2$番めの目盛り，$n$が奇数のときは$(n-1)/2$番めと$(n+1)/2$番めの目盛りの中点をBとし，ABの長さを測定する．

（4） 推定値は次式で計算し，推定値と付記する．

$$推定値 = \frac{O_1A + 2AB - l_0}{l_0} \times 100 \ (\%)$$

破断伸びの数値は，整数に丸める．ただし，標点間距離が100 mmを超える場合にはさらに詳細に求めることが望ましい．

#### 5） 絞　　　り

円形断面の試験片を用い，破断後，破断箇所の最小断面寸法を剣先マイクロメーターなどで測定し，最小断面積$A$を求め，次式で計算する．

$$\varphi = \frac{A - A_0}{A_0} \times 100 \ (\%)$$

#### F． 注 意 事 項

試験結果には試験片の種類・番号および切断箇所を併記する．

以上，引張試験結果はすべて公称応力度（nominal stress)・公称ひずみ（nominal strain）で表示するが，実際には変形の途中常に断面積は変化しており，真の断面積でその荷重を除した商を真応力度（true stress）といい区別される．

その他，引張試験から求められる値には下記がある．

**a．比例限 $\sigma_p$**　座屈荷重曲線を求めるのに比例限$\sigma_p$は重要である．これは試験片平行部の応力度がひずみと比例する範囲の最大の応力度のことで，図2.6.3の最初の直線部分と曲線が離れる点の荷重$F_p$を原断面積で除した商をいう．

$$\sigma_p = \frac{F_p}{A_0} \ (N/mm^2)$$

**b．弾性限 $\sigma_e$**　試験片に加えた荷重を除荷したとき永久伸びが生じない範囲の最大応力を弾性限$\sigma_e$という．これを求めるにはある小荷重を基本荷重とし，これより段階的に荷重を増加しては元の基本荷重に戻す．基本荷重に戻すのは，荷重を完全に0に戻すと，チャックその他のゆるみが加わって不完全になるからである．このようにして基本荷重に戻したとき永久伸びが生じない限度が弾性限荷重$F_e$であるから

$$\sigma_e = \frac{F_e}{A_0} \ (N/mm^2)$$

しかし，永久伸びの有無いかんは伸び計の精度にかかわるから，耐力の定め方と同じように0.001〜0.03％のある微少な永久伸びが生ずる荷重を$F_e$とすることもある．

**c．弾性係数 $E$**　金属材料の弾性係数とは，最初の直線部分のこう配をいう．すなわち

$$E = \frac{\sigma_p}{\varepsilon_p} \ (N/mm^2)$$

ここに　$\varepsilon_p$：比例限のひずみ度

### 2.6.2　曲げ試験

曲げ試験には変形能を調べる試験と曲げ強度を求める試験がある．

#### A． 変形能を調べる試験（JIS Z 2248）

曲げ試験には普通の圧縮試験機を用いた押曲げ法（図2.6.7）と専用の曲げ試験機を用いた巻付け法（図2.6.8）およびVブロック法（図2.6.9）がある．押曲げ試験に用いる押金具の先端部は，規定の内側半径に等しい半径の円筒面を持ち，円筒断面の長さは試験片の幅より大でなければならない．

支え間距離$L$は次式による．

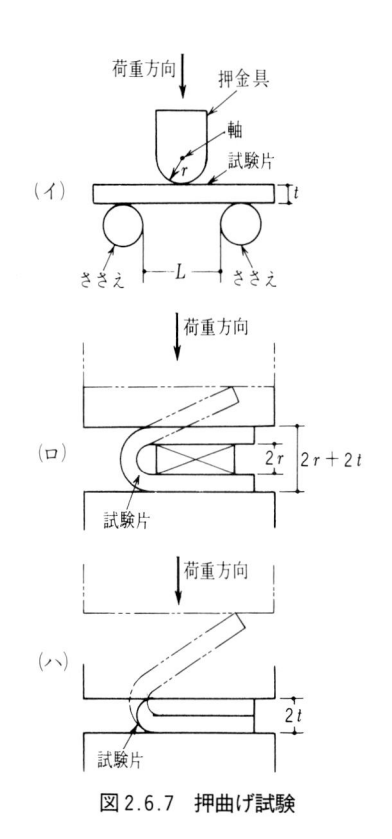

図2.6.7 押曲げ試験

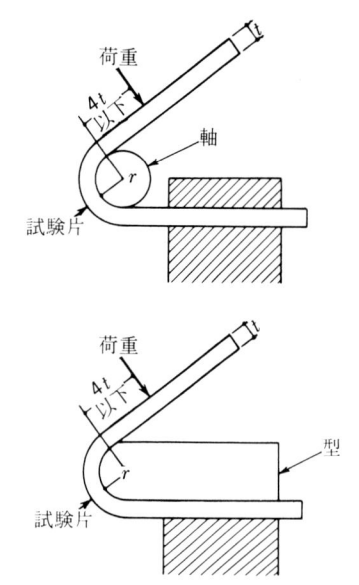

図2.6.8 巻付け曲げ試験

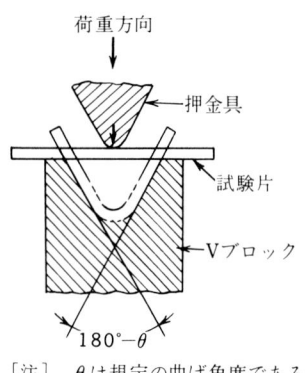

$L=2r+3t$

ここに　$r$：内側半径

　　　　$t$：試験片の厚さ，径または対辺距離

図2.6.7(イ)の方法での曲げ角度は170度までとし，180度に曲げる場合は，同図(ロ)のように厚さ$2r$の板を挟み圧縮する．ただし，(イ)において支え間隔$L$を$L=2r+2t$として押し抜いてもよい．

密着曲げの場合は，図2.6.7(イ)のように適当な内側半径で約170度まで曲げたのち，同図(ハ)のように押圧する．

巻付け法では試験片のほぼ中央部が規定の形になるよう試験片を軸または型にあて，一方の側を押さえて他の側に徐々に荷重を加えて規定の曲げ角度まで巻き付ける．

曲げ角度が180度で，内側半径が特に小さいかまたは密着の場合は図2.6.8の方法で適宜の内側半径をもって180度まで曲げた後，図2.6.7(ロ)，(ハ)の方法で規定の半径になるまで試験片の両端を押し合う．

Vブロック法はそれぞれの材料規格の示すところによる．

試験温度は一般に10～35℃の範囲とし，必要があれば記録する．

試験後わん曲部外側の裂け傷その他の欠点の有無を注意して観察し記録する．

[注] $\theta$は規定の曲げ角度である
図2.6.9 Vブロック曲げ試験

**B. 曲げ強度を求める試験**（抗折試験）

鋳鉄のようなもろい金属材料の抗折試験でJIS Z 2203に規定される試験片を用い，3点曲げ試験を行い，破断時の最大荷重とたわみを求める．

## 2.6.3 衝撃試験（JIS Z 2242）

材料の脆（ぜい）性の判定に用いられ，特に次に示すシャルピー衝撃試験が簡便な比較試験として工業的に用いられている．

シャルピー衝撃試験は，シャルピー衝撃試験機（JIS B 7722）を用い，金属材料衝撃試験片（JIS Z 2202）に規定されている10 mm角の試験片にU形・V形の切欠き（notch）を中央に設けたものの両端を40 mm隔たった2箇所で支え中央（切欠き部の反対側）を1回打撃し，破断させる．この結果より，図2.6.10に示すよ

うに最初のハンマーの振り上げ角 $\alpha$ と試験片を破断したのちのハンマーの振り上がり角 $\beta$ を測定し，試験片を破断するに要するエネルギー，すなわち吸収エネルギー $K$（J）を次式で算出する．

$$K = Wr(\cos\beta - \cos\alpha)$$

ここで，$W$，$r$，$\alpha$，$\beta$ は図2.6.10参照．

吸収エネルギーの数値は整数に丸める．ただし，$K$ の値を特に詳しく必要とする場合は，次式としてもよい．

$$K = Wr(\cos\beta - \cos\alpha) - L$$

ここに　$L$：ハンマーの運動中に失ったエネルギー（J）

さらに，破断後の試験片の破面を観察し，ぜい性破面率 $B$（%）を次式により算出する．

$$B = \frac{C}{A} \times 100 \quad (\%)$$

ここに　$C$：ぜい性破面の面積（mm²）
　　　　$A$：破面の全断面積（mm²）

鋼材のように体心立方格子系の金属材料では，低温ぜい性が問題となるため，各温度でシャルピー衝撃試験を行い，吸収エネルギーやぜい性（または延性）破面率と試験温度関係を求め，ぜい性から延性に遷移する温度を求めることにより，ぜい性－延性の判定基準として実用的に広く用いられている．

### 2.6.4　硬さ試験

硬さは各種機械的性質と密接に関連しており準非破壊的に比較的簡便に試験できることから材料強度試験の代用試験として行われ，さらに値の差の検出感度が高いことから材料間の均一性のチェックにも用いられている．

JISではブリネル，ビッカース，ロックウェル，ショアおよび微小硬さ試験が取り入れられているが，ブリネル硬さは鉄鋼の素材や鋳鉄などの組織の大きい材質の平均的な硬さに，ビッカース硬さは小さい試料や試料の局部硬さ計測に用いられている．また，ロックウェル硬さは表面状態の影響をある程度避けられ，計測の自動化により現場での迅速な試験ができるという特徴がある．

#### A. ブリネル硬さ（JIS Z 2243）

直径 $D$ の鋼球または超硬合金球の圧子を用い，試験面に球分のくぼみをつけたときの試験荷重 $F$（N）と，くぼみの直径 $d$（mm）から求めたくぼみの表面積 $S$（mm²）とから次式で算出する（図2.6.11）．

$$HBW = 0.102\frac{F}{S} = 0.102\frac{2F}{\pi D(D - \sqrt{D^2 - d^2})}$$

#### B. ビッカース硬さ（JIS Z 2244）

対面角 $\theta$ が 136° のダイヤモンドの正四角すい圧子を用い，試験荷重 $F$（9.807〜490.3 N）で試験面にくぼみをつけたときの，試験荷重と正方形のくぼみの対角線長さ $d$（mm）から求めたくぼみの表面積 $S$ とから次式で算出する．

$$HV = 0.102\frac{F}{S} = 0.102\frac{2F\sin(\theta/2)}{d^2}$$

また，ビッカース硬さ試験の試験荷重の範囲が0.4903〜9.807 N の場合および底面が菱形の四角すい圧子を用いたヌープ硬さ試験については，微小硬さ試験として JIS Z 2251 に規定されている．

#### C. ロックウェル硬さ（JIS Z 2245）

ダイヤモンド圧子または球圧子を用いて，まず基準荷重を加え次に試験荷重を加え，再び基準荷重にもどしたとき，前後2回の基準荷重における圧子の侵入深さの差 $h$ によって，圧子および試験荷重により定められた硬さ（$HR$）の定義式から算出する．

#### D. ショア硬さ（JIS Z 2246）

試料の試験面上に一定の高さ $h_0$ から落下させたハンマーのはね上がり高さ $h$ に比例する値で，次式で表される．

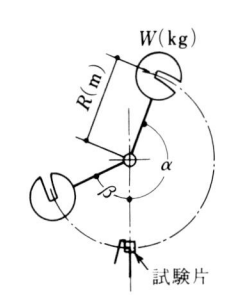

$$HS = k\frac{h}{h_0}$$

図2.6.10　ハンマーの運動

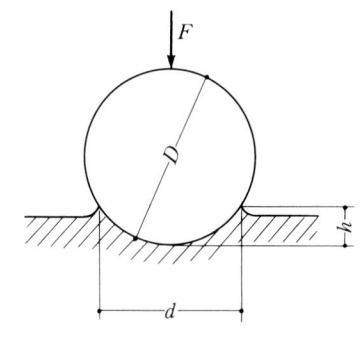

図2.6.11　ブリネル硬さ

ここに　$k$：ショア硬さとするための係数

### 2.6.5　疲労試験 (JIS Z 2273)

金属材料の疲労は，力を繰返し作用させたときに，材料の結晶内部の微小なすべり変形が非可逆的に繰り返されるために起こるものである．

疲労試験の目的は，繰返し力の働くものについての材料選択・材料特性の把握や許容応力の決定・信頼性の確認が主なものである．前者は JIS に定められているような共通の小型試験片を標準的な条件で試験するものであり，後者については疲労特性にはスケールエフェクトがあることから実物あるいは実物大の試験片について実際に働く応力を負担させる方法が行われている．

載荷には，通常応力波形として正弦波を用い，図 2.6.12 に示すように平均応力と応力振幅の関係により，両振り，部分両振り，片振りおよび部分片振りの載荷形式がある．

上記の応力を繰り返して破壊するまでの回数 $N$ を応力の値をいくつか変化させて求め，図 2.6.13 のような縦軸に $\sigma$，横軸に $N$ の対数をとった S-N 曲線を描く．この曲線に対し，水平な漸近線（点線）は，この試験片にいかに応力を繰り返しても破壊しない応力の上限であるから，この値を疲れ限度という．

一般に $10^7$ 回程度で破壊しないときには不破壊とみなすが，設計する構造物の耐用年中に繰り返される回数が設定されている場合は，これに耐える応力を S-N 曲線から求めることもあり，これを時間強さという．

疲労試験の荷重方法には引張—圧縮（シェンク型・ハイ型・ローゼンハウゼン型・マン型），ねじり（西原式・シェンク型），平面曲げ（アプトンルイス型・モア型・シェンク型），回転曲げ（小野式・オルゼン型・ヘイロバートソン型）などがあり，それぞれ疲労限度の値が異なる．

繰返し荷重はクランク機構，荷重または試験片の回転遠心力・電磁気力・油圧・圧縮空気によって加えられ，共振型と非共振型がある．また，荷重一定型と変形一定型があるが，通常，荷重一定型が用いられる．また，塑性域に入る大きなひずみを繰り返し作用させ，非常に少ない繰返し回数で試験片を破壊させる低サイクル疲労も研究されている．

### 2.6.6　非破壊試験

溶接部の良否を判定するためには溶接部から試験片を切り出し，引張試験・曲げ試験・衝撃試験・硬さ試験などが行われる．しかし，これらはいずれも部材を損傷するので種々の非破壊試験法が考案されている．そのおもなものは，放射線透過試験，超音波探傷試験，磁粉探傷試験，浸透探傷試験などがある．

#### A.　放射線透過試験 (JIS Z 3104)

X 線・γ 線などの放射線によって被検査部を透過し，反対側に置いたフィルムに写った影像により，金属内部の状態を判定する方法である．

通常，使用される X 線発生装置は 150～400 kVP（ピーク電圧）程度のもので，比較的軽量で可搬式のものが

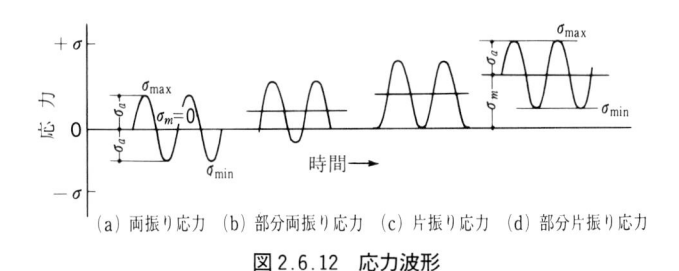

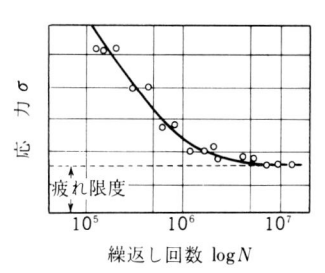

図 2.6.12　応力波形
(a) 両振り応力　(b) 部分両振り応力　(c) 片振り応力　(d) 部分片振り応力

図 2.6.13　S-N 曲線

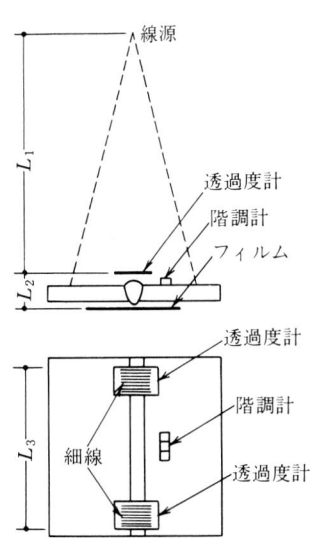

図 2.6.14　放射線透過試験

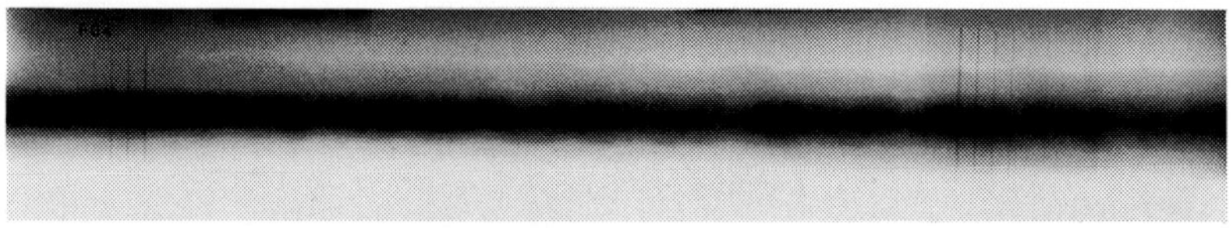

(a) 欠陥のない溶接部

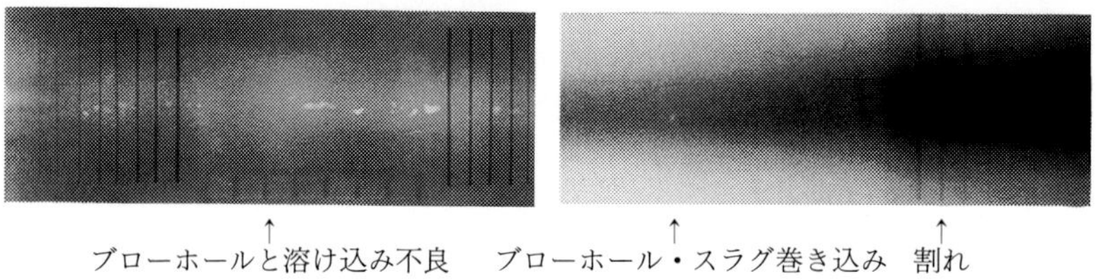

ブローホールと溶け込み不良　　ブローホール・スラグ巻き込み　割れ
(b) 欠陥のある溶接部

**写真 2.6.1　欠陥のない溶接部と欠陥のある溶接部のX線写真例**

作られ，材厚 50～100 mm 程度まで検査できる．

JIS では図 2.6.14 のように試験片の両側に透過度計と階調計（厚さ 20 mm 以下の平板の突合せ溶接部の検査のときのみ使用する）を置いて撮影し，欠陥の有無を判定することになっている．

透過度計とは 0.6～6.4 mm のピアノ線または鉄線 7 本（10 本のものもある）を細いものから順に並べたもので撮影された写真の解像度の判定と欠陥の大きさを測定するためのものであり，細線の組合せは板厚に応じて JIS に規定されている．

階調計とは板厚が 1 mm ずつ異なった 3 枚の正方形の鋼板を組み合わせたもので撮影された写真の濃度差により正しく撮影されたかどうかを判定する．

透過写真の等級分類は，欠陥の種類ごとにその大きさと数により点数に評価できるように定められており，総合点で 1 級から 4 級に分類される．

写真 2.6.1 に欠陥のない溶接部（a）と欠陥のある溶接部（b）のX線写真の例を示す．

**B.　超音波探傷試験**（JIS Z 2344, 3060）

超音波とは，振動数が 16 000 Hz 以上の音波をいい，これを被検査部に投入して内部欠陥，不均一層の存在を検査する方法を超音波探傷試験という．普通は 1～5 MHz の周波数の超音波が用いられている．

超音波の指向性は下式のように周波数の高いほど，振動子の径が大きいほど鋭い．

$$\sin\theta = 0.6\frac{\lambda}{\gamma} \quad \lambda = \frac{c}{n}$$

ここに　$\theta$：指向角
　　　　$\lambda$：媒質中の波長

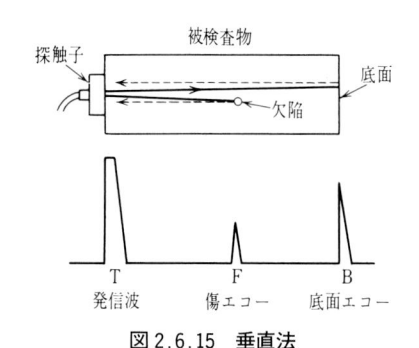

**図 2.6.15　垂直法**

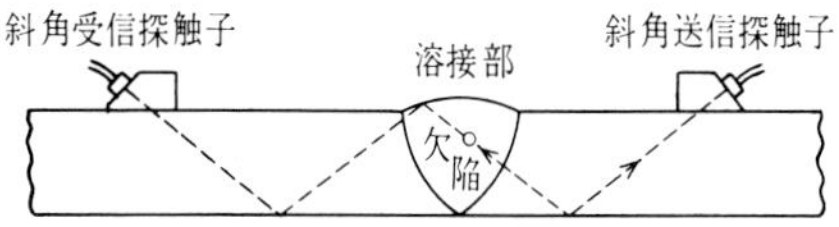

**図 2.6.16　斜角法**

$\gamma$：振動子の半径
$c$：媒質中の音速
$n$：使用周波数

しかし，周波数の高いものほど減衰が大きく，通りが悪くなる．

超音波探傷法には，(i) 反射法，(ii) 透過法，(iii) 共振法がある．

**a.　反射法**　最も一般的に用いられている方法で，被検査部表面より超音波を投入し，欠陥にあたって帰ってくるまでの時間と大きさをブラウン管上で測定し，欠陥の深さ・大きさを推定する方法で垂直法（図 2.6.15）・斜角法（図 2.6.16）・浸せき法・表面波法などがある．

**b.　透過法**　超音波を被検査材の一面より投入し，対面または同面に到達する音波の減衰状況から，図

2.6.17のように欠陥の有無，大きさを判定する．

溶接部の検査には反射斜角法が最も普通であり，反射垂直法も用いられる．欠陥の評価および合否判定は日本建築学会「鋼構造建築溶接部の超音波探傷検査規準・同解説」による．

### C. 磁粉探傷試験（JIS G 0565）

磁粉探傷法は磁性化材料を磁化した磁粉を散布して，表面あるいは表面に近い部分の欠陥を探傷する方法である．すなわち，欠陥のある鉄鋼部品を適当に磁化すると欠陥部分の磁気抵抗は他の健全な部分より大きいため，図2.6.18のように欠陥部分のみ磁束が漏えいして，磁極が発生する．このような部分に強磁性の磁粉を散布すれば，磁粉は磁極に吸着され，ある程度幅広く付着し，肉眼で見えない欠陥を発見できる．したがって，表面欠陥または表面にごく近い部分の欠陥の発見に有効であるが，ある程度大きな欠陥なら7〜15 mmの深さまで検出できる．

### D. 浸透探傷試験（JIS Z 2343）

これは液体の毛細管現象に基づく浸透力を利用した方法である．すなわち，被検査材を浸透性の液体で覆うと，表面に割れ・巣などの欠陥があれば浸透液は欠陥内部に浸透していく．次に，欠陥内部だけに浸透液を残すように表面を洗浄したのち，微細粉末で作られた現像液の被膜を表面に作り，欠陥内部に残った浸透液を吸い上げ，その模様で欠陥の存在を検出する方法である．

この欠陥の検出を明りょうにするため，浸透液に蛍光性をもたせ，暗室で紫外線を照射して観察するのが蛍光浸透探傷法である．

また，濃暗赤色に着色した浸透液を用い，白色微粉末の現像剤被膜とのコントラストで欠陥の有無を観察するのが染色浸透探傷法である．

## 2.6.7 高力ボルトの引張試験およびトルク係数試験（JIS B 1186）

### A. ボルト製品の引張試験

図2.6.19のようなジグを用い，ボルト座面に硬さ$H_RC$ 45以上のくさびを入れ，この斜面と六角頭の辺が接するようにし，他方のねじ部は完全ねじ山がボルト頭側に6山以上残るようにジグまたはナットをはめ合わせて，軸方向に引張荷重を加え，所要の最小荷重以下で切断しないか，またボルトが切断するまでボルトの頭とびが起こらないかを調べる．

### B. セットのトルク係数試験

軸力計にボルトを取り付け徐々にナットを締め付ける．ボルトの軸力が表2.6.2に示す範囲内の3箇所において，トルク$T$をトルクメーターにより，ボルト軸力$N$は軸力計で計測器の1/2目盛まで測定し，次式で計算された数値の平均値を小数点以下3けたに丸めた値をトルク係数値とする．

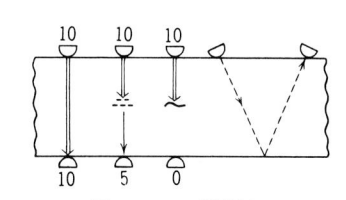

図2.6.17 透過法

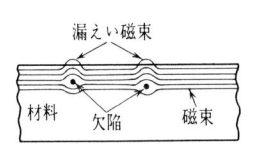

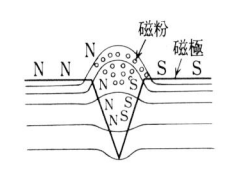

図2.6.18 漏えい磁束

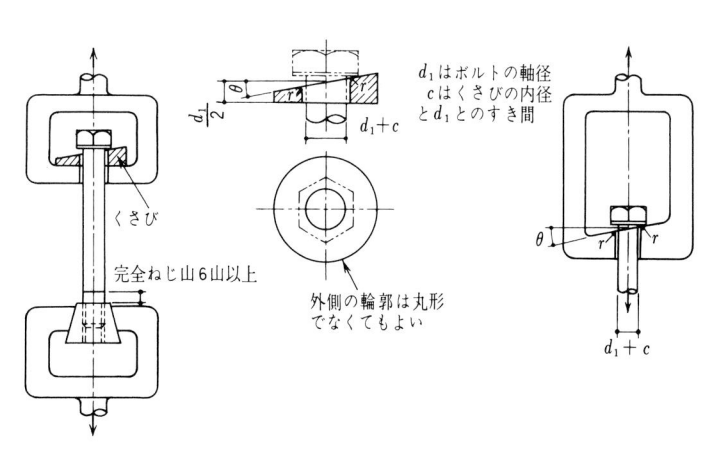

図2.6.19 高力ボルト引張試験

表 2.6.2

| ボルトの機械的性質による等級 \ ねじの呼び | 項目 ボルト軸力（kN） | | | | |
|---|---|---|---|---|---|
| | M 12 | M 16 | M 20 | M 22 | M 24 |
| F 8 T | 38〜51 | 71〜95 | 110〜148 | 136〜184 | 159〜214 |
| F 10 T | 54〜72 | 99〜134 | 155〜209 | 191〜259 | 223〜301 |
| F 11 T | 57〜76 | 105〜141 | 163〜221 | 202〜273 | 235〜318 |

$$k = \frac{T}{d_1 \times N}$$

ここに　$k$：トルク係数値
　　　　$T$：トルク（ナットを締め付けるモーメント）
　　　　$d_1$：ボルトの公称軸径
　　　　$N$：ボルト軸力

この試験に用いる試料は実際に供される状態で行い，いったん締め付けたものを反復使用してはならない．

## 2.6.8　鉄骨ばりの曲げ試験

曲げモーメントを受ける鉄骨ばりの変形性状を調べるための曲げ試験方法について述べる．

本曲げ試験の目的は，(i) 鉄骨ばりの曲げ変形性状を理解すること，(ii) 構造力学で学んだ形鋼ばりの曲げ理論を検証すること，および(iii) 鉄骨ばりの横座屈ならびに局部座屈現象を体験すること，にある．

### 1）試験方法

はり部材の断面に生ずる応力度は，図 2.6.20 に示すように，長期は固定荷重による応力，短期は固定荷重と地震力の組合せによる応力によって求められる．長期・短期いずれの曲げモーメントの場合も，はり部材の断面やスパン長さにもよるが，一般にほぼ等モーメントとみなせる部分（図中 A）とモーメント勾配を有する部分（図中 B）とに大別できる．ほぼ等モーメントとみなせる部分の耐力・変形性状を評価するのに適した載荷方法が，図 2.6.21(a) に示すような単純ばりの中央 2 点に対称に荷重を与える形式（4 点曲げ試験）であり，モーメント勾配を有する部分を評価するのに適した載荷方法が，図 2.6.21(b) に示すような単純ばり中央に集中荷重を与える形式（3 点曲げ試験）である．

### 2）横座屈現象

一般に H 形断面部材は断面係数が大きいので，強度，剛性ともに大きく，はり部材として適している．しかし，H 形断面部材はねじり剛性が小さいため，部材が長過ぎると鉛直荷重を受けた場合，ねじれを生じて横座屈が起こり，十分に強度を発揮することができない．横座屈耐力を高めるためには，ねじれにくい幅広の H 形断面を用いるとともに，補剛間長さを短くすることが効果的である．この横座屈補剛効果を検証するのに適した試験方法が，4 点曲げ試験である．

### 3）はりの耐震保有性能評価試験

実設計においては補剛間長さを十分に短くして横座屈が生じないようにしていること[1]，鉄骨ばりの短期の最大曲げモーメントは一般に，はり端部に生じること，試験装置が簡便なこと，さらには繰り返し載荷が容易なことから，はりの基本的な耐震保有性能（耐力・変形性能）評価試験と言えば，一般に 3 点曲げ試験を意味する場合が多い[2]．

### A．使用機器

#### 1）載荷装置

アムスラー型試験機あるいは H 形鋼などで構成される載荷フレームと油圧ジャッキ．後者の場合は，検力計またはロードセルを用いて荷重を求める．

#### 2）たわみ測定器

ストローク 50 mm 以上のダイヤルゲージ，差動トランスあるいは電気抵抗線式変位計．

### B．試験計画

（1）本書で紹介する試験方法は，図 2.6.22 に示す 4 点曲げ試験とする．なお，4 点曲げ試験はビデオ教材[3]があるので，これを参考（副教材）として用いてもよい．また，3 点曲げ試験については，今回記述を省略したので，詳細は参考文献[2]を参照されたい．

（2）試験体の形状・寸法は，載荷装置の大きさ，鋼種などを考慮して総合的に決める．

ここでは簡単のため，長さ 1 500 mm 前後，はりせい

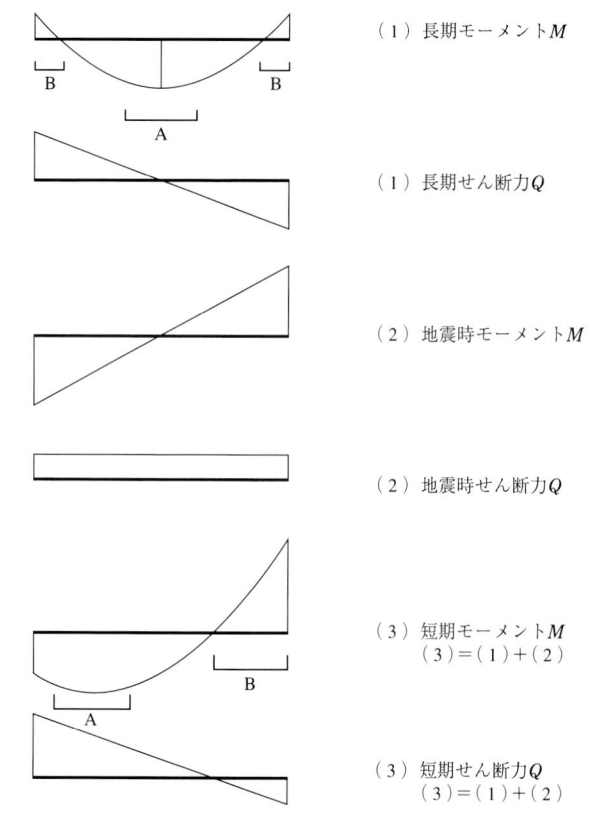

図 2.6.20　はり部材の断面に生ずるモーメント $M$ とせん断力 $Q$ の例

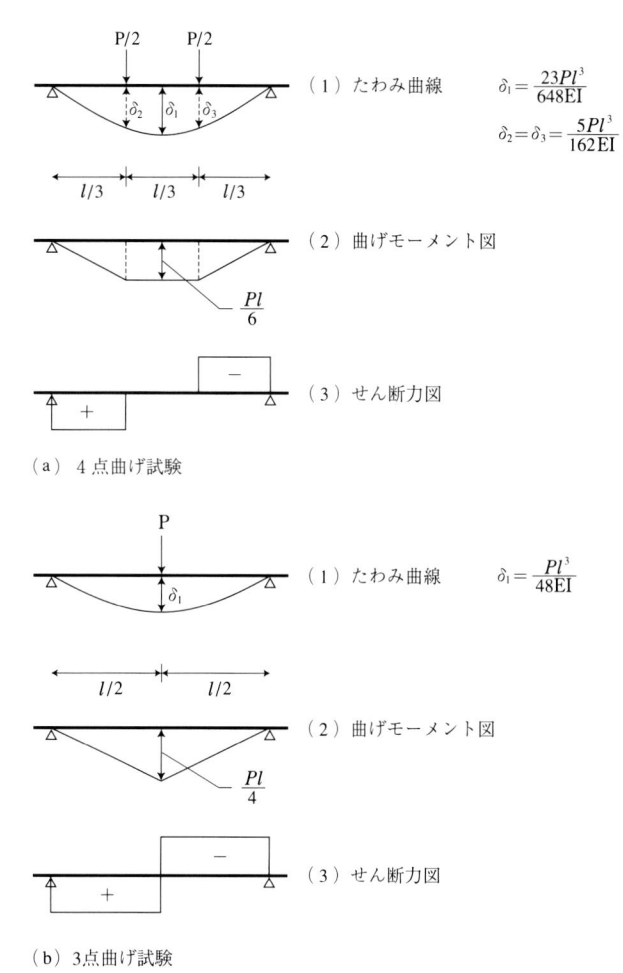

図 2.6.21　（a）4点曲げ試験と（b）3点曲げ試験のたわみ曲線，曲げモーメント図，せん断力図の例

$100～200\,\mathrm{mm}$，フランジ幅 $50～100\,\mathrm{mm}$ の圧延 H 形鋼または I 形鋼を用いるものとする．

（3）　はり部材の板要素が降伏点に達するまで局部座屈を起こさないように幅厚比を算定し，制限内にあることを確認しておく[4]．さらに，はり部材が降伏点に達するまで横座屈が生じないような形状・寸法のものを選択しておくとよい．

（4）　試験体は支承により支えられるが，載荷によって支承に生じる摩擦力が試験結果に与える影響については，十分に検討しておく必要がある．支承部表面の汚れにより摩擦係数が増大したり，偏心載荷によるめり込みによりローラーの拘束が大きくなると摩擦力は増大するので注意を要する．またローラーの転がり方向と試験体の移動方向が一致しない場合にも抵抗力は大きくなる．

### C.　試験体の製作および準備

（1）　H 形鋼または I 形鋼を，支承間距離より $100～150\,\mathrm{mm}$ 長めに切断したものを用いる．試験体の支承点および載荷点位置には，応力集中による局部座屈を防ぐため，図 2.6.22 に示すように適宜スチフナで補強する．

（2）　支承点と載荷点の支持条件を整理すると，

（a）　支承点：載荷面内はピン，ローラー支持，載荷面外はピン支持，断面の回転拘束，

（b）　載荷点：載荷面内はピン，載荷面外は断面の回転拘束，となる．

（3）　使用鋼材の性質・性能を把握するため，事前に同一形鋼から試験片を採取して引張試験を行うか，形鋼に添付されたミルシート（鋼材検査証明書）から鋼素材の機械的特性を確認する．さらに，寸法・形状を実測する．

（4）　以下の断面諸定数を計算する．

鋼種，降伏点 $\sigma_y(\mathrm{N/mm^2})$，引張強さ $\sigma_u(\mathrm{N/mm^2})$，ヤング係数 $E(\mathrm{N/mm^2})$，断面積 $A(\mathrm{cm^2})$，断面二次モーメント $I(\mathrm{cm^4})$，断面二次半径 $i(\mathrm{cm})$，断面係数 $Z(\mathrm{cm^3})$

（5）　場合によっては，塑性断面係数 $Z_p(\mathrm{cm^3})$，形状係数 $f(Z_p/Z)$ も求めておく．

### D.　測定項目

#### 1)　荷　　重

アムスラー型試験機を使用の場合は，メーターを直読すればよい．検力計使用の場合は，メーターを直読する

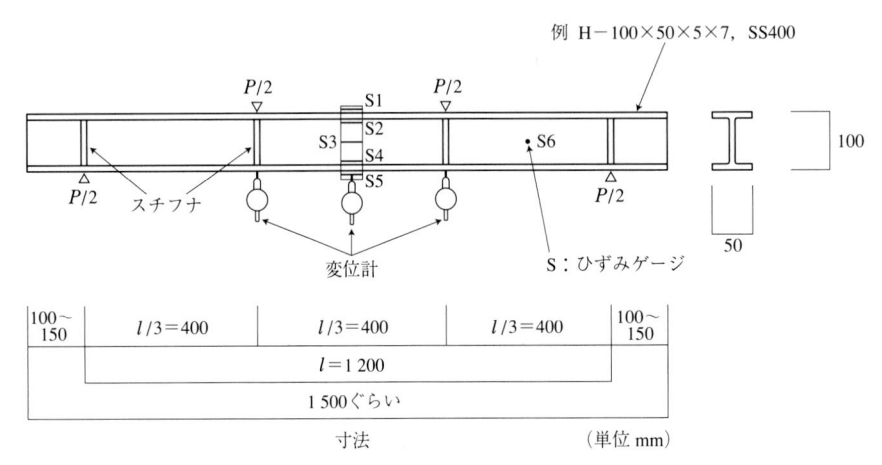

図 2.6.22　曲げ試験体の例

もの，直読したものを較正表を用いて荷重に読み替えるものがある．ロードセルを使用の場合は，その出力をストレインメーターで読み，較正表を用いて荷重を求める．荷重 $P$ から計算によって曲げモーメント $M$ を求める．

### 2) 中央たわみ

ダイヤルゲージの場合は目盛を直読する．差動トランスの場合は指示計の目盛を，電気抵抗線式変位計の場合はストレインメーターの出力と較正表からたわみを求める．

### 3) ひ ず み

図 2.6.22 に示すように，試験体の純曲げ区間中央部に，材軸方向に 5 枚の単軸ワイヤストレインゲージを，せん断スパン中央部に 1 枚のロゼットゲージ（3 軸ゲージ）をそれぞれはり付ける．ストレインメーターでこれらの出力を検出する際は，温度補償のためのダミーゲージを試験体近傍においた同鋼種の試験片にはり付け，2 ゲージ法で求めるかまたは自己温度補償ゲージを用いて 1 ゲージ 3 線式法で求めるとよい．

なお，一般のストレインゲージの場合 3％ までのひずみが，塑性ゲージの場合 10〜15％ までのひずみが計測可能である．主ひずみなどを計測する場合には，ゲージを 3 方向に配したロゼットゲージ（3 軸ゲージ）の利用が便利である．また，ストレインゲージによって得られるひずみは，はり付け箇所における局所ひずみであることに注意が必要である．場所によって塑性化の進展が異なる場合には，塑性化部分にストレインゲージを密に配さない限り，部材の塑性化に対する正しい情報が得られない．

### E. 試 験 方 法

(1) 試験体を載荷装置中に正しくセットする．

(2) 変位計を正しくセットするとともに，ストレインゲージのリード線をストレインメーターまたはスイッチボックスに正しく接続しゼロ点調整をする．

(3) 微荷重を加えて変位やひずみを求め，その方向や量を検討し，偏心があれば除荷後再び (1)〜(3) を繰り返す．

(4) S5 のストレインゲージ（図 2.6.22 参照）の出力が荷重増分に対して急速に増加し，はり引張縁が降伏するまでの間，適当な荷重段階で各たわみおよびひずみを測定する．なお，鋼材の一部が降伏すると，表面の黒皮（ミルスケール）に微細なひび割れ，いわゆるリューダースラインが生じ，剥離する様子が肉眼で確認できる．

(5) 以後，安全面に十分注意しながら測定・観察する．特に，はりが横座屈を起こして横に飛び出す場合は，変位計が飛散する等の危険が生じる可能性があるので注意を要する．試験体に近寄って観察する際は，載荷を中断し荷重を一定に保持するか，荷重をゼロにしてから行う必要がある．載荷中は試験体に絶対に近寄らない．

### F. 試験結果の整理

(1) 荷重-たわみ ($p$-$\delta$) 関係，曲げモーメント-曲率 ($M$-$\phi$) 関係のグラフを作成する．図 2.6.23 に荷重-たわみ関係の例を示す．

(2) 前記のグラフに降伏発生点，横座屈発生点，局部座屈発生点などを書き込む．

(3) 参考文献[1],[2],[4] などを参照して，素材試験結果とはり理論から導かれる $P$-$\delta$ 関係および $M$-$\phi$ 関係を

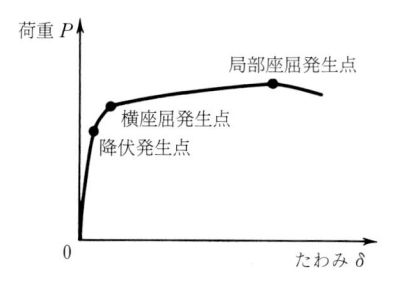

図2.6.23 荷重—たわみ関係の例

前記グラフに重ねて記す．できれば，降伏発生点や横座屈発生範囲も計算して記す．

（4）両者を比較し，もし相違があればその原因を考察する．

（5）S1～S5までのストレインゲージの出力と荷重の変化から，純曲げ区間のはり断面のひずみ分布，応力分布を考察する．

（6）S6のストレインゲージの出力と荷重の変化から，せん断区間のはり断面のせん断ひずみを求める．

### G. 注意事項

鋼構造における主要部材である柱，はり，筋かいの耐震性能を評価するための標準的な試験方法には，材料試験を始めとして，短柱圧縮試験，全断面引張試験，部材曲げ試験がある．詳しくは参考文献[2]を参照されたい．

部材の耐震性能は本来，これらの試験を適切に行い総合的に評価するべきである．ここでは，はり部材の曲げ試験の例を紹介した．全断面引張試験を除く上述の各試験についてはビデオ教材[3],[5]があるので参考にして欲しい．本実験を契機として部材の実挙動を学び，構造感覚を養い，より本格的な構造材料の実験研究へと進んでいかれることを期待したい．

〈参　考　文　献〉
(1) 日本建築学会, 鋼構造塑性設計指針, 昭和50年．
(2) 建設省建築研究所, 鋼材倶楽部, 鋼構造物の耐震保有性能評価のための標準試験方法と評価基準の提案（標準化研究会研究報告書）, 平成6年12月．
(3) 鋼材倶楽部, 鉄骨建築ビデオ教材シリーズ座屈編, 平成4年4月．
(4) 日本建築学会, 鋼構造設計規準, 昭和48年．
(5) 鋼材倶楽部, 鉄骨建築ビデオ教材シリーズ鋼材の材料試験編, 平成5年11月．

# 3. 仕上材料の試験方法

## 3.1 石材・れんが・陶磁器質タイル

### 3.1.1 概　要

　石材は，その生成過程から火成岩・堆積岩および変成岩の別があり，火成岩・変成岩などはいわば天然作用による焼物とも考えられる．すなわち，人工の焼物であるれんがや陶磁器と相似かよった性質があり，これらを一群の共通な材料特性をもつものとみなすこともできる．しかし，堆積岩などは焼成品とは材質が根本的に異なる点もあり，その用途によっては共通の試験方法によることのできない場合もある．

　一般に石材・れんがおよび陶磁器質タイルに共通な試験項目としては，次のものがある．

　（ⅰ）吸水率，（ⅱ）見掛比重，（ⅲ）圧縮強さまたは曲げ強さ，（ⅳ）耐凍害性，（ⅴ）耐摩耗性など．

　これらは共通な試験項目であるが，ほかには材料別の用途に応じて，（ⅰ）寸法の精度，（ⅱ）耐火性，（ⅲ）せん断強さ，その他が考えられる．また，同じ項目についてもその試験の方法を異にすることがある．

　石材・陶磁器類の性状研究には，その構造組織に関する材料の真比重，見掛比重（かさ比重），空げき率および吸水率などの値を実験的に求めることが有効である．ここで，真比重 $\rho_0$ とはその材質中に空げきを含まない状態での値で，微粒試料（普通径 $0.15 \gg 0.088$ mm くらい）を用いて測定する．

　代表的材料特性値および相互関係は表 3.1.1 のように示される．物質の吸水率 $\beta_1$ は，その吸水量の質量に対する比で示されるが，この吸水量を材質の容積に対する比で示す吸水率 $\beta_2$ で表すと，その材質のもつ空げきへの吸水性を直接示すことができて有効である．

　すなわち，$\beta_2/\alpha$ は飽水係数 $S$ と定義され，材料の耐凍害性を判断する際の材料因子の一つとしてしばしば用いられている係数である．

　仕上材料は多種多様で，用語は必ずしも一定していない．例えば"強度"と"強さ"はJISの規格で同意語

表 3.1.1　空げきに関する材料特性と相互関係

| 材料特性および記号 | | 定　義 | 相互関係 |
|---|---|---|---|
| 真比重 | $\rho_0$ | $W_0/V_0$ | — |
| 見掛比重 | $\rho_a$ | $W_0/V$ | $\rho_0(1-\alpha)$ |
| 空げき率（％） | $\alpha$ | $a/V \times 100$ | — |
| 吸水率（％） | $\beta_1$ | $(W-W_0)/W_0 \times 100$ | — |
| 容積吸水率（％） | $\beta_2$ | $(W-W_0)/V \times 100$ | $\rho_a \times \beta_1$ |
| 飽水係数 | $S$ | $(W-W_0)/a$ | $\beta_2/\alpha$，$\beta_1 \times \rho_a/\alpha$ |
| 備　考 | | $W_0$：乾燥時の質量<br>$W$：吸水時の質量<br>$V_0$：空げきを含まない容積<br>$V$：空げきを含む見掛けの容積<br>$a$：全空げき量 | |

として用いているので，それぞれのJISに合わせたが，関連の式は統一した形式で記述したのでJISと対比することも実験の興味の一つとなるものと考える．とくに，同じ試験項目であっても，仕上材料によって呼び方，手順に差異があり，ここでは3種の材料について基本的な試験項目についてのみを示す．

　石材，れんがおよび陶磁器質タイルの実験では，少ない機器を使って，材料の品質を明らかにできるような実験を主眼にした．したがって，特殊な機器（たとえば中性化，凍結融解，ウェザオメーターなど）で品質を評価しなければならないのは，その材料自身，通常の環境では安全であることを証明していることになる．逆に，そのような機器での評価を必要とするのは，経験的にかなり特殊な使用，環境条件である場合が多い．使用機器については，簡便な機器での試験のみとしたのは，学生実験を主としているため，専用とする場合は，関連のJISおよび試験項目を参照されたい．したがって，各種の試験項目はあるが，調査研究に最も適した方法を選んで，判定のための資料として欲しい．

### 3.1.2 石　材

　現在，石材に関する日本工業規格として JIS A 5003 があり，試験方法として見掛比重・吸水率および圧縮強さの3項目がある．曲げ強さや引張強さの試験方法は

JIS A 5003 には規定がないが，米国規格（ASTM Standards）には示されている．

### A．使用機器（石材，れんが，陶磁器質タイル）

(1) 空気乾燥器　温度調節器付きの電気恒温乾燥器とし，内のり寸法 45×40×40 cm 程度以上のもので，最高温度 200°C 空気かくはん装置付きのものがよい．

(2) は か り　容量 1 kg，感度 0.1 g 以上の上皿天びん，あるいは同等の電子天びん．

容量 1 kg，感度 0.01 kg 以上の上皿天びん，あるいは同等の電子天びん（陶磁器質タイル）．

(3) 金属製直尺　最小目盛 1 mm

寸法測定器　精度 1/20 mm 以上のもの（陶磁器質タイル）

(4) 圧縮試験機　容量 30 t 程度の一般強度試験機．

容量 2 t 以下の一般強度試験機（陶磁器質タイル）．

(5) そ の 他　デシケータ，水槽，布片など．

### B．見掛比重試験

供試石材の代表的な部分から試験体を 3 個切り取り，大きさ 10×10×20 cm の直方体とし，試験体の加圧面は平らに仕上げる．これを 105～110°C の空気乾燥器内で恒量となるまで乾燥する．その後取り出してデシケータに入れ，冷却したのち質量 $W$(g) および正味体積 $V$(cm$^3$) を測る．

見掛比重は次式によって算出し，試験体 3 個の平均値をもって表す．

見掛比重 = $W/V$

### C．吸水率試験

見掛比重測定時の試験体の質量を乾燥時の質量 $W_1$(g) とする．次に，図 3.1.1 に示すように石理を水面と平行にし，かつ上部 1 cm を常に水面上になるように浸水して，20±3°C で多湿の恒温室内に置く．48 時間経たのち取り出し，手早く浸水部分をふき取り，直ちに質量を測り，吸水時の質量 $W_2$(g) とする．

吸水率（％）は，次式によって算出し，試験体 3 個の平均値をもって表す．

吸水率（％）＝ $(W_2 - W_1)/W_1 \times 100$

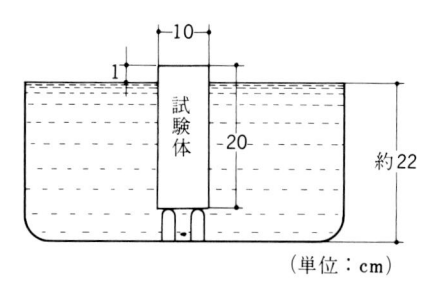

図 3.1.1　石材の吸水率試験方法

### D．圧縮強さ試験

吸水率測定後の試験体を使用し，吸水時の質量測定後，直ちに試験する．100×100 mm の面を加圧面積 $A$ (cm$^2$) とし，原則として石理に垂直に平方センチメートル当たり毎秒 10 N の速さで加圧し，試験体が破壊したときの最大荷重を $P$ とする．

圧縮強さ（N/cm$^2$）は次式によって算出し，試験体 3 個の平均値をもって表す．断面積を算出する場合，各辺の寸法は 0.1 mm まで正確に測る．

圧縮強さ（N/cm$^2$）＝ $P/A$

### E．その他の試験

**1) 欠点および等級**

石材の品質は表面状態の目視による欠点のほかに，産地および岩石の種類ごとに等級がある．

**2) 凍結融解試験**

石材についての凍結融触試験方法は日本工業規格では特に定めていない．しかし，石材の材質自体の耐凍害性状を調べる方法として，1) コンクリートの凍結融解試験方法（案）または，2) 陶磁器質タイルの耐凍害性試験方法（JIS A 5209：関連 JIS A 1127，静弾性係数（案））がある．

## 3.1.3　れ ん が

建築材料としてのれんがには普通れんが・軽量れんが（多孔質れんが・空胴れんが）などの粘土製品，モルタルれんが・鉱さい（滓）れんが・アスれんがなどのセメント系製品とがあるが，後者はいわゆるれんが形に成形したもので，一般にれんがといえば普通れんが（いわゆる赤れんが）をいう．なお，普通れんが以外の各れんがは現在ほとんど製造されていない．

ここでは，普通れんがの品質判定上の試験方法について述べるが，JIS R 1250（普通れんが）によれば，れんがは外観の目視と，吸水率および圧縮強さの物理的試験とを行って品質を判定し，2 種，3 種，4 種に区分する．

### A. 外観検査

目視により，れんがの形状・割れ・きずなどを検査する．

### B. 吸水試験

れんが原形のままを試験体とし，これを空気乾燥器中で105〜120℃に2時間保ったのち取り出して，直ちにひょう量し，これを乾燥質量 $m_1$(g) とする．次に，直ちにこの試験体を20±5℃水中に24時間静置したのち，これを水中から取り出し，手早く湿布で表面の水分をふき取って直ちにひょう量して，これを飽水質量 $m_2$(g) とする．ただし，質量はいずれも1g未満は切り捨てる．

吸水率（％）は次式によって算出し，試験体5個の平均値を小数点以下1けたに丸めて表す．

$$吸水率（％）=(m_2-m_1)/m_1×100$$

### C. 圧縮試験

れんが原形の長手の中央で半分に割り，切片を試験体とする．105×100 mm の面を加圧面積 $A$(cm²) とする．この場合，紙片などを挟んで均一に加圧する．荷重速度は平均5〜10 N/cm²/s で加圧し，試験体が破壊したときの最大荷重を $W$(N) とする．

圧縮強さ（N/cm²）は次式によって算出し，試験体5個の平均値を整数に丸めて表す．

$$圧縮強さ（N/cm^2）=W/A$$

## 3.1.4 陶磁器質タイル

陶磁器質タイル（JIS A 5209）の使用目的は，コンクリート構造部分の耐久的保護と壁体・床などの表面仕上げにある．

タイルは使用目的により外装用・内装用・床用があり，形状・寸法は種々あるがタイルを台紙に張り付け連結したものをユニットタイルと呼ぶ．また，タイルのきじの質は陶器質・せっ器質・磁器質に区分され，表面にうわ薬をかけたもの，かけないもの，表面が滑面のものと粗面のものがある．

一般的にタイルは耐水・耐久・衛生的で色彩が美しく，材質によって耐寒性・耐摩耗性の強いものがある．タイルは，れんがと同様に外観の目視と物理的試験によって品質を判定する．

### A. 外観検査

JIS A 5209（陶磁器質タイル）にはタイルの表面および形状の欠点に関する種類が詳細に定義され，表面状態は目視により，形状の欠点は次の方法により検査する．

1) 反りの測定

"反り"とはタイル表面および側面における曲がりをいい，その測定方法は次による．この場合，精度は1/20 mm以上とする．

表面のでこ反り・へこ反りはタイル表面の二つの対角線中央の反りを計り，その大きいほうの値で示す．測定間隔の長さは，図3.1.2に示す測定辺の長さの4/5以上とする．

側反りはタイルの二つの長辺の側面について，その中点における反りの大きさを測定し，その大きいほうの値をとる．測定間隔の長さは，図3.1.3に示す測定辺の長さの4/5以上とする．

2) ばちの測定

"ばち"とはタイルの四辺（正方形の場合）および対辺（長方形の場合）における寸法のふぞろいをいい，その大きさは，正方形の場合，四辺の寸法の最大値と最小値の差で表し，長方形の場合は対辺の寸法の差で表す．この場合の精度は1/20 mm以上とする．

### B. 吸水試験

タイル原形のままを試験体とし，これを空気乾燥器中で105〜110℃に3時間保った後，常温に冷却の後ひょう量し，乾燥時の質量 $W_1$(g) とする．次に，これを常温の清水中に24時間浸せきしたのち取り出し，直ちに

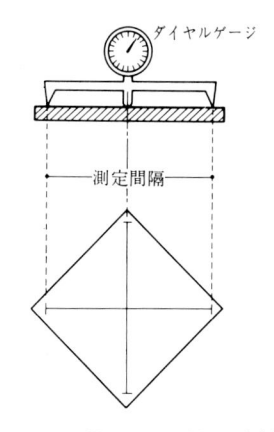

図3.1.2 でこ反り・へこ反りの測定方法

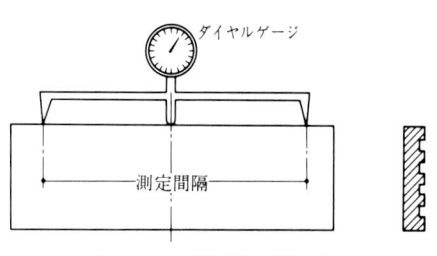

図3.1.3 側反りの測定方法

**図 3.1.4　曲げ試験方法**

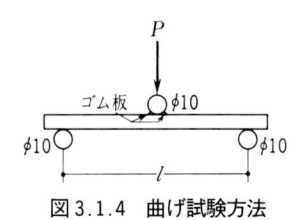

湿布で表面をふいてひょう量し，その質量を吸水時の質量 $W_2$(g) とする．

吸水率（％）は，次式によって算出する．

　　吸水率（％）＝$(W_2-W_1)/W_1×100$

### C．曲げ試験

試験体はタイル原形のままを用いる．タイル表面を下にして，図 3.1.4 に示すように直径 10 mm の支持棒の上に試験体をのせ，スパン中央上に直径 10 mm の支持棒を介して荷重をかける．

幅 1 cm 当たり曲げ破壊荷重（N/cm）は，次式によって算出する．

　　幅 1 cm 当たり曲げ破壊荷重（N/cm）
　　　＝$F/b×l/90$

ここに　$F$：破壊荷重（N）
　　　　$b$：タイルの幅（cm）
　　　　$l$：スパン（mm），$l$ は 45，90，180 mm が望ましい．

### D．その他の試験

（1）耐貫入性試験（オートクレーブ試験）
（2）接着性試験
（3）はく離試験
（4）耐凍害性試験（凍結融解試験）
（5）耐薬品性試験

（3）受皿の底にぬれたろ紙を敷いて標準軟度のペーストを流し込み，こてまたはへらで皿のふちと同じ高さに水平に表面をならし，受皿ごと計量して試料の質量を求めてから，装置の漏斗に載せる．

（4）コックを回し，真空源と漏斗を接続して吸引時間2分，10分のときのペーストの質量を受皿ごと計量する．この際，受皿の下に付着している水滴は，ぬれた布でぬぐい去らなければならない．

### 3）結果の表示

各吸引時間後の水比を求め，次式によって保水率を算出する．

$$保水率（\%）= \frac{試験後の水比}{試験前の水比} \times 100$$

（1）試料ペーストの深さは，保水率の試験結果に敏感に影響するから，試料は受皿の縁と同じ高さに水平になるよう表面をならす必要がある．

（2）加水後30分以上経たペーストを用いてはならない．

## 3.2.4 硬化後の性能にかかわる試験

3.2.1項で述べたように，ポリマーセメントモルタルの用途はきわめて幅ひろい．この種のモルタルに使用される「セメント混和用ポリマーディスパージョン及び再乳化形粉末樹脂」の品質については，JIS A 6203-2000に規定されている．この規格で品質については，表3.2.1に示すように4項目の品質について規定されており，その試験は，JIS A 1171-2000によって行うことが規定されている．ここではJIS A 1171にある．「曲げ及び圧縮強さ試験」および「中性化試験」を紹介する．

### 1）曲げおよび圧縮強さ試験

JIS A 6203-1996における曲げおよび圧縮強さ試験は，JIS A 1172-1995 ポリマーセメントモルタルの強さ試験方法に準じて行うこととしている．また，供試体の作成は，JIS A 1171-2000 ポリマーセメントモルタルの試験方法に準じて行うことになっている．

これらの規格に規定されている事項の多くは，JIS R 5201 セメントの物理試験方法に規定されているものと同じであるが，一部に異なっているものがある．

ここでは，その異なっている部分のみをやや詳しく記述する（文頭に・を付してある）．

**a.** 供試体の形状・寸法および数　JIS R 5201と同様である．

**b.** ポリマーセメントモルタルの作り方

・ポリマーセメントモルタルの配合は，JIS A 1171では規定されていないが，JIS A 6203では配合が次のように規定されている．セメント：標準砂＝1：3（質量比），ポリマーセメント比10％とし，JIS A 1171-2000によってフロー試験を行い，JIS R 5201によるフロー値が170±5 mmになるように練混ぜ水量を定める．

**c.** 供試体の成形　供試体の成形に用いる器具類，詰め方，余盛り等は，JIS R 5201と同じである．

・供試体の成形は，原則として温度20±2℃，湿度60％以上に保たれた試験室内で行う．

・突き数は各層15回を標準とし，15回突いて材料の分離を生じる見込みのときには，約10回ずつ突く．

・成形後は，湿気箱に入れて養生する（温度20±2℃，湿度90％以上が望ましい）．

**d.** 脱型から試験までの間の養生　供試体は，成形後48時間経過してから行う．

・脱型後は，温度20±2℃の水中で5日間養生し，さらに温度20±2℃，湿度60±10％で21日間養生してから強さ試験に供する．

**e.** 曲げおよび圧縮強さ試験　JIS R 5201セメントの物理試験方法と同じである．

### 2）中性化試験

**a.** 供試体の形状・寸法および数

・100×100×100 mmの立方体とし，数は3個とする．

**b.** ポリマーセメントモルタルの作り方

・曲げおよび圧縮強さ試験と同じである．

**c.** 供試体の成形

・曲げおよび圧縮強さ試験におけるポリマーセメントモルタルの作り方と同じである．

**d.** 試験に供するまでの間の養生および準備

・脱型から試験までの養生方法は，曲げおよび圧縮強試験と同じである．

・ただし，養生終了3日前に，供試体の両端部，打込み面および底面をJIS K 5664 タールエポキシ樹脂塗料に規定する1種またはこれと同程度の性能をもつエポキシ樹脂塗料で密封する．

**e.** 促進中性化の条件

・供試体は，温度30±2℃，湿度（60±10）％，二酸化炭素濃度5％の二酸化炭素環境槽内に静置する．

f. 中性化深さの測定

・開始時から 28 日間経過した後供試体を取り出し，さらに温度 20±2°C，湿度 (60±10) % に 24 時間静置した後，割裂して 2 分する．

・その断面にフェノールフタレインの 1% アルコール溶液を噴霧し，赤変しない部分を中性化領域として，中性化した 1 側面を 3 箇所ずつ，計 6 箇所で供試体表面から赤変したところまでの深さをノギスを用いて 1 mm まで測定する．測定した 6 箇所の平均値を供試体の中性化深さとし，3 個の供試体の平均値を求める．

## 3.3 仕上塗材・吹付材

### 3.3.1 概　要

仕上塗材は，セメント，合成樹脂，顔料，骨材などを主原料とし，主として建築物の内外壁または天井を，吹付け，ローラ塗り，こて塗りなどによって，立体的な造形性をもつ模様に仕上げる材料の総称である．

吹付材は，セメント・けい酸ソーダなどの結合材と無機質系繊維材料を主原料とし，主として鉄骨部材の耐火被覆用または壁，天井などの部位の断熱・保温用に用いられる材料であり，その工法は圧力空気を利用した吹付工法である．

仕上塗材の種類には種々のものがあるが，JIS A 6909（建築用仕上塗材）では，「薄付け仕上塗材」，「厚付け仕上塗材」，「複層仕上塗材」および「軽量骨材仕上塗材」の4種類が規定されており，結合材の種類などによりさらに細分化されている．

図3.3.1は，仕上塗材および吹付材の種類を，また，表3.3.1は，JISに規定されている仕上塗材の品質規定項目の内容の概略を示したものである．

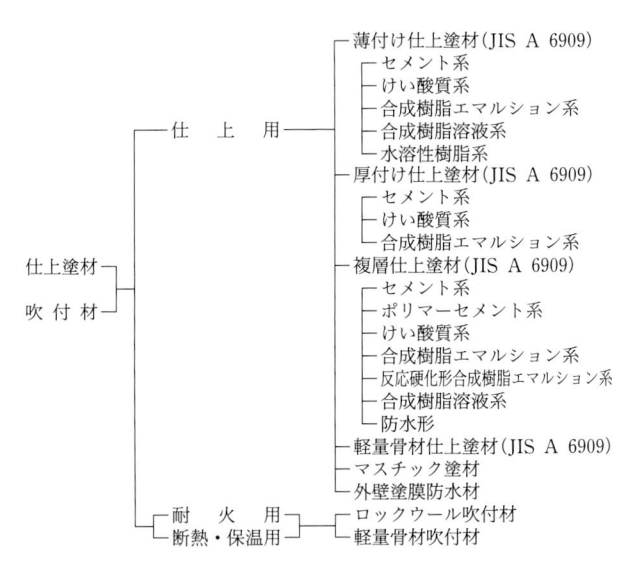

```
                    ┌ 薄付け仕上塗材(JIS A 6909)
                    │   ┌ セメント系
                    │   ├ けい酸質系
                    │   ├ 合成樹脂エマルション系
           ┌ 仕 上 用 ┤   ├ 合成樹脂溶液系
           │        │   └ 水溶性樹脂系
           │        ├ 厚付け仕上塗材(JIS A 6909)
           │        │   ┌ セメント系
           │        │   ├ けい酸質系
           │        │   └ 合成樹脂エマルション系
           │        ├ 複層仕上塗材(JIS A 6909)
 仕上塗材 ┤        │   ┌ セメント系
 吹 付 材 │        │   ├ ポリマーセメント系
           │        │   ├ けい酸質系
           │        │   ├ 合成樹脂エマルション系
           │        │   ├ 反応硬化形合成樹脂エマルション系
           │        │   ├ 合成樹脂溶液系
           │        │   └ 防水形
           │        ├ 軽量骨材仕上塗材(JIS A 6909)
           │        ├ マスチック塗材
           │        └ 外壁塗膜防水材
           │ ┌ 耐 火 用 ── ロックウール吹付材
           └─┤
             └ 断熱・保温用 ── 軽量骨材吹付材
```

図3.3.1　主要仕上塗材・吹付材の種類

表3.3.2　JIS A 6909（建築用仕上塗材）に規定されている仕上塗材の主要な品質規定項目

| 品質規定項目 \ 仕上塗材の種類 | 薄付け仕上塗材 | 厚付け仕上塗材 | 複層仕上塗材 | 軽量骨材仕上塗材 |
|---|---|---|---|---|
| 低温安定性 | ○ | ○ | ○ | |
| 軟度変化 | ○ | ○ | ○ | |
| 初期乾燥によるひび割れ抵抗性 | ○ | | | |
| 付着強さ | ○ | ○ | ○ | ○ |
| 温冷繰り返し作用に対する抵抗性 | | ○ | ○ | |
| 透水性 | ○ | ○ | ○ | |
| 耐洗浄性 | ○ | ○ | ○ | |
| 耐衝撃性 | ○ | ○ | ○ | |
| 耐アルカリ性 | ○ | ○ | ○ | ○ |
| 耐候性 | ○ | ○ | ○ | |
| 難燃性 | | ○ | | ○ |
| 伸び性能 | | | ○ [1] | |
| 防露性 | | | | ○ |
| 耐湿性 | | | | ○ |
| 骨材付着性 | | | | ○ [2] |

［注］　1）防水形のみ　　2）吹付用のみ

表3.3.1　JIS A 6909（建築用仕上塗材）に規定されている品質規定項目の概略

| 品質の区分 | 品質規定項目 | 規定内容の概略 |
|---|---|---|
| 良好な仕上層の形成にかかわるもの | ・低温安定性<br>・軟度変化<br>・初期乾燥ひびわれ抵抗性<br>・保水性<br>・骨材付着性 | ・貯蔵中の材料の変質，特に冬期，寒冷地における変質防止<br>・施工中における塗材の軟度変化に伴う不良施工の防止<br>・施工時，施工直後の急激乾燥あるいは乾燥速度の差に起因するひび割れ防止<br>・施工時の塗材中の水分の下地等への移動に伴う不良施工の防止<br>・吹付け面からの骨材剝落に伴う不良施工の防止 |
| 形成された仕上層の性能の保持にかかわるもの | ・付着強さ<br>・温冷繰り返し作用に対する抵抗性<br>・耐摩耗性<br>・耐衝撃性<br>・耐洗浄性<br>・耐アルカリ性<br>・かび抵抗性<br>・耐変退色性<br>・耐候性<br>・難燃性 | ・仕上塗材と下地間の良好な付着性の確保<br>・外気温度等の変化による温冷繰り返し作用に対する良好な付着性の確保<br>・繰り返し接触，摩擦等に対するすり減り防止<br>・塗材表面の保護ならびに下地との付着性の確保<br>・ブラシ洗浄等に対するすり減り防止<br>・セメント系下地から溶出するアルカリ分に対する劣化防止<br>・かび発生に伴う美装性の低下防止<br>・光，熱等による塗材の変色，退色等の防止<br>・外気気象，たとえば紫外線による塗材の劣化防止<br>・火災に対する安全性の確保 |
| 軀体や下地材への劣化因子の浸透抑制にかかわるもの | ・透水性<br>・耐湿性<br>・可とう性<br>・伸び性能<br>・防露性 | ・防水性能の確保<br>・吸湿に伴う塗材および下地材等の劣化防止<br>・主として，下地の挙動に対する追従性の確保<br>・防水性能の確保<br>・結露，吸湿等に伴う塗材および下地材等の劣化防止 |

また，表 3.3.2 は，JIS に規定されている 4 種類の仕上塗材と主要品質規定項目の関係を示したものである．

### 3.3.2 JIS A 6909（建築用仕上塗材）に規定されている試験

#### 1) 良好な仕上げ層の形成にかかわる試験

試験項目としては，表 3.3.1 に示すように「低温安定性」，「軟度変化」，「初期乾燥ひびわれ抵抗性」，「保水性」および「骨材付着性」の 5 項目がある．

これらの試験は，気象や仕上塗材を施工する下地の変動や変化に対して，良好な仕上層の形成を可能にするための品質を確認するものである．層として形成された後の仕上塗材の品質は，材料の品質や施工品質に大きく影響を受けることが多いことから重要な試験といえる．

これらの試験のうち，軟度変化，保水性等は各種モルタル試験にも準用できる．紙面の都合でこれらにかかわる試験の手順は紹介できないので，試験の必要が生じた場合には，JIS に準じて行って欲しい．

#### 2) 形成された仕上層の性能の保持にかかわる試験

試験項目としては，表 3.3.1 に示すように 10 項目ある．薄付け仕上塗材および厚付け仕上塗材にはそれぞれ「外装」および「内装」区分されており，その区分により，試験項目としての規定がなかったり，規定値が異なっている場合がある．

付着強さは，仕上塗材に要求される品質のなかでも最も重要な品質といえる．ここでは，形成された仕上層の性能の保持にかかわる試験の代表として「付着強さ試験」の手順の概略を示す．

【付着強さ試験】

仕上材が下地となるコンクリート，モルタル，各種ボード類への良好な付着性を有することは，この材料にとって基本的に重要なことといえる．JIS では，表 3.3.3 のように付着強さに関する規定を定めているが，その試験方法の手順は大要以下のとおりである．

試料を図 3.3.2 に示すように，JIS R 5201 に規定する方法により調製したモルタル（70×70×20 mm）の表面に置かれた型わく（内のり寸法 40×40 mm）中に充てんし，養生室で 14 日間養生して試験体とする．

試験は，標準状態と浸水後の状態について行われる．まず標準状態の試験は，14 日間の養生を行った試験体の表面に引張用ジグをエポキシ樹脂などを用いて接着し，図 3.3.3 に示すような試験方法によりモルタルと仕

表 3.3.3 仕上塗材の付着強さに関する JIS 規定値（N/mm²）

| 仕上塗材の種類 | 用途 | 結合材の種類 | 付着強さ | |
|---|---|---|---|---|
| | | | 標準状態 | 浸水後 |
| 薄付け仕上塗材<br>（JIS A 6909） | 外装用 | C | 0.3 以上 | 0.3 以上 |
| | | Si, E | 0.5 以上 | 0.3 以上 |
| | | S | 0.5 以上 | 0.5 以上 |
| | 内装用 | C, Si, E, S | 0.3 以上 | — |
| | | W | 0.2 以上 | — |
| 厚付け仕上塗材<br>（JIS A 6909） | 外装用 | C | 0.5 以上 | 0.5 以上 |
| | 外装用 | Si, E | 0.5 以上 | 0.3 以上 |
| 複層仕上塗材<br>（JIS A 6909） | 外装用 | C, CE | 0.5 以上 | 0.5 以上 |
| | | Si, E | 0.7 以上 | 0.5 以上 |
| | | RE, RS | 1.0 以上 | 0.7 以上 |

［注］ C：セメント系，Si：けい酸質系，E：合成樹脂エマルジョン系，S：合成樹脂溶液系，W：水溶性樹脂系，CE：ポリマーセメント系，RE：反応硬化形合成樹脂エマルジョン系，RS：合成樹脂溶液系

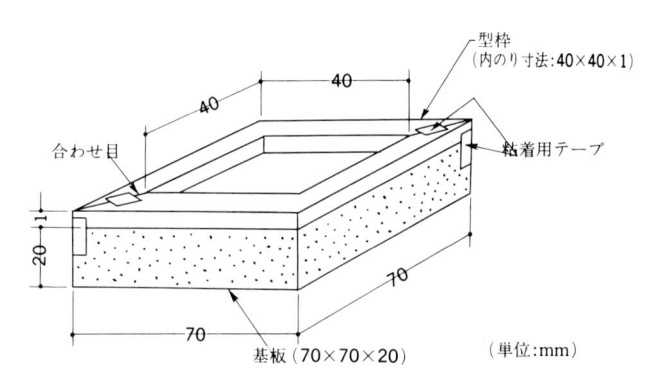

図 3.3.2 付着強さ試験体作製用型枠（複層仕上塗材の例）

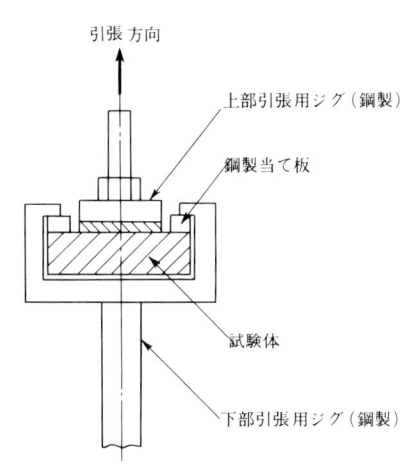

図 3.3.3 付着強さ試験の加力方法

上塗材の付着面に直角方向から加力する．付着強さは，次式によって求める．

$$\text{付着強さ（N/mm}^2\text{)} = \frac{T}{16}$$

ここに　$T$：最大引張荷重（N）

一方，浸水後の状態についての試験方法は，14 日間

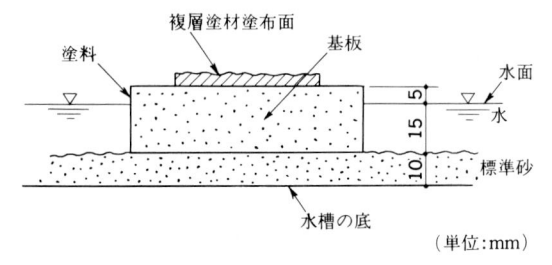

図 3.3.4 浸水後の付着強さ試験に用いる試験体の浸水保持方法

表 3.3.4 仕上塗材の耐透水性に関する JIS 規定値

| 仕上塗材の種類 | 結合材の種類 | 透水量 | 備考 |
|---|---|---|---|
| 薄付け仕上塗材 | C, Si | 2.0 cm 以下 | 内装用には |
|  | E, S | 1.0 cm 以下 | 適用しない. |
| 厚付け仕上塗材 | C, Si | 2.0 cm 以下 | — |
|  | E | 1.0 cm 以下 | — |
| 複層仕上塗材 | 全種類 | 0.5 ml 以下 | — |

[注] C：セメント系, Si：けい酸質系, E：合成樹脂エマルジョン系, S：合成樹脂溶液系

の養生を行った試験体を，図3.3.4 に示すように基板の一部を水中に 10 日間浸せきした状態で保持し，その後 24 時間養生槽内（複層仕上塗材は 50±3℃で 24 時間）で乾燥し，以下は標準状態の試験方法と同様に引張用ジグを接着して引張試験を行う．

### 3) 躯体や下地への劣化因子の浸透抑制にかかわる試験

試験項目としては，5 項目ある．「透水性」については，防水性能を評価する試験方法として，また，「伸び性能」については，本来，前項の 2) の試験項目に該当するといえる．しかし，近年に至り建築物の耐久性向上に直結する性能も強く要求されるようになってきていることから，この項で試験の手順を紹介することにした．

【透水試験】

仕上塗材は，外壁に使用されることが多いことから，水密性も重要な性能の一つといえる．そのため，JIS では表 3.3.4 に示すような品質規定を定めているが，その試験方法は薄付け仕上塗材および厚付け仕上塗材と複層仕上塗材とで異なる．

まず薄付け仕上塗材および厚付け仕上塗材については，図 3.3.5 に示すように石綿スレートの表面に 130×330 mm の広さに標準使用量を塗り付け，14 日間養生室で養生したものを試験体とする．これを図 3.3.6 に示すように JIS A 5406（空胴コンクリートブロック）に規定する透水試験装置を用い，仕上塗材の表面から水頭が 200 mm になるように注水する．この状態で 60 分間経過した時点においてシリンダー内の水頭の下がりから透水量を求める．

一方，複層仕上塗材の透水試験は，図 3.3.7 に示すようにロートとメスピペット（1 目盛 0.05 ml）を連結した容器中に注水し，24 時間経過時における水頭の下がりを読み取り，試験前の高さとの差から透水量を求める．

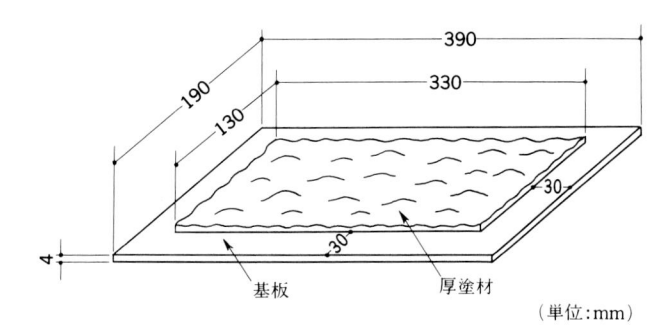

図 3.3.5 透水試験に用いる試験体

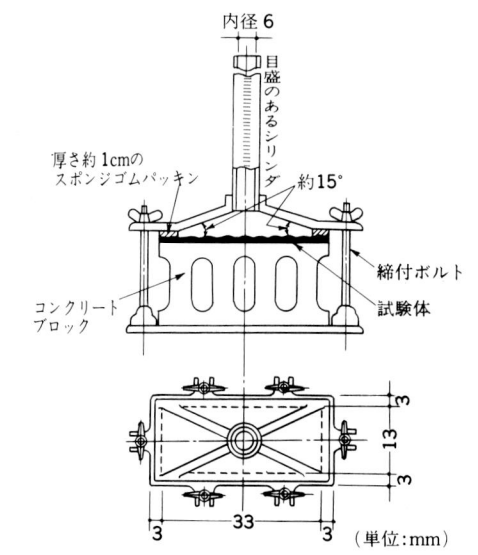

図 3.3.6 薄付け仕上塗材および厚付け仕上塗材の透水試験方法

【伸び性能試験】

薄付け仕上塗材および複層仕上塗材のうち，特に伸び性能が高く，下地のコンクリートやモルタルにある程度のひび割れが生じても仕上塗材にひび割れを生ずることなく，かつ防水性能を有するものを防水形仕上塗材と呼んでいる．この防水形仕上塗材は，JIS に規定されている一般品質規定のほか，表 3.3.5 に示すような伸び性能に関する品質規定がなされている．

この試験では，まず金属製または合成樹脂製の板の上に内のり寸法が 250×250×1 mm になるような型わく

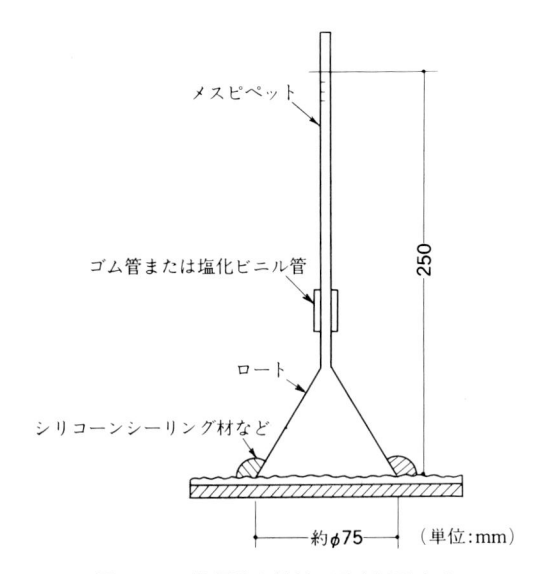

図 3.3.7 複層仕上塗材の透水試験方法

表 3.3.5 防水形複層仕上塗材の伸び性能に関する JIS 規定値 (JIS A 6909)

| 伸び (%) | | | | 伸びの劣化 |
|---|---|---|---|---|
| 20℃時 | −10℃時 | 浸水後 | 加熱後 | |
| 120 以上 | 20 以上 | 100 以上 | 100 以上 | はく離・反り・ねじれがなく、主材に破断およびひび割れがないこと。 |

を置き、3.3.2 で調整した試料を充てんして成形、そのままの状態で 7 日間養生室で養生し、さらに表裏を逆にして 7 日間養生して試験体用の基材を作製する．次にこの基材から JIS K 6301（加硫ゴム物理試験方法）に規定するダンベル状 2 号形に切り出して試験体とする．

伸び性能試験は、試験体の中心部 20 mm を標線間距離とし、チャック間を 60 mm となるように試験体を試験機に取り付けて引張試験を行うが、この場合、温度および水の影響を加味した 4 種類の状態で試験することにしている．試験体の調整ならびに伸びの算定方法を表 3.3.6 に示す．

表 3.3.6 防水形複層仕上塗材の伸び性能に関する試験方法

| 試験時の状態 | 試験前の試験体調整 | 試験室の状態 | 伸びの算定式 | 備考 |
|---|---|---|---|---|
| 20℃時 | 養生室に 4 時間静置 | 養生室 | $E=\dfrac{L_1-20}{20}\times 100$ | $E$：破断時の伸び（%）<br>$L_1$：破断時の標線間距離（mm）<br>$L_2$：チャック間 60 mm に対する破断時の伸び（mm） |
| 浸水後 | 20±2℃ の水中に 7 日間浸せき．その後、養生室で 24 時間静置 | 養生室 | | |
| 加熱後 | 80±2℃ の槽内で 4 時間静置 | 養生室 | | |
| −10℃時 | −10±2℃ の槽内で 4 時間静置 | 左に示す槽内 | $E=\dfrac{L_2}{60}\times 100$ | |

### 3.3.3 その他の試験方法

この項では、JIS A 6909 では規定されていない仕上塗材の性能にかかわる試験方法の名称とその概略のみを紹介する．なお、以下に示す試験方法の概略については、日本建築学会関東支部編「建築仕上材料の性能試験方法」に紹介されている．

**1) 塗り厚さに関する試験**

「躯体保護性能」は、仕上塗材の重要な性能の一つとして定着しつつある．以上塗材の塗り厚さと躯体保護性能の間には高い相関性がみられる．

- JIS K 5400（塗材一般試験方法）
- JIS K 6301（加硫ゴム物理試験方法）

**2) 塩化物イオンの浸透量に関する試験**

- 塩化物イオン透過量：道路橋の塩害対策指針（案）・同解説、コンクリート塗料材料の品質試験方法（案）（社）日本道路協会
- 塩素イオン透過度：JIS K 5400（塗料一般試験方法）
- 塩化物イオン浸透深さ：ポリマーセメントモルタル試験方法規準（案）（社）日本コンクリート工学協会複合材料研究委員会

**3) 補修・改修材料の品質試験方法**

- 建設省官民連体共同研究：外装材の補修・改修技術の開発、補修用材料の品質規準（案）
- 住宅都市整備公団：保全工事共通仕様書、補修用材料の品質規準

## 3.4 建築用ボード類

### 3.4.1 概　要

　建築用ボード類とは厚さが 30 mm 程度以下のある程度剛性を有する板状製品の総称で，主として建物の内・外壁，天井，床，屋根などの仕上材または下地材として用いられている．

　この建築用ボード類にはせっこうボード，木質系セメント板，繊維板，合板などがあるが，これらのうち JIS で規定されている主なものをあげると表 3.4.1 のとおりである．ここに示したガラス製品は一般にボード類とは呼んでいないが，便宜上同表に示した．また，これらのボードに関連する主な試験を同表に示す．

　各ボード製品はそれぞれの JIS に規定されている品

表 3.4.1　主要な建築用ボード類の種類と主な関連試験

| 分　類 | ボード類の名称 | 関連する主な試験[注] |
|---|---|---|
| セメント系製品 | 厚型スレート（JIS A 5402-1994）<br>木質系セメント板（JIS A 5404-1998）<br>　従来の木毛セメント板，木片セメント板の規格を統合<br>パルプセメント板（JIS A 5413-1993）<br>窯業系サイディング（JIS A 5422-1995）<br>住宅屋根用化粧スレート（JIS A 5423-1995）<br>スレート・木毛セメント積層板（JIS A 5426-1995）<br>繊維強化セメント板（JIS A 5430-1995）<br>　スレート，パーライト板，けい酸カルシウム板，スラグせっこう板について規定<br>吸音用木毛セメント板（JIS A 6301-1994）<br>吸音用あなあきスレートボード（JIS A 6301-1994） | 外観，比重，吸水率，含水率，曲げ強さ，透水性，吸水長さ変化率<br>耐衝撃性，難燃性，熱抵抗，汚染性，変退色性，耐候性，引っかき性，塗膜密着性，凍結融解性 |
| せっこう系製品 | せっこうボード製品（JIS A 6901-1997）<br>　せっこうボード，シージングせっこうボード，強化せっこうボード，せっこうラスボード，化粧せっこうボード，不燃積層せっこうボードについて規定<br>吸音用あなあきせっこうボード（JIS A 6301-1994） | 外観，吸水率，含水率，曲げ強さ，耐衝撃性，難燃性，吸水時耐はく離性，熱抵抗，変退色性 |
| 木質系製品 | 合板（JAS-1997）<br>　普通合板，構造用合板，コンクリート型枠用合板，等<br>繊維板（JIS A 5905-1994）<br>　インシュレーションファイバーボード，ミディアムデンシティファイバーボード（MDF），ハードファイバーボードについて規定<br>吸音用インシュレーションファイバーボード（JIS A 6301-1994）<br>吸音用あなあきハードファイバーボード（JIS A 6301-1994）<br>パーティクルボード（JIS A 5908-1994） | 外観，密度，吸水率，含水率，曲げ強さ，耐衝撃性，耐水性，吸水長さ変化率，耐衝撃性，吸水厚さ膨張率，難燃性，耐はく離性，熱抵抗，木ねじ保持力，ホルムアルデヒド放出量 |
| ガラス製品 | フロート板ガラスおよび板ガラス（JIS R 3202-1996）<br>型板ガラス（JIS R 3203-1981）<br>網入板ガラスおよび線入板ガラス（JIS R 3204-1994）<br>合わせガラス（JIS R 3205-1998）<br>強化ガラス（JIS R 3206-1997）<br>熱線吸収板ガラス（JIS R 3208-1998）<br>複層ガラス（JIS R 3209-1998）<br>熱線反射ガラス（JIS R 3221-1995）<br>倍強度ガラス（JIS R 3222-1996） | 外観，耐衝撃性，耐候性，耐熱性，落球試験 |
| その他の製品 | ロックウールシージング板（JIS A 5451-1995）<br>ガラス繊維強化ポリエステル波板（JIS A 5701-1995）<br>硬質塩化ビニル波板（JIS A 5702-1993）<br>内装用プラスチック化粧ボード類（JIS A 5703-1994）<br>吸音材料（JIS A 6301-1994）<br>複合金属サイディング（JIS A 6711-1997）<br>メタクリル樹脂板（JIS K 6718-1993）<br>ポリカーボネート板（JIS K 6735-1993）<br>ポリ塩化ビニル被覆金属板（JIS K 6744-1995）<br>硬質塩化ビニル板（JIS K 6745-1995）<br>スチロール樹脂板（JIS K 6872-1995）<br>ABS 樹脂板（JIS K 6873-1975） | 外観，密度，吸水率，曲げ強さ，吸水長さ変化率，耐衝撃性，難燃性，熱抵抗，汚染性，水密性，耐食性，耐候性 |

[注]　ボードの種類により不要な試験や他の必要な試験もある．

質基準に合格してJISマークが付されることになるが，建築用ボードとしての特性上，曲げ強さおよび耐衝撃性，難燃性（4.6「防火性・耐火性」の項参照），断熱性（熱抵抗）についての品質は特に重要であることから，これらについては試験方法のJISが次のように定められている．

- JIS A 1321-1994　建築物の内装材料及び工法の難燃性試験方法
- JIS A 1408-1995　建築用ボード類の曲げ及び衝撃試験方法
- JIS A 1420-1994　住宅用断熱材及び構成材の断熱性能試験方法

表3.4.1をみると外観に関する品質検査はすべての材料に設けられており，割れや貫通き裂などは「あってはならない」，ねじれ，反りなどは「使用上有害なものであってはならない」等の規定がある．また，材料の機械的性質に関係する比重（見かけの比重）もしくは密度を規定しているボード類も多く，水分による品質の変化が大きいボードには吸水率，含水率，吸水による長さ変化・反り等の規定がある．いずれも各種試験は，ボードをJISに規定する状態（気乾状態，乾燥状態，湿潤または飽水状態）に調整した後に行うのが一般的である．

なお，本項においては仕上材および下地材として重要な曲げおよび衝撃試験を取り上げて述べる．

### 3.4.2　曲げおよび衝撃試験

建築用ボード類の曲げ及び衝撃試験には，JIS A 1408-1995「建築用ボード類の曲げ及び衝撃試験方法」を引用している規格が多い．

#### 1) 試験体

試験体の大きさは表3.4.2に示すとおりで，曲げ試験体については3号試験体が多く用いられ，製品の長さ（成形方向あるいは繊維の流れ方向）および幅方向の2方向から切り取ることにしている．たわみ量の規定があるボードは，曲げ破壊荷重時におけるスパン中央のたわみを測定する．また，試験体の含水状態は各JISの規定に従うものとする．

#### 2) 曲げ試験

ボードへの載荷は，図3.4.1に示すような2等分点載荷方法が用いられ，試験体の大きさにより表3.4.2に示す載荷スパンを採用する．試験はボード表面からスパン中央全幅に集中荷重を載荷し，ボードが破壊したときの最大荷重を測定する．同時に，破壊時の中央部のたわみ量をダイヤルゲージまたは電気式変位計等を用いて測定する．荷重を加えるときの平均速度は1～3分間で予想最大荷重に達する程度とする．なお，ここでいうたわみ量とは，図3.4.1に示すように両支持部の中央の変位を測定して，その平均値をスパン中央の変位から差し引いた，支持部に対する相対たわみ量をいう．

試験結果は各JISの規格に従い，次に示す曲げ破壊荷重もしくは曲げ強さを示すことになるが，ガラス繊維強化ポリエステル波板のように，所定荷重時のスパン中央部たわみ量を示すボードもある．さらに，必要に応じて以下の事項を求める．

（a）　曲げ破壊荷重（N）｛kgf｝
（b）　曲げ強さ（N/mm²）｛kgf/cm²｝ $=3PL/2bt^2$
　　　ここで　$P$：曲げ破壊荷重（N）｛kgf｝
　　　　　　　$L$：スパン（mm）｛cm｝
　　　　　　　$b$：試験体の幅（mm）｛cm｝
　　　　　　　$t$：試験体の厚さ（mm）｛cm｝
（c）　スパン中央部の破壊時のたわみ量（mm）
（d）　スパン中央部の自重による最大たわみ（mm）

表3.4.2　試験体の大きさ

（単位：cm）

| 曲げ試験用 | | | | 衝撃試験用 | | |
|---|---|---|---|---|---|---|
| 呼称 | 長さ | 幅 | スパン | 呼称 | 長さ | 幅 |
| 1号 | 120 | 100 | 100 | 1号 | 100 | 90 |
| 2号 | 70 | 60 | 60 | 2号 | 55 | 45 |
| 3号 | 50 | 40 | 40 | 3号 | 50 | 40 |
| 4号 | 30 | 25 | 25 | 4号 | 40 | 30 |
| 5号 | 20 | 15 | 15 | — | — | — |

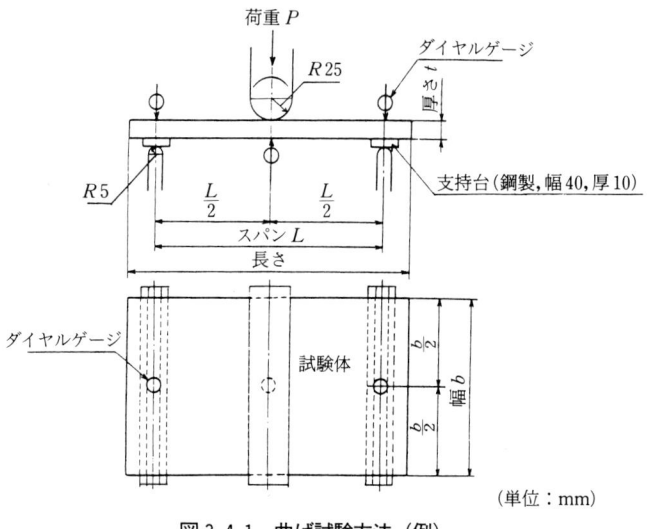

図3.4.1　曲げ試験方法（例）

(e) 曲げ―たわみ曲線
荷重（5点以上）とスパン中央のたわみ量の関係図

なお，構造用合板においては曲げ試験から得られる曲げヤング係数も品質の適合基準としている．

### 3) 衝撃試験

ボードには飛来物，運搬中の家具，人体などの衝突により衝撃外力を受けることがあり，それらの外力が過大である場合にはボードにきず，貫通孔，ひび割れ，表面層のはく離などの損傷をまねくことになる．衝撃外力は多種多様に存在することから耐衝撃性の評価は困難を伴う性質のものであるが，この JIS 規格に示された方法はその基本的な試験方法といえよう．

試験装置はおもりおよびボードの支持装置から構成される．試験体の支持方法は表 3.4.3 に示す 3 種類の中から実状に適したものを採用することになるが，砂上全面支持はボード単体における耐衝撃性の基本的な性質を把握し，対辺単純支持および対辺固定支持はボードが実際に取り付けられた状態の耐衝撃性を把握するための支持方法といえよう．

JIS に示されている 3 種類の支持方法の例を，図 3.4.2〜4 に示す．

表 3.4.3 試験体の支持方法

| 記号 | 支持方法 |
|---|---|
| $S_1$ | 砂上全面支持 |
| $S_2$ | 対辺単純支持 |
| $S_3$ | 対辺固定支持 |

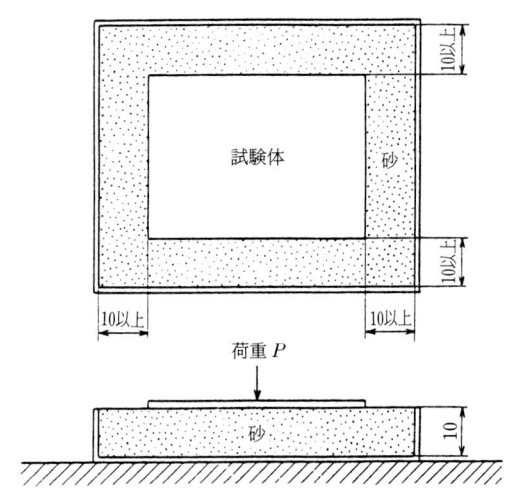

図 3.4.2 支持装置（砂上全面支持装置の例）

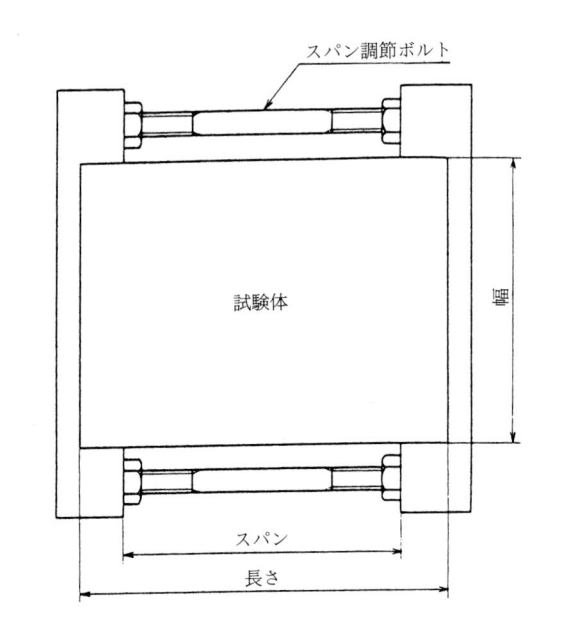

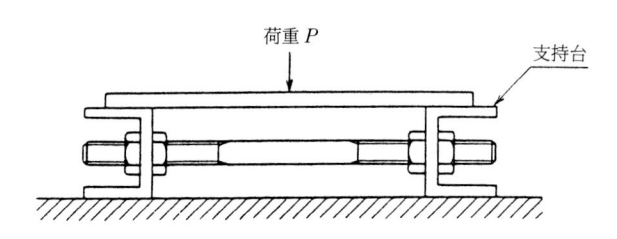

図 3.4.3 支持装置（対辺単純支持装置の例）

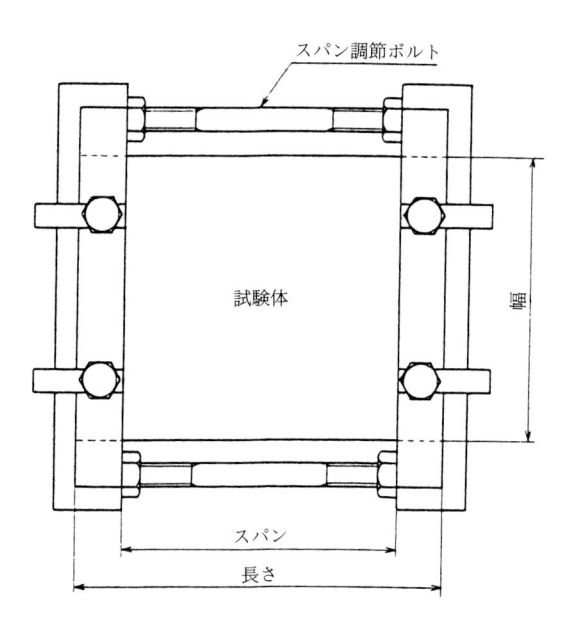

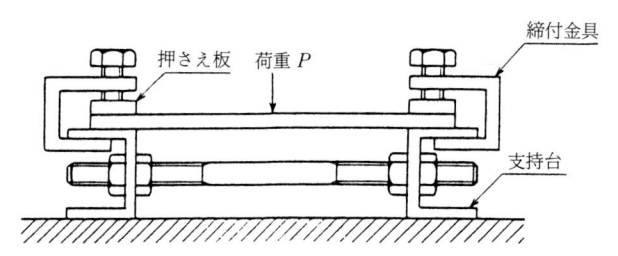

図 3.4.4 支持装置（対辺固定支持装置の例）

砂上全面支持（$S_1$）の場合の試験は，JIS R 5201「セメントの物理試験方法」に規定する標準砂もしくは1.2 mmふるいを通過した川砂を用いて厚さ約10 cmに敷き詰め，その上に所定寸法のボードを表面を上にしてなじみよく置き，各ボードのJISに規定するおもりを規定の高さから自然落下させるもので，一般的なボード類の試験規格として採用されている例が多い．

対辺単純支持（$S_2$）の場合は，支持台を所定のスパンに調整した後にボードを静置し，各ボードのJISに規定するおもりを規定の高さから自然落下させる．

対辺固定支持（$S_3$）の場合は，支持台を所定のスパンに調整してボードを締付金具に差込み，押さえ板を介して均等な力でボードを締付けて固定した後，各ボードのJISに規定するおもりを規定の高さから自然落下させる．

なお，対辺単純支持および対辺固定支持の支持スパンはそのボードの留め付け間隔に応じて，表3.4.4に従って設定する．

おもりは鋼製で球形となす形の2種類があり，ボード類の種類や想定する外力等により使い分ける．表3.4.5にJISに規定するおもりの区分を，図3.4.5になす形おもりの形状・寸法を示す．

おもりの形状・重量や支持方法を決めた後，支持装置を堅固な床などの上に水平に置き，おもりを試験体のほぼ中央の鉛直上から自然落下させ破壊状況などを観察する．おもりの落下高さはおもり下端から試験体上面までの距離とし，cmで表す．

衝撃試験後のボードの耐衝撃性の判定は，ボードの損傷の程度を表3.4.6に示すような各ボードの判定基準に照らし合わせて行う．表は代表的なボードの耐衝撃性に関する規定を示したものである．判定の一般的な基準はボードのき裂や割れ，貫通孔等が生じないことであるが，せっこうボードやパルプセメント板などのように軟質なボード類は，おもりの落下によりボード表面にくぼみを生じ外観を損なうことが考えられることから，これ

表3.4.4 対辺単純支持および対辺固定支持のスパン

（単位：cm）

| 試験体の呼称 | スパン |
|---|---|
| 1号 | 90 |
| 2号 | 45 |
| 3号 | 40 |
| 4号 | 30 |

表3.4.5 おもりの区分

| おもりの種類 | 記号 | 質量（gf） | 呼び | 直径（mm） |
|---|---|---|---|---|
| なす形おもり | W 1-500 | 500 | — | 42 |
| | W 1-1000 | 1 000 | — | 52 |
| | W 1-2000 | 2 000 | — | 66 |
| 球形おもり | W 2-300 | 約 286 | 1・5/8 | 約41 |
| | W 2-500 | 約 530 | 2 | 約51 |
| | W 2-1000 | 約1 042 | 2・1/2 | 約64 |

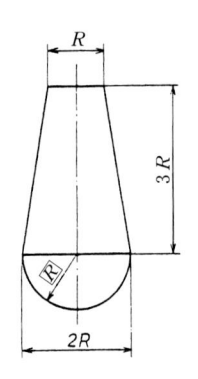

図3.4.5 なす形おもりの形状・寸法

表3.4.6 JISに規定されているボードの耐衝撃性基準の例

| ボードの種類 | 厚さ(mm) | おもりの形状・ボードの支持方法等 | | | | 判定の規定 |
|---|---|---|---|---|---|---|
| | | 形状 | 重量（gf） | 落下高さ（cm） | 支持方法 | |
| パルプセメント板 | 6 | 球形 | 500 | 60 | 砂上全面 | き裂，はく離，貫通孔および割れのないこと．また，くぼみの直径が20 mm以下であること． |
| 化粧サイディング | 12 | 球形 | 500 | 110 | 砂上全面 | 貫通するき裂が生じないこと． |
| 化粧せっこうボード | 9.5 | 球形 | 500 | 50 | 砂上全面 | くぼみの直径が25 mm以下で，かつ，き裂が貫通しないこと． |
| ガラス繊維強化ポリエステル波板 | 0.8 | なす形 | 1 000 | 150 | 所定支持[1] | 貫通穴が生じないこと（ガラス繊維含有質量比率52％以上（52 FS）の場合）． |
| 複合金属サイディング | 全板 | なす形 | 1 000 | 150 | 所定支持[2] | しん材の脱落およびジョイントのはずれがないこと． |

注 1）：長さ方向にスパン50 cm，対辺単純支持，山頂に落下
　　2）：製品3枚を通常仕様状態に組み立て，スパン45 cm，対辺単純支持，中央部とジョイント部に落下

114 　3. 仕上材料の試験方法

（a）加撃直前

（a）ショットバッグによる衝撃試験

（b）加撃後

（b）落球衝撃はく離特性試験

写真 3.4.1　ボード類の衝撃試験の例（砂上全面支持の場合）
（財・建材試験センター提供）

写真 3.4.2　合わせガラスの衝撃試験の例
（財・建材試験センター提供）

らのボードについてはおもり落下によるくぼみの直径についても規定している．衝撃試験の状況を写真 3.4.1 に示す．

なお，表 3.4.1 に取りあげた「合わせガラス」の耐衝撃性試験は，鉛の散弾を充填した総質量が約 45 kgf の皮革袋製のショットバッグを所定の高さから振り子式に

ガラス面に加撃して行うものと，合わせガラスの中間膜の衝撃特性を調べるための鋼球の落球試験があり，写真 3.4.2 にその状況を示す．耐衝撃性の判定は，「ガラスが破壊しないこと」，「ガラスが破壊した場合，破壊部分に直径 75 mm の球が自由に通過する開口を生じてはならない」としている．

## 3.5 ゴム・プラスチック

### 3.5.1 概　　要

本稿では，ゴムおよびプラスチックの試験方法について述べるが，これらは，JIS用語に次のように定義されている．

（1） ゴム（rubber）：「ベンゼン，メチルエチルケトン，エタノール・トルエン共沸混合物などの沸騰中の溶剤に，本質的には不溶性（しかし，膨潤し得る）の状態に改質し得るか，または既に改質されているエラストマー．改質された状態のゴムは，加熱および常用圧を加えても，容易には恒久的な形状に再成形できない」

なお，ゴム製品を製造するための天然ゴムまたは合成ゴムは，原料ゴム（raw rubber）と称される．

（2） プラスチック（plastic）：「必須の構成成分として高重合体を含みかつ完成製品への加工のある段階で流れによって形を与え得る材料」

建築材料として使用されるゴムおよびプラスチック系材料は，これらの原料ゴムおよびプラスチックを主成分として，可塑剤，安定剤，充填剤，補強剤などを配合して製造される．したがって，ゴムおよびプラスチック系建築材料の性質は，主成分としての原料ゴムおよびプラスチックの種類，製品製造時の配合，その利用形態（例えば，棒材，板材，管材，積層材，多孔質材）によって異なる．そのため，ゴムおよびプラスチックの試験については，原料としてのゴムおよびプラスチックの試験方法，建築材料として不定形および定形材料の試験方法に分けて考える必要がある．ここでは，建築材料としての成形品に関する代表的な試験方法のいくつかについて述べる．

### 3.5.2　試験片の作製と準備

#### A.　試験片の作製

ゴムおよびプラスチック系材料とも，試験のための固有の形状に成形して試験片を作製して試験する場合，製品から各試験に応じた試験片を打ち抜きまたは切り取って試験する場合および製品そのものを試験する場合とがある．このうち，シート状製品などから試験片を打抜きまたは切取る場合，製品を代表するような個所から試験片を採取する必要がある．なお，その場合には，その採取時に試験片に傷を付けないように注意を要する．また，繊維などを配合した方向性を持つ材料の場合には，方向性を考慮して試験片を準備する必要がある．

#### B.　コンディショニング（状態調節）

ゴムおよびプラスチックの性質は，温度や湿度に敏感なものが多く，特に温度依存性が大きい．したがって，試験に先立って，試験する材料を一定の温湿度に調節（コンディショニング）する必要があり，特別な試験を除けば，その試験も一定の温湿度条件下で行う必要がある．

材料および試験の種類によって異なるが，一般的なコンディショニングの条件は次のようである．

（1） 温度：23±2℃
（2） 相対湿度：50±5％
（3） 標準気圧：101.3 kPa
（4） 状態調節時間：88時間（材料により異なる）

JIS Z 8703（試験場所の標準状態）には，試験（試験のためのならしを含む）を実施する場所の温度，湿度および気圧に関する標準状態が規定されており，これに準拠して，各試験における試験室の状態が規定されている．ゴムおよびプラスチックの試験を行う場合の一般的な試験室の状態は，上述のコンディショニングの条件と同様であることが多い．

ゴム製品の試験片の性質は，加硫の影響を受けるため，試験片は，原則として加硫後16時間以上経過したもので，試験前16時間以上標準状態に置いてから試験すること，製品から採取した試験片の保管期間は，原則として製造してから3か月以内，または入手してから2か月以内であることおよび，型加硫した試験片の保存期間は，原則として加硫してから4週間以内であることが，JIS K 6205（加硫ゴム及び熱可塑性ゴムの物理試験方法通則）で規定されている．

### 3.5.3　硬さ試験

ゴムおよびプラスチックの硬さ試験については，次のようなJIS規格がある．

（1） JIS K 6253（加硫ゴム及び熱可塑性ゴムの硬さ試験）：国際ゴム硬さ試験，デュロメータ硬さ試験及びIRHDポケット硬さ試験の3種類について規定している．

（2） JIS K 7202（プラスチックのロックウェル硬さ試験方法）：プラスチックフィルム，テープおよびプラスチックフォームを除くプラスチック成形品を対象とする．

（3） JIS K 6911（熱硬化性プラスチック一般試験方法）の5.16硬さ（成形材料及び積層板）：ロックウェル硬さおよびバーコル硬さについて規定している．

上述の国際ゴム硬さ試験は，下端が球状のプランジャーを試験片に一定の荷重（プランジャーに対する加圧面に加える力，プランジャー先端の接触力および押込み力を一定とする）で加圧したときの押込み深さを測定する方法であり，デュロメータ硬さ試験およびIRHDポケット硬さ試験はスプリングを用いて載荷する試験方法である．プラスチックの硬さ試験としてのロックウェル硬さ試験は，先端に鋼球を持つ圧子を試験片に載荷した後，試料に残留したくぼみ深さから硬さを評価する試験方法，バーコル硬さ試験は，デュロメータ硬さ試験と同様に，プランジャーを試料片に当て，硬さ計の背部に手のひらを当てて持ち，40～70 N の力で押し付けたときの押込み深さを測定する試験方法である．

## 3.5.4 強さ試験

ここでは，ゴムおよびプラスチックの引張，曲げおよび圧縮試験について述べる．

### A. 引張試験

**1) 試験機** 引張試験としては，一般に，変位制御型の引張試験機が用いられる．

**2) 試験片** ダンベル状試験片が用いられることが多く，JIS K 6251（加硫ゴム引張試験方法）では，打抜きによってダンベル形試験片を採取するが，引張強さ，伸び，試験片の採取条件によって，7種類の試験片が規定されており，製品規格がある場合には，その形状と寸法が規定されている．また，JIS K 7113（プラスチックの引張試験方法）には，1号形試験片から4号形試験片が規定されている．そのうち，2号形試験片はダンベル状試験片であり，ポリエチレン，軟質塩化ビニル樹脂成形品などの，破壊時に比較的伸びが大きい材料の引張試験に用いられ，1号試験片は破壊時に伸びが少ない材料（例えば，熱硬化性樹脂積層板，硬質熱可塑性樹脂成形材料），3号試験片は破壊時に伸びがほとんどない材料（例えば，熱硬化性樹脂成形材料），4号試験片はFRPの引張試験に用いられる．図3.5.1には，JIS K 7113に規定される引張試験片の形状を示す．

図中に試験片の全長を示してあるが，その他の寸法については，JISを参照されたい．試験片の数は，JIS K 6251では3個以上，JIS K 7113では5個以上とされて

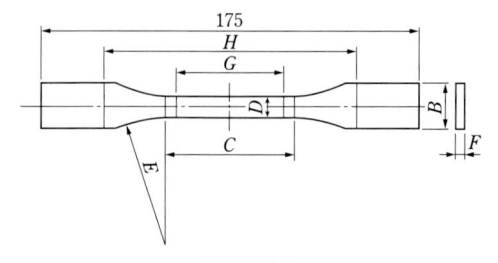

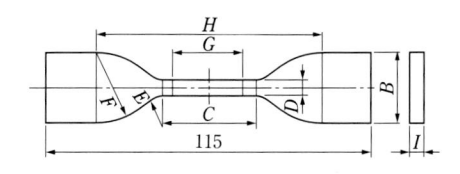

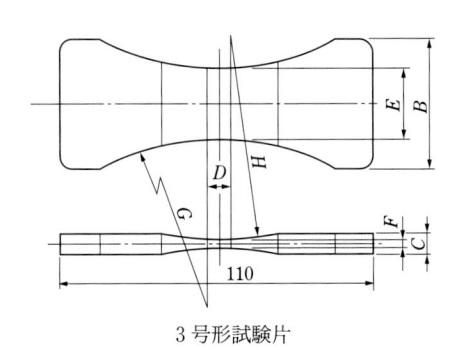

図3.5.1 JIS K 7113に規定される引張試験片の形状

いる．また，異方性材料の場合には，互いに直角な2方向について試験片を作製する．

**3) 試験方法** 引張試験において，JIS K 7113では，引張降伏強さ，引張強さ，引張破壊強さ，引張耐力，規定ひずみ降伏強さ（加硫ゴムでは，引張応力），引張弾性率，引張降伏伸び，引張破断伸び（加硫ゴムでは，切断時伸び），引張最大荷重伸びの平均値および標準偏差を求めることが規定されている．図3.5.2には，引張応力-ひずみ曲線の例を示すが，ゴムおよびプラスチック材料は，配合組成によって粘弾性的性質が異なるため，その組成によって相当異なる応力-ひずみ曲線が得られる．

引張試験時の荷重速度について，JIS K 7113では，9種類の荷重速度（1, 2, 5, 10, 20, 50, 100, 200,

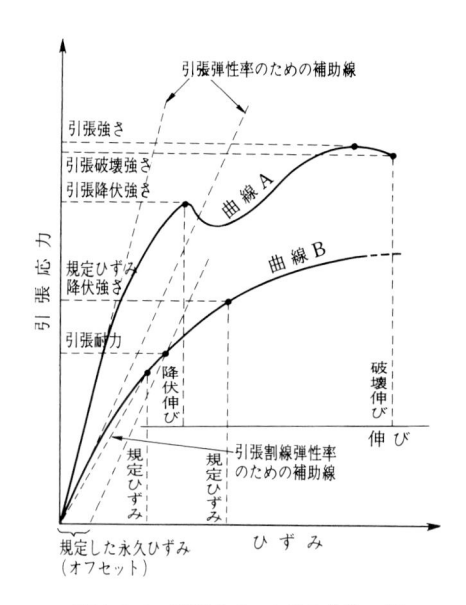

図 3.5.2　引張応力-ひずみ曲線の例

500 mm/min) が規定されており，試験する材料の材質によって定められた荷重速度で試験する．また，建築材料としてのプラスチック成形品の引張試験における荷重速度も，これらの荷重速度のいずれかが規定の荷重速度とされている．

引張試験に当たっては，試験片の幅と厚さを測定し，引張弾性率を測定する場合には，試験片に伸び計を取り付けて伸びを測定する．

### B. 曲げ試験

**1) 試験機**　引張試験と同様に，一般には，変位制御型の試験機が用いられる．

**2) 試験片**　JIS K 6911（熱硬化性プラスチック一般試験方法）では，成形材料，積層板，積層棒および積層管別に試験片の形状が規定されている．

**3) 試験方法**　一般に，プラスチックの曲げ試験は，図 3.5.3 に示すように，2 等分点載荷による方法で行い，次式より，曲げ強さを求める．載荷速度は，（試験片の高さの1/2）±0.2 mm/min とする．なお，曲げ弾性率を求める場合には，荷重-たわみ曲線を作図して算出する．

① 長方形断面の試験片：

$$\sigma fb = \frac{3PL_v}{2Wh^2}$$

ここに　$\sigma fb$：曲げ強さ（MPa）
　　　　$P$：試験片が折れたときの荷重（N）
　　　　$L_v$：支点間距離（mm）
　　　　$W$：試験片の幅（mm）

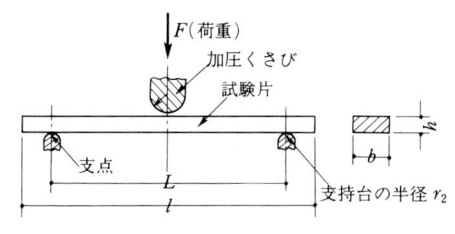

図 3.5.3　曲げ試験装置の一例

　　　　$h$：試験片の高さ（mm）

② 円形断面の試験片

$$\sigma fb = \frac{8PL_v}{\pi D^3}$$

ここに　$\sigma fb$：曲げ強さ（MPa）
　　　　$P$：試験片が折れたときの荷重（N）
　　　　$L_v$：支点間距離（mm）
　　　　$D$：試験片の直径（mm）
　　　　$\pi$：円周率＝3.14

また，積層管の場合，内径が 100 mm を超えるときは，その肉厚の部分から試験片を採取して前述した曲げ試験を行うが，内径が 100 mm 以下の積層管の場合には，管状試験片を加圧板間に挟んで圧裂して曲げ試験し，次式により曲げ強さを求める．

$$\sigma fb = \frac{3P(D+d)^2}{\pi Ld(D-d)^2}$$

ここに　$\sigma fb$：曲げ強さ（MPa）
　　　　$P$：試験片が折れたときの荷重（N）
　　　　$D$：試験片の外径（mm）
　　　　$d$：試験片の内径（mm）
　　　　$L$：試験片の長さ（mm）
　　　　$D$：試験片の直径（mm）
　　　　$\pi$：円周率＝3.14

### C. 圧縮試験

**1) 試験機**　試験機としては，引張および曲げ強さ試験と同様に，変位制御型のものが使用される．

**2) 試験片**　JIS K 6911 では，成形材料は，断面寸法 12.7±0.3 mm，長さ 25.4±0.3 mm の試験片，積層板では，断面寸法 13±0.3 mm，長さ 25±0.3 mm の試験片を用いることとしている．なお，積層板の場合，層に垂直および平行に載荷する 2 種類の試験片がある．積層管の場合は，長さ 25±0.3 mm として，外径 10 mm 以上，内径 6 mm 以上および肉厚 2 mm 以上の積層管は原型のまま試験に用いるか，外側から同一軸心を持つように同心円状に削って肉厚を 2 mm 以上

としたものを試験片とする．肉厚の大きい積層管においては，その肉厚部分から断面寸法13±0.3 mm，長さ25±0.3 mmの試験片を切取って試験片とすることもできる．

**3）試験方法**　試験片の長手方向に載荷して試験し，試験片が破壊したときの荷重を試験片の加圧原断面積で除して圧縮強さを求める．載荷速度は，1±0.5 mm/minとする．

### 3.5.5　熱的性質に関する試験

#### A.　温度依存性試験

プラスチック材料の特徴として，その機械的性質が温度依存性を有することが挙げられる．図3.5.4には，塩化ビニル板の応力-ひずみ関係の温度依存性を示す．このような試験は，試験片の温度が変化しないように，一定温度に保たれた試験槽内において行う．

#### B.　熱変形試験

プラスチック材料のうち，熱可塑性樹脂は温度変化に伴って変形しやすい．そのような性質を試験する方法として，JIS K 7191（プラスチック―荷重たわみ温度の試験方法）やJIS K 6745（硬質塩化ビニル板）に規定される柔軟温度試験がある．図3.5.5には，荷重たわみ温度試験装置の一例を示す．この装置は，試験片に載荷した状態で加温し，試験片の高さに応じた標準たわみに達した温度を荷重たわみ温度として測定する．したがって，この温度が高いほど熱変形しにくいことになる．

#### C.　加熱伸縮性試験

加熱伸縮性試験は，上述の温度依存性試験と同様に，温度変化に伴うプラスチック材料の伸縮性を評価するものである．加熱伸縮試験の例として，JIS K 6745では，試験片を100，110または130℃の熱空気恒温槽の中に30分間置き，次に2時間以上室温で冷却した後の加熱前後の長さ変化を測定する．

### 3.5.6　老化・劣化試験

JIS K 6900（プラスチック用語）では，老化（ageing）とは，時間の経過の中で材料に生じるすべての不可逆的な化学的および物理的作用の全体，劣化（degradation）とは，特性に有害な変化を伴うプラスチックの化学構造の変化と定義されている．さらに，これらの同義語として，変質（deterioration）があり，これは，それらの特性の悪化により現れるプラスチックの物理的特性の永久変化と定義されている．したがって，老化・劣化試験とは，様々な環境にさらされたプラスチックの性質の経時的変化を評価する試験であり，実際に使用されたときの寿命を判定する資料となる．

一般に行われる老化・劣化試験に関連するJISとして，JIS K 7212［熱可塑性プラスチックの熱老化試験方法（オーブン法）通則］，JIS K 7114（プラスチックの耐薬品試験方法），JIS K 7219（プラスチック―直接屋外暴露，アンダーグラス屋外暴露及び太陽光促進屋外暴露試験方法），JIS K 7530（プラスチック―実験室光源による暴露試験方法），JIS A 1415（プラスチック建築材料の促進暴露試験方法）などがある．

### 3.5.7　プラスチックの簡易鑑別法

プラスチックは建築材料として広範に使用されており，その種類も多岐に及ぶ．そのようなプラスチックの見分け方の手順と簡単な鑑別法を次に示す．

（1）製品の色などの外観，形態・形状，密度，打撃音，感触などの特性による判定．

（2）加熱による軟化，折り曲げたときのひび割れの有無を調べる．

（3）燃焼させたときの状態やにおいを調べる．

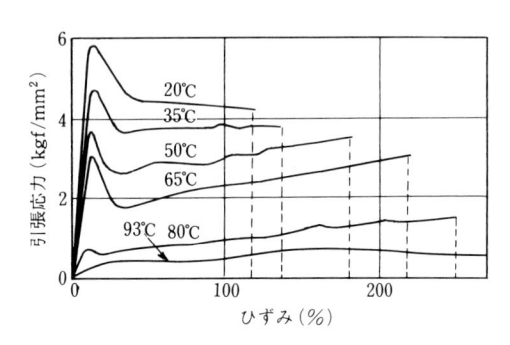

図3.5.4　温度の差異による塩化ビニル板の応力-ひずみ関係の変化

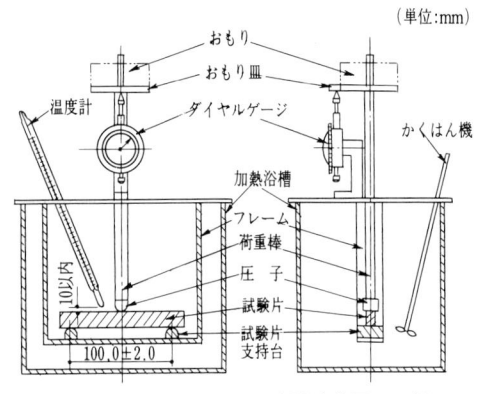

図3.5.5　荷重たわみ温度試験装置の一例

(4) 溶剤に浸漬したときの溶解の有無や物性の変化を調べる

(5) 溶解温度や誘電率を調べる．

これらの鑑別法のうち，最も簡単な方法として燃焼試験が挙げられる．燃焼試験においては，無色炎の中にプラスチックの小片をかざして次のような燃焼状態を観察する．(1) 燃えやすいかどうか，また，炎から取り出しても燃焼を続けるかどうか．(2) 炎の色，煙の有無など．(3) 燃焼後の試料の状態．(4) におい．においは，試料を炎から取り出してかぎ，燃焼続けている場合は炎を消してかぐ．なお，表3.5.1には，燃焼試験時のプラスチックの性状を，図3.5.6には，プラスチックの燃焼試験の一例を示す．

### 3.5.8 関連規格

上述した試験も含めて，ゴムおよびプラスチックに関する試験方法のほとんどはJISに詳細に規定されている．ゴムに関するJIS規格として，ゴム，加硫ゴム，熱可塑性ゴムに関する物理試験方法通則，引張試験方法，引裂試験方法，硬さ試験方法，老化試験方法，浸せき試験方法，オゾン劣化試験方法，低温試験方法，磨耗性試験方法，耐候性試験方法，汚染試験方法，燃焼性試験方法などが規定されている．

また，プラスチックに関するJISについては，その

表3.5.1 燃焼試験時のプラスチックの特性

| | 樹脂名 | 燃焼の難易 | 炎を去っても燃え続けるかどうか | 炎の性状 | プラスチックの状態 | 臭い |
|---|---|---|---|---|---|---|
| 熱硬化性樹脂 | フェノール樹脂（注型品） | 難 | 否 | 黄色・スパーク | ひび割れ 色が深くなる | 強いホルマリン臭 |
| | ユリア樹脂 | 難 | 否 | 黄色・端は淡青緑色 | ふくれ・ひび割れ 燃えた端が白色になる（白化） | 特有の臭い・ホルマリン臭 |
| | メラミン樹脂 | 難 | 否 | 淡黄色 | ふくれ・ひび割れ・白化 | 特有の臭い・ユリアに類似 |
| | 不飽和ポリエステル | 易 | 燃える | 黄色・黒煙 | わずかにふくれ ときにはひび割れ | スチレンモノマーの臭い |
| | エポキシ樹脂 | 易 | 燃える | 黄色・黒煙 | ふくれ・ひび割れ | 独特の刺激臭 |
| | ポリウレタン | 易 | 燃える | 橙黄色 | 軟化・一部溶融 | 特有のアミン臭 |
| | ケイ素樹脂 | 易 | 燃える | 輝黄色 | 多量の$SiO_2$残渣 | — |
| 熱可塑性樹脂 | ポリスチレン | 易 | 燃える | 橙黄色・黒煙 | 軟化 | スチレンモノマーの臭い |
| | メタクリル樹脂 | 易 | 燃える | 黄色・端は青色 | 軟化 | メタクリルモノマー特有の芳香 |
| | ポリエチレン | 易 | 燃える | 先端黄色・下端青色 | 溶融落下 | パラフィンの燃える臭い |
| | ポリプロピレン | 易 | 燃える | 先端黄色・下端青色 | 溶融落下 | 石油臭 |
| | ポリ（テトラフルオロエチレン） | 不燃 | 否 | — | — | — |
| | ポリアミド | 徐々に燃える | 徐々に消える | 先端黄色の青色焔 | 溶融落下 | 羊毛・爪などの焦げた臭い |
| | 酢酸ビニル樹脂 | 易 | 燃える | 暗黄色・黒煙 | 軟化 | 酢酸臭 |
| | ポリビニルブチラール | 易 | 燃える | 黒煙 | 溶融落下 | 特有の臭い |
| | 塩化ビニル樹脂 | 難 | 否 | 黄色・下端緑色 | 軟化 | 酸の刺激臭 |
| | 塩化ビニル—酢酸ビニル共重合体 | 難 | 否 | 暗黄色 | 軟化 | 特有の臭い |
| | 塩化ビニリデン樹脂 | 極めて難 | 否 | 黄色・端は緑色 | 軟化 | 特有の臭い |
| | ポリカーボネート | 易 | 徐々に消える | 黄色・黒煙 | 軟化 | 特有の臭い |
| | ポリアセタール | 易 | 燃える | 先端黄色・下端青色 | 溶融落下 | ホルマリン臭 |
| | 酢酸繊維素 | 易 | 燃える | 暗黄色・少し黒煙 | 溶融落下 | 酢酸臭 |
| その他 | 天然ゴム | 易 | 燃える | 暗黄色・黒煙 | 軟化 | 特有の臭い |
| | ブタジエン系合成ゴム | 易 | 燃える | 暗黄色・黒煙 | 軟化 | 特有の臭い |

大阪市立工業研究所プラスチック読本編集委員会，プラスチック技術協会共編，「プラスチック読本」，プラスチックエージ，May 1991，p.346．

試験編として，試験片，一般試験方法，機械的性質，燃焼性質，熱的性質，物理的・化学的性質，電気的性質，暴露試験方法に分類して，プラスチックという広義の材料に関する試験方法が規定されているとともに，プラスチックの種類別に多くの試験方法が規定されている．ゴムおよびプラスチック系建築材料の試験方法の中には，上述のようなゴムおよびプラスチック自体に関する試験規格を準用しているものも多い．

さらに，JIS のタイトルの中に建築材料としての名称が含まれる試験規格として，次のようなものがある．

JIS A 1439　（建築用シーリング材の試験方法）
JIS A 1454　（高分子系張り床材試験方法）
JIS A 6911　（熱硬化性プラスチックの一般試験方法）
JIS A 1415　（高分子系建築材料の実験室光源による暴露試験方法）
JIS A 1414　（建築用構成材（パネル）及びその構造部分の性能試験方法）
JIS A 1516　（建具の気密性試験方法）

また，建築材料として使用されるゴムおよびプラスチック不定形および定形材料に関して，次のような製品規格がある．

－管材－
JIS K 6741　硬質塩化ビニル管
JIS K 6742　水道用硬質塩化ビニル管
JIS K 6761　一般用ポリエチレン管
JIS K 6762　水道用ポリエチレン二重管
JIS K 6774　ガス用ポリエチレン管
JIS K 6787　水道用架橋ポリエチレン管
JIS K 6792　水道用ポリブデン管

－フィルム・シート類－
JIS A 6111　透湿防水シート

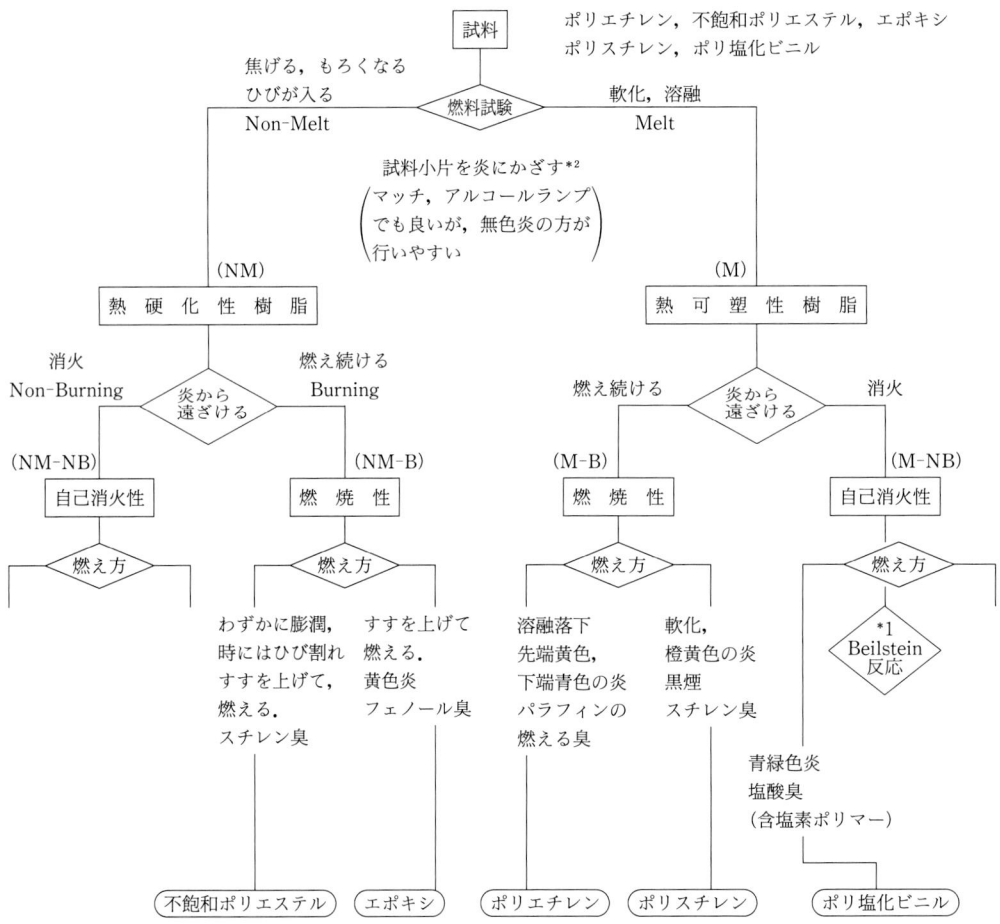

*1　Beilstein 反応
　　ハロゲンの検出法の一つで，銅線を酸化炎中で，炎に色がつかなくなるまで熱し，銅線が熱いうちに試料と接触して，試料を付着させ，再び炎の中に戻し，炎が緑色になれば試料中に塩素があると判定する．クロロプレンゴム，ハイパロン，塩化ビニル樹脂など含塩素ポリマーの鑑識に利用される．また，サーリン A は Na-D 線の黄色のスペクトルを示す．ただし，ハロゲンでもフッ素はこの反応に陰性であり，ハロゲンを含むポリ四フッ化エチレン（テフロン）は Beilstein 反応に陰性である．
*2　本試験に用いるピンセットおよび銅線は，使用前に良く焼いて，付着している不純物を除去してから使用する．

**図 3.5.6　プラスチックの燃焼試験の一例**

| | |
|---|---|
| JIS A 6930 | 住宅用プラスチック系防湿フィルム |
| JIS K 6734 | 硬質塩化ビニルシート及びフィルム |

－板材－

| | |
|---|---|
| JIS A 5701 | ガラス繊維強化ポリエステル波板 |
| JIS A 5702 | 硬質塩化ビニル波板 |
| JIS A 5703 | 内装用プラスチック化粧ボード類 |
| JIS K 6718 | メタクリル樹脂板 |
| JIS K 6744 | ポリ塩化ビニル被覆金属板 |
| JIS K 6745 | 硬質塩化ビニル板 |
| JIS K 6773 | 塩化ビニル止水板 |
| JIS K 6903 | 熱硬化性樹脂高圧化粧板 |

－フォーム材－

| | |
|---|---|
| JIS A 9511 | 発泡プラスチック保温材 |
| JIS A 9526 | 吹付け硬質ウレタンフォーム断熱材 |

－防水・シーリング材－

| | |
|---|---|
| JIS A 5750 | 建築用発泡体ガスケット |
| JIS A 5751 | 建築用油性コーキング材 |
| JIS A 5752 | 金属製建具用ガラスパテ |
| JIS A 5756 | 建築用ガスケット |
| JIS A 5758 | 建築用シーリング材 |
| JIS A 6008 | 合成高分子系ルーフィングシート |
| JIS A 6021 | 屋根用塗膜防水材 |

－その他－

| | |
|---|---|
| JIS A 5705 | ビニル系床材 |
| JIS A 5706 | 硬質塩化ビニル雨どい |
| JIS A 5721 | プラスチックデッキ材 |
| JIS A 6024 | 建築補修用注入エポキシ樹脂 |

なお，ゴムの新しい構造材としての用途に，免震積層ゴムとしての利用がある．このような利用においては，ゴムの基本的性質のほかに，積層ゴムとしての剛性，変形能力，減衰能力などの免震性能が試験される[1]．

〈参 考 文 献〉

（1） 日本免震構造協会維持管理委員会維持管理標準 WG,「免震積層ゴム入門, 付録, 免震建物の維持管理基準（平成 9 年 6 月）」, オーム社, Sept. 1997, pp. 160〜173.

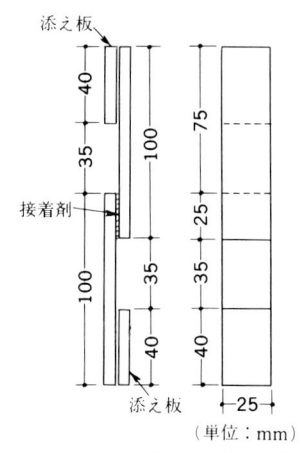

図 3.7.5　引張せん断試験体

図 3.7.6　はく離試験

### C. はく離試験
#### 1) 試験方法

建築材料では，シート，フィルム状の物を下地に張り付けることが多くある．これら材料は厚さが薄く剛性に乏しいため，前述のような試験方法では接着力の評価が難しい．この試験はそのような材料の下地との接着強度を，はく離状態で測定するものである．この試験でははく離角度が重要となるが，図 3.7.2 右に示すように，はく離角は 90°もしくは 180°が一般的に用いられる．

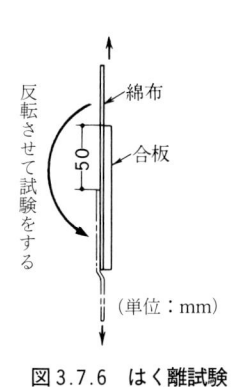

#### 2) 試験例―壁紙施工用でん粉系接着剤（JIS A 6922）

これは，建物の壁，天井などに仕上材として壁紙を張り付ける場合に用いる接着剤の接着強さを調べるためのものである．下地材は合板とし，これに接着剤を塗布し，その上に綿布を張り付ける．試験は，図 3.7.6 に示すように，試験片の一端を約 50 mm はく離させた状態で，綿布と下地合板を試験機のつかみに取り付け，速度 200/min で引っ張る．このときの荷重曲線をグラフに描く．一般には波状の荷重曲線が得られるが，各頂点の平均値を求め，接着強さとする．

# 4. 材料の特性試験と機器分析

## 4.1 機械的性質

材料の機械的性質に関する試験は，強度性状に関する試験と，表面の性質に関するものとに分けられる．このほか，材料の加工・施工・接合・均質性などに関する工業的試験を含むことがある．

### 4.1.1 強度試験法

強度性状に関する試験には，圧縮・引張・曲げ・せん断・付着などの項目がある．さらに，それぞれの荷重の加え方によって，静試験（普通に行われる強度試験）・衝撃試験・疲労試験（繰返し試験）・振動試験・クリープ試験，2軸あるいは3軸試験などの別がある．

#### A. 圧縮試験

圧縮における材料の強度・変形・降伏点・弾性係数などを求めることを目的とした試験である．

圧縮試験では，供試体が細長いと座屈を生じ，折れて破壊するので，材料そのものの圧縮強度を求めるには太く短い供試体を用いることが必要である．後者による試験を短柱試験と呼び普通の材料試験で行われているものである．これに対し，座屈を特に考慮して細長い供試体で行う試験を長柱試験と呼ぶ．

短柱を圧縮すると，圧縮方向に縮むと同時にそれと直角方向に膨れる．しかし，供試体を試験機で加圧する場合には，供試体の両端面は加圧板との間の摩擦によって，膨れが拘束される．この拘束は供試体の端面および加圧板面の状態，さらに供試体と加圧板の間の介在物の有無などで異なるが，このため供試体の両端付近には複雑な応力分布を生ずる．この影響は，両端面から離れるとしだいに少なくなり，やがて一様な応力分布となる．圧縮試験は，一様な応力分布の部分で破壊するようにしなければならないので，供試体の長さはある程度以上長くすることが必要である．その最小長さ $l$ は実験的に次のように示される．

$$l \geq \frac{d}{\tan \theta}$$

ここに　$d$：供試体の断面の1辺または直径

$\theta$：材料がすべり破壊する面の材軸となす角度で，コンクリートでは25〜35度，金属では約45度，また木材では60〜80度（繊維に平行）

短柱試験で供試体の幅あるいは直径に対する高さの比が小さくなるほど強度が大きくなるのは，加圧板による供試体端部の拘束の影響によるものである．

供試体の加圧面は，特殊な目的の場合を除き，両面は平行でかつ平滑でなければならない．そして，圧縮荷重が供試体の全断面に均等に分布し，偏心荷重とならないようにする．供試体の加圧面は必ずしも平行にならないことが多いので，加圧面の両方あるいは一方に球座を挟んで，荷重が供試体の軸方向だけに作用し，かつ球心が供試体の中心を通るように供試体を試験機に設置しなければならない（図4.1.1）．なお，偏心荷重による影響は，材料の比例限度内の荷重では平均の応力度およびひずみ度にはほとんど現れないが，それ以後の応力度－ひずみ度および強度には著しく大きい．たとえば，コンクリート強度は偏心率0.05で約15%低下する．

供試体の加圧面が平滑でないと強度は低下する．加圧面全体としては平面であって，なかに微小な凹凸があるような場合はそれほど支障がないが，加圧面全体が凸あ

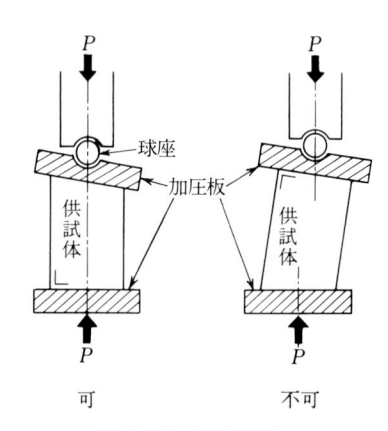

図4.1.1　圧縮試験

るいは凹になっている場合は最も悪い．コンクリートでは特に凸状の場合の強度低下が著しい．

### B. 引張試験

引張における材料の強度のほか，延性材料では降伏点・伸びなどを求めることを目的とした試験である．ぜい(脆)性材料の伸びは，延性材料に比べて著しく少なく，実用上あまり問題としないので，測定されることが少ない．

引張試験を行う場合の注意事項は圧縮試験の場合と同様だが，特に，（ⅰ）加力方向が供試体の軸方向に正しく作用すると同時に，供試体にねじりが加わらないこと，（ⅱ）破断が供試体の中央に生ずることが重要である．

（ⅰ）に対しては，球座あるいはユニバーサルジョイントを介して加力することが必要となってくる．（ⅱ）については，供試体端部における加力の伝達方法および供試体の形状が大きな問題となる．一般に材料の引張試験は，供試体の端部をチャックでつかんで引っ張る．チャックは引張荷重が増すにつれて供試体をしだいに強く挟み付け，供試体の抜け出しを防ぐように作られている．この作用で供試体はチャック部分で圧密されるので，ぜい性材料ではこの付近で破断しやすくなる．このため，多くの供試体では中央部を細く加工して，ここで破断するようにしている．また，供試体のチャックに挟まれる部分を長くすることが必要である．

コンクリートの引張試験は，今日では2.4.9で述べたように円柱形供試体の割裂による試験が多く行われているが，直接引張試験には図4.1.2に示すような方法がある．

引張強度は，供試体の最初の断面積で最大引張荷重を除して求める．引張試験には普通の万能試験機が用いられるほか，引張専用のショッパー試験機が用いられる．

### C. 曲げ試験

曲げ応力を受けるはり材・板材などの曲げに対する抵抗性を求めるのを目的とした試験である．また，金属のような延性材料では，供試体をはなはだしく曲げて，材料の加工法の良否を調べることを目的とする．ここでは前者について述べる．

曲げ試験は供試体の軸方向を水平として，両端の近くでこれを支持し，上部より荷重を加える．曲げ荷重の増加に伴い供試体にたわみを生じ軸方向が変化するが，この変化に対応させるため支持点および荷重点はピンとし，普通は丸棒を用いることが多い．この場合，試験方法によっては供試体の支持棒に接する部分が圧密されることがあり，これを防ぐため支持棒との間に小さい鉄板などを置くことがある．

荷重は支持スパン内に，普通は対称に加える．支持スパンの中央点に集中して加えるのを中央1点荷重，または中央集中荷重（図4.1.3(a)），スパンの3等分点の2点に加えるのを3等分点荷重（図4.1.3(b)）などと呼ぶ．このほか，スパンの全長にわたって均等に荷重を加える等分布荷重がある．3等分点荷重による場合の曲げモーメントの分布は，等分布荷重におけるそれに近くなるので，等分布荷重の代わりに試験操作の容易な3等分点荷重による方法がよく行われる．

材料実験における曲げ試験には方形の断面の供試体が用いられることが多い．この場合，供試体の高さに対するスパンの長さの比が小さいと，せん断破壊を起こすよ

図4.1.2 コンクリートの引張試験

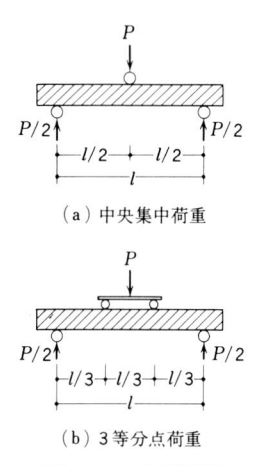

図4.1.3 曲げ試験

うになるので，スパンはある程度長くする必要がある．

また，荷重の増加に伴う供試体のたわみを測定することがよく行われる．この測定にはダイヤルゲージが多く用いられるが，この際，荷重点あるいは支持点における供試体のめり込み分を補正しておくことが必要である．

曲げ強度は，最大荷重から算出した最大曲げモーメント $M$ と，試験前の供試体の断面から求めておいた断面係数 $Z$ から次式で求める．

$$\text{曲げ強度} = \frac{M}{Z} \; (\text{kgf/cm}^2)$$

#### D. せん断試験

材料のせん断強度を求めるための試験であるが，以下に述べるように純粋なせん断強度を測定することは極めて困難である．

##### 1) 1面せん断試験

図 4.1.4(a) のような試験方法で，AB がせん断力を受ける．木材のせん断試験はこの方法によっている．せん断強度は次式で示される．

$$\text{せん断強度} = \frac{P}{bh} \; (\text{kgf/cm}^2)$$

ここに　$P$：破断荷重（kgf）
　　　　$b, h$：試験片の幅および高さ（cm）

この場合，せん断面には $P \cdot e$ だけの曲げモーメントが生ずる．

##### 2) 2面せん断試験

図 4.1.4(b) のような方法によるもので，AB および A'B' の2面がせん断力を受ける．この場合のせん断強度は $P/(2bh)$ で示されるが，せん断面には $P \cdot e$ だけの曲げモーメントが生ずる．さらに，AA'-BB' 間は1つのはりとして曲げモーメントを受けるので，圧縮強度の弱い材料は AA' 間で，引張強度の弱い材料は BB' 間で，せん断破壊以前に破壊することがあるので，AA' および BB' 間をできるだけ小さくしなければならない．また，1面せん断，2面せん断ともに $e$ を小さくすることが必要である．

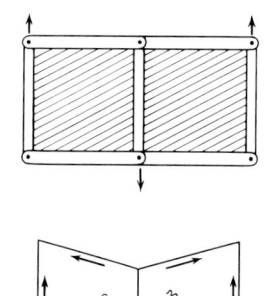

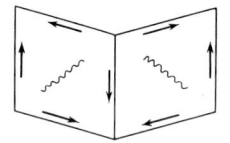

図 4.1.5　枠によるせん断試験

##### 3) 滑節四辺形枠によるせん断試験

図 4.1.5 のように，ピン接合とした四辺形の枠の中に供試体を入れて加力すると，純粋なせん断ひずみと同形のひずみを与えることができるので，板類のせん断試験によく用いられる．この方法では，枠をできるだけ太くして試験中直線を保つようにし，供試体の周辺と枠の接着を強くする必要がある．引張あるいは圧縮がせん断強度よりも小さい材料では，対角線の方向の引張あるいは圧縮によって破壊する．

#### E. 破壊靱性試験

##### 1) 破壊靱性の意味

ひび割れを含む材料が荷重を受けると，ひび割れ先端で応力やひずみに特異性を生じ，線形弾性材料の場合，応力は理論的に無限大となる．したがって，全体の破壊がひび割れの進展に支配される材料に対しては，従来の材料力学的手法は適用できない．この場合，応力度に代わる力学パラメータとして破壊力学（fracture mechanics）パラメータの適用が必要になる．破壊力学パラメータとしては，線形弾性材料では応力拡大係数（stress intensity factor, $K$）やエネルギー解放率（energy release rate, $G$），非線形または弾塑性材料では $J$ 積分（$J$-integral, $J$）やひび割れ先端開口変位（crack tip opening displacement, CTOD）が代表的なパラメータである．ここで，$K$ はひび割れ先端の応力の特異性の強さを表すパラメータ，$G$ や $J$ はひび割れが単位面積だけ進展する際に解放されるエネルギー，CTOD はひび割れ先端が塑性鈍化により開口するときの変位を示す．破壊力学的手法は，それらのパラメータが材料に固有の限界値［これを破壊靱性（fracture toughness）と呼ぶ］に達したときに新たなひび割れが

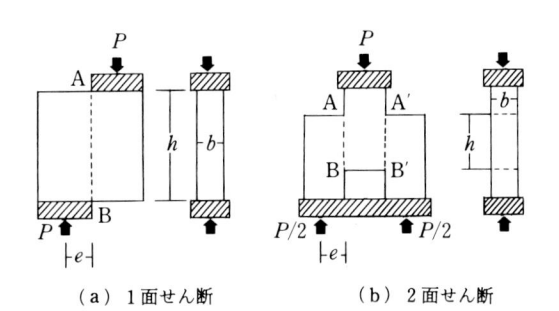

図 4.1.4　せん断試験
（a）1面せん断　　（b）2面せん断

進展するとし，ひび割れを含む材料の破壊力学パラメータの解析と破壊靱性値を得るための破壊靱性試験から成っている．

### 2) 破壊靱性試験と破壊靱性評価

破壊靱性試験は，ひび割れをシミュレートするためにあらかじめ切欠きを入れた試験体に荷重を加える方法で行い，試験体形状や載荷形式により各種の方法が考案されているが，図4.1.6に示されるような中央3点曲げ試験やコンパクトテンション試験がよく利用されている．これらの試験体については，応力拡大係数の理論解が用意されており，線形弾性材料の場合には最大荷重を測定することにより破壊靱性値を求めることができる．また，弾塑性材料の場合には荷重-載荷点変位曲線を測定し，$J$積分の定義に従って，図4.1.7に示すように直接実験的方法やRice式による半解析的方法などを利用することによって破壊靱性値を評価することができる．

### 3) コンクリートにおける破壊靱性評価の現状

コンクリートの場合，過去に線形弾性破壊力学の適用が数多く試みられてきたが，ひび割れ先端前方のマイクロクラックの発生に起因する非線形領域［これを破壊進行領域（fracture process zone）と呼ぶ］の存在が無視できないために通常の小型試験体では線形弾性破壊力学の適用は困難である．最近の動向としては，コンクリートの破壊進行領域の影響を考慮した結合力モデル（cohesive force model）の適用や破壊エネルギー（fracture energy，$G_F$）の評価が注目されている．ここで，結合力モデルとは，幅の狭い破壊進行領域の進展を仮想のひび割れにその開口に抵抗する結合応力が作用す

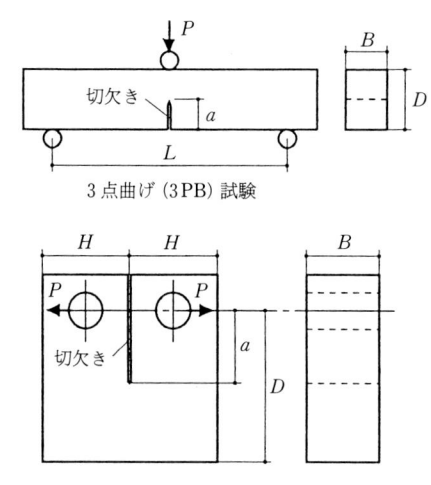

図4.1.6 破壊靱性試験方法

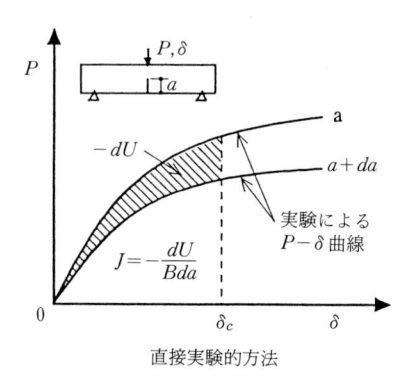

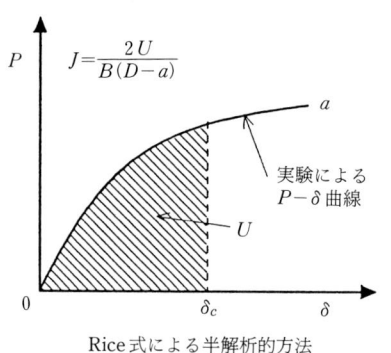

図4.1.7 $J$積分評価法

るモデルで近似し，破壊靱性値を解析的に評価するものである．また，$G_F$はひび割れが単位面積だけ進展する際の消散エネルギーであり，実験的に試験体の破断に至るまでの荷重―変位曲線下の全面積をリガメント面積（破断面で切欠き断面積を除く残余断面積）で除して得られ，図4.1.8に示すようにRILEMは既に$G_F$評価法の推奨案を示している（Committee on Fracture of Concrete, 50-FMC, RILEM, 1985 7-8）．なお，$G_F$に関しては，図4.1.9に示すように，その評価値が試験体寸法に依存し，リガメント面積が大きくなるほど$G_F$が大きくなることが示されており，この寸法効果が試験条件等の評価法によるものか，$G_F$に固有の性質なのか，その解明に向けて精力的な研究が進められているのが現状である．

### F. 付着試験

2材の付着強度を知るための試験で，付着面に垂直の引張力を与え最大引張応力度で付着強度を表す方法と，せん断力を与え最大せん断応力度で表す方法などがある．図4.1.10は前者の例で，（a）はコンクリートに対する左官モルタルの付着力の試験でよく行われ，（b）は新旧コンクリートの付着力試験などで行われている．このほか，モルタル・コンクリートの付着力の比較試験として同図の（c）のような曲げ試験によることがある．

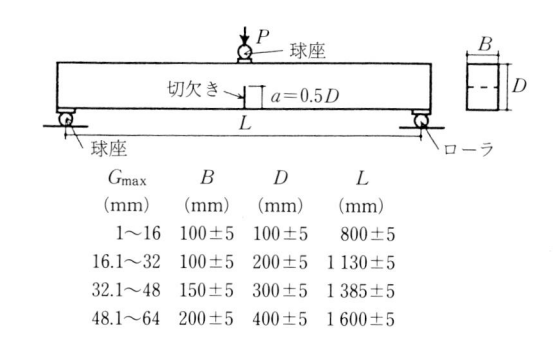

## 4.1 機械的性質

図4.1.8 RILEM による $G_F$ 評価法

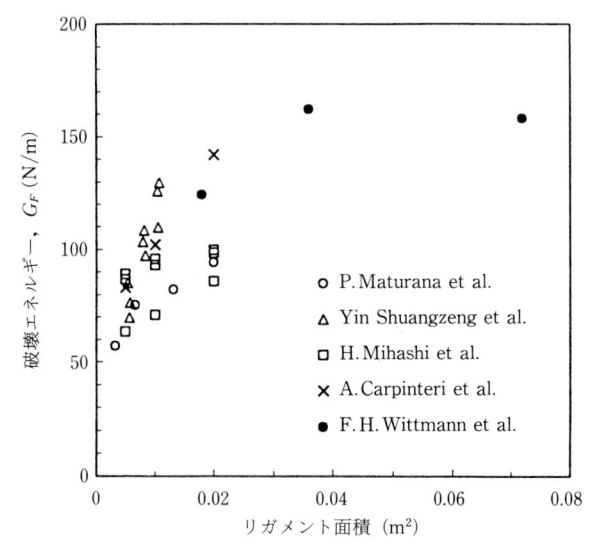

| $G_{max}$ (mm) | $B$ (mm) | $D$ (mm) | $L$ (mm) |
|---|---|---|---|
| 1〜16 | 100±5 | 100±5 | 800±5 |
| 16.1〜32 | 100±5 | 200±5 | 1130±5 |
| 32.1〜48 | 150±5 | 300±5 | 1385±5 |
| 48.1〜64 | 200±5 | 400±5 | 1600±5 |

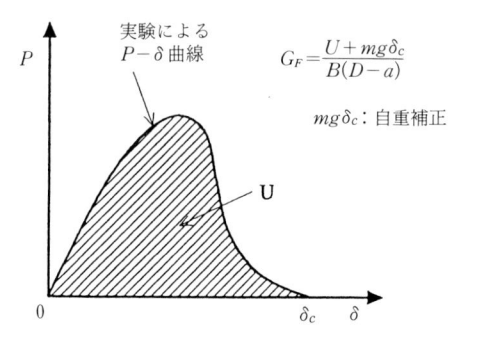

$$G_F = \frac{U + mg\delta_c}{B(D-a)}$$

$mg\delta_c$：自重補正

図4.1.9 $G_F$ の寸法効果

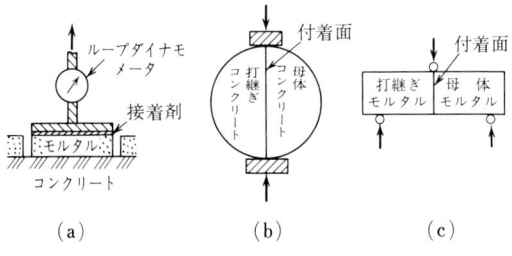

図4.1.10 モルタル・コンクリートの付着試験

図4.1.11 付着性試験

せん断力による付着強さを知る方法として，図4.1.4(b)における AB および A′B′ 面を付着面として行う方法，あるいは図4.1.11のような方法がある．ただし，いずれも純粋なせん断応力以外に付着面に垂直の引張応力が作用する．コンクリートと鉄筋の付着力試験もせん断力を加えて行う方法である．

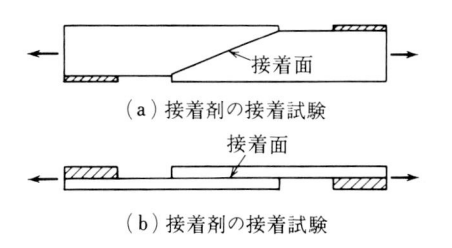

付着強度は付着破壊を生じたときの最大荷重を付着面積で除して示す．

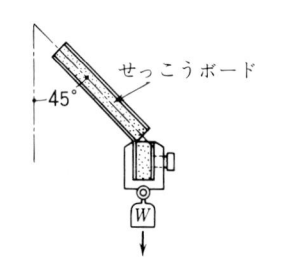

### G. 衝撃試験

短時間に荷重を作用させる試験を衝撃試験といい，材料の衝撃力に対する耐力や粘り強さ・もろさの程度などを知るために行うものである．

#### 1) 吸収エネルギーによる方法

1回の衝撃で試験片が破壊されるときに，試験片が吸収するエネルギーの大きさを求める方法で，次の2方法がある．

**a. シャルピー衝撃試験** シャルピー試験機を用いる．初めハンマーをある角度だけ持ち上げておいて放すと，試験片はハンマーの運動エネルギーによって切断され，ハンマーは残ったエネルギーに応じて反対側にある角度だけ振り上がる．ハンマーの初めと後のエネルギーは持ち上げ角度・振上がり角度，ハンマーの回転中心と重心との距離および重量とから算出されるので，その差から衝撃による試験片の吸収エネルギーを求めることができる．

**b. アイゾット衝撃試験** シャルピー試験と類似しているが，試験片は台から垂直に片持ばりとして支持され，その頂部をハンマーで衝撃して破壊し，吸収エネルギーを求める．

### 2) 落錘による方法

水平に支持した建築材料の中央上から重錘を落下させる．そして，材料が割れたときの重錘の落下高さ，あるいは一定の高さから重錘を落下させて材料が損傷しないかどうかを調べる．重錘には，質量1 kg前後のなす形をした鋼製のおもり，あるいは直径50 mm前後（質量530 g前後）の鋼球がよく用いられる．このほか，垂直に取り付けた板状の製品に砂袋（質量約30 kg）をぶつける方法もある．

### 3) 構造材料の衝撃強度試験

油圧式強度試験機で，パルセーターを用いて電磁バルブを開いて急激に油圧荷重を加える方法や，おもりでバルブを強制的に開いて荷重を加える方法などがある．このほか，重量物を衝突させて行う試験もある．

### H. 繰返し試験・疲労試験

材料に一定の応力範囲で荷重を繰り返し加えると，その荷重が小さい場合でも材料はついには破壊することがある．しかし，荷重がある限度以下であれば無限回数の繰り返しに対しても破壊しない．このように繰返し荷重による破壊を起こさない範囲の最大応力を疲労強度という．疲労試験は，材料の疲労限度を求めることが目的であるが，一般には材料の繰返し荷重に対する抵抗力を測定して材料の優劣を比較することが多い．主として金属材料において多く行われる試験である．

疲労試験は加える応力の種類によって，圧縮・引張・曲げ・ねじれなどがあるが，これらを単独に加える以外に，組み合わせて加える場合もある．このほか，衝撃荷重として加えることもある．試験には専用の試験機を用いる．

荷重の繰返し速度は1分間に1 000～3 000回程度である．この速度は疲労限度を決定するとき重要な問題となるが，毎分500～5 000回程度ではほとんど影響がないといわれている．無限回の繰返しは実際上不可能であるので，材料に応じて$10^4$～$10^8$程度の一定回数の繰返しを行って，その回数で破壊しない応力の最大限度を求めたり，一定の繰返し荷重のもとで破壊するかどうかを調べたりする．

### I. クリープ試験

材料に荷重を加えた場合，その荷重が破壊荷重以下であっても，長時間にわたって作用すると，変形が進行してついに破壊に至ることがある．この塑性変形は初めは急に，時間がたつに従い緩やかに進行するが，材料に加わる応力がある限度以下ならば，変形はある値で停止し，材料の破壊には至らない．この応力の限界をクリープ限度という．クリープ限度は強度・降伏点とともに，材料の許容応力度を決定するのに重要な因子である．

クリープ試験はクリープ限度を求めるのが目的であるが，クリープ限度以下の荷重を作用させ終局の塑性変形を求めて，構造材料としての性能を検討するのを目的とすることも多い．

クリープ試験には専用のクリープ試験機を用いるほか，死荷重を加えることもある．普通，試験期間中の応力は一定とするが，目的によっては応力を変動させることがある．変形の測定にはひずみ計を用いるが，ひずみ計の長期間にわたる安定性を十分チェックしておくことが必要である．また，試験期間中の温度や湿度による自己変形を別に測定しておいて補正することが必要な場合がある．

クリープ限度を求めるには，種々な一定応力の荷重を作用させた一群の供試体を用意し，それぞれの供試体が破壊するまでの時間を求める．試験期間は2～3か月から1年ぐらいである．このように長期にわたるので，実際にはいろいろな便法が提案されている．

なお，実用的な考えから，変形の許容限度を定めて，それ以下の変形に落ち着く応力の限界をクリープ限度という場合もある．

### J. 硬さ試験

材料の表面部の硬さの程度を調べる硬さ試験には多数の方法が提案されている．しかし，ある試験方法による硬さの序列は必ずしも他の方法による序列とは一致しない．

硬さ試験の方法は，試験材料より硬く，変形の生じにくい球状体を試験に作用させて行うが，この場合，試験

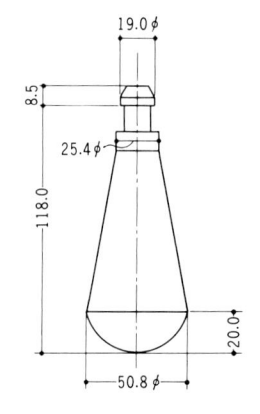

図4.1.12　衝撃試験用おもり

面に一定のくぼみを生じさせるに必要な荷重を測定したり，一定の荷重を加えたときのくぼみの大きさを求めたりする方法と，球状体を試験面に落下させてそのときのくぼみの大小あるいは反発高さを求めたりする方法とがある．前者を静的圧入法，後者を衝撃圧力法という．

なお，硬さ試験の結果は，行った方法によって何々硬さとよび，実用的に無名数で取り扱っている．

### 1) 静的圧入法

ブリネル硬さ試験・ロックウェル硬さ試験が代表的である．ブリネル硬さは鋼球を一定荷重で供試体の表面に押し込み，そのときに生じたくぼみの表面積を荷重で除した値をもって硬さを表す．

ロックウェル硬さは，鋼球を初め基準荷重で供試体の面に押し付け，その後試験荷重を加え，再び基準荷重に戻したときの，前後2回のくぼみの深さの差をもって硬さを表す．簡単なため広く行われている方法である．

### 2) 衝撃圧入法

代表的な試験方法にショア硬さがある．一定の高さから一定質量のおもりを試験面上に自然落下させ，そのはね上がり高さを求めて表示するものである．

## 4.1.2 ひずみおよび応力の測定[1]

物体に外力が作用すると，物体の内部にはこの外力とつり合うような力が生ずる．これを応力といい，単位面積当たりの応力を応力度と呼んでいる．一方，物体は外力を受けることにより変形も生ずる．この変形をひずみといい，単位量当たりのひずみをひずみ度と呼んでいる．この応力とひずみの関係は建築材料の機械的性質を知るうえできわめて重要である．

一般に物体に生ずるひずみには，

a. 外力の作用によって生ずるひずみ……弾性ひずみ・クリープひずみなど
b. 時間の経過に伴って生ずるひずみ……材料の含水変化・化学変化などによって生ずるひずみ
c. 温度変化によって生ずるひずみ……気温・熱などの作用によって生ずるひずみ

などがある．建築材料の種類は非常に多く，ひずみの量にも大きな違いが見られるので，ひずみを測定する場合はその材料のおおよその変形性質を知ったうえで，それに適した試験方法によることが実験を成功させる大切な条件である．

ひずみおよび応力の測定方法の種類および計器を表4.1.1に示す．その中からおもなものについて以下に説明する．

### 1) ダイヤルゲージによる方法

変位量を内蔵の歯車列により拡大して指針で表示する変位計であり，ひずみを測定したい箇所に写真4.1.1に示すようなダイヤルゲージの軸棒の先端をタッチさせ，材料の変形に伴う軸棒の変位を軸棒と連動している文字板上の針の移動量で読み取る方法である．ダイヤルゲージの特長は，ひずみが直読できるうえ，取付も簡単である．この理由から，ダイヤルゲージ（1/100 mm）は広く用いられているが，ひずみ計としては精度が低いので，比較的変形量の大きい材料の測定とか，試験体の移動量などの測定に便利である．この場合，軸棒がタッチ

**表4.1.1　ひずみおよび応力の測定方法の種類と計器**

| 測定項目 | | 測定方法の種類と計器 |
|---|---|---|
| ひずみ | 機械的方法 | ダイヤルゲージ（写真4.1.1）<br>コンタクトゲージ（JIS A 1129）（写真4.1.2）<br>ベリー型ストレインゲージ<br>ホイットモア型ストレインゲージ |
| | 電気的方法 | ワイヤストレインゲージ（図4.1.13）<br>モールドゲージ<br>カールソンストレインゲージ |
| | その他の方法 | コンパレーター（JIS A 1129）（写真4.1.3）<br>光弾性ひずみ計<br>モアレ法<br>応力皮膜法<br>コンデンサーストレインゲージ法<br>レーザー法 |
| 応力 | 機械的方法 | プルービングリング<br>ブルドン管圧力検出器 |
| | 電気的方法 | ロードセル（荷重計）（写真4.1.5）<br>ひずみゲージ式圧力変換器 |
| | その他の方法 | 光弾性試験法<br>圧力シート法 |

**写真4.1.1　ダイヤルゲージ**

する試験体表面は平滑で,しかも軸棒と直角になるようにセットする.もし,この準備が不十分であると試験体の変形に伴い測定点にずれが生じ,大きな誤差を伴うことになるので十分注意する必要がある.

### 2) コンタクトゲージによる方法

コンタクトゲージは JIS A 1129(モルタル及びコンクリートの長さ変化試験方法)の図4に示されている測定器(写真4.1.2参照)で,変位量をてこにより拡大してダイヤルゲージで表示するものである.コンタクトゲージの特長は測定値にパーソナルエラーが入りにくく,取扱いが簡単で多くの点を測定することができることである.鋼環標点は,試験体の材質が鋼の場合は鋼球を直接打ち込み,コンクリートの場合は鋼球を打ち込んだ金属板を接着して作製する.測定方法はおよそ次のとおりである.まず,コンタクトゲージのストッパーを引き,変形前の鋼環標点間に計測脚を押し当ててストッパーを離す.そのときのダイヤルゲージの目盛りを読む.次に変形後も同じ操作でゲージの目盛りを読む.この差が標点間変位量である.

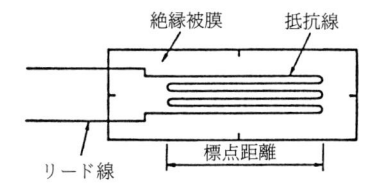

### 3) ワイヤストレインゲージによる方法

ワイヤストレインゲージは電気抵抗線にひずみが生じると,電気抵抗線の抵抗値が変化し,その変化量を求めることによって直接ひずみが計測できる.これは精度がよく,遠隔自動計測が可能で材料実験のひずみ測定に多用されている.

この原理を以下に述べると次のとおりである.

長さ $l$ の電気抵抗線が引っ張られて $\Delta l$ だけ伸びると,電気抵抗 $R$ が $\Delta R$ だけ変化するので,次の式が成り立つ.

$$\frac{\Delta R}{R} = K \cdot \frac{\Delta l}{l} = K \cdot \varepsilon$$

ここで,$\varepsilon = \Delta l / l$ をひずみ,$K$ をひずみ感度またはゲージファクターといい,使用ゲージにその値が明示されている.

抵抗変化をホイートストンブリッジの回路を用いて,電圧の変化に変換して,ひずみ量を検出する.

仕組みは図4.1.13に示すような紙またはプラスチックなどの薄いゲージベースに0.025 mm 程度の細い抵抗線をはり付け,その抵抗線の両端にリード線を接続したものである.測定はまず試験体表面にストレインゲージを接着して,試験体の変位とストレインゲージの変位が連動するようにした後,ワイヤストレインゲージを接続した計器によってひずみを読む.なお,測定に際しては試験体の含水状態・材質変形性能などを検討し,最も適したワイヤストレインゲージおよび接着剤を用いるとよい.

### 4) モールドゲージによる方法

モールドゲージは測定しようとする試験体の内部に埋め込むもので,主としてコンクリートの内部ひずみの測定に用いられる.モールドゲージの仕組みは円筒状または板状のプラスチックの中にもストレインゲージを内蔵したものである.円筒状のものは直径5~6 mm,長さ20~60 mm 程度のもので,測定できる限界ひずみは±1 000×10⁻⁶ 程度である.板状のものは60×15×5 mm 程度で2枚のプラスチック板の間にゲージを挟み,熱により圧着一体化している.

### 5) コンパレーターによる方法

JIS A 1129(前掲)の図2に示されているような測定器(写真4.1.3参照)で材軸方向の2点間のひずみを測定するものである.測定方法はあらかじめ乳白ガラスまたはフラッシュドオパールガラスを所定位置(反るおそれのある材料は両側面が好ましい)に埋め込み,それ

図4.1.13 ワイヤストレインゲージ

写真4.1.2 コンタクトゲージ方法の測定器の一例

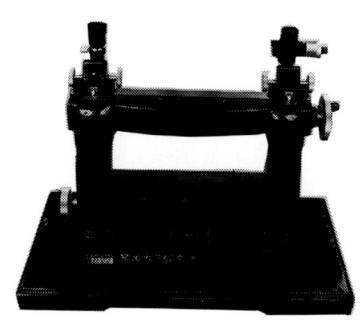

写真4.1.3 コンパレーター

に刻線器（写真 4.1.4 参照）で刻線した試験体を測定台に載せ，2つの顕微鏡（一方固定，他方移動）を用いて，刻線間距離を 1/1 000 mm の精度で読み取るものである．この場合，次の点に注意する．

**a.** 測定前に標準尺を用いて2つの顕微鏡間の距離を正確にセットする．

**b.** 刻線が細く，しかも鮮明であることは測定精度を高めるのにきわめて重要なので，刻線するときは十分注意して行う．

**c.** 測定中コンパレーターに至近距離からライトを当てた場合は，その熱の影響で顕微鏡間の距離が変化することがあるので注意が必要である．

#### 6) 光弾性ひずみ計による方法

ポリマーなどの等質等方性の物体に外力が作用すると，一時的に異方性を示し光学的には複屈折を生ずる．光弾性ひずみ計はこの性質を応用したものである．そのため，鉄筋・木材・コンクリートなどの材料は，ひずみを測定することができないので，ポリエステル樹脂などで作製したモデルで試験することになる．ひずみの発生状態を定性的に知るためには有効であるが，特殊の場合を除いてはあまり用いられていない．

#### 7) ロードセル

ロードセルは荷重変換器とも呼ばれているもので，応力－ひずみ関係が明確になっている材料（たとえば，鋼材）に電気抵抗線ストレインゲージを張り付けて，力を加えたときに生ずるひずみ量を力量に換算して求めるものである．ロードセルの特長は小型・軽量で測定精度が高く，応答性も高いので動的な荷重測定にも用いられている．タイプとしては，圧縮型，引張型，圧縮・引張の折ちゅう型があり，現在最も用いられている荷重計である．

### 4.1.3 強度試験機

各種建設用材料の機械的性質のうち，強度・弾性・変形などを知るために，圧縮・引張・曲げ試験などが行われる．これらの各試験には，一つの試験機でいくつかの試験に利用できる万能試験機を使用するのが普通である（写真 4.1.6 参照）．万能試験機は，大別して（ⅰ）荷重の発生，（ⅱ）（試験体への）荷重の伝達，（ⅲ）荷重の計測，の各機構からなる．各国で使用されている万能試験機には，Amsler（スイス），Avery（英），MAN，Losenhausen（西独），Wiedenmann-Baldwin，Tinius-Olsen，Ametek-Riehle，Instron，MTS（米）などの各形式があり，我が国では古くから Amsler 式で代表される油圧式万能試験機が使用されてきたが，今日では高度な試験条件の要求により，電気油圧サーボ式あるいはねじ駆動サーボ式の使用が増加している傾向にある．通常，建設用材料および部材の試験には，ひょう量（その試験

写真 4.1.4　刻線器

写真 4.1.5　ロードセル

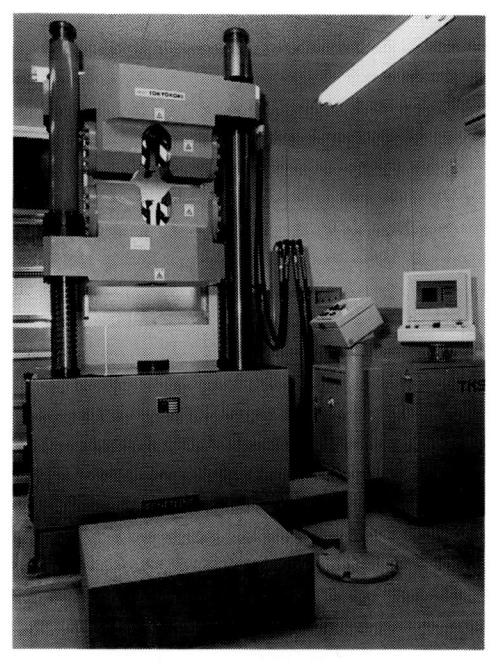

写真 4.1.6　万能材料試験機の一例

機で試験可能な最大荷重をいう）が 100～5 000 kN の試験機が主として使用され，特に大型の部材あるいは構造用試験体用として 10 000～50 000 kN 程度の試験機が使用されている．

万能試験機の例として，我が国での使用頻度が比較的高い3例を図 4.1.14 に示した．同図(a)は油圧式万能試験機で，油圧ポンプにより発生した圧力油が送り弁を経てシリンダ内に送られてラムを上昇させることにより負荷を与え，荷重の解除は戻し弁の解放により行われるというものである．ラムの上部にはテーブルおよび上部クロスヘッドが支柱で連結されているので，試験片を上部クロスヘッドと下部クロスヘッドとの間に適当なつかみ具によって固定すれば引張試験を行うことができ，下部クロスヘッドとテーブルの間に適当なジグを用いて試験体を設置すれば圧縮あるいは曲げ試験が可能となる．

この場合，荷重の計測は，油圧計測ラムの動きが振り子式の重錘を介して荷重指針に伝わることによって行われる．同図(b)は電気油圧サーボ式万能試験機で，油圧ポンプより発生した圧力油がサーボ弁を経てシリンダ内に送られ，ラムを作動させる負荷機構である．また，シリンダ内の圧力油は圧力セルに導かれ，この圧力が直接電気信号に変換され，増幅器・サーボモータにより荷重指針が回転するとともに，荷重値がデジタル表示される機構になっている．なお，この形式の試験機は，自動負荷制御装置などと組み合わせて精密な試験条件が設定できる．同図(c)はねじ駆動サーボ式万能試験機で，荷重計測に電気式ロードセルを使用し，サーボ機構を応用したねじ駆動によって負荷を与え，試験の結果が直接記録計に記録されるとともに，コンピュータによってデータ処理されるようになっている．その上，制御装置にコンピ

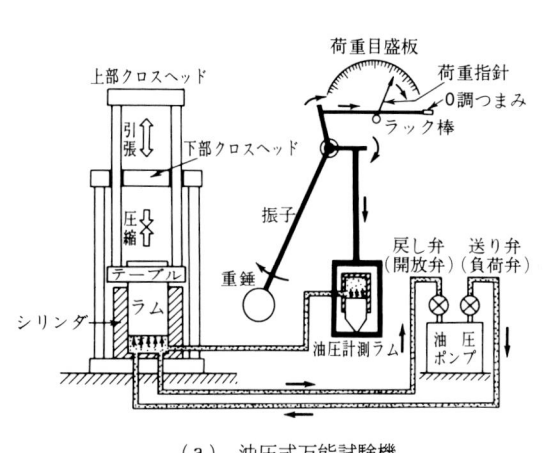

（a） 油圧式万能試験機

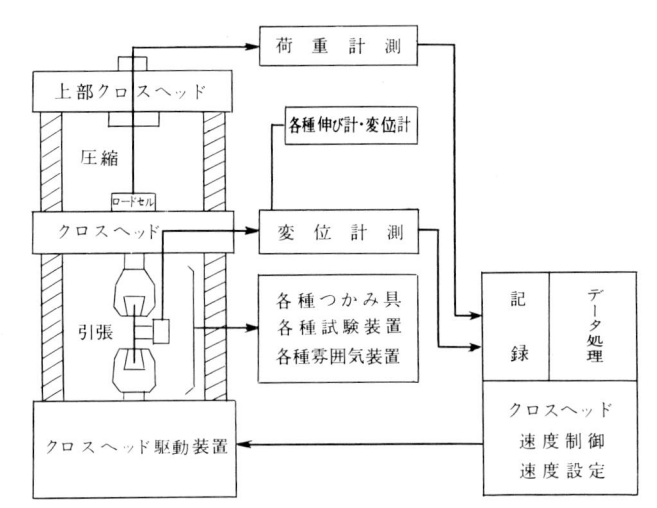

（c） ねじ駆動サーボ式万能試験機

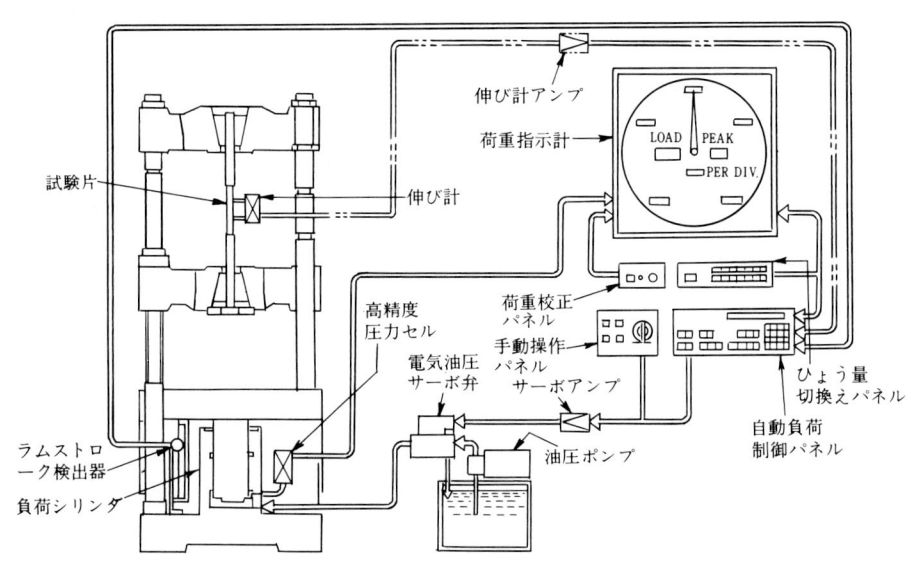

（b） 電気油圧サーボ式万能試験機

図 4.1.14　各種万能試験機原理図

ュータ制御システムおよびデータレコーダなどを組み合わせることによって，より精密で高度な試験条件を設定できるのが利点とされている．この種の試験機のひょう量は通常10〜200 kN程度である．

### 4.1.4 粘弾性試験

材料の力学的挙動の中で，時間に依存する現象を測定する試験である．通常の力学的挙動は応力とひずみだけで記述されるのに対し，粘弾性試験ではさらに時間の項が考慮される．

原則としてすべての力学的現象，すなわち圧縮，引張，せん断，曲げ，ねじりの諸現象に対して測定可能であるが，実際には目的に応じて特定の試験方法が採用される．以下に測定方法のいくつかを示す．

**1) 静的粘弾性試験**

（1） 応力緩和試験

瞬間的に材料にひずみを与えそのまま静止させ，応力の時間変化 $\sigma(t)$ を測定する．試験方法原理図を図4.1.15に示す．これは引張応力緩和試験の例である．試験片の上端に荷重を測定するロードセルが取り付けられている．試験片下端を急速に下げ固定する．その後の荷重変化を記録する．

粘弾性に関する物理量として緩和弾性率 $E_r(t) = \sigma(t)/\varepsilon$ を求めることが多い．測定例を図4.1.16に示す．

（2） クリープ試験

瞬間的に材料に荷重を付加し，ひずみの時間的変化 $\varepsilon(t)$ を測定する．試験方法原理図を図4.1.17に示す．これは引張クリープ試験の例である．試験片の一端を固定し，他端に荷重をかける．その後の変化量を測定・記録する．

粘弾性に関する物理量としてクリープコンプライアンス $c(t) = \varepsilon(t)/\sigma$ を求めることが多い．測定例を図4.1.18に示す．

**2) 動的試験法**

数Hz以上の周期的に変化する応力，あるいはひずみを与えてその応答を測定する方法である．この振動的方法によると材料の弾性と粘性を分離して表すことが比較的容易となる．また測定を比較的短時間で行えるため，環境条件を変えながらの測定が可能となる．試験法は，振動の自由減衰を測定する方法と，強制振動を与えながら測定する方法とに大別されるがおのおの代表的な例に

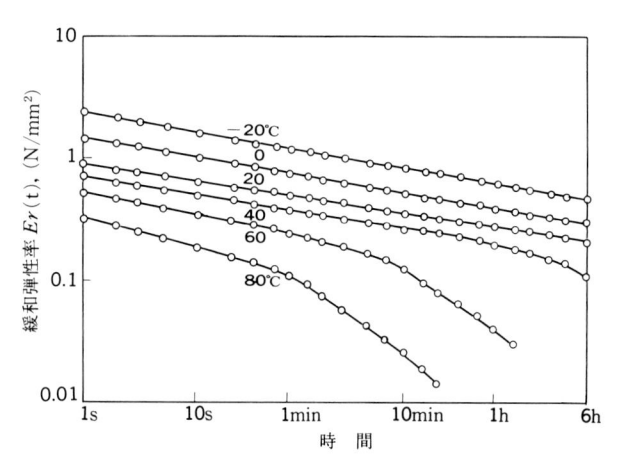

図4.1.16 緩和弾性率測定例
（ポリサルファイド系シーリング材）

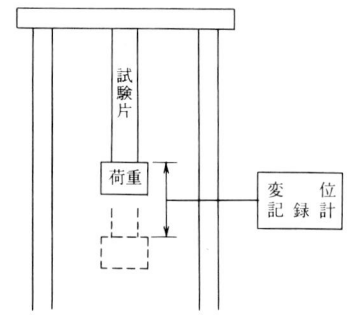

図4.1.17 引張クリープ試験原理図

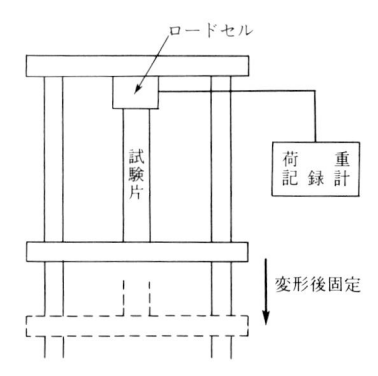

図4.1.15 引張応力緩和試験原理図

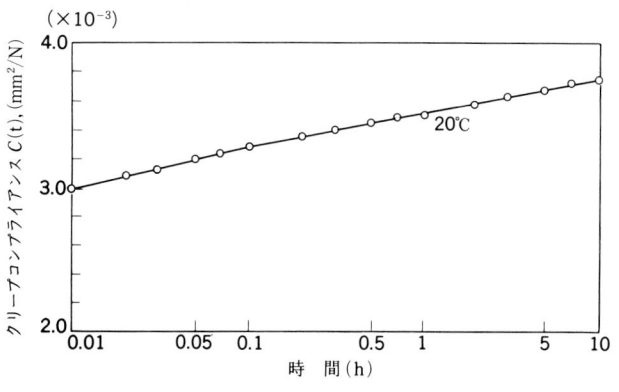

図4.1.18 引張クリープコンプライアンス測定例
（エポキシ樹脂板）

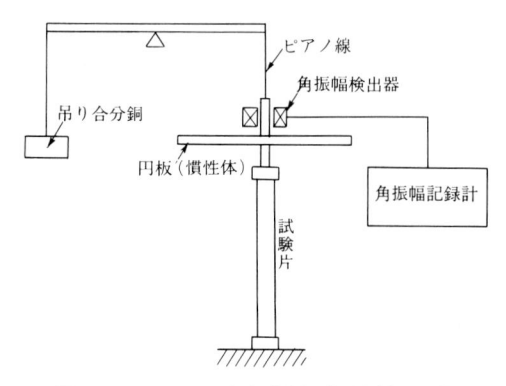

図 4.1.19　ねじり自由減衰振動法測定原理図

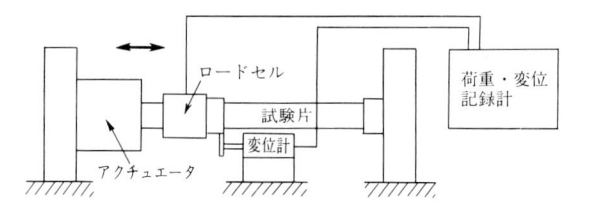

図 4.1.21　強制伸縮振動法測定原理図

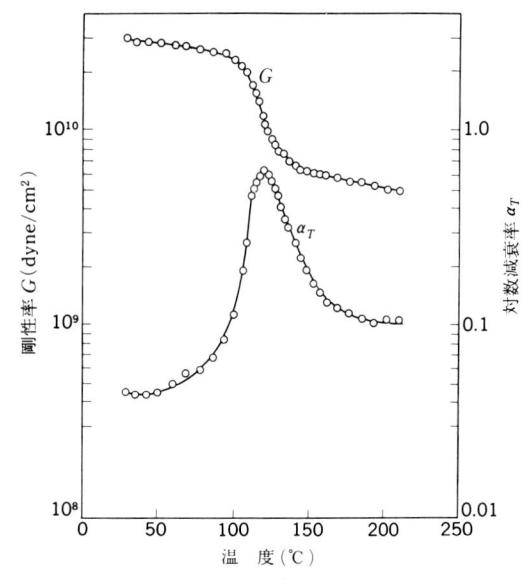

図 4.1.20　ねじり自由減衰振動法による測定例
（エポキシ樹脂板）

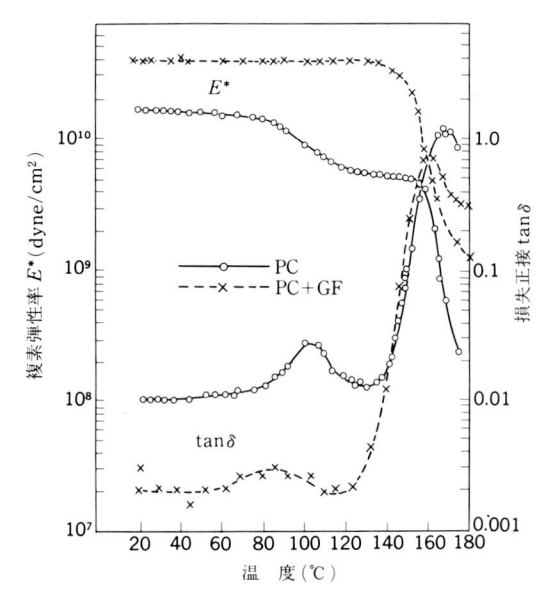

図 4.1.22　強制伸縮振動法による測定例
（ポリカーボネイト（PC）単体およびそれにグラスファイバー（CF）を混入したもの）

ついて説明する．

(1) ねじり自由減衰振動法

測定原理を図 4.1.19 に示す．繊維状あるいはフィルム，板状の試験片の上端を固定し，下端に既知の慣性能率をもつ円板をつるす．円板の端をわずかに回転して放すとねじりの自由減衰運動を生じる．その時の周期と一周期ごとの振幅を読みとる．これをもとにせん断弾性率 $G$ と対数減衰率 $\alpha_T$（粘性の程度を表す）を計算し求める．測定例を図 4.1.20 に示す．

(2) 強制伸縮振動法

測定原理を図 4.1.21 に示す．試験片の左端のアクチュエータにより正弦波の伸縮変形を与える．ロードセルでは正弦波の力が観測される．ただし両者には材料の粘弾性的性質に応じた位相角 $\delta$ が生じる．この位相角から損失正接 $\tan\delta$ が，応力とひずみの測定値から複素弾性率 $E^*$ が求められる．さらにこの両者より，動的弾性率 $E'$ および動的損失 $E''$（減衰の大きさを表す）を計算することもできる．測定例を図 4.1.22 に示す．

〈参 考 文 献〉
(1) 谷川・太田・尾形・小野・金子・小池・山田：構造材料実験法，森北出版，1988 年 4 月

## 4.2 防水性・防湿性

### 4.2.1 水の浸透性・防水性の試験

#### 1) 吸水試験

**a. 材料の吸水** 吸水は材料中の毛細管状空隙の管壁と水の間の界面張力によって材料の表面に接する水が内部に引き込まれる現象である．ある程度迅速に進行する吸水の過程では，材料の内部に空隙が水でほぼ満たされた飽和領域と，空隙のほとんどがまだ水で満たされていない乾燥領域が境界をなし，この境界面が次第に奥に移動していく．この際，吸水が進行するほど水が浸透する厚さが増え，一方吸水の原動力である界面張力は一定であるので，結果として吸水速度は減少する．

飽和領域においてもすべての空隙が水で満たされるわけではなく，通常の水中浸漬ではごく微細な空隙には水は入り込まない．また，木材のように組織の異方性が著しい材料ではどの断面を吸水面にするかによって吸水速度が異なる．

**b. 吸水試験の目的・意味** 吸水試験を通じて知り得ることはおよそ以下の3点である．

(1) 飽和吸水量
(2) 水の浸入度から見た空隙の分布状況
(3) 吸水速度

上記のうち，(1)は材料の保有可能水量という意味もあるが，むしろ材料内の空隙総量の概略値との位置づけから，材料の組織の粗密，さらには耐久性の指標として利用される場合が多い．たとえば石材の吸水率は材質の硬軟の区分（硬石，準硬石，軟石）に使われる．また粘土瓦の凍害の受けやすさは吸水率でほとんど判断できる（7%以下であれば安全）とされている．

(2)を知るためには吸水させる条件を変えた試験を行う必要があるが，材料の耐久性のより的確な指標を得ることができる．たとえば煮沸時の吸水量に対する通常の水中浸漬時の吸水量の比である飽和度は，凍結融解作用に対する抵抗性の指標として古くから用いられてきた．

(3)は材料中に吸収された水分によって部位に湿潤や腐朽，凍害などの現象がもたらされる場合に，材料が水に接する時間や水の供給状況に応じてそれらの現象が進行する危険度を正しく評価するときに有用なデータとなる．

**c. 吸水性の評価** 通常の吸水試験では吸水性の大小を吸水率で表す．吸水率には一般に吸水量（質量）を材料の乾燥質量で除した質量百分率を用いるが，飽和の度合いを表現する場合には体積百分率を用いることもある．乾燥質量が小さい木材の場合，吸水率は質量百分率では100%以上になり得るが体積百分率では100%を超えることはない．

また後に述べる一面吸水試験等で材料内部の吸水の進行過程を表現する場合には，吸水率よりも吸水面積あたりの吸水量を用いるのが適切である．

**d. 吸水試験法**

(1) 試験の手順

試験の骨子としては，何らかの標準的乾燥状態に調整した試験体の表面を一定時間水に接触させ，吸水前後の質量差から吸水量を求める．

吸水前の乾燥状態や吸水時間，水との接触状況，水温などが変われば結果が変わってしまうのでこれらは標準化する必要がある．材料によって乾燥処理の組織への影響度，吸水速度などが異なるので試験法の規格は材料の種別ごとに別個のものとなっている．詳しくはそれぞれの材料の規格を参照されたい．

(2) 試験条件の選び方

i. 乾燥状態

乾燥状態の標準として明快なのは結晶水以外の水分をすべて除去したいわゆる絶乾状態であり，材料の空隙総量の目安として吸水量を測定する目的に適している．絶乾処理としてよく知られているのは105℃程度の温度で恒量となるまで乾燥するものであるが，高温乾燥で組織や性状が変化する材料もあるので注意しなければならない．

また，通常の使用状態からの吸水量を知る目的には気乾状態を基準とする方がよい．この場合も気乾状態の調整法を標準化する必要がある．

ii. 水との接触状態

図4.2.1のような各種がある．全没法はもっとも一般的である．厳密には水深によって水圧が異なるので，水圧の影響が大きいと考えられる材料では水深を定める必要がある．半没法の利点は材料内部に空気が閉じこめられにくいこととされている．小形の試験体では時間をかければ全没法と半没法の吸水量は同程度になると考えられる．

一面吸水は吸水面に直角方向の吸水速度を正確に知るのに適した方法である．実際には材料の一端を3～5mm程度水に浸して行うことが多い．厳密を期して試

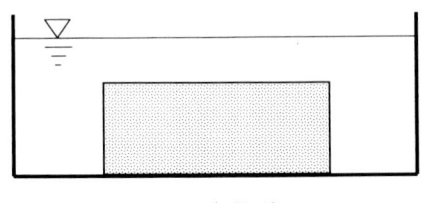

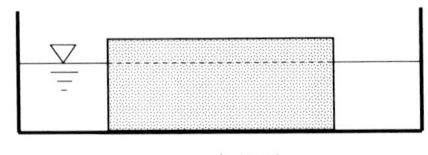

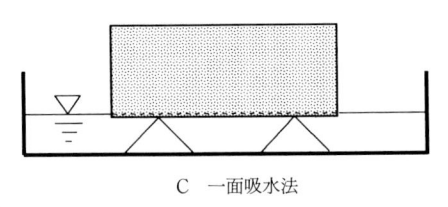

図4.2.1 各種の吸水試験法
A 全没法
B 半没法
C 一面吸水法

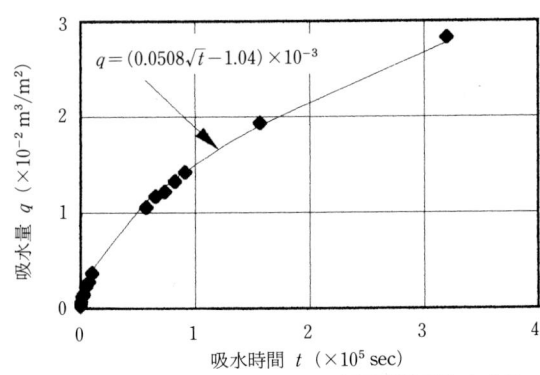

図4.2.2 コンクリートの一面吸水試験結果例（石川）
$q = (0.0508\sqrt{t} - 1.04) \times 10^{-3}$

験体の側面をシールすることもある．

図4.2.2は底面320 mm×210 mm，高さ180 mmの川砂利・川砂コンクリート直方体を試験体として，図4.2.1Cの方法で一面から吸水させ，時々吸水量を測定して通算の吸水時間 $t$（sec.）と単位吸水面積あたりの吸水量 $q$（m³/m²）の関係を調べた実験結果の一例である．この例に見られるように，通常吸水量は吸水時間の平方根に比例して増加するとみなせる場合が多い．

iii．水温その他

通常は20℃近辺の水温で試験する．水温が高いと界面張力，粘性が共に低下するが，界面張力に比して粘性の低下がより大きいので飽和領域の水の浸透が行われやすくなり，吸水は促進される．さらに煮沸水中では材料内部の空気が追い出されるため，常温水中では水が浸入し難い微細な空隙にも水が入り込む．このため煮沸吸水法は真空吸水の簡便法となり得る．

真空脱気した材料に吸水させれば完全な飽水状態を作り出せる．このため真空吸水は研究手段として広く利用される．

### 2）透水試験

**a．材料の透水**　透水は水が圧力差によって材料内部の間隙を透過する現象である．吸水は材料が飽和すれば停止するが，透水は外部からの圧力による現象なので継続して行われる．建築材料に透水をもたらす圧力としては，地下水の圧力，屋根面等に溜まった水の圧力，壁面を覆った水膜に及ぼす風圧力，雨滴の衝撃力などが考えられる．

乾燥状態の多孔質材料がこのような圧力を伴う水に接した初期には吸水と透水が同時に生ずることになる．真の透水現象を検討する場合にはあらかじめ試験体を十分飽水させてから試験する必要がある．

**b．透水試験の目的**　土の透水試験では，地表面や地中の水の動きや地盤の挙動を知る上で必要なデータとして透水性の大小を測定するのに対して，建築材料の透水試験は特に水はけの良さを目的とする材料（透水性舗装など）の場合を除くと，その材料で構成される層の水密性，防水性を知るために行われることが多い．この場合，注意すべきことは水の浸透は材料自体の組織の他に接合部や欠陥部でも生じ，通常の建築物では後者の経路からの水の浸透がより重大な影響を与えるということである．したがって，材料試験で高い透水抵抗値を示すことが，直ちにその材料で構成される層全体の防水性が高いということにはならない．密実なコンクリートはきわめて水を通しにくい材料であるが，RC造の屋根スラブに例外なく防水層が施工されるのは，ひび割れその他の欠陥部の発生が不可避であることによる．

**c．透水性の評価**

（1）透水係数

透水係数は層内の水の流れが粘性流とみなせる場合，すなわちある層の透水量が両面の圧力差に正比例するような条件での水の透過性の大小を表す数値である．一般にダルシー Darcy の透水係数として知られ，次式で定義される．

$$Q = K \frac{AH}{L}$$

ここで　$Q$：透水量（cm³/s）*1
　　　　$K$：透水係数（cm/s）

$A$：透水面積（cm²）
$H$：水頭圧（cm）
$L$：水の透過する層厚（cm）

透水係数は試験体の寸法や圧力の大きさによらない普遍的な物性値で，主に土やコンクリートについて測定されている．しかし，建築材料の透水試験では浸透流が粘性流とみなせない場合もあること，水密性の判定に際して必ずしも物性値の比較を要しないこと，材料の使用形態や負荷のレベルがある程度限定されることなどの理由で以下のような特性値で透水性の評価をすることが多い．

（2） 透水量

試験体の一面に一定の水圧を加え，所定の時間経過した後の透過水量の総量，または単位透水面積あたり・単位時間あたりの量．試験法の規定によっては厳密な意味の透水量ではなく，圧入水量という方が妥当な場合もある．

（3） 透水度，耐水度

シート状材料（防水シート等）の防水性の評価に多く用いられる．シートの一面に漸増する水圧を加え，裏面への透水が確認された時点での水圧を評価値とするもの，一定の水圧を加え裏面への透水が確認されるまでの時間を評価値とするものなどがある．

**d．透水試験方法**

（1） 透水のさせ方

一口に透水試験といっても，材料の透水性のレベルや評価値は様々なので，方法も多種多様である．唯一共通していることはある厚みを持つ試験体の両面に何らかの方法で水圧差を与えることである．比較的低い水圧で透水する材料では加圧面の上方に水柱を立てる方法が多いが，1気圧（0.1 MPa）を超えるような高い圧力差を与える場合には加圧ポンプと耐圧容器が必要である．水柱圧を用いる方法は建築用コンクリートブロック，建築用仕上塗材（図3.3.6および3.3.7参照，図3.3.6の方法は建築用コンクリートブロックの透水試験装置を仕上塗材の試験に用いたもの）について別項で紹介されているので，ここではそれ以外の透水試験法として防水モルタル用の試験装置（図4.2.3）とシート状材料の試験装置（図4.2.4）を示すにとどめる．

（2） 試験条件

前述したように厳密に透水現象を検討するためには試験体を事前吸水させ，飽水状態で試験に供すべきであるが，厚さの小さい仕上げ材料やシート状材料の試験規格では事前吸水を定めていない．したがって定常透水状態となる前の透水量（圧入水量）は吸水量を含むことになる．

水の粘性係数は水温によって相当変化するため，試験体および水温の制御は重要である．水柱圧を用いる試験では一定時間内の水柱の低下を読んで透水量を測定するが，厳密には時間と共に水圧が変化する変水圧試験となる．したがって透水量と透水性の大小は正比例しない．

試験体の水の流出側が大気に接していると，表面からの水の蒸発に伴う水の移動が材料内に生じ得る．建築用コンクリートブロックの透水試験方法では試験体を水中に浸漬して圧力差以外の水の移動要因が存在しないようにしている．

**3） 散水に対する浸透性の試験**

**a．試験の目的・意義** 吸水試験や透水試験では，材料表面が連続的に水に接する状態での浸透性を検討す

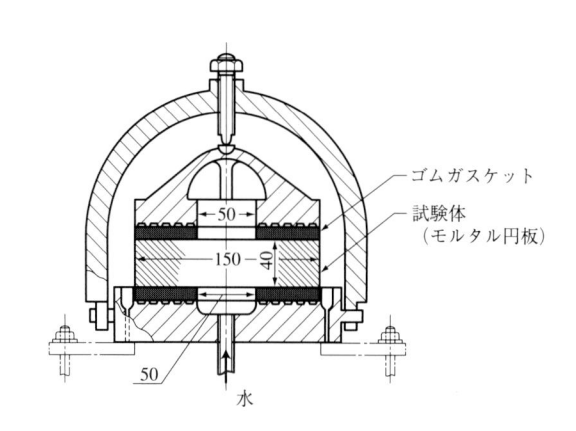

図4.2.3 モルタルの透水試験装置の一例（JIS A 1404-1994「建築用セメント防水剤の試験方法」より）

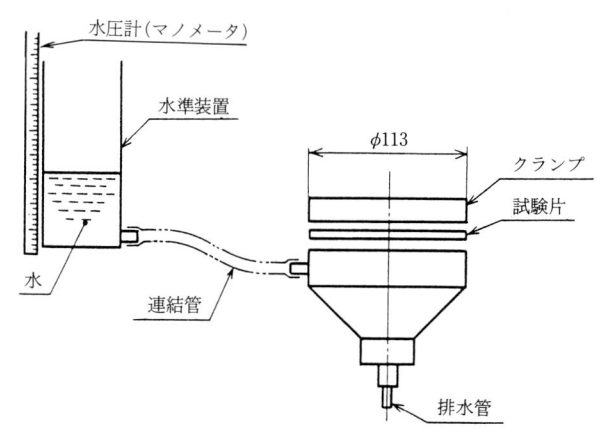

図4.2.4 シート状材料の耐水度試験装置（低水圧法）（JIS L 1092-1998「繊維製品の防水性試験方法」より）

---

*1 SI単位系で長さの基本単位はmであるが，ここではJIS A 1218「土の透水試験法」にならい，cm単位を用いた．

るがこれに対して材料表面に水滴状で供給される水の浸透や付着・流下現象を検討する試験がある．この種の試験には材料のはっ水性のように表面の水滴の形成・移動に関して材料と水の界面だけでなく，水と空気，材料と空気のそれぞれの界面が存在する状態で検討することが必須である試験，実際の降雨を一面に受ける材料内の含水進行過程を検討する目的の試験がある．

散水試験はまた材料表面の雨水流下性状，材料の欠陥部や接合間隙部における雨水の浸透現象の検討にも重要な役割を果たすが，単独，または風の作用を組み合わせて外装材の水密性試験として行われることも多い．

**b．浸透性・防水性の評価**

(1) はっ水度・湿潤度

材料表面に一定時間，一定の強さ（$ml/cm^2 \cdot min.$ など）で散水を行った後，表面に残った水滴・水膜の分布状況を観察・評価する．あらかじめ用意した何段階かの湿潤状態の比較見本と対比して採点する方法がある．

(2) 浸透量

試験体が多孔質の固体であれば，浸透した分の水は内部に保持されるので一面吸水試験と同様に評価すればよい．ただし，散水試験では単位時間あたりの浸透量はその時点における材料の吸水速度と，散水の強さのいずれか小さい方で決定される．浸透性の評価にあたってこのことに注意する必要がある．

薄膜状の材料で裏面への浸透量を検討する場合には，裏面に集水箱を設けたり，ろ紙を密着させ，吸収量を測定する方法がある．

(3) 水の付着・流下状況

散水中，散水後の試験体表面，間隙内面，裏面における付着水滴の寸法・単位面積あたり付着数，流下範囲，流下域ごとの流下水量，その他の漏出状況を測定記録する．これらの測定の対象や精粗は浸透水の及ぼす不具合に占める危険度に応じて適切に選定する．

**c．試験方法および条件**　散水試験で最も重要なのは均一で再現性のある散水状態を実現することである．また，降雨を想定した散水を行う場合は試験の目的に応じて降雨強度や雨滴の大きさ，落下速度などの降雨特性をできるだけ現実的なものに近づける必要がある．散水装置として一般に用いられるスプレーノズルでは，散水強さを増すために噴霧水圧を高めると噴霧水滴が細かくなるが，これは降雨の特性とは逆である．降雨強度ごとにノズルの孔径や噴霧水圧を適正に選定することがよい．

散水の強さに関しては，一般に大きいほど厳しい試験条件になると考えられがちだが，ある程度以上の強さになると試験体表面が連続した水膜で覆われ，空気と材料の界面が存在しなくなるために散水試験の意義が薄れ，また鉛直面では水の流下速度が増すために側方への回り込み傾向が軽減されて必ずしも厳しい負荷にならない場合もある．降雨を想定する場合も無意味に降雨強度の極値の再現を計るよりは，ある程度以上の頻度で生じ得る降雨強度の範囲で試験条件を選ぶ方がむしろ適切な情報が得られる．

水質について，繊維製品の防水性の試験規格では特に重要であるとして蒸留水またはイオン交換水の使用を規定するものが多いが，外装材の防水性の検討を目的とする試験では水道水で十分と考えられる．

**4) 部材・部位の防水性の試験**

**a．試験の目的・意義**　部材・部位は多種・多様な材料の組み合わせからなるので，これらの間に様々な納まりが存在し，また何段階もの施工のプロセスを経るうちに，予期せぬ欠陥が発生することがある．これらの防水性への影響を図面と材料試験のデータだけから予知することは困難なので，より的確な情報が必要とされる場合，部材・部位レベルでの防水性の試験が行われる．

防水性が重視される部位（屋根・外壁・開口部・浴室等）の構法を防水機構の点から大別すると，材料相互の組み合わせ部分に水の浸透し得る隙間が存在するものと，防水膜（メンブレン）の形成やシーリング材の充填により止水ラインの連続化を図るものに分かれる．防水性の試験により，前者の構法では間隙部からの浸水によって不具合がもたらされるようになる試験負荷の限度値（水密圧力差など）を測定し，各部の納まり構法を改善する手がかりを得る．

これに対して後者の構法では試験体というサンプルを通じて防水材料の適用の有効性を確認することになる．後者の試験結果の評価で注意しなければならないのは，試験体は通常施工直後で経年劣化や挙動の影響を受けていない状態で試験に供され，また，施工自体も建築現場での実態に比較して入念に行われがちであるため，実際の使用状態で不具合を生ずるおそれの大きい構法でも試験では良好な成績を示し，構法の優劣の差が明確に出にくいということである．

試験負荷の選定にあたっては，試験対象部位の適用さ

れる環境条件，使用条件を的確に把握する．降雨負荷に関しては降水量，降雨時風速の再現期待値，壁面雨量，作用風圧に関する既往の知見に基づいて合理的な条件設定を行うべきである．

**b．試験方法** 部材・部位の防水性に関する主要な試験方法として以下のものがある．

（1）水張り試験

メンブレン防水を施工した部位面に水を溜めて漏水のないことを確認する試験．不具合を生じやすい納まり箇所への材料・工法の適用性や施工技術を確認する目的で行われるモックアップ（実大部分模型）による試験の他，実際に施工した防水層，水槽，プールなどの完工検査の目的でも行われる．

（2）散水試験

試験体の全面あるいは局部に，ノズルや散水管から水の噴流を当て，漏水の状況を調べる．屋内の防水部位やガラリの試験に利用される．簡便さが最大の特徴．散水量，水滴寸法，噴霧圧などを極力定量化し，再現性のある試験法とすることが望ましい．

（3）圧力箱方式による水密性試験

外壁材，屋根材，サッシ，カーテンウォール等の外装部位の強風雨に対する防水性を調べることを目的とする．気密圧力箱の一面に試験体を取り付け，箱内のノズルから降雨に相当する散水を行いながら，箱内に空気を圧入し，風圧力に相当する圧力差を試験体前後に作用させる．圧力は定常圧を用いる場合と風の息を考慮した脈動圧を用いる場合があり，JIS規格では後者が多く採用されている．この試験では段階的に圧力差を高めて行き，隙間からの漏水や吹き出しが生じる境目の圧力差（水密圧力差）を決定する．

この試験法は試験体全面に均等な負荷が加わり，再現性に優れているため標準試験法に採用されているが，圧力箱内に気流が存在しないため，強風下での外装材表面近傍の雨滴や流下水の振舞いが再現されないという問題点も指摘されている．

（4）送風・散水試験

同じく外装部位の防水性の試験に適用される．実際に試験体面に送風と散水を行って模擬的な強風雨状態を作り出すもので，装置の形態や規模は様々なものがある．圧力箱方式に比べて強風雨下の外装材表面付近の気流や雨水の状況の再現性は優れているが，試験体面上の負荷が不均一で試験体の寸法によっても変化する，装置間の

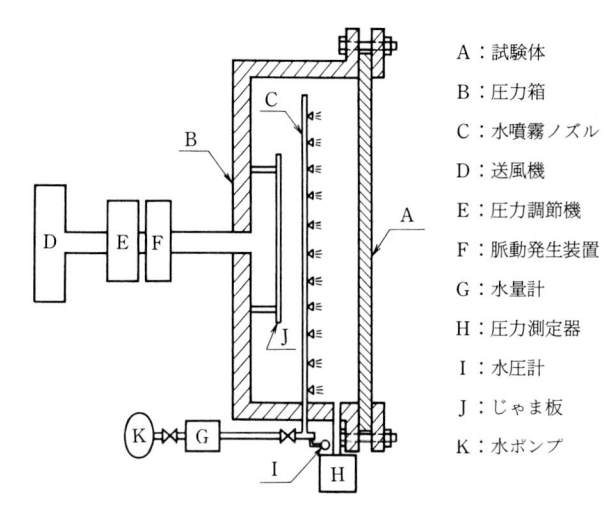

A：試験体
B：圧力箱
C：水噴霧ノズル
D：送風機
E：圧力調節機
F：脈動発生装置
G：水量計
H：圧力測定器
I：水圧計
J：じゃま板
K：水ポンプ

図4.2.5 パネルの水密性能試験装置（圧力箱方式の例）（JIS A 1414-1994「建築用構成材（パネル）およびその構造部分の性能試験方法」より）

差が著しいなどの問題点がある．

**c．試験条件** 部材・部位の試験は試験体が大形で経費を要する．試験を行う以上できるだけ多くの情報が得られるような工夫をすべきである．試験体として実構法の図面通りの模型を作成し，そのままの形で試験しても得られる情報は少ない．経年劣化や挙動の繰り返し，あるいは施工の精度や管理の状態によって欠陥の発生が予測される材料・部材が使用されている構法では，試験体に想定される欠陥を人為的に再現して試験を行うことにより多くの示唆が得られる．また，下葺き材，防水紙などの2次防水層を含む構法についてはこれらを撤去した状態，あるいは実際の材料に替えて透明シートを用いた状態で試験するなどの方法が考えられる．

複数の層で構成される部位（たとえば勾配屋根層）の防水性を圧力箱方式で試験する場合，下地の通気条件や剛性が試験結果に著しく影響することに注意する必要がある．可能であれば試験後に試験体を解体し，内部の浸水状態を調べることは浸水経路や浸水程度を知る上でよい参考になる．

### 4.2.2 防湿性の試験

湿気による建物の被害の状況は，その構造や材料によって異なるばかりでなく，周囲の環境や建物の使われ方によっても異なる．建物の湿気による被害原因の水分には，室内での蒸発水分，大気中の水分，工事用水の残留水分，地盤からの蒸発水分，雨水または漏水などがある．

これらの水分は水蒸気となって建物各部へ拡散し，環

境条件によっては再び凝縮して結露水となり被害を及ぼすこととなる．ここでは，建築材料の防湿性にかかわる試験として透湿特性と吸放湿特性の試験について解説する．

### A. 透湿性・断湿性

建築材料の透湿・断湿特性値の透湿率や透湿抵抗の測定法は種々考案されているが，ここでは，透湿カップ法，透湿箱法と呼ばれる2つの代表的な方法を解説する．いずれも塩飽和溶液の恒湿性を利用するもので，塩飽和溶液は塩の種類ごとに固有の平衡水蒸気圧をもち，溶液面上部の水蒸気圧がそれより高いと吸湿し低いと蒸発する．

**a. 透湿カップ法** 図4.2.6は透湿カップの例である．透湿カップに塩化カルシウム結晶（0%RH，乾式カップ）または塩飽和溶液（塩結晶共存，湿式カップ）を入れて，試料でふたをする形で取り付け，その縁は封蝋して溶液への湿流がすべて試料を通るようにする．溶液が吸湿となるように溶液平衡水蒸気圧より高い水蒸気圧の恒温恒湿槽内にカップを置いて，その重量増加が単位時間当たり一定の定常状態になるまで秤量を続ける．カップ重量の増加は溶液が吸収した水蒸気量であり，試料の透湿量にほかならない．試料の透湿抵抗 $Rv$ の算出は下式による．

$$Rv = (Pa - Ps) \cdot At/M - \Sigma r_v \quad (\mathrm{m^2 \cdot h \cdot Pa/g})$$

ここに　$M$：透湿量　（g/h）
　　　　$Pa$：恒温恒湿環境の水蒸気圧　（Pa）
　　　　$Ps$：カップ内塩飽和溶液の平衡水蒸気圧（Pa）
　　　　$At$：試料の透湿面積　（m²）
　　　　$\Sigma r_v = r_{v1} + r_{v2} + r_{v3}$
　　　　$r_{v1}$：試料の上面の湿気伝達抵抗
　　　　$r_{v2}$：試料と溶液間空気層の湿気伝導抵抗
　　　　$r_{v3}$：溶液の水蒸気吸収に伴う表面温度上昇と濃度希釈に対する等価抵抗

$\Sigma r_v$ 各項の値を確定することは容易ではないので，次の方法で $\Sigma r_v$ の値を一括求める．同質試料を2枚重ねた場合について，形状材質の同じカップを用いて，試料上面の気流状態と溶液深さおよび共存結晶の深さを同一にして，同時に試験を行い次式より $Rv$ 値を求める．

$$Rv = (Pa - Ps) \cdot At \cdot (1/M_2 - 1/M_1)$$
$$\Sigma r_v = (Pa - Ps) \cdot At \cdot (2/M_1 - 1/M_2)$$

ここに　$M_1$：試料1枚の場合の透湿量　（g/h）
　　　　$M_2$：試料2枚重ねの場合の透湿量　（g/h）

厚さ $d(\mathrm{m})$ の均質な材料については次式により湿気伝導率（透湿率）$\mu$ を求める．$\mu = d/Rv\,[\mathrm{g/(m \cdot h \cdot Pa)}]$

**b. 透湿箱法（2箱法）** 図4.2.7は透湿箱法による測定装置の例である．測定原理はカップ法とほぼ同じで，両ボックスの2種塩飽和溶液重量の単位時間当たりの増減分が等しく，かつ一定となったときの値を透湿量 $M(\mathrm{g/h})$ として採り，次式から透湿抵抗 $Rv$ を求める．

$$Rv = (P_{S1} - P_{S2}) \cdot At/M - \Sigma r_v \quad (\mathrm{m^2 \cdot h \cdot Pa/g})$$

ここに　$P_{S1}$：高湿（蒸発）側塩飽和溶液平衡蒸気圧（Pa）
　　　　$P_{S2}$：低湿（吸収）側塩飽和溶液平衡蒸気圧（Pa）

$$\Sigma r_v = r_{ta1} + r_{ta2}$$
$$\quad + A_t\{(r_{sa1}+r_{ss1})/A_{s1}+(r_{sa2}+r_{ss2})/A_{s2}\}$$

　　　　$A_t$，$A_{s1}$，$A_{s2}$：試料，高湿，低湿2溶液の面積（m²）
　　　　$r_{ta1}$，$r_{ta2}$：試料両表の湿気伝達抵抗

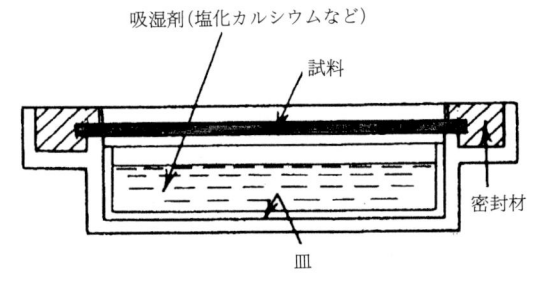

**図4.2.6 透湿カップの一例**

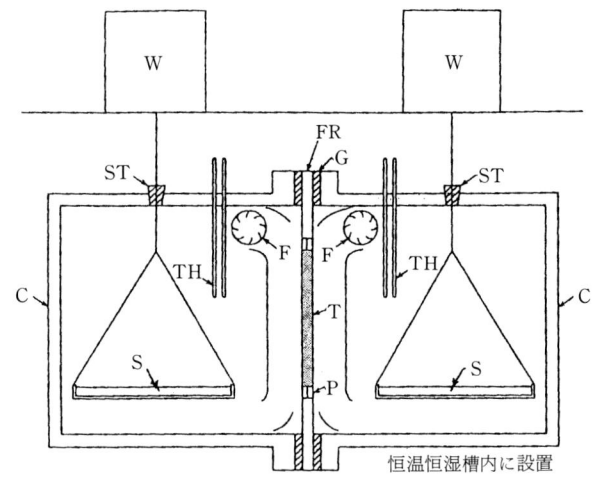

**図4.2.7 2箱法による透湿測定装置**

T：試料　C：透湿試験箱　FR：試料取り付け枠　S：塩飽和溶液
W：天秤（床下秤量）　F：撹拌用ファン　TH：温湿度センサー
P：シール材　G：ゴムパッキング　ST：密閉型栓

$r_{ss1}$, $r_{ss2}$：両溶液の水蒸気吸収に伴う表面温度上昇と濃度変化による等価抵抗

カップ法同様に 2 枚重ね試料による試験を行うことによって $\Sigma r_v$ を求めることができる．また，両側の箱内水蒸気圧をよく較正された湿度センサで測定し $P_{s1}$, $P_{s2}$ に採用すれば $\Sigma r_v$ の第 3 項は考慮の必要がなくなる．

カップ法，透湿箱法とも試料面積がおおむね 0.005～0.025 m² の範囲で用いられるが，実大壁体など大型試料も透湿箱法類似の方法で湿気貫流試験が可能である．ただし，この場合試料の透湿量は，液超音波加湿器で箱内湿度を一定に制御し，加湿器への供給水量と同量とする．

### B. 吸放湿性・調湿性

金属材料を除き，ほとんどの建築材料は吸放湿性がある．特に連続空隙の多孔質材料は吸放湿性が大きく，湿度変動を抑制する効果があり，室内湿度変動の平坦化，あるいは結露回避に利用できるものと期待されている．これらの多孔質材料の特性を調湿性と呼ぶことがある．

吸放湿性にかかわる重要な特性は，平衡含湿率の相対湿度特性である．材料の含湿状態は質量含湿率，容積含湿率など表示方法がある．容積含湿率は次式で表される．

$$\text{容積含湿率} = \frac{\text{含湿状態質量} - \text{基準乾燥質量}}{\text{見かけ体積}} \quad \begin{array}{c}(\text{kg/m}^3)\\(\times 0.1\%)\end{array}$$

基準乾燥質量の測定方法は材料によって多少異なるが，JIS では，おおむね 105℃ または 110℃ で一定値となるまで加熱乾燥したときの質量を採用することになっているが，真空装置や乾燥剤による方法もある．

平衡含湿率の相対湿度特性は次のようにして得られる．環境湿度と水分吸着が平衡状態における試料の質量を温度一定下で環境湿度を変えて測定し，相対湿度 $H$ と平衡容積含湿率 $M_w$ の関係を求める．相対湿度は 0%（基準乾燥）から 95% 程度まで 15～20% 刻みに 0% 以外に 5 点以上設定し，低湿から高湿へと変化させ吸湿過程の試験とする．

同様に高湿から低湿へ変化させて放湿過程の場合の試験を引き続き行う．試料の大きさは面積約 5 cm×5 cm で厚さ 3～5 mm 程度が適当である．試料の置かれる環境湿度の設定は塩飽和溶液入りの皿を設置した密閉容器（デシケータなど）を用いるかまたは任意湿度発生装置を用いる．

一般的に含湿率にはヒステリシスがあり，吸湿過程と放湿過程では同一湿度でも含湿率に違いがある．

含湿率 $M_w$ を相対湿度 $H$ の関数として測定値を満足する滑らかな曲線の数式で表し，さらに $M_w$ を $H$ で微分して材料 1 m³ 当たりの湿気容量 $C_w$ を求める．$C_w$ は吸放湿に関する計算に不可欠の湿気物性である．

多孔質材料の調湿性能は，材料内湿気拡散現象がきわめて複雑なため数値で表すことは困難であるが，大雑把には湿気容量が大きくかつ透湿率も大きいほどよいと言える．また，平衡含湿率測定の際，ある環境湿度に平衡している試料を別の湿度にステップさせたときの含湿率の時間的応答特性を計測すれば調湿性能の判定試料となる．

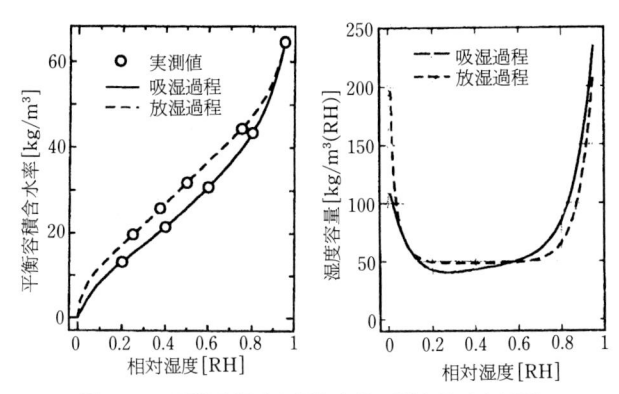

図 4.2.8 平衡含湿率と湿気容量の測定例（すぎ材）

## 4.3 断熱・保温性

建築物の断熱・保温設計は定常伝熱計算による場合と建築材料の熱容量の効果を考慮して非定常伝熱計算による場合がある．ここでは，通常の断熱・保温設計に用いられる材料の熱的物性値である熱伝導抵抗，熱伝導率，熱拡散率，比熱などの測定方法について解説する．

これらの熱的物性値の測定には温度測定が欠かせないので前もって若干の解説を行っている．

### 4.3.1 熱伝導性試験

建築材料の熱伝導抵抗および熱伝導率の測定方法は，比較法と直接法に大別され，さらに試料の形状によって，平板法と円筒法に分類されるが，このうちで，最も一般に採用されている方法は，あらかじめ熱伝導抵抗の測定された標準板を使用する平板試料による比較法である．

#### A. 温度測定

工学実験には温度測定を必要とすることが多いが，その方法は他種多様であり，必要な測定精度，必要データ量と連続性，測定場所など測定目的を考慮して適切な方法が選択されなければならない．測定原理別におもな測定法を挙げると次のものがある．

ⅰ）物質の温度による膨張収縮
　　棒状温度計，バイメタル温度計など
ⅱ）金属の電気抵抗の温度による変化
　　白金抵抗体，サーミスタなどの測温抵抗体
ⅲ）赤外線放射強度の温度による変化
　　赤外線センサによる非接触型測定，熱画像の撮影
ⅳ）熱電対の熱起電力の温度による変化
　　T（銅—コンスタンタン），R（白金ロジウム—白金，ロジウム含有率によりB，S），K（クロメル—アルメル）などがある．

熱物性試験用に材料表面温度の多点測定を要する場合には，熱電対による方法が一般的に用いられる．2種一対の金属線の先端同士を接続したループ状回路の2接続点間の温度差によって生じる熱起電力（ゼーベック効果）を利用する方法である．常温においてはT（熱起電力約 0.04 mV/K）が多用されている．

#### B. 比 較 法

平板比較法の測定装置のおもな構成を図4.3.2に示

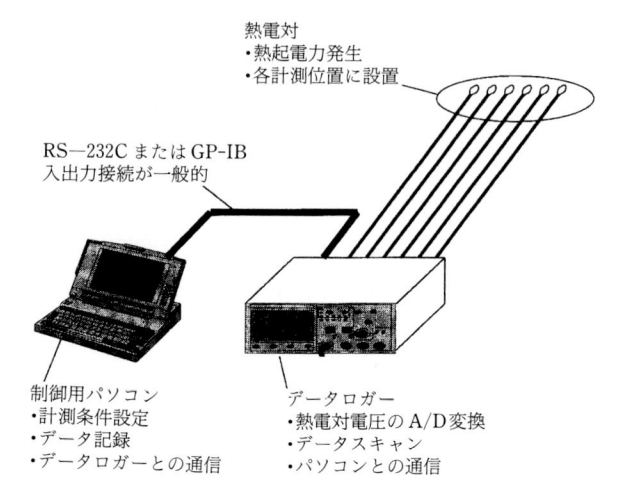

図4.3.1　熱電対による温度測定ダイヤグラム

す．下部から冷却源（C），冷却板（$P_c$），標準板（S），試料（T），加熱板（$P_h$），加熱源（H）の順に水平に重ね，しっかりと安定させたものである．必要に応じ標準板と試料を逆順にしてもよい．試料と標準板を通過する熱流を等しいとする方法である．

熱流は加熱板から試料ならびに熱伝導抵抗既知の標準板を通って冷却板に流れる．各測定点の温度（$\theta_1 \sim \theta_4$）が定常状態に達したところで，それらの測定結果より次式によって試料の熱伝導抵抗を求める．

$$R_c = R_s \cdot (\theta_1 - \theta_2)/(\theta_3 - \theta_4)$$

ここに　　$R_c$：試料の熱伝導抵抗（$m^2 \cdot K/W$）
　　　　　$R_s$：標準板の熱伝導抵抗（$m^2 \cdot K/W$）
　　　　$\theta_1 - \theta_2$：試料の両表面の温度差（K）
　　　　$\theta_3 - \theta_4$：標準板両表面の温度差（K）

均質な試料については下式より熱伝導率を求める．

$$\lambda = d/R_c$$

ここに　$\lambda$：試料の熱伝導率〔W/(m・K)〕
　　　　$d$：試料の厚さ（m）

この方法は定常法であるから，試料ならびに標準板を通る熱流の変動を極力抑制することが必要で，加熱源お

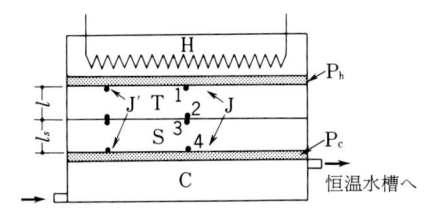

H：加熱源，$P_h$：加熱板，T：試料，
S：標準板，$P_c$：冷却板，C：冷却源，
J：測定用熱電対，J'：監視用熱電対

図4.3.2　平板比較法による熱伝導抵抗測定装置の概要

よび冷却源（恒温水の循環など）の温度調節を厳密に行わないとそれだけ精度が低下する．

また，この方法は標準板の熱伝導抵抗は別の方法で正確に測定しておく必要がある．標準板はできる限り経年変化が少なく，熱や湿気による変形や変質のないものを選ぶ．普通，厚手の磨き板ガラスを使用することが多いが，それ自体の熱伝導抵抗が比較的小さいため，断熱性のよい試料の場合には，式中の $\theta_1-\theta_2$ と $\theta_3-\theta_4$ の値に開きがありすぎると測定精度が落ちる．そのようなときはゴム板または気泡樹脂板などを補助標準板として用いることがある．なお，この方法では試料周辺の端効果による誤差は比較的少ないが，それでも試料の1辺の長さに比べて厚さが大きくなると誤差が増大する．しかし，あまり試料が大きくなると，加熱源や冷却源も大きくなり，表面温度一様のものを作製することが難しくなる．そうした点を考慮して，一般に試料の1辺の長さは20～30 cmとし，厚さはその10分の1以下で1～3 cm程度のものを採用する．また，多孔質材料の熱伝導抵抗は熱流の方向によって異なることがあるので，材料が実際に使用される状態に即して試験時の熱流方向を決定すべきである．一般に多孔質材料では加熱源と冷却源の位置を上下入れ替えた場合について測定し，その平均を採る．

以上，要するにこの方法では，加熱源・冷却源の温度制御および表面温度の均一化，試料に関する端効果の除去ならびに試料と標準板の接触の良否などが測定精度に直接影響することになるので，これらの点に十分留意しなければならない．

### C. 直接法

直接法は，試料の通過熱流を電力による熱源の発熱量より直接求める方法を指している．ここでは，代表例として平板直接法，円筒法ならびに較正熱箱法について解説する．これらは試料の形状，寸法によって選択される．

**a. 平板直接法** この方法の概要を図4.3.3に示す．図中(a)は同一品質の2枚の試料を用いる方法で，2枚の試料の間に加熱源内蔵の加熱板を挟み，さらにその両表面を2組の冷却板および冷却源でそれぞれ冷却して，加熱板より左右2枚の試料を通してそれぞれ冷却板に向かう熱流を生じさせる．熱流が定常化し，2枚の試料の表面温度が一定になるのをまって，電力測定結果より，主熱源の発熱量 $Q$ を求め，次式より試料の熱伝導抵抗 $R_c$ を求める．

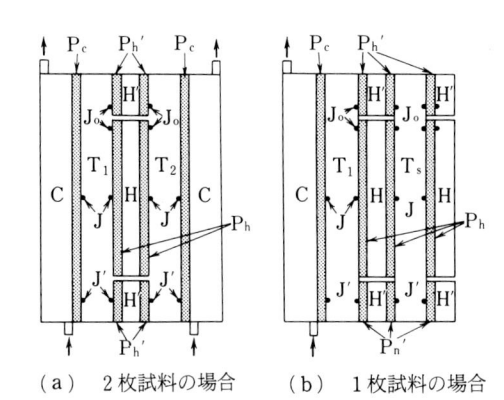

$$R_c = \Delta\theta \cdot 2A/Q$$

ここに　$R_c$：試料の熱伝導抵抗（$m^2 \cdot K/W$）

$\Delta\theta$：2枚の試料の両表面温度差の平均値（K）

$A$：主熱源の面積（$m^2$）

$Q$：主熱源の発生熱量（W）

均質な試料の場合，比較法と同様に熱伝導率を求める．

この測定方法で特に注意すべき点は，試料周辺部よりの熱損失を極力防止することである．そのため保護熱源の出力を調整し，主熱板と保護熱板の温度を同一となるようにする．また，比較法の場合と同様に加熱源および冷却源の温度抑制ならびに表面温度の均一化にも十分注意する必要がある．なお，通常この装置は加熱源を中心として垂直に設置して測定する．

図4.3.3(b)は1枚の試料によって測定する場合で，第1の加熱源の一方の側に適当な断熱材を挟んで第2の加熱源を置き，その相対する面の温度 $\theta_{h1}, \theta_{h2}$ を等しく保てば，第1の加熱源より発生した熱量はすべて試料を通ることとなり，上式の $2A$ を $A$ に置き換えて適用する．

なお，密度や厚さによって熱伝導率の異なる試料については，その特性を表示すべきである．

**b. 円筒試料による直接法** 水または蒸気などの輸送管の円筒状保温材料の試験に多く適用される測定法である．

図4.3.4に示すように，陶磁器管などにニクロム線を巻いて作った加熱棒（市販のシースヒータでもよい）を

(a) 2枚試料の場合　(b) 1枚試料の場合

H：主熱源，H'：保護熱源，$P_h$：主熱板，$P_h'$：保護熱板，$T_1, T_2$：試料，$P_c$：冷却板，C：冷却源，J：測定用熱電対，J'：監視用熱電対，$J_0$：示差熱電対列，$T_s$：断熱材

**図4.3.3　直接法による熱伝導抵抗測定装置の概要**

金属管の中央に通し，金属管の外周を測定試料で均等厚さに被覆し，熱流が定常状態となったのち供給熱量と試料内外表面温度を測定して，次式より熱伝導抵抗 $R_c$ を求める．

$$R_c = 2\pi d \cdot L \cdot \Delta\theta / \{Q \cdot \ln(r_2/r_1)\} \quad (\text{m}^2\cdot\text{K/W})$$

ここに　　$Q$：供給熱量（W）

　　　　　$\Delta\theta$：円筒材料の内外表面温度差（K）

　　　　　$r_1, r_2$：円筒材料の内径，外径（m）

　　　　　$d$：円筒材料の厚さ，$r_2 - r_1$（m）

　　　　　$L$：円筒材料の測定長さ（m）

この方法では，円筒の両端からの熱損失が誤差の原因となるが，円筒試料および加熱棒の長さを十分長くとれば誤差は小さくなる．長さ1mの試料を用いて誤差を1％以下にとどめるためには試料の外径を約16cm以下に，内径を4cm以下にとって，試料の中央部約85cm以内の部分の表面温度を測定すればよい．また，厳密な補正を要する場合は，加熱棒の両端に平板直接法と同様の原理に基づいて保護加熱棒を設ける（図4.3.3(b)）．

**c. 較正熱箱法**　中空層，通気層のある壁体や熱橋の伝熱特性を実験検討しようとする場合，上述の比較法や直接法では対応が困難となる．較正熱箱法は，実際に使用される厚さをもった単一材料または複合材料を試料としてその熱伝導抵抗または熱貫流抵抗をありのままの状態で測定するために考案されたものである．

較正熱箱法の測定原理は，図4.3.5に示すように恒温室に設置された加熱箱の1面に試料を取り付け，自然対流に近い条件で定常状態において試料を通る熱量と試験体内外の表面温度または加熱箱内外の気温を測定することによって，試料の熱伝導抵抗または熱貫流抵抗を求めるものである．

試験に先立って，加熱箱に熱伝導抵抗既知の標準材料を試料位置に取り付け，加熱箱内発生量から標準材料を通過する熱量を差し引いて加熱箱周壁（試料取付け面以外の5面）から流出する熱量を求め，そのときの加熱箱内外温度差との関係をとって較正線図を描く．

試料を加熱箱に取り付けた場合に試料を通過する熱量 $Q$ は，加熱箱内外温度差を測定してこの較正線図より加熱箱周壁から流出する熱量を求めることにより下式から算出される．

$$Q = Q_h - Q_w \quad (\text{W})$$

ここに　$Q_h = P_1 + P_2 = Q_h + I_1 \cdot E_1 + I_2 \cdot E_2 \cdot \phi$

　　　　$Q_h$：加熱箱内発生熱量（W）

　　　　$P_1$：加熱用ヒーター電力（W）

　　　　$P_2$：送風機電力（W）

　　　　$E_1, E_2$：ヒーターおよび送風機の電圧（V）

　　　　$I_1, I_2$：ヒーターおよび送風機の電流（A）

　　　　$\phi$：送風機用モーターの力率

$$Q_w = Q_h - \Delta\theta \cdot A / R_s = Q_h - \lambda_s \cdot \Delta\theta \cdot A / d$$

　　　　：加熱箱周壁からの流出熱量（W）

　　　　$\Delta\theta$：標準材料の内外表面温度差（K）

　　　　$A$：加熱箱開口部の面積（m²）

　　　　$R_s$：標準材料の熱伝導抵抗（m²·K/W）

　　　　$\lambda_s$：標準材料の熱伝導率〔W/(m·K)〕

　　　　$d$：標準材料の厚さ（m）

下式より試料の熱伝導抵抗 $R_c$ が求められる．

$$R_c = \Delta\theta \cdot A / Q \quad (\text{m}^2\cdot\text{K/W})$$

ここに　$\Delta\theta$：試料の両表面温度差（K）

なお，試料の表面温度が測定できない場合は，試料両側の空気温度を測定して下式により熱貫流抵抗 $R_k$ で表す．

$$R_k = 1/k = \Delta\theta a \cdot A / Q \quad (\text{m}^2\cdot\text{K/W})$$

ここに　$k$：熱貫流率〔W/(m²·K)〕

　　　　$\Delta\theta a$：試料両側空気の温度差（K）

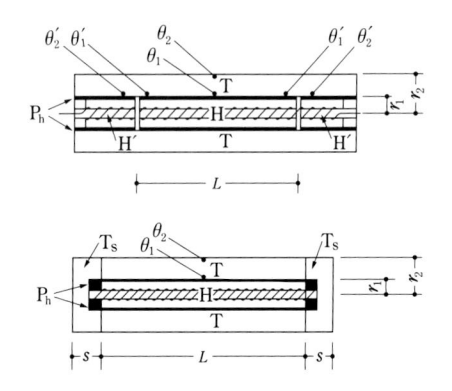

**図4.3.4　円筒試料の直接法による熱伝導抵抗測定装置の概要**

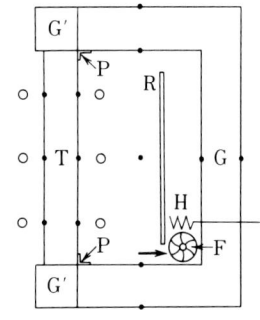

G：加熱箱，G′：取付け保護枠，T：試料，F：かくはん用送風機，H：ヒーター，R：断熱・整流板，P：試料取付け具，•：熱電対による表面温度測定位置，○：熱電対による気温測定位置

**図4.3.5　較正熱箱法による熱伝導抵抗測定装置の概要**

加熱箱の周壁は気密で，透湿抵抗が大きく，断熱性の優れた構造とし，内部には加熱用ヒーターと撹拌用送風機を内蔵する．ヒーターはシースヒーター，フィンヒーターおよび面発熱体などで，その表面温度をなるべく低く保つことができるものを用いる．撹拌用送風機は試料面との間にヒーターから放射熱遮断を兼ねた整流板を取り付け，気流が試料面に沿って一様に流れるようにする．加熱箱の内表面のうち試料に面する部分は，黒度の高い仕上げとする．断熱性の低い試料の場合，$\Delta\theta a$ は放射による伝熱を考慮した環境温度の差を採ることがある．

### 4.3.2 動的熱特性試験

#### A. 熱拡散率の測定

均質材料内の一次元非定常熱伝導方程式は次式で表される．

$$\frac{\partial \theta}{\partial t} = a \frac{\partial^2 \theta}{\partial t^2},$$

$$a = \lambda/(c \cdot \rho)$$

ここに　　$\theta$：試料内温度（K）

$t$：時間（h）

$a$：熱拡散率（$m^2/h$）

$\lambda$：熱伝導率〔$W/(m \cdot h \cdot K)$〕

$c$：比熱〔$W \cdot h/(kg \cdot K)$〕

$\rho$：密度（$kg/m^3$）

$c \cdot \rho$：容積比熱〔$W \cdot h/(m^3 \cdot K)$〕

〔$\times 3.6\ kJ/(m^3 \cdot K)$〕

実験試料に一次元変動熱流をあたえ，試料各部の温度変動の試験結果と上式の解が一致する熱拡散率 $a$ の値を求める．その方法の一例を示す．

恒温室内において図 4.3.6 のような周期的温度波法によって測定する．測定装置は加熱源・加熱板および冷却板よりなり，加熱源には温度波発生装置が接続する．

測定にあたっては寸法や密度ができる限り同一の複数枚試料の両表面中央部に熱電対をはり付けたものを積層し，下から冷却板，試料，加熱板，加熱源の順に重ねてしっかりと固定させる．温度波発生装置によって一定周期の正弦波形の温度波を発生させ，試料の各部の温度変動が定常状態となったのちに，積層した試料の第一層の両表面温度の変動波形を測定し，温度波の振幅比および位相差から次式によって熱拡散率 $a$（$m^2/h$）を求める．

$$a = \pi d^2/[\tau \cdot \{\ln(\Theta_2/\Theta_1)\}^2] = \tau \cdot d^2/(4\pi \cdot \phi^2)$$

ここに　　$d$：試料の厚さ（m）

$\tau$：温度波の周期（h）

$\Theta_2/\Theta_1$：試料両面の温度波の振幅比

$\phi$：試料両面の温度波の位相差（h）

また，試料の比熱 $c$〔$W \cdot h/(kg \cdot K)$〕および密度 $\rho$（$kg/m^3$）が既知の場合，次式から熱伝導率 $\lambda$ が求められる．

$$\lambda = c \cdot \rho \cdot a \ \ [W/(m \cdot K)]$$

上記の熱拡散率は，一次元非定常熱伝導方程式の半無限体の場合の解を利用しているので，試料の積層全厚は加熱板の 1 辺の長さ以上の十分な厚さとし，端部は図のように断熱材で包んで誤差を小さくする．また，温度波の周期の選定（1～2 時間が適当）と周期的定常の判定は注意深く行うことを要する．

#### B. 比熱の測定

建築材料の比熱を測定する方法のうち，液体混合法について解説する．測定装置は図 4.3.7 のように，熱量計・撹拌器・水ジャケット（断熱水槽），加熱器ならびに温度測定機器よりなる．

比熱の測定手順は下記のとおりである．

a. 封入容器に試料を充填して質量を測定し，封入容器の質量を差し引いて試料の質量を計る．

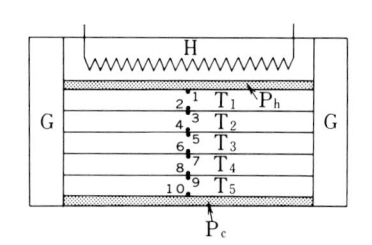

H：加熱源，$P_h$：加熱板，G：保護断熱材，$T_1$〜$T_5$：試料，$P_c$：冷却板，・：熱電対による温度測定位置

**図 4.3.6　周期的温度波法による熱拡散率測定装置の概要**

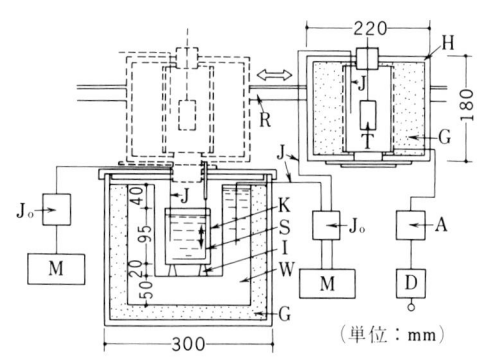

H：加熱器，W：水ジャケット，T：試料，J：熱電対，A：電力調節器，$J_0$：基準接点，D：電源安定装置，M：温度測定器，R：加熱器移動用レール，G：断熱材，K：熱量計，S：撹拌器，I：支持台

**図 4.3.7　液体混合法による比熱測定装置の概要**

b. 試料封入容器を加熱器内に移し，約90°Cにて定常となるまで加熱する．

c. 熱量計内約20°Cの蒸留水を入れ，熱量計の質量を差し引いて水の質量を測定する．

d. 熱量計を水ジャケットに接触しないように支持台に載せて水ジャケット中央に置いてふたをする．

e. 熱量計内を撹拌しながら，熱量計および水ジャケットの水温を30秒間隔で5分間測定する．

f. 水ジャケットのふたの上栓を取り，加熱器を熱量計の上に移動し，底ぶたを開けて手早く試料封入容器を熱量計内の水中に移したのち上栓を閉じる．

g. 熱量計内を撹拌しながら，水温が最高温度に達するまで20〜30秒間隔で測定し，最高温度に達したのち1分間隔で10分間以上測定を行う．そのとき水ジャケットの水温も同時に測定する．

h. 熱量計の放散熱量に対する補正を行う．

i. 試料の比熱を次式により求める．
$$C = \{C_w \cdot (W_w + w) \cdot (\theta - \theta_2) / (\theta_1 - \theta) - W_c C_c\} / W_1$$

ここに　$C$：温度範囲 $\theta_1 \sim \theta$ における試料の平均比熱〔W·h/(kg·K)〕，〔×3.6 kJ/(kg·K)〕

$W_1$：試料の質量（kg）

$\theta_1$：試料・封入容器の加熱後温度（K）

$\theta$：補正をした熱量計内の水温（K）

$\theta_2$：試料・封入容器を熱量計内に入れる直前の熱量計内の水温（K）

$W_w$：熱量計内の水の質量（kg）

$w$：熱量計および撹拌器の水当量（kg）

$C_w$：熱量計内蒸留水の比熱〔1.163 W·h/(kg·K)〕

$W_c \cdot C_c$：封入容器の熱容量（W·h/K），（kJ/K）

j. 熱量計ならびに撹拌器の水当量 $w$ は，比熱が既知の標準試料の測定によってあらかじめ求めておく．また，試料封入容器の熱容量は計算によるか，空の封入容器について上記と同一の測定手順によって求められる．

なお，含水状態の試料など2種類以上の混合物の比熱は，各々の物質の比熱の質量に対する加重平均で表される．

## 4.4 官能検査

### 4.4.1 官能検査とは

建築材料の強度や耐久性などの品質は，理化学的試験によって評価されている．一方人間が視覚，聴覚，皮膚感覚，嗅覚，味覚などで感じる快適感や不快感などの心理的，生理的な反応の程度は官能検査によって評価されている．すなわち，官能検査とは人間の感覚を用いて材料や物の品質特性を評価し，判断基準と照合して判定を下す検査をいう．

#### A. 官能検査の種類

官能検査は分析的方法，嗜好調査および感覚研究とに大別される．分析的方法は出荷検査，工程管理，受入検査などにおいて，標準試料と製品との品質の差があるかないかを評価することを目的としたものである．たとえば，視覚による製品の色むらやキズ，触覚による水分測定などで，試料の品質の差を知ることが目的で，人間（検査員）はその測定器となる．

嗜好調査は消費者（使用者）の嗜好を調査することを目的としたもので，製品等の販売を前提として，多数の人（検査員）を対象に，好みを調査するものである．

感覚研究は，刺激の大きさと感覚との関係を調べることを目的としたものである．建築材料の関係では，材料の心理的・生理的反応に対する評価基準を定めるために，床のすべりやすさ，歩行感，材料の感触性，材料のよごれなどの研究が行われている．

#### B. 官能検査の特徴

表4.4.1は理化学的検査と官能検査の一般的な特徴を比較したものである．官能検査は材料や物の良否を感覚によって評価しているため，個人差，感覚のむら，人による感覚のスケールの相違などが問題となることがある．このような問題を解決するには確率統計的手法によって検査結果の妥当性を確認する必要がある．これらの手法については文献(1)，(2)を参照されたい．

#### C. 建築材料の品質と官能検査の例

官能検査は，人間の感覚によって材料の特性を評価するもので，人間の感覚としては，視覚，聴覚，皮膚感覚，嗅覚，味覚の五感や人間の動作に関係する筋肉や平衡感覚などが対象となる．建築材料に関連するいくつかの実施例を表4.4.2に示す．製品の出荷時や受入時の検査として，表面のキズ，色むら，光沢，汚れなど，あるいは打撃棒によるタイルやモルタルの浮きの検査など，嗜好性・快適性の検査として，床のすべり・かたさ・温かさ，材料の汚れ，材料の匂い，段差の程度など．このように，現在すでに多くの研究が行われている．

### 4.4.2 官能検査方法

#### A. パネルの選定

##### 1) パネルの種類

特定の目的をもった官能検査を実施するために選ばれた人（官能検査員）の集団をパネルと呼ぶ．パネルは官能検査の目的に応じて以下の3つに分類されている．

**分析形パネル**は，判断の基準となる標準品と比較しながら製品の品質を判定する．標準品がない場合，検査員の記憶にある標準品と比較しながら判定するので，検査員は経験と熟練が必要になるが，訓練によって判定能力を養うことができる．

**嗜好形パネル**は，人間の嗜好を調査するもので，官能検査の目的とする人間を代表するように検査員を選定す

表4.4.1 理化学的検査と官能検査の一般的な特徴（JIS Z 9080）

| | 理化学的検査 | 官能検査 |
|---|---|---|
| 測定手段 | 理化学的機器 | 人間（パネル） |
| 測定の過程 | 物理的，化学的 | 生理的，心理的 |
| 出力 | 物理的な数値または図形など． | 言葉 |
| 測定器間または検査員間の差 | 管理により小さく保つことが可能． | 個人差は大きい． |
| 校正 | 容易 | 難易は場合による． |
| 感度 | 物により限度がある． | 理化学的検査よりはるかに優れている場合がある． |
| 再現性 | 高い． | 低い． |
| 疲労と順応 | 小さい． | 大きい． |
| 訓練効果 | 小さい． | 大きい． |
| 環境の影響 | 一般に小さい． | 大きいが設備の充実とパネルの訓練で小さくできる． |
| 実施しやすさ | 機器が必要．取扱いが面倒． | 機器は不要．簡便・迅速． |
| 測定可能領域 | 測れるものに限度がある．し（嗜）好などは測れない． | し（嗜）好などの測定が可能である． |
| 総合判定 | やりにくい． | やりやすい． |

表4.4.2 官能検査によって評価された材料の品質の例

| 感覚器官 | 視覚 | 聴覚 | 皮膚感覚 | 嗅覚 | その他 |
|---|---|---|---|---|---|
| 材料の品質 | 表面のきず 色むら よごれ など | タイルの浮き 歩行音 など | 温冷感 かたさ感 乾湿感 など | 芳香剤 材料の香り など | すべり 歩行感 振動感 など |

ることが大切である．

**感覚研究パネル**は，刺激の大きさと感覚との関係を調べるために行われるもので，検査員は刺激の程度に対する生理的，心理的な反応を回答するものである．この場合の検査員を被験者と呼ぶこともある．

### 2) パネルの大きさ

パネルの大きさとは検査する際の人数をいい，表4.4.3に示すように製品などの品質の差を検出する分析型パネルは5～10人，嗜好調査は200～200 000人（大型パネル），40～400人（中型パネル），感覚研究の場合は8～30人と目的によって異なる．パネルのサイズが小さいと一人の被験者，検査員の判断の結果に大きく影響する．

### B. 検査員の選定

官能検査では，検査員が品質特性を評価・判定する測定機器の役割を果たすもので，検査方法や試料の性質を考慮のうえ，検査の目的にあった検査員を選定する必要がある．一般的に検査員の検査結果に影響を与える因子は表4.4.4のとおりである．

### 1) 身体的条件

検査員の年齢，性別，健康（視力・聴覚・嗅覚・味覚），疲労，加齢効果，熟練度，勤務条件，地域・環境性，識別能力，判断基準の安定性などによって判断基準

表4.4.3 パネルの大きさ[1]

| 検査の種類 | | パネルの人数 | パネルとしての必要能力 |
|---|---|---|---|
| 分析型パネル | 差の検出パネル | 5～10人 | 能力を持つ人を選出（記憶力・経験）訓練する． |
| | 特性描写評価パネル | 6～12人 | 専門的能力を持つ人を選出する． |
| 嗜好調査パネル | 大型パネル | 200～200 000人 | 消費者を代表するように選ぶ． |
| | 中型パネル | 40～400人 | 大型パネルで行う前の調査：限られた範囲の消費者 |
| 感覚研究パネル | | 8～30人 | 健康で，特に意欲，興味のある人を選ぶ． |

表4.4.4 官能検査員の検査結果に影響を与える因子
(JIS Z 9080)

| 条件 | 因子 |
|---|---|
| 身体的条件 | 健康，疲労，加齢効果，熟練度，勤務条件 |
| 精神的条件 | 記憶と忘却，意欲，慣れ，心労 |
| 環境および作業条件 | 照明，温・湿度環境，換気，検査姿勢，検査場レイアウト |

が異なることがある．敏感さを問題にするときは高年より中年・若年の方が鋭敏である．また嗜好は一般に年齢によって異なるので注意する．

特に疲労に関しては，1回の判断に時間がかかったり，多数の試料を評価するときには，検査員の疲労によって判断基準が不安定になるので好ましくない．この場合は検査の間に休憩を入れるなどの工夫が必要である．

### 2) 精神的条件

官能検査は検査員の協力なしでは行うことができない．検査員の検査に対する意欲の向上と協力を得るには，検査に協力しやすい立場の者，場所を選ぶ必要がある．

### 3) 環境および作業条件

検査室の環境は検査結果に影響を及ぼす．検査室の標準的な温度・湿度条件としては，温度21～22℃，相対湿度60%前後がよい．このほかに，音環境，換気，室内の色相や照明など，検査の種類によっては結果に大きく影響を及ぼすことがあるので，検査の目的によって，検査室の環境を選定する．場合によっては控え室を用意することもある．

### C. 試料の呈示方法

### 1) 試料呈示上の注意

呈示された試料を検査員が判定するときに，試料の性質に関係なく以下のような影響によって判断がかたよることがある．

**順序効果** 呈示された最初の試料を過大評価する傾向（正の順序効果）あるいは最後の試料を過大評価する傾向（負の順序効果）がある．また複数の試料を呈示するとき，呈示する試料の順番が常に同じ場合その効果がでる．

**対比効果** 2個の試料を続けて呈示されるとき，片方の試料の存在が他方の試料の評価に影響を及ぼす．特に際立った品質の試料の近くに置かれた試料は実質以上または以下に評価されやすい．

**期待効果** 試料の産地，生産者，または商品名などが検査員にある種の期待をもたせ，検査結果にかたよりを生じることが経験的に知られている．

**位置効果** いくつかの試料を並べて評価するとき試料の置かれている位置（順序）によって，特定の位置におかれた試料が特に多く選ばれる傾向がある．

**尺度の中心利用の傾向** 評価を回答するときに呈示される尺度に対して，中心付近を利用する傾向がある．た

とえば1〜5点の採点尺度を利用するとき，3点あるいは直線の中央を多く用いる傾向がある．

### 2) 試料の呈示方法

検査員に試料を呈示する方法には以下のような方法がある．

**単独呈示** $n$個の試料をひとつひとつ検査員に呈示し，検査員は呈示された試料を自分のもっている判断範疇に照らして，非常に良い，やや良いなどの程度を絶対判断で行う．

**一対呈示** 一対の試料を検査員に呈示し，検査員はこのふたつの試料のどちらが良いかを比較判断を行い，ふたつの試料の感覚上の差を評価する．試料の数が多いと，それぞれ2種類からなるすべての組合せの対を比較するため評価に時間がかかる．

**多数呈示** 多数の試料を検査員に呈示し，検査員はこれらの試料を相互に比較しながら，刺激の強弱，好みの大小等に関して順位を付ける．この結果は強弱や好みの順位であって，刺激の大小の程度の相違を測定することはできない．

### D. 評価尺度と用語

あるものを官能検査で評価する際，形容詞を用いて段階評価することが多い．好みの程度を好き嫌いの段階評価で示すと，図4.4.1のように「どちらともいえない」を中心に「わずか」「やや」「かなり」「非常に」という形容詞を付した対称な評価尺度（両極尺度）が用いられる．JIS Z 8144では嗜好評価にはこの9段階を基本の尺度としている．このほかに3段階，5段階，7段階などがあり，検査の目的に応じて使用する．

材料や物の良し悪しの程度を評価するときは，図4.4.2に示すように「普通」を中心に7段階で評価することもある（両極尺度）．

また，出荷時の製品のきずの有無などのような検査では図4.4.3に示すように「ない」から「ある」の程度を評価する尺度（単極尺度）も使われる．

### E. 感覚尺度の種類

官能検査において，試料から受ける感覚の強弱・大小，嗜好の程度などの心理的状態を測定するための物差しを尺度という．尺度には表4.4.5に示すように名義尺度，順序尺度，間隔尺度，比例尺度がある．

**名義尺度** 感覚の強弱や大小などの順序をもたない尺度をいう．たとえば赤，青，黄など．

**順序尺度** 一定の観点から順番に並べ，それに付与さ

**図4.4.1** 嗜好尺度の例（両極尺度 JIZ Z 8144）

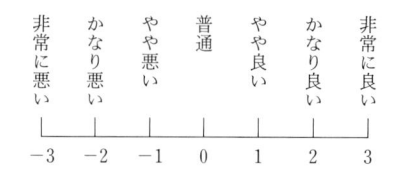

**図4.4.2** 良し悪しの尺度（両極尺度 JIS Z 9080）

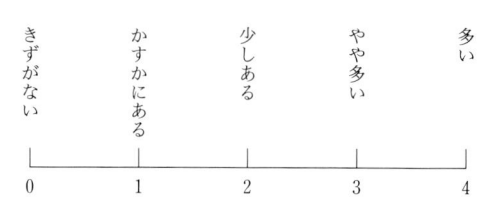

**図4.4.3** 表面のきずの程度の尺度（単極尺度 JIS Z 8144）

**表4.4.5** 尺度の種類（JIS Z 8144）

| 尺度の種類 | 内容 | 例 |
|---|---|---|
| 名義尺度 | 感覚の大小・強弱や刺激の順序を持たない尺度． | 赤・青・黄 選手の背番号 |
| 順序尺度 | 一定の観点から並べられた順序を示す尺度で，刺激の大小・強弱の尺度はもたない． | モース硬度 鉛筆の硬さ |
| 間隔尺度 | 刺激の大小・強弱の程度を持つ尺度 | |
| 比例尺度 | 間隔尺度のうち，原点「0」を持つ尺度． | 重さ 長さ |

れた数字がその順序を表している場合，これを順序尺度という．順序尺度はそれが定義された対象を離れては意味をもたない．たとえば，モース硬度，鉛筆の硬さなど．順序尺度を構成するときは，多数の試料を比較して順位を付ける多数呈示法が用いられる．

**間隔尺度** 刺激の強弱や大小の程度をもつ尺度をいう．

**比例尺度** 重さや長さのように原点をもつ尺度をいう．官能検査に用いられる尺度の多くは順序尺度と間隔尺度である．

## 4.4.3 心理量と刺激量との関係

尺度を構成する際，閾（いき）値を求めることがあ

る．閾は感覚の境目，切れ目を表している．官能検査によって刺激閾，弁別閾，刺激頂などを求めることができる．

**刺激閾**は，刺激が特定の感覚を引き起こすのに必要な最小の値をいう．刺激がこの値以下では感じないことになる．

**弁別閾**は，刺激（$R_0$）が（$R_0+\Delta R$）に変化して，はじめて$R_0$に対応する感覚と（$R_0+\Delta R$）に対する感覚とが異なって感じるとすれば，感覚の相違を引き起こすために越えなければならない刺激の最小の変化$\Delta R$を$R_0$の弁別閾という．刺激の強さがある範囲以内であれば，式(1)のように$\Delta R$は$R_0$に比例し，これが一定であることをウエバー（Weber）の法則という．

$$\Delta R/R_0 = 一定 \qquad (1)$$

また，感覚を$S$，刺激頂を$R_0$，連続的に変化する刺激を$R$とすると，式(2)が成り立つ．これをフェヒナー（Fechner）の法則という．

$$S = k \log(R/R_0) \qquad (2)$$

**刺激頂**は，刺激の大きさが，ある値を超えると，その刺激に対応する感覚が感じられなくなるか，あるいは刺激がいくら大きくなっても感覚が増加しない場合である．

### 4.4.4 実施例

実施例については，参考文献(1)，(2)に詳細な例題が記載されているので参照のこと．

〈参 考 文 献〉
(1) 増山元三郎・三浦 新監修, 工業における官能検査ハンドブック, 日本科学技術連盟, 1968.3.21.
(2) 三浦 新編集, 日科技連官能検査委員会, 新版官能検査ハンドブック, 日科技連, 1976.5.25.
(3) 和田陽平・大山 正・今井省吾編集, 感覚＋知覚心理学ハンドブック, 誠信書房, 1971.2.25.
(4) JIS Z 8144-1990, 官能検査用語.
(5) JIS Z 9080-1979, 官能検査通則.

## 4.5 色彩・光沢度の測定

### 4.5.1 色彩の測定

#### A. 色の表示

色相，明度，彩度は色の三属性と呼ばれ，色を表現するために必要な要素である．一方，色の見え方は，光源の種類，見る方向，色の面積，背景の色，観察者などによって異なる．そこで，物体の表面色（不透明な物体から反射する光の色）を正確に表現する代表的な方法を以下に示す．

#### 1) L*a*b*表色系 (JIS Z 9829)

L*a*b*（エルスター，エイスター，ビースターと読む）表色系は，物体表面の色を表すのに，明度をL*，色相と彩度を表す色座標をa*b*で表したものである．図4.5.1（口絵参照）はL*a*b*表色系の空間立体をイメージしたものである．L*は黒から白までを0から100までの数値で表している．

a*b*は色座標を示し，正負の符号を有している．a*は赤方向をプラスで示し，立体の中心（無彩色）から赤方向を0から+60の数値で表し，緑方向をマイナスで示し，立体の中心から緑方向を0から-60の数値で表している．

b*は黄方向をプラスで示し，立体の中心から黄方向を0から+60の数値で表し，青方向をマイナスで示し，立体の中心から青方向を0から-60までの数値で表している．

彩度はa*b*の値を用いて式(1)によって求められる．

$$彩度 = \{(a^*)^2 + (b^*)^2\}^{1/2} \quad (1)$$

a*，b*いずれも数値が大きくなるに従って，色があざやかになり，数値が小さくなるに従ってくすんだ色になる．

このほかにL*u*v*表色系があるが，ISO 7724ではこの表色系を採用していないため，ここでは省略する．

#### 2) マンセル表色系 (JIS Z 8721)

マンセル表色系は図4.5.2（口絵参照）に示すように，色相は色の記号（赤：R，黄：Y，緑：G，青：B，紫：P）を用い，R，YR，Y，GY，G，BG，B，PB，P，RPの10色相をそれぞれ4分割した40種か，2分割した20種で表している．彩度は16分割，明度は9分割し，それぞれ番号で示し，この番号の組合せ（明度/彩度）で分類された色票を使い，物体の色と色票とを見比べて色を表現するものである．

#### 3) XYZ（Yxy）表色系 (JIS Z 8701)

XYZ表色系は，光の三原色（赤，緑，青紫）の加法混合の原理に基づいて，図4.5.3（口絵参照）に示す色度図を使って色をYxyの3つの値で表す．Yが反射率で明度に対応し，xyが色座標を表す．

#### 4) 色差

2つの色の違いを表示するのに色差がある．製品の品質検査における基準色と製品の色の違いや，材料の汚れの程度を汚れていない色と汚れている色の違いを表すのに色差（$\Delta E^*ab$）を用いることがある．図4.5.4はL*a*b*表色系の色差図を示したもので，基準の色のL*a*b*とこれと比較する色のL*a*b*のそれぞれの差$\Delta L^*$，$\Delta a^*$，$\Delta b^*$を用いて式(2)によって求めることができる．

$$\Delta E^*ab = \{(\Delta L^*)^2 + (\Delta a^*)^2 + (\Delta b^*)^2\}^{1/2} \quad (2)$$

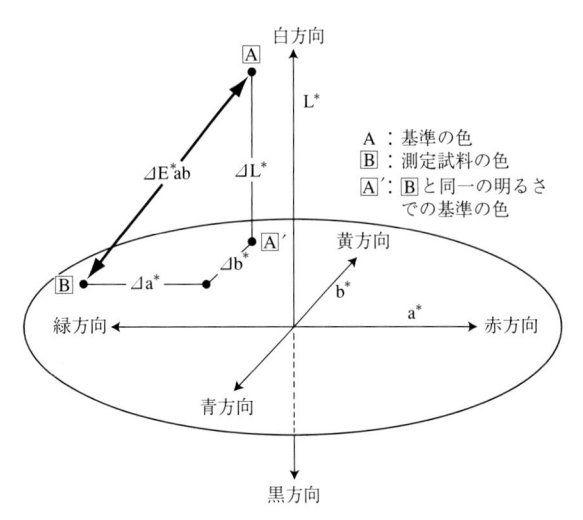

図4.5.4　L*a*b*表色系の色差図

#### B. 色彩の測定方法

#### 1) 色彩計の原理

色彩計は，図4.5.5に示すように光源であるパルスキセノンランプをあらゆる方向から測定面に照射し，垂直方向の反射光を測定用ファイバで受光し，測定するものである．

#### 2) 測定上の注意点

色彩計は反射光を分析するもので，布やカーペットなどの正反射成分が少ない材料は，測定径の大きいものを使用することが望ましい．また，同一機種でも分光感度が若干異なるため，機差を生ずるので，同一の試験を行う場合，複数の装置を用いるよりも，一つの装置で測定する方が望ましい．

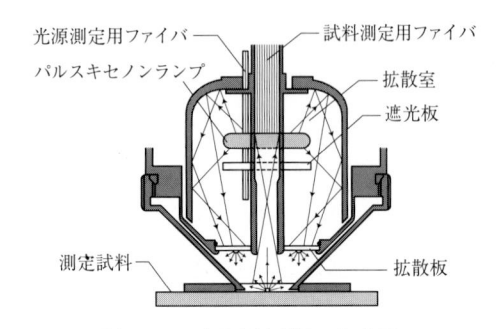

光源測定用ファイバ　試料測定用ファイバ
パルスキセノンランプ　拡散室
遮光板
測定試料　拡散板

図 4.5.5　色彩測定装置の概念図

### 3) 白色校正
測定に先立ち，白色の硫酸バリウムの色を基準として作られた白色校正板を用いて校正する．校正は測定時と同じ温度条件で行う．

### 4) 測　定
測定面に色彩計を当てて測定する．

## 4.5.2　光沢度の測定（JIS Z 8741）

### A.　光沢度とは
光は物の表面に当たると一部は吸収され，残りは反射される．この入射光の強さに対する反射光の割合を反射率という．光の場合は入射角が大きいほど，表面が平滑で光の吸収が少ないほど反射率は大きい．平滑な面で反射された場合を鏡面反射（正反射）といい，凹凸のある面で反射された場合を乱反射（拡散反射）という．

ある物体の表面の光沢度は，その表面の反射率を鏡面反射率を100としたときの百分率で示される．この場合光の入射角によって反射率が異なるので，光沢度は入射角を明示する必要がある．

### B.　測定方法

#### 1) 測定装置
鏡面光沢度測定装置の概念図を図4.5.6に示す．試料面に規定された入射角で規定の開き角の光束を入射し，鏡面反射方向に反射する規定の開き角の光束を受光器で測る．入射角 $\theta$ は，開口 $S_1$ の中心とレンズの中心とを結ぶ線と，試料Tの法線とのなす角とする．入射側および受光側の光軸は試料面で交わるものとする．

#### 2) 鏡面光沢度の基準
屈折率1.567のガラス表面を，規定した入射角での鏡面光沢度の基準とし，この場合の値を100%として表す．規定した入射角は20, 45, 60, 75, 80度があり，試料の光沢度が大きい場合はこの角度を小さく，艶消しなどのように光沢度が小さい場合はこの角度を大きくして測定する．このため光沢度は，この角度を付記して，例えば60度光沢度：Gs (60) と示す．

#### 3) 測　定　例
塗料の光沢度は，磨き板ガラス（約200×150×5 mm）の片面に塗料を塗布し，水平に置いて乾燥して試験片とする．測定は測定場所を変えて5回行い，その平均値を求める．

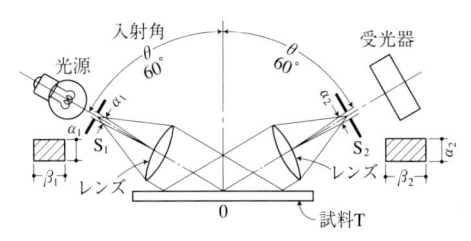

光源　入射角 $\theta$ 60°　60°　受光器
$\alpha_1$　$S_1$　$S_2$　$\alpha_2$
$\beta_1$　レンズ　レンズ　$\beta_2$
0　試料T

［注］　$\alpha_1$（入射面内光源開き角）＝0.75±0.25°
　　　$\beta_1$（垂直面内光源開き角）＝3.00° 以下
　　　$\alpha_2$（入射面内受光器開き角）＝4.4±0.1°
　　　$\beta_2$（垂直面内受光器開き角）＝11.7±0.2°

図 4.5.6　光沢度測定装置の概念図

## 関連 JIS

| | |
|---|---|
| JIS Z 8701 | XYZ表色系及び$X_{10}Y_{10}Z_{10}$表色系による色の表示方法 |
| JIS Z 8717 | 蛍光物体色の測定方法 |
| JIS Z 8718 | 観測者条件等色度の評価方法 |
| JIS Z 8719 | 物体色の条件等色度の評価方法 |
| JIS Z 8720 | 測定用の標準の光及び標準光源 |
| JIS Z 8721 | 三属性による色の表示方法 |
| JIS Z 8722 | 物体色の測定方法 |
| JIS Z 8723 | 表面色の視感比較法 |
| JIS Z 8724 | 光源色の測定方法 |
| JIS Z 8725 | 光源の分布温度及び色温度・相関色温度の測定方法 |
| JIS Z 8726 | 光源の演色性評価方法 |
| JIS Z 8729 | L*a*b*表色系及びL*u*v*表色系による物体色の表示方法 |
| JIS Z 8730 | 色差表示方法 |
| JIS Z 8741 | 鏡面光沢度測定方法 |
| JIS Z 8102 | 物体色の色名 |
| JIS Z 8105 | 色に関する用語 |
| JIS Z 8110 | 光源色の色名 |
| JIS Z 8120 | 光学用語 |

〈参　考　文　献〉
(1) 色を読む話, ミノルタ(株).

## 4.6 防火性・耐火性

### 4.6.1 概説

　火災安全性は建築物に要求される基本性能の一つで，建築物の用途・規模などに応じて性能水準が設定される．例えば，高層・深層の階を有する場合，不特定多数の人々が利用する場合などは，より高い安全水準が要求される．発生火災の特性は様々であるが，建築計画に則って火災拡大のシナリオを設定し，その進展過程（フェーズ）に応じて制御手法を組み立てることを火災安全に関する性能設計（performance-based approach）という．これに対し，あらかじめ決められた材料工法を使用する方法を仕様書的設計（prescriptive approach）という．図4.6.1に火災拡大の各フェーズとそれに対応する制御（要求性能）項目との関係を示す．

　火災拡大のシナリオは設計コンセプトで設定した防火区画により規定され，それを構成する材料構法の性能水準は，所定のツールとして規定された計算方法や試験方法により検証される．それを第三者機関が客観的に評価して防・耐火性能評価結果書が交付される．その他，構造安定性能評価結果などを基に，確認機関が当該建築物の建設を承認すれば建築が可能となる．建築物は個性や地域性を空間として創出し文化の担い手となるものであるが，デザインされた材料構法を物理・化学・生物学的に検証するツールは国際的に通用するものであることが望ましい．火災安全性能は材料単体，部材，部位あるいは空間で評価され，後者に関連する性能ほど総合的検証が必要となるので実大規模試験などが導入され費用も嵩む．以下に建築基準法の運用に係わるものを中心に火災フェーズごとの性能評価試験方法を概述する．ただし，技術基準は2000年6月新たに公示されるので，以下の各試験方法は基準作成に関連するものとしての位置付けである．

### 4.6.2 防火材料に関連する試験

　防火材料は建築物の内装材料および構造部位材として用いられて火災の拡大や延焼拡大を抑止したり，設備器材などに使用しても火災荷重として寄与しないことを機能目的とした建築材料をいう．まず，不燃，準不燃，難燃として性能区分する場合の試験方法について記述する．次に建築物の外装である屋根や外壁の表面材として使用可能であるか否かを判定する試験方法について述べる．なお，家具・衣料などの収納物に関しては防災物品および防災製品が消防法で規定されており，発火源からの加熱で容易に着火し展炎しないものをいう．

**A. 不燃性試験**（Noncombustibility Test）

規格：ISO 1182，JIS，告示は未詳

概要：火災時において発熱，発煙などの燃焼性状をほとんど起こさないこと（不燃性）を判定する試験で，現行のJISまたは建設省告示に示す方法と類似している（図4.6.2）．有機質材料を化粧・積層した材料には適用し難い．

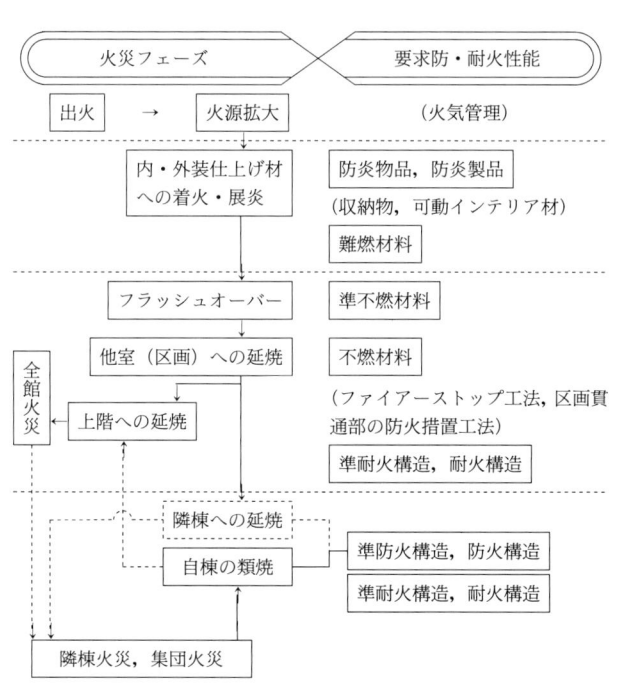

図4.6.1　火炎フェーズと要求防・耐火性能

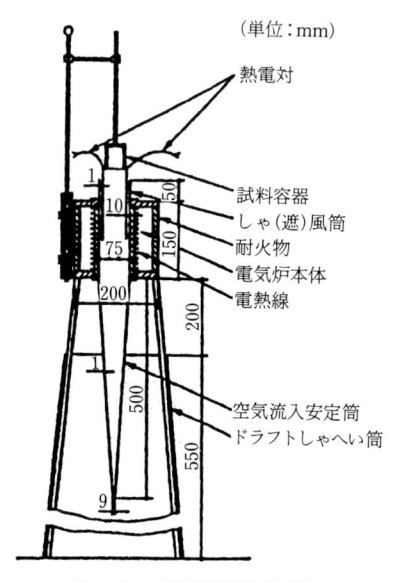

図4.6.2　不燃性試験装置

[装置] 加熱部分は φ75 mm，高さ 50 mm の耐火アルミナ製円筒にニクロム線を巻き付け，この円筒の上下部に風防筒を設けて炉温を 750±5°C に保てるようにしたもの．

[試料] φ45 mm，高さ 50±3 mm の円柱形とし，試料支持枠に入れ加熱部（炉）に設置する．

[測定] 炉内温度，試料中心部温度，質量変化，火炎持続時間を 5 個の試料で測定する．

[判定] 炉内温度の最高値と最終値の差が平均 50°C 以下，質量変化が平均 50% 以下を合格とする．火炎持続時間の測定は個人差が出る可能性がある．

### B. 発熱性試験（Rate of Heat Release；Cone Calorimeter Method）

規格：ISO 5660，JIS，建設省告示は未詳，ASTM E 1354（参考）

概要：フラッシュオーバー時における 50 kW/m² などの高輻射環境下で建材が発する熱量を酸素消費法を用いて計測する方法．発熱速度，総発熱量，$O_2$，$CO_2$，$CO$，発煙量，質量減少などを計測し燃焼性状に関する基礎的情報を得る試験でコーンカロリーメーター試験と通称されている．

[装置] 加熱部分は着火性試験のものと類似し，加熱コーンの頂部は φ80 mm，高さ 65 mm，低部は φ177 mm のステンレス製円錐筒でセラミック・ファイバー・ブランケットで断熱されており，約 70 kW/m² まで加熱出来る．加熱部の上方にはダクトに接続された集煙フードが付き，一定の排気流速でガスサンプリングが可能なもの．試料は秤に載せられる（図 4.6.3）．

[試料] 10 mm の矩形で 3 個用意する．

[測定] 発熱速度 $\dot{Q}$ kW，総発熱量 $Q$ kJ，$O_2$，$CO_2$，$CO$，質量減少量，発煙量，着火時間を測定する．

[判定] 50 kW/m² の加熱で着火後 3 分間の総発熱量および発熱速度の平均値の組合せ（4，6，10 MJ/m²：100，200，300 kW/m²）で内外装用材料の燃焼性を不燃・準不燃などと区分してランキングする考え方がある．

なお，この試験で発熱性の計算に利用される酸素消費法とは，ほぼすべての有機物が燃焼すると，酸素 1 kg 消費あたり約 13.1 MJ の発熱があることを利用して計測する方法をいう．

### C. 模型箱試験（Reduced Scale Model Box）

規格：建設省告示 1372-1984（参考），ISO CD 17431

概要：室区画の火災拡大危険を予測するには壁・天井・（床）に仕上げ材を張って試験するのが実際的である．しかし，実大規模では費用がかかるため，縮尺模型で提示された方法であり，ISO 法では火源にガス・バーナーを使用している．

[装置] 模型箱の内法は幅 840 mm，高さ 920 mm，奥行 1 700 mm，前面開口部は幅 300 mm，高さ 670 mm で熱気が天井下に滞留できる仕様である．サンド・バーナーは 170×170 mm で純度 95% のプロパンガスを底部から毎分約 25 l 湧出させ，点火後 15 分間 40 kW を保つことが可能なものである（図 4.6.4）．

[試料] 実際と同様の仕様で設置し，外部は 0.27 mm の鋼板で囲う．

[測定] 排気内の $O_2$，$CO$，$CO_2$ を測定して発熱速度 $\dot{Q}$，総発熱量 $Q$ を計算で求める．簡略化のため $O_2$ のみ

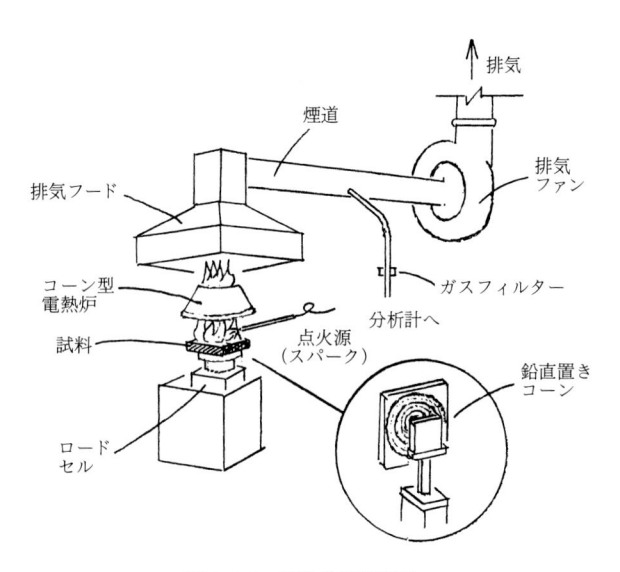

図 4.6.3　発熱性試験装置

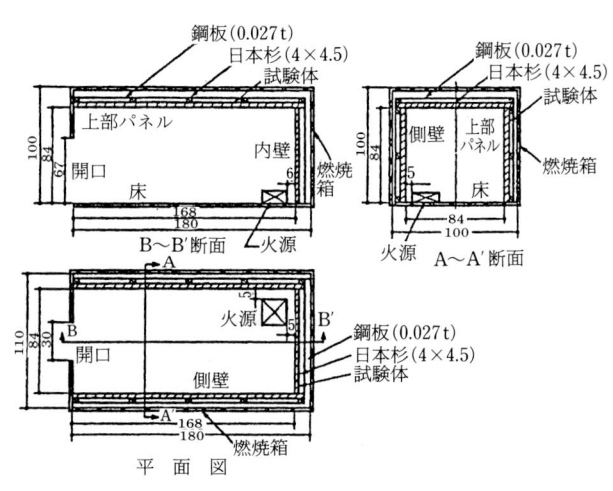

図 4.6.4　模型箱試験装置

の測定で算出する場合も多く，両者に大きな差はない．

[判定]　準不燃材料に合格する現行の規定値は，以下のとおりである．

$$\dot{Q} \leq 170\,\text{kW},\quad Q \leq 50\,\text{MJ}$$

### D. ルーム・コーナー試験 (Full Scale Room Test)

規格：ISO 9705, JIS，告示は未詳

概要：室区画の火災拡大危険を実大規模で判定するための方法で，他の試験では評価が困難である場合に利用される．火源は室区画のコーナーに設置された $300 \times 300$ mm のプロパンガス・バーナーである．

[装置]　室区画の規模は幅および高さ 2 900 mm，奥行 3 600 mm で開口部は幅 800 mm，高さ 2 000 mm である．開口部の上方にはダクト付きのフードが設置され，発熱性試験や模型箱試験と同様の方法で発熱速度および総発熱量を測定できるものである（図 4.6.5）．

[試料]　実際と同様の仕様で設置するのが原則だが，壁・床・天井の全断面を同一にすることは困難であるから所定の密度，厚さを有するミネラル・ファイバーをバックアップ材とするなど，標準化を図る必要がある．

[測定]　火源強度を初期の 10 分間は 100 kW，続く 10 分間は 300 kW とし，排気内の $O_2$，$CO$，$CO_2$ を測定し，フラッシュオーバー発生の有無も観察する．

[判定]　フラッシュオーバーを起こさないこと．この場合の最高発熱速度は 1 000 kW 以下が目安で，この値を超える限界時間を 5，10，20 分として内装仕上げ材の火災安全性を区分する考え方もある．

### E. 屋根葺き材の防火試験 (Test Methods for External Fire Exposure to Roofs)

規格：ISO WD 12468, JIS A 1312（参考），ASTM E 108（参考）

概要：市街地大火を防止するために屋根を不燃材料で葺くとする建築基準法第 22 条の規定が改正され，火の粉で容易に着火・展炎せず，屋根の燃え抜け防止に有効な葺き材が使用可能になった．

[装置]　幅 1 200 mm，長さ 2 000 mm 以上の傾き 0，15，30 度の野地板上の下端から 500 mm で中心線から各々 185 mm の位置に (A) $150 \times 150 \times 60$ mm または (B) $40 \times 40 \times 40$ mm の火種クリプを設置し，この付近の風速を約 3 m/s に設定できるもの（図 4.6.6）．火種は 560 kg/m³ のブナ材とする．

[試料]　実際と同様の仕様で屋根葺材を設置する．特に重ね合わせ部分の仕様に注意する．

[測定]　火種 A の場合は，試験開始 2 分後に最初の火種に着火させて 6 分後に風速 3 m/s の下で所定の位置に設置し，次に 8 分後に 2 番目の火種に着火させ 12 分後に，所定の位置に設置して展炎，燃け抜けなどを観察する．火種 B の場合は，着火後直ちに最初の火種を設置し，3 分後に 2 番目の火種を設置する．

[判定]　屋根裏で火炎が拡大しないこと，燃え抜けて落下した燃え差しが 5 秒以上燃え続けないこと．

### F. その他の試験方法

- 燃焼性試験（prEN/ISO 11925-2, SBI: Single Burning Item）……CE マークための判定試験として有力
- 中間規模輻射パネル試験（ISO 5658-4, ASTM E 1623 ICAL: Intermidiate Scale Calorimeter）……火炎伝播性解析のための基礎データを得る試験
- 大規模ファサード防火試験（ISO/NP 13785, Canada ISMA）……外断熱外装構造用の試験

などさまざまな試験方法が国際化を指向して提示され，これらは火災安全設計にも利用されている．発生ガスの有害性は材料試験よりも室空間規模で判定すべきものであり，現在は発生ガスの毒性評価の考え方や計算による

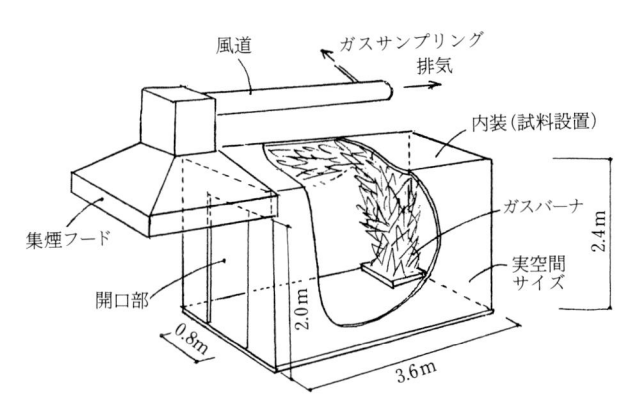

図 4.6.5　ルーム・コーナー試験装置

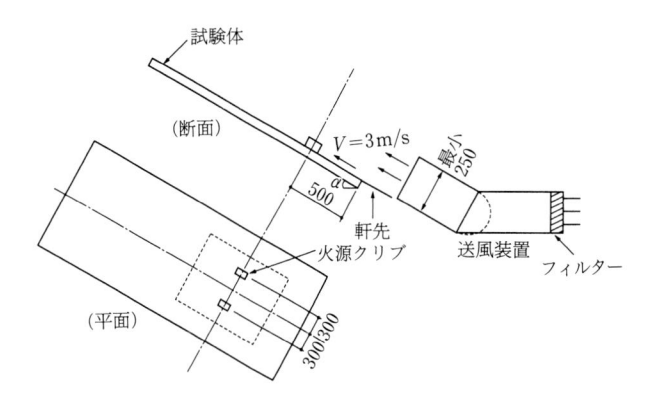

図 4.6.6　屋根防火試験装置

予測手法に関する技術情報（Technical Reports）が準備されつつある．

### 4.6.3 防火構造・防火戸試験

木造モルタル塗り構造に代表される防火構造あるいは準防火構造（土塗り壁同等構造）は，隣棟火災から当該建物が類焼することを防止するために創出された日本固有のものである．建築基準法の改正で加熱曲線が ISO 834 に変更される．

#### A. 防火構造・準防火構造試験

**規格**：建設省告示 2545-1959（参考）

**概要**：防火構造は比較的小規模な住宅や木造建築物に類焼防止の目的で使われる．したがって，防火性能の判定では屋外側からのみの加熱で実施する．

**［装置］** ISO 834 曲線に従う温度を実現できる炉であること．試験体は 3×3 m 以上とする．

**［測定］** 防火構造では 30 分間，準防火構造では 20 分間加熱する．試験は長期許容応力度に相当する応力が生じるように載荷しながら加熱し，2 体実施する．

**［判定］** 次の各条件に適合すること．
1) 裏面（屋内側表面）の最高温度 $T_m$，平均温度 $T_a$ は以下を満足すること．単位：℃
   $T_m = 180 + T_0$, $T_a = 140 + T_0$
   ここに $T_0$：初期温度
2) 火炎を通す裏面に達する割れ目を生じないこと．
3) 裏面側に著しい発煙を生じないこと．
4) 壁の最大収縮量 $h/100$（mm）以下，最大収縮速度 $3h/100$（mm/分）以下であること．

#### B. 防火戸試験

**規格**：建設省告示 1125-1990（参考）

**概要**：防火戸の種類は法的には防火区画の開口部に適用される甲種防火戸，外周壁に主に適用される乙種防火戸に分けられる．なお，乙種防火戸のうち通則的設定の 4 号品は住宅防火戸であり 3 階建て以下の住宅にのみ使われるものである．

**［装置］** ISO 834 曲線に従う温度を実現できる炉であること．試験体は原則として実寸とする．

**［測定］** 甲種防火戸では 60 分間，乙種防火戸では 20 分間の加熱を両面で各々 1 回実施する．（参考）住宅防火戸では屋外側のみの加熱で 20 分間実施する．

**［判定］** 次の各条件に適合すること．
1) 裏面（屋内側表面）に発炎を生じないこと．
2) 裏面に達する亀裂を生じないこと．縮尺試験体では変形計算を行いこれを確かめること．
3) 裏面側に著しい発煙を生じないこと．

#### C. 高温遮煙性能試験

**規格**：JIS，建設省告示は未詳

**概要**：火災時を含む高温域における防火戸の気密性を測定する装置で，防・耐火壁構造用の加熱炉に気密箱を付設し，これに試験体を取付けたもので，避難通路に面する開口部の遮煙性能を検証する装置．

### 4.6.4 耐火構造・準耐火構造試験

耐火構造は高層建築物，特殊建築物，防火区画などを構成するためのもので，火災安全上重要な構造の一つであり，試験方法の国際調和はほぼ図られている．準耐火構造試験は，木造や軽量鉄骨造の耐火性能を判定するために規定されたものである．

#### A. 耐火構造試験

**規格**：ISO 834

**概要**：耐火構造試験は火災時における荷重支持および延焼防止能力の度合いを検証するもので，所定の安全率を見込んだ設計荷重で載荷しながら加熱する方法が基本である．

**［装置］** ISO 834 曲線に従う平均炉内温度 $T_{fa}$（℃）を実現できる炉であること．この温度時間曲線は次式で与えられる．$t$ は時間（分）．
$$T_{fa} = 345 \log(8t+1) + 20$$

試験体は柱が 3 m 以上，梁が 4 m 以上，壁が 3×3 m 以上，屋根，床が 2 辺支持で 4×2 m 以上，全周辺支持で 4×3 m 以上とし，これに載荷しながら実施可能なものであること．加熱炉の概要を図 4.6.7 に示す．

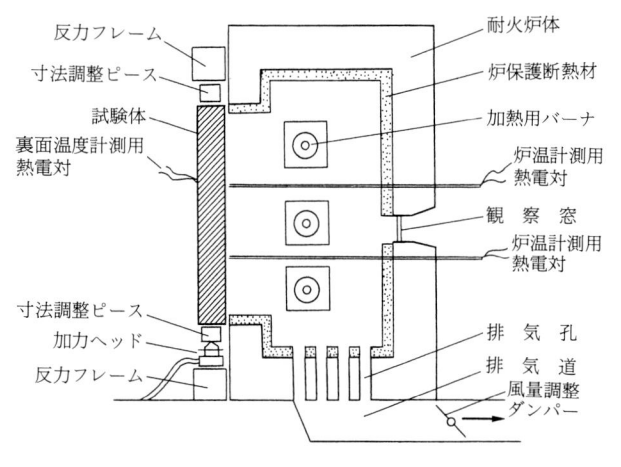

図 4.6.7 耐火炉の概要

[測定] 加熱時間は屋根，帳壁で30分，床，壁で1または2時間，柱，梁で1，2または3時間を標準とするが，耐火設計で要求される耐火時間だけ加熱して当該構造の検証をする場合もある．載荷荷重は屋根では65 kg/m²，その他では設計荷重による応力と同等の応力が生じる荷重とする．固定測温点のほか，移動測温で火気貫通の有無をチェックする．

[判定] 次の各条件に適合すること．
1) 裏面温度の最高値，平均値は防火構造の項で記した値と同じ．
2) 曲げ部材：最大たわみ $L^2/400\,d$ mm 以下（$L$：スパン，$d$：圧縮外縁と引張外縁との距離），最大たわみ速度 $L^2/9\,000\,d$ mm
   軸方向載荷部材：最大収縮量 $h/100$ mm，最大収縮速度 $3h/1\,000$ mm/分（$h$：初期高さ mm）
3) 裏面側においてコットン・パッドが着炎せず，10秒を超える持続性火炎の発生がないこと．

### B. 準耐火構造試験

**規格**：建設省告示 1454-1993

**概要**：準耐火構造は，準耐火建築物の主要部位を構成するものであり，準防火地域に建設可能な木造3階建共同住宅ではより上位の準耐火性能が要求される．

[装置] ISO 834 曲線に従う平均温度を実現できる炉であること．試験体は柱が3m以上，梁が4m以上，壁が3×3m以上，屋根が4×3m以上とし，これに長期許容応力度に相当する応力が生じるように（屋根では65 kg/m² で）載荷しながら実施する．軒裏に対しては出を実寸とし，小屋裏に面する部分に厚さ8mmの繊維混入ケイ酸カルシウム板を張り試験する．

[測定] 加熱時間は表4.6.1に示すとおりとする．温度計測は固定測温度のほか，移動測温で火気貫通も調べる．試験は2回実施する．

[判定] 次の各条件に適合すること．
1) 裏面温度の最高値，平均値は防火構造の項で記した値と同じ．
2) 火炎が通る割れ目を生じないこと．
3) 鉛直荷重支持部材：壁，柱では最大軸方向収縮量 $h/100$ mm，最大軸方向収縮速度 $3h/1\,000$ mm/分，床，屋根では，最大たわみ $L^2/400\,d$ mm 以下（$L$：スパン，$d$：圧縮外縁と引張外縁との距離），最大たわみ速度 $L^2/9\,000\,d$ mm 以下であること．
4) 軒裏：ケイ酸カルシウム板に火炎が通る割れ目が生じないこと．

### C. その他の試験

・サンドイッチパネルの防火試験（ISO/NP 13784）……積層/複合材料用の試験

・床上面の防火試験（建設省告示は未詳）……上階の火災の下階への延焼防止性を判定する試験で，屋根や床用耐火炉の低部に試験体を設置し，ISO 834 曲線で1時間準耐火建築物では30分間，45分準耐火建築物では20分間加熱し，根太などの支持部材が260℃を超えないことを確認するものである．

・階段の耐火試験（建設省告示は未詳）……9段とし各段に60 kgの錘を乗せ，炉中で全周を30分間加熱し，段板の破壊が生じないことを確認する．

・設備配管等の防火区画貫通部の防火試験（建設省告示は未詳）……耐火構造の壁または床に給・配水管，電線管，ケーブル，冷媒管，衛生陶器などを設置してISO 834 曲線で60分間加熱して，プラスチック管やケーブルでは裏面側の温度が340℃（現行）を超えないこと，その他の管などでは裏面に達する亀裂など延焼防止上有害な現象がなく，著しい発煙がないこと．

表4.6.1 準耐火構造の部位別要求耐火時間

| 部位 | | | 要求耐火時間 (hr) | |
|---|---|---|---|---|
| | | | 一般準耐火 | 木3共[*3] 準耐火 |
| 壁 | 間仕切壁 | | 3/4 | 1 |
| | 外壁 | 耐力壁 | 3/4 | 1 |
| | | 非耐力壁 延恐部分[*1] | | |
| | | 非耐力壁 延恐部分以外の部分 | 1/2 | 1/2 |
| 柱，梁 | | | 3/4 | 1 |
| 床 | 上面加熱 | | (1/3)[*2] | (1/2)[*2] |
| | 下面加熱 | | 3/4 | 1 |
| 屋根 | | | 1/2 | 1/2 |
| 軒裏（延恐部分） | | | 1/2 | 1 |
| 階段 | | | 1/2 | 1/2 |

[注] *1 延焼の恐れのある部分
   *2 暫定値
   *3 木造3階建共同住宅

## 4.7 耐久性

### 4.7.1 耐凍害性試験

凍害は，材料中の水が凍結することによって生ずる．材料自身のもつ水分のみによって凍害が生ずることもあるが，試験の過程で水分が供給され，その結果として劣化に至るのが一般的である．水分の供給方法と凍結条件の相違によって各種の耐凍害性試験方法が制定あるいは提案されている．以下に特徴的な試験法を記述する．

なお，現在のところ試験の目的は材料の品質を相互に比較することであり，実際の材料の寿命推定に向けた研究が進められている．

#### A. 凍結融解試験

この方法は，凍結と融解を繰り返すことによって，供試体に水を供給し，同時に凍結時の圧力を形成させる耐凍害性試験方法であり，水の供給方法の違いからJIS A 1435（建築用外壁材料の耐凍害性試験方法）では，表4.7.1のように分類される．このなかで最も普及しているものは，水中凍結水中融解法（コンクリートの章参照）と気中凍結水中融解法であり，ASTM C 666では，それぞれA法とB法と呼ばれている．また，水中凍結水中融解法については，JIS A 6204（コンクリート用化学混和剤）の附属書のなかにも規定されている．水中凍結水中融解法は，気中凍結水中融解法と比較して試験条件が厳しいこと，供試体の形状が限定されることなどから，一般のコンクリートの品質を判定する目的ではA法を使用し，仕上材料を含めた検討や外壁材料の検討にB法が準用されることが多い．なお，気中凍結気中融解試験はタイルを想定した試験法であり，片面凍結融解法は内部結露が生ずる条件を考慮したもので凍結過程に凍結の方向と逆の方向から水が供給されることに特徴がある．材料によっては気中凍結水中融解法でほとんど劣化しなくても片面凍結融解試験で大きく劣化するものもある．

#### B. 限界飽水度法

凍害は，その材料固有の限界値を超えた水分が存在しなければ生じないことから，この限界値を求め，同じ材料が自然条件のもとでこの限界値に達するかどうかを検討する試験である．限界の飽水度は，図4.7.1に示すように人為的に含水率を変えた数回の凍結融解試験から求め，これとは別に行う吸水試験の結果が容易に限界値に達しなければ，耐凍害性が優れていると判断する．

表4.7.1 凍結融解試験の種類 (JIS A 1435)

| 試験の種類<br>(類似の規格) | 凍結融解条件のイメージ | | 水の<br>供給方法 | (参考) 適用対象の例示 |
|---|---|---|---|---|
| | 凍結条件 | 融解条件 | | |
| 水中凍結<br>水中融解法<br>(ASTM C 666 A法)<br>(JIS A 6204 附属書) | ブライン(低温), 氷, 試験体, ゴム袋 | ブライン(高温), 水 | 全面<br>(常時水中) | 土台回り，水切り部等比較的長く水に接触される状態で使用される場合 |
| 気中凍結<br>水中融解法<br>(ASTM C 666 B法) | 冷気, 試験体 | 水 | 全面<br>(融解時水中) | 一般の外壁で雨がかりの程度のはげしいところで使用される場合 |
| 気中凍結<br>気中融解法 | 冷気, 試験体 | 散水 | 全面<br>(融解時散水) | 同上 |
| 片面吸水<br>凍結融解法 | 冷気, 試験体, 氷, フエルト | 暖気, 水 | 片面 | 一般の外壁で庇等があり，時々雨がかりとなるところや浴室等の外壁で内部結露が生ずるところに使用される場合 |

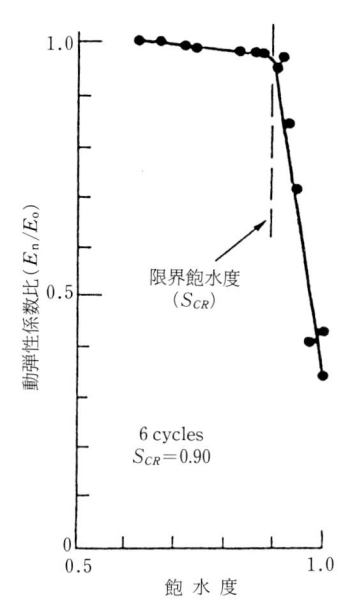

図 4.7.1 限界飽水度の決定方法の一例[1]

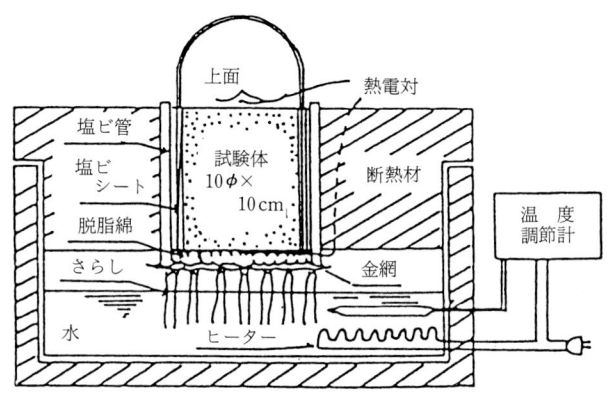

図 4.7.2 一面凍結持続試験装置（低温室に放置）

### C. 一面凍結持続試験[2]（図 4.7.2）

空隙が多く，かつ通常の吸水条件では飽水しにくいALC等の材料を対象とした試験法である．この試験では，試験体上部をマイナス，下部をプラスの温度とし，プラス側から水が供給される条件に放置して，凍結点位置に生ずる割れを観察する．水分の移動は，凍結点を含んだ温度勾配を供試体内部に保持することによって得られ，他の試験法とは異なって凍結融解の繰り返しは行わない．

## 4.7.2 耐薬品性試験および耐食性試験

化学薬品など環境媒質との反応や作用による，材料の変質・膨潤・溶解・収縮・ひび割れ・ぜい(脆)化・変色などの劣化に対する抵抗性を耐薬品性という．耐油性・耐溶剤性も広義にはこの性能に属する．耐水性・耐湿性も耐薬品性の一部であるが，実用上の要求から一般に独立して扱われる．一方，活性環境下で示す材料の酸化・還元・硫化作用などによる腐食への抵抗性を耐食性という．菌類のような微生物による木材の腐朽に対する抵抗性は耐朽性と呼ばれるが，これも耐食性の一種と考えてよい．環境媒質と内部応力との相互作用による応力ひび割れ，応力下の活性環境で起こる応力腐食もこれらの対象となる．

耐薬品性は高分子材料や無機質材料で主に問題となり，耐食性は金属材料を主な対象とするが，両者は劣化の仕方やそのメカニズムにおいて全く異なる．

実験室試験の結果は化学工場などで実際に材料を適用するときの耐薬品性や耐食性とは容易に対応しないが，それなりに材料の選択上の目安にはなる．

### A. 浸せき試験

試験片を一定濃度の酸溶液や塩溶液などの薬液（媒質）に浸せきし，試験片の寸法，外観，質量，強度の変化や薬液の濃度変化・変色などを調べる．試験片を静止薬液中に浸せき静置する方法，薬液を流動させる方法，浸せきと乾燥を繰り返す方法などがある．

いろいろな材料についてこの種の試験は多く，接着剤の耐薬品性試験方法（JIS K 6858），繊維強化プラスチックの耐薬品性試験方法（JIS K 7070），プラスチックの耐薬品性試験方法（JIS K 7114），硬質塩化ビニル板（JIS K 6745），コンクリートの溶液浸せきによる耐薬品性試験方法（JIS 原案）などがある．

一例として硬質塩化ビニル板（JIS K 6745）に規定した試験方法を述べる．

**a.** $25 \times 50$ mm の試験片を薬品の種類ごとに2個ずつ作製する．

**b.** 試験液は蒸留水，30%の硫酸，35%の塩酸，40%の硝酸，10%の塩化ナトリウム溶液および40%の水酸化ナトリウム溶液を用いる．

**c.** 質量既知 $W_1$ (mg) の試験片を温度 60°C±1°C の試験液に5時間浸せきしたのち，流水中で5秒間洗浄し，乾いた布で表面の水をふき取り，はかり瓶に入れてその質量 $W_2$ (mg) を秤る．試験片の表面積 $S$ (cm$^2$) を求める．

$$\text{表面積当たりの質量変化} = \frac{W_2 - W_1}{S} \text{ (mg/cm}^2\text{)}$$

### B. 塩水噴霧試験

塩化ナトリウム溶液を試験片に噴霧して，腐食を加速させる腐食試験法であり，金属材料，塗膜，めっきなど

の耐食性の評価に広く適用されている．試験方法は塩水噴霧試験方法（JIS Z 2371）に規格化されている．

腐食性をさらに促進させるために，酢酸酸性の塩化ナトリウム溶液を噴霧する試験法，また，酢酸酸性の塩化ナトリウム溶液に塩化第二銅を添加した溶液（キャス液）を噴霧するキャス試験などもあり，めっきの耐食性試験方法（JIS H 8502）に規格化されている．

塩水噴霧試験方法の要点を示すと以下のとおりである．

**a.** 塩水噴霧装置は噴霧室・塩水タンク，圧さく空気の供給機，噴霧ノズル，試験片支持器・室加熱設備および調節装置からなる．イオン交換水を用いて濃度 $5\pm0.5\%$（質量）の塩化ナトリウム溶液を作る．噴霧状態の塩溶液は，pH $6.5\sim7.2$ の範囲内になければならない．

**b.** 塩溶液を噴霧させるためにノズルへ送る圧さく空気は，油・ほこりがなく，$0.098\pm0.010$ MPa で塩水噴霧室内の暴露帯は $35\pm2°C$ に保つ．

**c.** 装置は 24 時間以上の作動を平均して各 $80$ cm$^2$ の水平採取面積に対して $1\sim2$ m$l$/h の溶液が各採取容器に集められるような噴霧量とし，試験期間中連続して噴霧する．なお，噴霧が直接試験片にかからない方向にノズルを向けることによって，噴霧の直射を遮断する．

**d.** 試験時間は，試験する材料規格または製品規格で指定するがたとえば，100，300，700，1 500 時間である．

**e.** 結果の判定は，面積法（レイティングナンバ法）および質量法（質量変化）のいずれかによるが，当事者間の協定によって，たとえばさび・膨れの有無などの外観観察によってもよい．

### C. 複合サイクル試験，他

実際の環境では種々の劣化因子が複合して作用しており，腐食の発生因子を単一的にとらえる塩水噴霧試験などは，屋外暴露の再現性に限界がある．このような観点から，塩水噴霧に乾湿繰返しや光照射などを相乗作用させた複合サイクル試験が規格化または提案されている．

一般用さび止めペイント（JIS K 5621）には，試験片に光を照射させた後，塩水噴霧→湿潤→熱風乾燥→温風乾燥を繰り返す複合サイクル試験が規格化されている．

また，酸性雨による影響を試験するために，酸性ミスト噴霧→乾燥→湿潤を繰り返す複合サイクル試験の規格化（JIS H 8502 改正案）が検討されている．

耐食性試験は上記の試験法のほかに亜硫酸ガス（$SO_2$）や二酸化窒素（$NO_2$）などの雰囲気において耐食性を調べるガス腐食試験もあり，さらにそのような環境にあらかじめ応力または変形ひずみを与えた試料を暴露して，応力ひび割れの発生を調べる方法もある．また，材料に応力が加わった状態で腐食試験を行うもの，金属の電食を調べる目的で行うものの他，高温度下での腐食試験などがある．

### D. 木材の耐朽性試験

木材は微生物（木材腐朽菌）の進入により腐朽するが，耐朽性は樹種によって大きく異なり，辺材は腐朽しやすい．木材腐朽菌は，水分（含水率20%以上），適当な温度（$20\sim30°C$）および酸素があれば，木材成分のセルローまたはリグニンを分解して繁殖する．

木材の試験方法（JIS Z 2101）に規定されている耐朽性試験方法は，上記の繁殖条件をシミュレートしたものであり，試験方法の要点は以下のとおりである．

農林水産省森林総合研究所で分離したオオウズラタケとカワラタケの2種類を耐朽性試験用標準菌株とする．ガラス製円筒状の培養びん（$500\sim800$ m$l$）中の供試菌の上に，$60\pm2°C$で乾燥して恒量に達した辺長 $20\pm1$ mm の，二方まさの立方体の試料と対照材（ぶな辺材）を繊維方向を垂直にして載せ，$26\pm2°C$，70%RH 以上の場所に 60 日間置き腐朽させる．腐朽操作終了後，約 20 時間風乾し，$60\pm2°C$で恒量まで乾燥してそれぞれの質量減少率を求める．対照材の質量残存率に対する試料の質量残存率の比を耐久比として評価する．

### 4.7.3 耐候性試験

材料が屋外の大気条件の影響を受けて，経時的にその物理的・化学的性質に変化を起こすことを老化，劣化ま

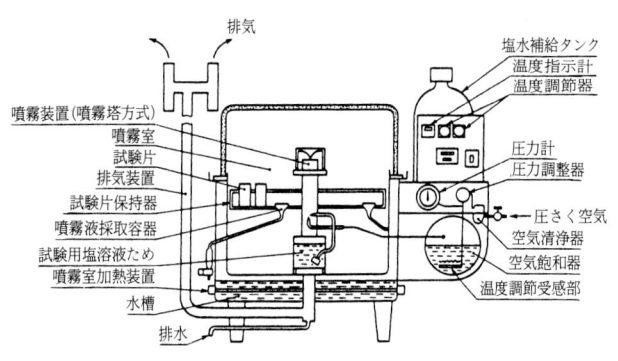

図 4.7.3 塩水噴霧試験装置の一例

たはウェザリング（weathering）といいこれに対する抵抗を耐候性という．大気条件が与える影響は材料の種類によって異なり，特に塗料，ゴム，プラスチックなどの高分子材料の場合には太陽の紫外線，熱線，オゾン，雨水，温湿度の変化が特に大きな要因となっている．

しかし，実際にはこれ以外にも大気汚染をはじめ種々の要因間の相互作用が複雑にからみ合うので，耐候性試験は方法の適正な選択や実験の実施が容易でない．

この種の試験方法は，屋外暴露試験と実験室試験に分けられる．前者は試験片を屋外の日光・風雨の影響のもとに長期にわたり直接暴露する試験法で，材料を屋外で実際に使用した場合の性能を判定できる利点をもつが，長期間を要することと再現性に乏しい弱みをもっている．後者は促進暴露試験装置などを用いて，屋外大気条件を可能な限り実験室で再現し，一定条件下において試験を行うものである．その光エネルギーや人工降雨を倍加することによって，暴露期間を短縮し，早期に劣化の傾向を求めることができるが，促進暴露の機構や試験装置固有の機差，あるいは操作法の適否が材料の劣化にははなはだしい影響を与え，屋外に実際に使用された結果との相関性をなかなかとらえにくい．

この試験の対象となる材料は，無機や金属材料ももちろん含まれるが，上記の高分子系が主である．屋内で使用される内装材料，たとえばビニルクロスやビニル床タイルなどを対象として，光の照射に対する抵抗性を試験する耐光性試験も行われる．

### A. 屋外暴露試験

屋外暴露試験は，気候特性が穏やかで環境汚染因子が少ないような標準的な場所で実施する場合が一般的であるが，海洋環境下や工業地域などのように特殊な環境条件を備えた場所で実施する場合もある．試験結果は環境条件によって著しく異なるため，暴露した地点の環境条件を精度良く評価することが重要である．

試験方法の通則は屋外暴露試験方法通則（JIS Z 2381）に規定されており，暴露試験の種類として直接暴露試験，アンダーグラス暴露試験，遮へい暴露試験などの他，計9種類の暴露試験方法の通則が規格化されている．この他，プラスチック—直接屋外暴露，アンダーグラス屋外暴露および太陽集光促進屋外暴露試験方法（JIS K 7219），アルミニウムおよびアルミニウム合金の大気暴露試験方法（JIS H 0521），さび止め処理金属の大気暴露試験方法（JIS Z 0304）などがある．

プラスチックの屋外暴露試験方法は，建築材料のウェザリングの程度を評価する代表的な方法であり，以下にその概要を述べる．

**a.** 暴露場所は，樹木や建物から十分に離れた場所とし，暴露台の周りは太陽放射エネルギーを遮るような障害物があってはならない．

**b.** 暴露台の試料保持枠，試料ホルダーおよびその他の試料固定具は，耐食性アルミニウム合金，ステンレス鋼，セラミックスなどの不活性材料が適切であり，銅・クロム・ひ素化合物系の防腐剤を含浸した木材または試験結果に悪影響のないことが認められた木材を使用してもよい．

**c.** 試験片の暴露面は赤道に面し，水平面からの仰角は年間で最も多く太陽放射を受けるように，暴露場所の緯度マイナス10度とするが（日本で行う場合），建物の面を模擬するなど，目的によっては水平面から10〜90度にしてもよい．試験片の配置は，地面または他の障害物から0.5 m以上離さなければならない．

**d.** 全天日射計の受光面を暴露面と平行に設置して太陽放射照度を測定し，各暴露期間ごとに全太陽放射露光量を積算する．

**e.** 暴露結果に影響する可能性のある気候条件や気候変化を記録する．海岸地帯や工業地帯などの特別な条件下においては微気候に注意する．

**f.** 試験片の形状・寸法は関連規格に従って作製し，適切に状態調節を行う．

**g.** 試験片は他に規定がなければ，ひずみがかからない状態で暴露する．試験片は原則として裏あてまたは支えなしで暴露する．

**h.** 暴露ステージは，特に規定がなければ，次から選

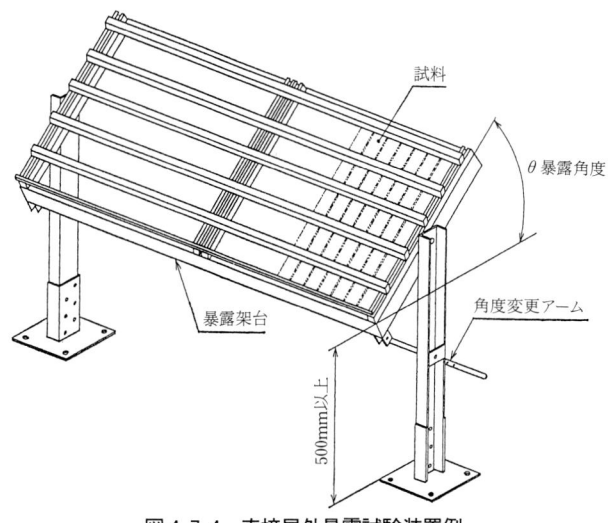

図 4.7.4　直接屋外暴露試験装置例

択された暴露の期間によって規定されるが，試験片が受ける太陽放射露光量によって規定してもよい．

月：1, 3, 6, 9

年：1, 1.5, 2, 3, 4, 6

l. 暴露後の試験片は状態調節を行い，ISO 4582 (Plastics-Determination of changes in colour and variations in properties after exposure to daylight under glass, natural weathering or laboratory light sources) およびその他の適切な試験方法によって外観の変化，色，光沢，機械的特性を測定する．

### B. 人工促進暴露試験

促進暴露試験装置はウェザーメータともいわれ，短時間に耐候性の一部を調べるために，太陽光に近似した人工光源の照射や，人工光源の照射と水の噴霧を繰り返す試験機である．人工光源は，太陽光に近似し赤外域に大きな放射ピークをもつキセノンアークランプ，太陽光に近似し紫外域に大きな放射ピークをもつサンシャインカーボンアークランプ，歴史的に古くから使用され紫外域に極めて大きな放射ピークをもつ紫外線カーボンアークランプなどがあり，これらの光源を用いた試験装置は，それぞれ JIS B 7754，JIS B 7753，JIS B 7751 に規格化されている．試験方法については，高分子系材料の実験室光源による暴露試験方法（JIS A 1415），塗料一般試験方法（JIS K 5600），加硫ゴムおよび熱可塑性ゴムの耐候性試験方法（JIS K 6266），プラスチック実験室光源による暴露試験方法（JIS K 7350-1〜4）などがある．

高分子系材料の実験室光源による暴露試験方法の試験概要を以下に述べる．

a. 光源は，キセノンアーク光源，紫外線蛍光ランプ，オープンフレームカーボンアークランプ（サンシャインカーボンアークランプ），紫外線カーボンアークランプの4種類がある．さらに，紫外線蛍光ランプを用いる場合は，照射と消灯の繰返しによる方法，照射と水噴霧および照射の繰返しによる方法の二とおりがあり，他の三種類の光源を用いる場合は，直接照射によって屋外暴露をシミュレートする方法，窓ガラスを透過した太陽光をシミュレートする方法の二とおりがある．

試験方法はこれらの中から試験する材料の製品規格あるいは試験目的によって選択する．

b. 試験片の形状・寸法は，当該材料の JIS 規格にしたがい，試験の目的に即するよう JIS Z 8703（試験場所の標準状態）によって状態調節を行う．

c. ウェザリングの傾向を比較する目的で，試験片と同時に暴露する耐候性レベルが既知である試験片を比較試験片といい，必要に応じてこれを同時に同一条件で暴露する．また，試験片と同一ロットから採取され，未暴露のままで保存される試験片を保存試験片といい，JIS Z 8703 に規定される状態の暗室または光の入らない容器内に保存する．

d. 暴露ステージは，当該材料の JIS 規格にしたがって行う．特に規定がない場合は，材料が主として使用される地域・部位・暴露を受ける程度，交換補修の難易などを考慮して，時間 (h) または放射露光量 $(J/m^2)$ あるいは分光放射露光量 $(J/m^2 \cdot mm)$ の管理によって行う．

e. 試験条件は光源によって異なるが，キセノンアーク光源を用いる場合は表 4.7.2 に示す条件に従うとともに，JIS K 7350-2 による．

f. 試験結果の評価に先立ち，試験片は必要に応じて

写真 4.7.1 キセノンウェザーメータの外観

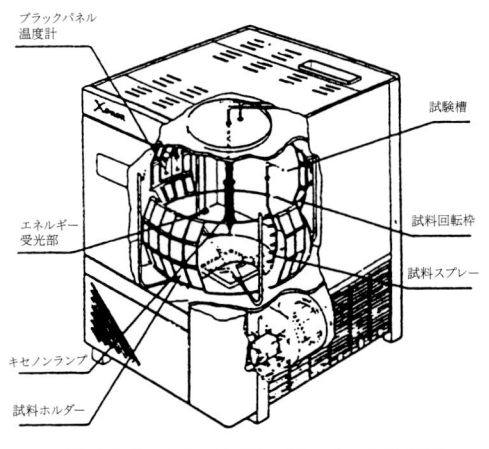

図 4.7.5 キセノンウェザーメータの構造

表4.7.2 キセノンアーク光源による暴露試験方法の試験条件

| 項 目 | 暴露試験方法 | |
|---|---|---|
| | WX-A 直接屋外暴露のシミュレーション | WX-B 窓ガラスを透過した太陽光のシミュレーション |
| ランプの相対分光放射照度 | 表4.7.2(a)による. | 表4.7.2(b)による. |
| フィルタ | 石英ガラス,紫外線遮へい用ガラス製フィルタ,赤外線遮へい用ガラス製フィルタ,水フィルタなどを組み合わせる. | |
| 試験片面の放射照度 | 550 W/m³(波長域290~800 nm) | |
| ブラックパネル温度[(1)] | 63±3℃ ただし,受渡当事者間の協定によって変更してもよい. | |
| 相対湿度 | (50±5)% | |
| 試験片面への水噴霧サイクル | 102分照射後,18分照射および水噴霧.または受渡当事者間の協定による(一例として48分照射後,12分照射および水噴霧.). | 水噴霧なし. |
| 照射方法 | 連続照射 | |

注(1) 受渡当事者間の協定によって,ブラックスタンダード温度によってもよい.この場合,ブラックパネル温度との相関を求めておく必要がある.

表4.7.2(a) WX-A法の相対分光放射照度の分布

| 波長 λ (nm) | 相対分光放射照度の分布 % |
|---|---|
| 290~800 | 100.0 |
| λ≦290 | 0 |
| 290<λ≦320 | 0.6±0.2 |
| 320<λ≦360 | 4.2±0.5 |
| 360<λ≦400 | 6.2±1.0 |

表4.7.2(b) WX-B法の相対分光放射照度の分布

| 波長 λ (nm) | 相対分光放射照度の分布 % |
|---|---|
| 300~800 | 100.0 |
| λ≦300 | 0 |
| 300<λ≦320 | 0.1未満 |
| 320<λ≦360 | 3.0±0.5 |
| 360<λ≦400 | 6.0±1.0 |

適当な方法で清浄にし,JIS Z 8703に規定される状態下で状態調節を行う.性能の変化は必要に応じて保存試験片または比較試験片と比較して評価する.

**g.** ウェザリングの評価項目は,当該材料のJISに規定されている場合は原則としてそれにしたがうが,規定のない場合は,形状・寸法変化,外観観察(色,光沢,光線透過率など),物性変化(引張強さ,伸び率など),その他とする.

**h.** 劣化の程度を評価するための試験方法が当該材料のJISに規定されている場合は,それによる.規定のない場合は,当事者間の協定または前掲のISO 4582による.

### 4.7.4 汚染性試験

材料の汚れに対する抵抗性を評価するための試験として汚染性試験がある.材料の汚染は,地域によって汚染付着物質およびその作用量は大きく異なり,工業地帯においては煤煙や酸化鉄など,内陸においては土粒子,藻類などの汚染がよくみられる.外装材を景観材料としてとらえるとき,特に汚染性試験による汚れの評価は重要である.

汚染性の促進試験は,汚染物質懸濁水流下法および汚染物質吹付法があり,試験方法は,建材試験センター規格 JSTM J 7602 Tに規定されている.

試料の寸法は,長さ200 mm,幅120 mm,厚さ2~20 mmとし,ボード等の定形材料は製品を切断して作製する.

**A. 汚染物質懸濁水流下法**

汚染物質を含んだ懸濁水を試料表面に流下させ,その後乾燥させる過程を繰り返す試験であり,汚染物質が降雨水によって運搬,付着することを想定している.

試験装置は図4.7.6に示すような機構を有するもので,試料1を取り付けた十字回転翼が(a)の状態から5±0.5 rpmの速度で軸回りに回転しながら,懸濁水補集器が懸濁水貯留槽の懸濁水をすくい取って試料1の表面に懸濁水を流下させる(b).試料1が180度回ったと

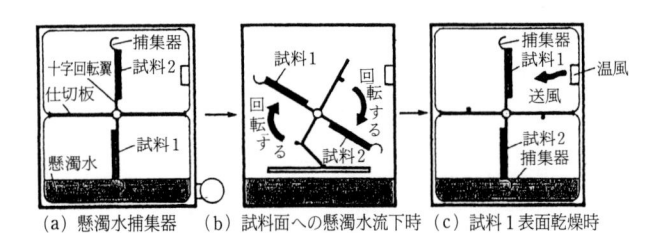

(a) 懸濁水捕集器　(b) 試料面への懸濁水流下時　(c) 試料1表面乾燥時

図4.7.6　汚染物質懸濁水流下法の試験概要

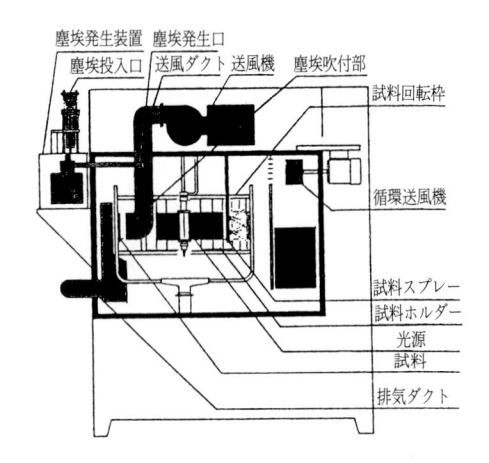

図4.7.7　汚染物質吹付法の試験装置例

ころで回転翼が停止し，温風機により試料1の表面を10分間乾燥させる(c)．これを1サイクルとし，試験サイクルは50サイクルを標準とする．汚染度は5サイクルごとに評価する．

懸濁させる汚染物質は，カーボンブラック，合成黄土，焼成関東ロームおよびシリカ粉を所定量計り取って蒸留水を加え，懸濁水濃度 $1.0\,g/l$ とする．

#### B. 汚染物質吹付法

汚染物質を含む気流を材料表面に吹付けたときの汚染性を評価する試験である．

試験装置は図4.7.7（汚染物質吹付けに，水スプレーと光照射の機能を付加した装置）に示すようなもので，回転試料枠に取り付けられた試料が，送風ダクトと排風ダクトとの間を $300\,cm/min$ の速度で通過し，その間に送風ダクトから試料表面に汚染物質が吹付けられる．1回の吹付けを1サイクルとし，試験サイクルは500サイクルを標準とする．汚染度は50サイクルごとに評価する．

汚染物質の種類は，懸濁水流下法に用いるものの他，実際の塵埃に近似させるために疎水性のカーボンブラックを加え，所定の質量比で混合したものを用いる．

#### C. 汚染度の評価

汚染度の評価は次の5種類があり，試験の目的ならびに試料の種類等によって選択する．

**a. 目視による方法（その1）**　試験後の試料と同種の保存試料とを隣り合わせて並べ，汚染度を目視により「汚染が認められない」から「汚染が顕著に認められる」までの5段階で評価する．

**b. 目視による方法（その2）**　試験後の試料と同種の保存試料とを隣り合わせて並べ，JIS L 0804に規定するグレースケールとの比較により評価する．汚染前後の明度の差を目視により評価するもので，試料の表面が無彩色で均一な汚染状態の場合に有効である．

**c. 色の差により評価する方法**　測色色差計を用い，JIS Z 8730（色の表示方法）に規定する方法により，試験前後の試料の色差を求める．

**d. 光沢度の差より評価する方法**　光沢計を用い，JIS Z 8741（鏡面光沢度測定方法）に規定する方法により，試料の光沢残存率を求める．

**e. 物質付着の程度により評価する方法**　顕微鏡観察により，試料表面の付着物質の個数を粒径別に計測する．計測方法は，JIS B 9920（クリーンルーム中における浮遊微粒子の濃度測定方法）の定める顕微鏡法にしたがう．

### 4.7.5　耐摩耗性試験

建築材料の摩耗試験には，ある同種の材料間の耐摩耗性の相違を知る目的で行う場合と，同部位に用いられる異種材料の比較を目的とする場合の2つが考えられる．従来，各国で多種多様の摩耗試験機が考案されているが，多くは前者に属するものであって，これらを，後者の例である各種の材料の摩耗試験機として用いると，ある種の材料には適しても，他の材料には適用できないものが多い．

現在，我が国で建築材料についての摩耗試験方法として規格化されているのは，前者については木材・コンクリート用骨材・プラスチック・繊維製床敷物・陶磁器質タイルなどの数種の材料についてだけであり，後者については床仕上材料についてだけでその数は少ない．次にその2，3の例を概説する．

#### A. 木材の摩耗試験方法

JIS Z 2101（木材の試験方法）には，摩耗・引っかきおよび打撃の3作用を加えて摩耗する試験方法が規定されている．図4.7.8はその概要を示すもので，毎分4回転する回転円盤上に $50\times50\,mm$ ，厚さ $10\,mm$ の試験

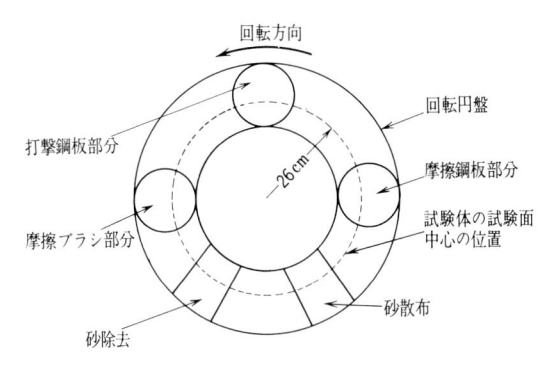

図 4.7.8 木材の摩耗試験方法の装置略図

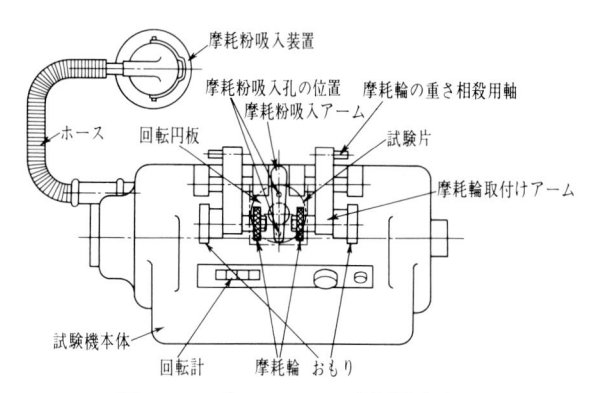

図 4.7.9 プラスチックの摩耗試験機の概要

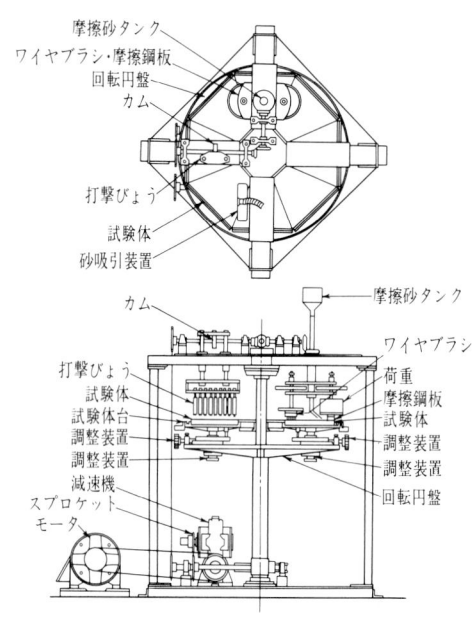

図 4.7.10 床仕上材料摩耗試験の概要

体を取り付け摩擦鋼板（ニッケルクロム鋼，摩擦面が60×60 mm，質量23 kg），摩擦ブラシ（60×60 mm の範囲の45孔に20 mm の長さの径0.4 mm のピアノ線を1孔36本のわりでうえ込んだもの，質量1.5 kg）で試験体を摩擦するとともに，打撃鋼板（摩擦鋼板と同材質，大きさ60×60 mm，質量2.5 kg）で毎分4回，2 cm の高さから試験体面に落下して打撃を与える．また，散布砂（福島県相馬産けい砂，比重約2.7，粒径0.3～0.6 mm）を各試験体に1回転ごとに約0.6 g 一様に散分し，摩耗後1回転ごとに除去する．

試験は，まさ目および板目について，また回転方向に対して繊維が平行および垂直の2方向について行う．摩耗量は1000回転後について，次式で表す．

$$摩耗量 (mm) = \frac{W_1 - W_2}{A\gamma} \times 10$$

ここに $W_1$：試験前の試験片の質量(g)
$W_2$：試験後の試験片の質量(g)
$A$：摩耗面積 (cm$^2$)
$\gamma$：気乾比重

### B. プラスチックの摩耗試験方法

JIS K 7204（摩耗輪によるプラスチックの摩耗試験方法）には摩耗輪を用いてプラスチックの試験片を摩耗させる試験方法が規定されている．

図 4.7.9 はその概要を示すもので，毎分60±2回転する回転円板上に取り付けられた試験片（直径約120 mm）上に一対の定格摩耗論を規定荷重（250 gf，500 gf，1000 gf）のもとで圧着させ，摩耗輪によって試験片を摩耗させる．摩耗粉は摩耗粉吸入装置より連続的に除去される．

試験は1000回転をもって終了とし，摩耗量は，摩耗質量または摩耗質量を密度で除した摩耗体積で表す．

### C. 床仕上材料の摩耗試験方法

実際の床仕上材料の摩耗と同様な結果を得る試験方法があれば，各種の床仕上材料の比較，格付けができるものであるが，摩耗の要因が複雑なため困難が多い．しかし，人体の歩行動作の解析に基づいて，実情に合う試験方法を見いだそうとする研究が各国で行われている．

我が国においてもこの観点からの研究が行われ，その成果をもとに JIS A 1451（回転円盤の摩擦及び打撃による床材料の摩耗試験方法）に，図 4.7.10 に示した床仕上材料の摩耗試験方法が規定されている．

試験体（上底93 mm，下底300 mm，高さ250 mm の台形，厚さ10～30 mm）を8個装置して回転する（1 rpm）円盤と，その上で試験体を一定荷重で押しながら小回転する（18 2/11 rpm）摩擦鋼板（ニッケルクロム銅，摩擦面直径38 mm，質量7.3 kg）と摩擦ブラシ（直径50 mm の範囲の30孔に20 mm の長さの径0.5 mm の

ピアノ線を1孔78本のわりでうえ込んだもの，質量1.5 kg）および一定高さ（20 mm）から毎分48 $^{16}/_{33}$ 回の割合で落下打撃を与える27個の打撃びょう群（1個の質量370 g）からなっている．

摩擦鋼板と摩擦ブラシは歩行時に床に与える摩擦と引っかきの作用を，打撃びょうははきものの着床時の打撃をそれぞれ考慮したものである．また，一定量（毎分約10 g）の摩擦砂（福島県相馬産の乾燥天然けい砂）が一様に試験体上に散布され，1回転ごとに除去される．摩耗量は回転円盤の一定回転数（1 000回転）における試験体の厚さの減少量で示す．

さらに試験後の試験体の表面の状態の変化などを観察する．

本試験機による各種床仕上材料の摩耗量と実地試験による摩耗量との関係は図4.7.11のとおりで，硬くてもろい材料を除けば，他の試験機と比べ実際と高い相関をもっていることが証明されており，かつ異種床仕上材料どおしの耐摩耗性を絶対量で比較することが可能となっている．

なおJIS A 1451は，高分子系張り床材の試験方法について規定したJIS A 1454，テラゾについて規定したJIS A 5411でも，耐摩耗性試験方法として規定されている．

また，人間の歩行以外にも，キャスターの走行を対象とした摩耗試験方法などが考案されていることを，付け加える．

#### D. その他の摩耗試験方法

上記以外にも，JIS A 1452（落砂法）には落砂によって，建築材料および建築構成部分で堅く平滑な面をもつもので，かつ光沢のあるもの，透明なもの，あるいは表面塗装を施したものの耐摩耗性を試験する方法が規定されている．また，陶磁器質タイルについて規定したJIS A 5209でも，同様の耐摩耗性試験方法が規定されている．

さらに，JIS A 1453（研磨紙法）には，JIS K 7204とほぼ同様の試験機により研磨紙を取り付けた摩耗輪を試験荷重とともに加えて，レザー，壁布，合板，繊維板，プラスチック板などの耐摩耗性を試験する方法が規定されている．なお，繊維製床敷物について規定したJIS L 1023でも，同様の試験機による耐摩耗性試験方法が規定されている．

#### E. 耐摩耗性の評価

耐摩耗性の評価の観点は，美観，キャスターの走行性，腐食・発錆・破損の増進など多くの観点から考えるべきであるが，これらの観点からの評価と摩耗量との関係に関してはいまだに未知の部分が多く今後の課題として残されている．

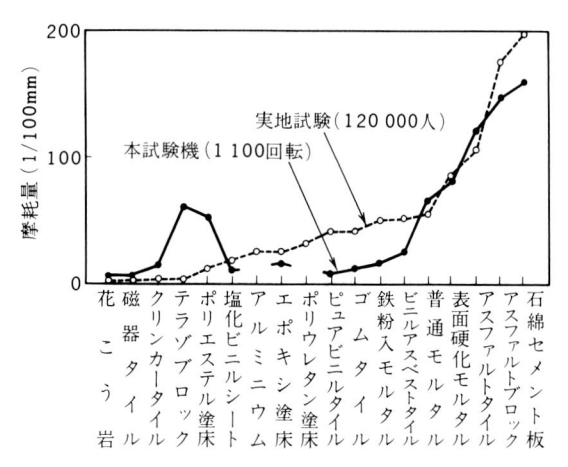

図4.7.11 実地試験との対比 （吉岡ほか）

〈参　考　文　献〉
（1） G. Fagerlund : The critical degree of saturation methods of assessing the freeze/thaw resistance of concrete, materials and construction, vol. 10, No. 58.
（2） 鎌田，田畑，千歩，"ALCの凍害機構と評価のための試験法"，セメントコンクリート，No. 432, 1983.

## 4.8 機器分析

### 4.8.1 粉末X線回折法

X線は可視光と同じ電磁波の一種であるが，その波長が数百Åから0.1Åと，極めて小さい．このため，可視光では利用されていない回折現象が分析に利用できる．

X線が結晶に照射されると，そのX線は回折する．回折X線の強度と回折角度は，その結晶特有のものなので，それらを測定することによって，

（1）試料中の結晶がどのような構造であるかを知ることができる（同定できる）．

（2）さらに，試料中の結晶濃度と回折X線の強度が比例することを利用して，その濃度を知ることができる（定量できる）．

図4.8.1に示すように，単色X線の波長 $\lambda$ と結晶の格子面間隔 $d$ と回転角 $2\theta$ との間には次式の関係があり，ブラッグの条件といわれている．

$$2d \sin \theta = n\lambda$$

ここに $n$：反射の次数で，粉末や多結晶試料では $n=1$ として $d$ を求める．

粉末X線回折法は応用範囲の極めて広いものである．測定される結晶は細かい粉末（$10\,\mu m$以下，指先で粒子を感じさせない程度）にされるので，照射されるX線に対してあらゆる格子面が回折を起こすことになる．なお，多くの結晶は，熱の影響を受けやすいので，粉末にする場合には注意を要する．

回折されたX線は検出器で測定され，電気信号に変えられて計数記録部を通って回折図が描かれる．回折図形の測定例を図4.8.2に示す．回折角の格子面間隔への変換は上式を用いて計算できるが，$2\theta-d$ 変換表があるので，これを利用すればよい．未知試料の同定を行う

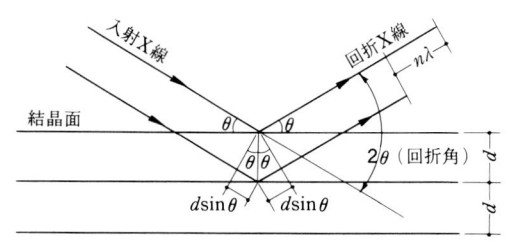

光路差 $2d \sin \theta$ が $n\lambda$ に等しい場合，お互いに干渉し，回折X線の強度が大きくなる

図4.8.1　X線の回折モデル図

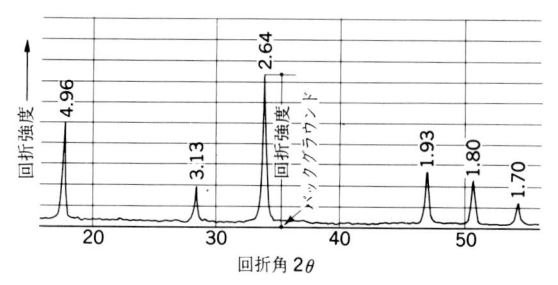

測定条件：

| 対陰極 | Cu | 走査速度 | 2°/min |
| フィルター | Ni | チャート速度 | 2 cm/min |
| 管電圧 | 30 kV | 発散スリット | 1° |
| 管電流 | 15 mA | 発光スリット | 0.3 mm |
| フルスケール | 8000 cps | 計数管 | S.C |
| 時定数 | 1 sec | | |

図4.8.2　Ca(OH)$_2$の粉末X線回折による測定例

には，既知物質のデータ集として，JCPDSカード（通称ASTMカード）があるので，これを利用すればよい．検出限界量は，一般に，2%程度といわれており，非結晶質のものはバックグラウンドとして現れる．

現在は，これらをコンピュータ処理するようになっており，手軽に分析できるようになった．しかし，正確な同定を行うためには，次に述べる蛍光X線分析法によって，構成元素の分析をあわせて行うとよい．

### 4.8.2 蛍光X線分析法

蛍光X線分析法は，試料にX線を照射すると，その試料を構成している元素特有の性質を持つX線（特性X線）を発生することを利用しようとするものである．

蛍光X線分析装置は，波長分散型（WDS）とエネルギー分散型（EDS）に大別されるが，これらの利用範囲としては，

（1）試料中に存在する各元素の同定ができる（定性分析ができる）．

（2）試料を構成する各元素の含有率の測定ができる（定量分析ができる）．この場合，蛍光X線分析法は相対値分析であるから，正確な値を求めるには，検量線を求めるための標準試料が必要となる．

蛍光X線分析法に用いられる試料は，固体・粉体・液体と極めて広範囲であるが，試料調整上，次のことに配慮しなければならない．

（1）試料の不均一性による誤差が大きい．

（2）共存元素によるマトリックス効果（吸収効果，

励起効果）が存在する．

定性分析における蛍光X線スペクトルの解読は（$2\theta$角⇒固有X線）あるいは（エネルギー⇒固有X線）のような変換を行うことになるが，このような変換はスペクトル表によって簡単に行うことができるが，強いピークに付随して現れるピーク等を誤って同定しないように注意する必要がある．

現在では，コンピュータ処理によって，自動的にスペクトルを同定することができるようになり，手軽に利用できるようになった．

### 4.8.3　熱　分　析

熱分析とは，温度を時間とともに変化させながら特性量を測定し，物性量―温度（時間）曲線から，物質の相転移や化学反応についての知見を得る方法のことである．

#### 1)　熱重量（TGA）法

熱重量法では，試料を一定速度で加熱しながらその重量を連続的に測定する．測定には熱天びんが用いられる．いろいろな方式のものが利用されるが，量も基本的な指零型熱天びんを用いた測定原理を図4.8.3に示す．試料に重量変化が生じたとき，天びんのバランスをとるようにビームの他端に復元力を作用させる．必要とする力を電気的に取り出し重量変化を測定する．普通試料は数mg～数十mg程度を用い，これを定昇温装置のついた電気炉で加熱する．測定データは縦軸に重量減少率，横軸に温度がとられた減量曲線（サーモグラムまたはサーモヒストグラムと呼ばれる）として得られる．図4.8.4に測定例を示す．重量が急激に変化する領域は何らかの反応が起きていることを意味する．ただしその現象が，脱水反応であるとか分解反応である等の説明を加えるためには，相補的方法，例えば赤外吸収分光法，示差熱分析法，X線回折法，ガスクロマトグラフ法，質量分析法などの測定も含め検討する必要がある．

#### 2)　示差熱分析（DTA）法

示差熱分析法とは，物質を均一な速度で加熱する際生じた物理的，化学的変化を，それに伴う熱効果として観測する方法のことである．無機化合物，高分子物質などの融解，相転移，熱分解，各種吸発熱反応の解析，熱変化物質の同定などに利用される．その基本原理を図4.8.5に示す．試料は数mg～数十mg程度を用い，基準物質として加熱によって異常熱変化を起こさないもの

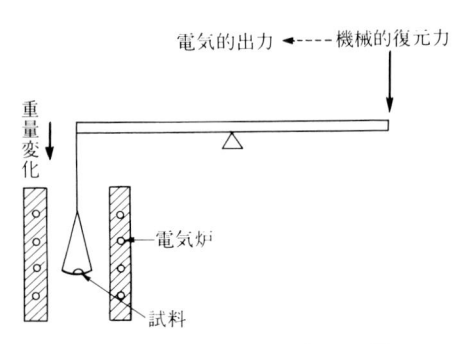

図4.8.3　指零型熱天びん原理図

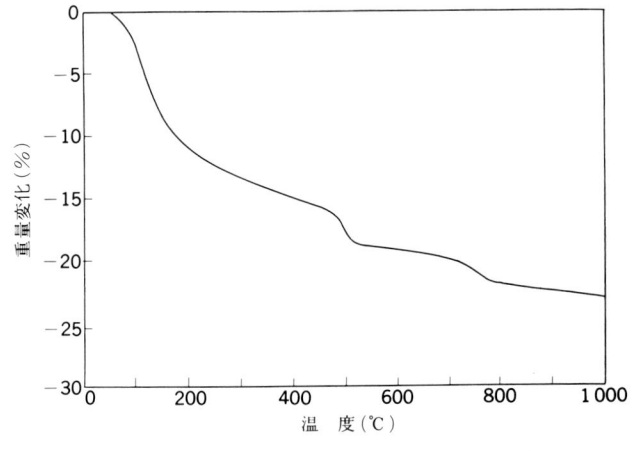

図4.8.4　熱重量測定例（セメントペースト）

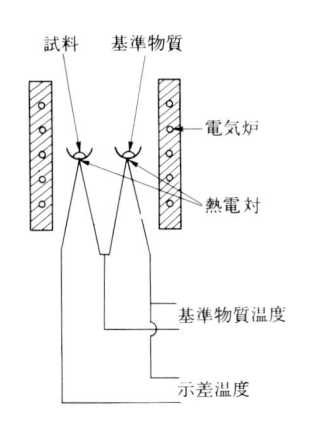

図4.8.5　示差熱分析原理図

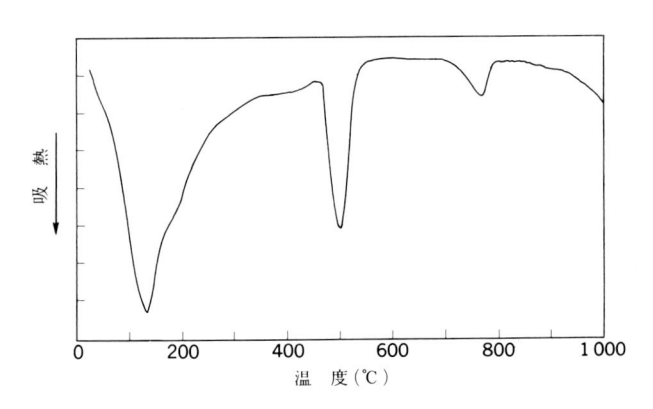

図4.8.6　示差熱分析測定例（セメントペースト）

（通常はアルミナが用いられる）と同時に電気炉内で一定速度で加熱する．そのときの両者間の温度差（示差温度の起電力）を記録する．

測定データは示差曲線として得られる．図4.8.6に測定例を示す．ピークの生じている領域で何らかの化学的あるいは物理的変化が生じていることを示す．ピークが下向きの場合は吸熱反応，上向きの場合は発熱反応であることを表す．さらに進めてピーク面積が熱変化量と比例関係にあれば，半定量分析にもあるいは反応熱の定量にも用いることができる．

### 4.8.4 赤外線分析法

**a. 測定原理**　赤外線とは可視光線のすぐ隣の長波長側からマイクロ波にいたる0.75～200μmまでの波長をもった光をいう．材料を構成する分子はたえず伸縮や変角等の振動をしているが，赤外線があたることによりそれと同じ振動数で振動する分子があると吸収し，振動は激しくなり，ない場合は吸収されずにそのまま分子を通過する．したがって試料に赤外線（測定には2.5～25μm程度の波長の赤外線を使用）を連続的に振動数を変えながら照射すると，ところどころで赤外線が吸収されることになる．吸収された領域の赤外線は当然弱められるから試料を通ってきた赤外線の強さを波長に対して表すと，途中にいくつかの吸収帯をもついわゆる赤外線吸収スペクトルが得られる．図4.8.7に測定概念図を示す．

**b. 測定**　試料は固体，液体，気体状態のいずれでも測定可能である．固体試料は，結晶，粉末，薄膜，無定形の形態で測定する．液体試料は液膜，溶液状態で，気体試料は気体セルに封じ込めた状態で測定する．試料単独で測定しうる場合は図4.8.7中のレファレンスの部分は空であるが，何らかの溶媒や容器を用いて測定する場合は，それらの赤外線吸収部分を相殺するため，試料の入っていない状態のものをレファレンス側に用意する．

一般に赤外線吸収スペクトルは，縦軸に透過率，横軸に波長または，波長の逆数である波数が目盛られる．図4.8.8に測定例を示す．

**c. 応用**　赤外吸収スペクトルは，①物質の同定，②官能基分析，③未知化合物の構造決定，④不純物の検出，⑤吸光度が試料濃度に比例するという性質を利用しての定量分析等に利用される．

### 4.8.5 走査電子顕微鏡（SEM）観察

走査電子顕微鏡は光学顕微鏡と同じように，基本的には試料の表面を観察するものである．しかし凹凸のある試料に対しては，通常の光学顕微鏡がごく限られた範囲にしか焦点を合わせることができず，試料画像の一部はシャープであるが，他はぼやけた画像となる．それに対して走査電子顕微鏡ではどの位置に対しても画像がシャープであり，奥行きのある立体感に満ちた表面像を得ることができる．また数万倍の拡大が可能である．これにエネルギー分散型分光器を取り付けると，観察している部分がおおよそどのような元素から構成されているのかも知ることができる．

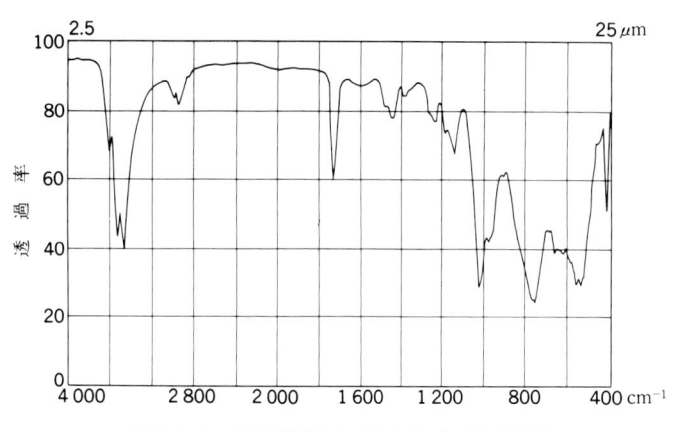

図4.8.8　赤外線吸収スペクトル（人造大理石）

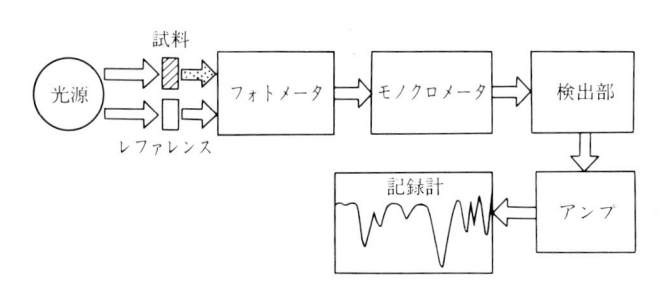

図4.8.7　赤外分光光度計の概念図

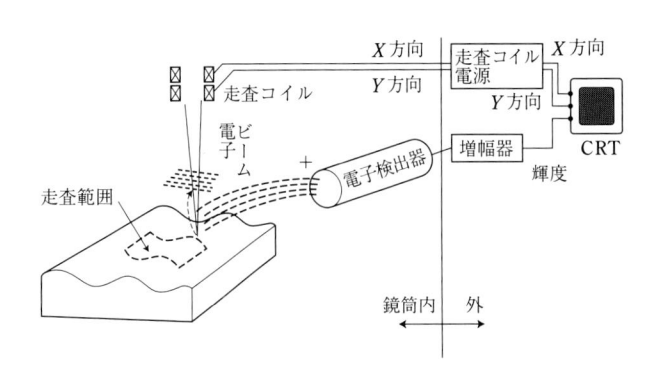

図4.8.9　走査電子顕微鏡の結像原理[1]

写真 4.8.1　セメントモルタルの走査電子顕微鏡写真

測定原理は以下のとおりである．細く絞った電子ビームを図 4.8.9 に示すように試料表面上を移動照射させ 2 次電子を発生させる．これを検出器で収集し，電気信号に変換して CRT に反映させる．

写真 4.8.1 に例としてセメントモルタルの走査電子顕微鏡写真を示す．

### 4.8.6　偏光顕微鏡観察

偏光顕微鏡観察では岩石や鉱物の組織を知ることができる．これをコンクリートに適用すれば，使用されている骨材の種類や鉱物種，それらの構成比，骨材の形状・分布，セメント中の混合物などを明らかにすることができる．

測定原理は以下のとおりである．太陽やふつうの光は，進行方向に垂直な平面内では，あらゆる方向に振動している．これに対して，特定方向だけに振動する光がある．これは偏光と呼ばれるが，図 4.8.10 に示すように，これが鉱物のように結晶している物質に入ると，屈折率の小さい光と大きい光にわかれる．この 2 つの光がさらに，もう 1 つの偏光装置を通ることにより，お互いに干渉されてひとつの光の波となり，特有な色（干渉色）となって見える．これを調べることにより鉱物が何であるかを知ることができる．

光を透過させる必要があるため，原則として試験片は数十 $\mu$m まで薄く研磨する必要がある．しかし最近は，高性能の反射型の偏光顕微鏡が開発され，厚いままの試料でもその表面観察が可能である．写真 4.8.2（口絵参

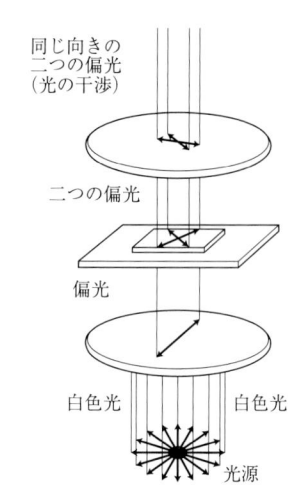

図 4.8.10　偏光顕微鏡の原理[2]

照）に例としてセメントモルタルの偏光顕微鏡写真を示す．

### 4.8.7　電子線マイクロアナライザー（EPMA）による分析

試料表面を分析する方法である．表面観察も可能であるが，特に元素分布を調べるのに有力である．すなわちどのような元素があるのか，含有量はどれだけか，どのように分布しているか，どのような化合物であるかを知ることができる．

測定原理は以下のとおりである．走査電子顕微鏡と同様に，細く絞った電子ビームを試料に照射し，そのとき出てくる 2 次電子，反射電子を用いて試料の表面観察を行う．また同時に発生する X 線を用いて微少部分の元素情報を得る．これらを 2 次元走査することにより，面分析（マッピング）が可能となる．従来は数 mm から数十 mm の範囲での面分析が限界であったが，最近は $10 \times 10$ cm 程度の試料サイズの面分析が可能となっている．写真 4.8.3（口絵参照）にセメントペーストにおける Ca の分布の材齢による変化の測定例を示す．

〈参　考　文　献〉
（1）安井　至, セラミックスのキャラクタリゼーション技術Ⅱ.14, 走査電子顕微鏡と X 線マイクロアナライザー，—走査電子顕微鏡—, セラミックス, Vol. 21, No. 2, 1986.
（2）榊原雄太郎・猪郷久治・畑町和子, 顕微鏡観察シリーズ 4, 鉱物の顕微鏡観察, 地人書院, p. 34, 1983.

# 付1. 国際単位系(SI)の採用

　人類は，まだ言語の国際的統一を達成するところまでには至っていませんが，その一歩手前の計量単位の国際的統一を西暦 2000 年頃には，おおむね達成しようとしています。この国際的な統一計量単位系が SI(Le Système International d'Unités)と呼ばれているものです。

　SI 単位は，メートル系の MKS 単位系を拡張したもの(重力単位系の単位は使用しない)であり，我が国においては，長さはメートル(m)，質量はキログラム(kg)というように，使用している計量単位の大部分は SI 単位ですが，SI 単位ではない，力の単位の重量キログラム(kgf)，圧力の単位の重量キログラム毎平方センチメートル($kgf/cm^2$)，応力の単位の重量キログラム毎平方ミリメートル($kgf/mm^2$)，熱量の単位のカロリー(cal)などの計算単位も若干使用されています。

　したがって，これらの単位は世界の大勢に遅れないように，SI 単位に改めていく必要があるとともに，この国際的な統一によって，各国間の技術・情報の交流，流通，取引の面で計り知れない利益をもたらすことはいうまでもありません。

　このような背景のもと，日本工業規格(JIS)では，1974 年から SI の導入を図り，さらに国際化に対応できるようにとの方針を進めて，1990(平成 2 年)年には"日本工業規格における国際単位系(SI)の導入の方針について"を日本工業標準調査会(JISC)で議決し，JIS における各種計量単位の SI 化を促進することとしました。これによって，1995 年 3 月末までの 5 年間に完全 SI 化を達成することとしました。

　一方，計量単位の基本である"計量法"が 1992 年に改正され，1993 年 11 月 1 日から施行されています。これに伴い，各種取締法規及びそれに基づく基準などの法規類における SI 化，また，産業界においても新計量法に対応できる体制整備が進展しつつあります。さらには，教育関係においても教科書作りの基準となる"教科用図書検定基準"が，1990 年に改正され，SI 優先が明確に打ち出されたことによって，初等・中等教育における SI 化が推進されています。

　また，海外主要各国においても SI 化の進められているなどの状況から，より一層の SI 化が普及されるものと思われます。

## 付2．単位の換算率表

(太線が囲んである単位がSI単位である  
有効数字4けたまで表示したが詳しくは注を参照のこと)

### 長さ

| | cm | in | 寸 | 尺 | ft | yd | m | 間 | 町 | km | マイル | 里 |
|---|---|---|---|---|---|---|---|---|---|---|---|---|
| | 1 | 0.394 | 0.330 | | | | | | | | | |
| | 2.540 | 1 | 0.838 | | | | | | | | | |
| | 3.030 | 1.193 | 1 | 0.100 | | | | | | | | |
| | 30.30 | 11.93 | 10.00 | 1 | 0.994 | | | | | | | |
| | 30.48 | 12.00 | 10.06 | 1.006 | 1 | 0.333 | 0.305 | 0.168 | | | | |
| | 91.4 | 36.00 | 30.2 | 3.018 | 3.000 | 1 | 0.914 | 0.503 | | | | |
| | 100 | 39.4 | 33.18 | 3.318 | 3.281 | 1.094 | 1 | 0.550 | | | | |
| | 181.8 | 71.58 | 60.00 | 6.000 | 5.965 | 1.988 | 1.818 | 1 | | | | |
| | | | | | | | 109.1 | 60.00 | 1 | 0.109 | | |
| | | | | | | | 550 | 9.167 | 1 | 0.621 | 0.255 | |
| | | | | | | | 885.1 | 14.75 | 1.609 | 1 | 0.410 | |
| | | | | | | | 2160 | 36.00 | 3.927 | 2.440 | 1 | |

注　1寸＝100/33 cm＝3.030303 cm  
　　1尺＝10寸＝30.30303 cm  
　　1間＝6尺＝1.8181818 m  
　　1町＝60間＝109.09090 m  
　　1里＝36町＝3.9272727 km

注　1 in＝2.54 cm  
　　1 ft＝12 in＝30.48 cm  
　　1 yd＝3 ft＝0.9144 m  
　　1 mile＝1.609344 km  
　　1 sea mile＝1.852 km（英 1.853.2 km）  
　　　（nautical mile）

### 面積

| | 尺² | ft² | yd² | m² | 歩(坪) | 畝 | a | 反 | acre | 町 | ha | km² | mile² |
|---|---|---|---|---|---|---|---|---|---|---|---|---|---|
| | 1 | 0.988 | 0.110 | 0.092 | 0.028 | | | | | | | | |
| | 1.012 | 1 | 0.111 | 0.093 | 0.028 | | | | | | | | |
| | 9.105 | 9.000 | 1 | 0.836 | 0.253 | | | | | | | | |
| | 10.89 | 10.76 | 1.196 | 1 | 0.303 | | | | | | | | |
| | 36.00 | 35.92 | 3.954 | 3.306 | 1 | | | | | | | | |
| | | | | 99.17 | 30.00 | 1 | 0.992 | 0.100 | | | | | |
| | | | | 100.00 | 30.24 | 1.008 | 1 | 0.101 | | | | | |
| | | | | 991.73 | 300.0 | 10.00 | 9.917 | 1 | | | | | |
| | | | | 1224.3 | 40.81 | 40.46 | 4.081 | 1 | 0.408 | 0.405 | | | |
| | | | | | 300.0 | 99.17 | 10.00 | 2.451 | 1 | 0.992 | | | |
| | | | | | 100.0 | 10.08 | 2.471 | 1.008 | 1 | 0.010 | | | |
| | | | | | | | 2471 | 100.8 | 100.0 | 1 | 0.386 | | |
| | | | | | | | | | 259.0 | 2.590 | 1 | | |

注　1寸²＝9.1827365 cm²  
　　1尺²＝0.091827365 m²  
　　1歩(坪)＝6尺×6尺＝3.305781 m²  
　　1畝＝30歩＝99.173554 m²  
　　1反＝10畝  
　　1町＝10反  
　　1 ha＝100 a＝10000 m²

注　1 in²＝6.4516000 cm²  
　　1 ft²＝0.09203040 m²  
　　1 yd²＝0.83612736 m²  
　　1 acre＝4046.8 m²  
　　　　　＝1224.27坪  
　　1 mile²＝2.5899881 km²

### 体積

| | $l$ | 升 | gal | 斗 | 立方尺 | ft³ | 米バレル | 英バレル | 石 | yd³ | m³ |
|---|---|---|---|---|---|---|---|---|---|---|---|
| | 1 | 0.554 | 0.264 | 0.055 | 0.036 | 0.035 | | | | | |
| | 1.804 | 1 | 0.476 | 0.100 | 0.065 | 0.064 | | | | | |
| | 3.785 | 2.103 | 1 | 0.379 | 0.136 | 0.134 | | | | | |
| | 18.04 | 10.00 | 2.642 | 1 | 0.647 | 0.637 | | | | | |
| | 27.83 | 15.42 | 7.351 | 1.546 | 1 | 0.983 | | | | | |
| | 28.32 | 15.70 | 7.481 | 1.570 | 1.018 | 1 | | | | | |
| | | | | | | | 1 | 0.729 | 0.623 | 0.156 | 0.119 |
| | | | | | | | 1.372 | 1 | 0.907 | 0.214 | 0.164 |
| | | | | | | | 1.605 | 1.102 | 1 | 0.236 | 0.180 |
| | | | | | | | 6.412 | 4.672 | 4.238 | 1 | 0.765 |
| | | | | | | | 8.387 | 6.110 | 5.543 | 1.308 | 1 |

注　1立方寸＝27.825474 cm³  
　　1立方尺＝0.0027826474 m³  
　　1升＝1.80385611 $l$  
　　1斗＝10升  
　　1石＝10斗  
　　1 $l$＝1000.028 cm³

注　1 gal＝3.7853240 $l$  
　　1米ガロン＝3.785329 $l$  
　　1英ガロン＝4.5459631 $l$  
　　1米バレル＝31.5米ガロン  
　　1英バレル＝36英ガロン

## 付2. 単位の換算率表

### 質量

| | カラット(ct) | g | 匁 | オンス(oz) | ポンド(lb) | 斤 | kg | 貫 | 米トン | メートルトン(t) | 英トン |
|---|---|---|---|---|---|---|---|---|---|---|---|
| | 1 | 0.200 | 0.053 | | | | | | | | |
| | 5.000 | 1 | 0.267 | 0.035 | | | | | | | |
| | 18.75 | 3.750 | 1 | 0.132 | | | | | | | |
| | 141.7 | 28.35 | 7.56 | 1 | 0.063 | 0.047 | 0.028 | | | | |
| | | 453.5 | 121.0 | 16.00 | 1 | 0.655 | 0.454 | 0.121 | | | |
| | | 600.0 | 160.0 | 21.17 | 1.32 | 1 | 0.600 | 0.160 | | | |
| | | 1000 | 266.7 | 35.27 | 2.205 | 1.667 | 1 | 0.267 | | | |
| | | | 1000 | 132.3 | 8.261 | 6.250 | 3.750 | 1 | | | |
| | | | | | | | 90.72 | 241.9 | 1 | 0.907 | 0.893 |
| | | | | | | | 1000 | 266.7 | 1.102 | 1 | 0.984 |
| | | | | | | | 1016 | 271.7 | 1.120 | 1.016 | 1 |

注　1 匁＝3.75000 g
　　1 斤＝160 匁＝600.000 g
　　1 貫＝1000 匁＝3.75000 kg

注　1 ct＝0.200 g
　　1 oz＝28.349527 g
　　1 lb＝0.453592243 kg
　　1 米トン＝0.90718486 t
　　1 英トン＝1.0160470 t

### 力

| | N | dyn | kgf | lbf |
|---|---|---|---|---|
| | 1 | $1\times10^5$ | $1.020\times10^{-1}$ | $2.248\times10^{-1}$ |
| | $1\times10^{-5}$ | 1 | $1.020\times10^{-6}$ | $2.248\times10^{-5}$ |
| | 9.807 | $9.807\times10^5$ | 1 | 2.204 |
| | 4.448 | $4.448\times10^5$ | $4.536\times10^{-1}$ | 1 |

注　1 N ＝$1.0197162\times10^{-1}$kgf
　　＝$2.2480891\times10^{-1}$lbf

### 圧力

| | Pa | bar | kgf/cm² | atm | mmH₂O | mmHg または Torr |
|---|---|---|---|---|---|---|
| | 1 | $1\times10^{-5}$ | $1.020\times10^{-5}$ | $9.869\times10^{-6}$ | $1.020\times10^{-1}$ | $7.501\times10^{-3}$ |
| | $1\times10^5$ | 1 | 1.020 | $9.869\times10^{-1}$ | $1.020\times10^4$ | $7.501\times10^2$ |
| | $9.807\times10^4$ | $9.807\times10^{-1}$ | 1 | $9.678\times10^{-1}$ | $1\times10^4$ | $7.356\times10^2$ |
| | $1.013\times10^5$ | 1.013 | 1.033 | 1 | $1.033\times10^4$ | $7.600\times10^2$ |
| | 9.807 | $9.807\times10^{-5}$ | $1\times10^{-4}$ | $9.678\times10^{-5}$ | 1 | $7.356\times10^{-2}$ |
| | $1.333\times10^2$ | $1.333\times10^{-3}$ | $1.360\times10^{-3}$ | $1.316\times10^{-3}$ | $1.360\times10$ | 1 |

注　1 Pa ＝1 N/m²
　　＝$1.0197162\times10^{-5}$kgf/cm²
　　＝$9.8692313\times10^{-6}$atm
　　＝$1.0197448\times10^{-1}$mmH₂O
　　＝$7.5006158\times10^{-3}$mmHg

### 応力

| | Pa | MPa または N/mm² | kgf/mm² | kgf/cm² | lbf/in² |
|---|---|---|---|---|---|
| | 1 | $1\times10^{-6}$ | $1.020\times10^{-7}$ | $1.020\times10^{-5}$ | $1.450\times10^{-4}$ |
| | $1\times10^6$ | 1 | $1.020\times10^{-1}$ | $1.020\times10$ | $1.450\times10^2$ |
| | $9.807\times10^6$ | 9.807 | 1 | $1\times10^2$ | $1.422\times10^3$ |
| | $9.807\times10^4$ | $9.807\times10^{-2}$ | $1\times10^{-2}$ | 1 | $1.422\times10$ |
| | $6.895\times10^3$ | $6.895\times10^{-3}$ | $7.031\times10^{-4}$ | $7.031\times10^{-2}$ | 1 |

注　1 Pa ＝$1.0197162\times10^{-7}$kgf/mm²
　　＝$1.45037\times10^{-4}$lbf/in²

| 仕事・エネルギー・熱量 | J | kW·h | kgf·m | kcal | ft·lb |
|---|---|---|---|---|---|
| | 1 | $2.778 \times 10^{-7}$ | $1.020 \times 10^{-1}$ | $2.389 \times 10^{-4}$ | $7.376 \times 10^{-1}$ |
| | $3.600 \times 10^{6}$ | 1 | $3.671 \times 10^{5}$ | $8.600 \times 10^{2}$ | $2.655 \times 10^{6}$ |
| | 9.807 | $2.724 \times 10^{-6}$ | 1 | $2.343 \times 10^{-3}$ | 7.233 |
| | $4.186 \times 10^{3}$ | $1.163 \times 10^{-3}$ | $4.269 \times 10^{2}$ | 1 | $3.087 \times 10^{3}$ |
| | 1.356 | $3.776 \times 10^{-7}$ | $1.383 \times 10^{-1}$ | $3.239 \times 10^{-4}$ | 1 |

注　1 J＝1 W·s, 1 W·h＝3600 W·s
　　1 cal＝4.1860500 J

| 仕事率（工事・動力）熱流 | kW | kgf·m/s | PS（仏馬力） | kcal/h |
|---|---|---|---|---|
| | 1 | $1.020 \times 12^{2}$ | 1.360 | $8.600 \times 10^{2}$ |
| | $9.806 \times 10^{-3}$ | 1 | $1.333 \times 10^{-2}$ | 8.434 |
| | $7.355 \times 10^{-1}$ | $7.5 \times 10$ | 1 | $6.325 \times 10^{2}$ |
| | $1.163 \times 10^{-3}$ | $1.186 \times 10^{-1}$ | $1.581 \times 10^{-3}$ | 1 |

注　1 W＝1 J/s
　　1 PS＝0.7355 kW
　　1 cal＝4.1860500 J

| 粘度 | Pa·s | cP | P |
|---|---|---|---|
| | 1 | $1 \times 10^{3}$ | $1 \times 10$ |
| | $1 \times 10^{-3}$ | 1 | $1 \times 10^{-2}$ |
| | $1 \times 10^{-1}$ | $1 \times 10^{2}$ | 1 |

注　1 P＝1 dyn·s/cm²＝1 g/cm·s
　　1 Pa·s＝1 N·s/m², 1 cP＝1 mPa·s

| 動粘度 | m²/s | cSt | St |
|---|---|---|---|
| | 1 | $1 \times 10^{6}$ | $1 \times 10^{4}$ |
| | $1 \times 10^{-6}$ | 1 | $1 \times 10^{-2}$ |
| | $1 \times 10^{-4}$ | $1 \times 10^{2}$ | 1 |

注　1 St＝1 cm²/s

| 熱伝導率 | W/(m·K) | kcal/(h·m·°C) |
|---|---|---|
| | 1 | $8.600 \times 10^{-1}$ |
| | 1.163 | 1 |

注　1 cal＝4.1860500 J

| 熱伝達係数 | W/(m²·K) | kcal/(h·m²·°C) |
|---|---|---|
| | 1 | $8.600 \times 10^{-1}$ |
| | 1.163 | 1 |

注　1 cal＝4.1860500 J

| 比熱 | J/(kg·K) | kcal/(kg·°C)<br>cal/(g·°C) |
|---|---|---|
| | 1 | $2.389 \times 10^{4}$ |
| | $4.186 \times 10^{3}$ | 1 |

注　1 cal＝4.1860500 J

# 付3. 建築材料用ビデオ教材

第 1 巻　ガラス編
第 2 巻　防水材料編
第 3 巻　石材（加工と施工）編
第 4 巻　鉄鋼のできるまで編
第 5 巻　ALC 現代建築と ALC 編
第 6 巻　木材・木質材料編
第 7 巻　建築用接着剤編
第 8 巻　高分子材料（応用編）
第 9 巻　左官材料と施工編
第10巻　耐火・防火材料と耐火被覆編
第11巻　建築用シーリング剤編
第12巻　せっこうボード・使い方編
第13巻　床材料編
第14巻　タイル編
第15巻　アーク溶接編
第16巻　粘土瓦編
第17巻　組積材料編
第18巻　アルミニウム合金編
第19巻　PC 工業化工法編
第20巻　セメント・コンクリート　第1編
第21巻　セメント・コンクリート　第2編

# 索　引

## あ

ISO 834 曲線　162, 163
I 形鋼　95
圧縮試験　9, 11, 51, 52, 55, 66, 67, 75〜77, 80, 88, 97, 99, 100, 116, 117, 129, 130
圧縮硬さ試験　99, 104
圧力箱方式による水密性試験　145
あばら筋　71
網ふるい　8, 9, 12〜14, 16, 20, 25, 26
洗い分析試験　65
アルコール比重計法　64
アンダーグラス暴露試験　167
安定性試験　8, 9, 28

## い

閾（いき）値　155
一面凍結持続試験　165
色の安定性　125

## う

ウエットフィルム膜厚計　122
ウエバーの法則　156

## え

AE 法　69
X カットテープ法　124
H 形鋼　70, 94, 95
N 型シュミットハンマー　67, 68
エネルギー解放率　131
塩化物イオン浸透深さ　102, 109
塩酸溶解熱法　65
塩水噴霧試験　165, 166
円筒法　148, 149
鉛筆ひっかき試験機　124
鉛筆ひっかき値　123
塩分濃度差法　64
塩分量の試験　65, 70

## お

応力拡大係数　131, 132
応力緩和　139
応力ひび割れ　165, 166
応力腐食　165
オートクレーブ法　62
屋外暴露試験　62, 118, 167
汚染性試験　169
汚染度の評価　170
汚染物質懸濁水流下法　169
汚染物質吹付法　169, 170
乙種防火戸　162
温水法　67
音速法　67, 69
温度依存性試験　118
音波法　69

## か

カーテンウォール　145
外観検査　100
開口部　144, 150, 160〜162
外壁　1, 106, 108, 110, 144, 145, 159, 164
界面張力　141, 142
界面破壊　126
較正熱箱法　149, 150
火災安全性　159, 161
火災フェーズ　159
ガス腐食試験　166
硬さ試験　90, 91, 115, 116, 119, 134, 135
加熱乾燥法　64
加熱伸縮性試験　118
加熱破砕法　64
加熱炉　162
過流式膜厚計　123
感覚尺度　155
間隔尺度　155
乾湿繰返し法　62
含水率　16〜18, 29, 43, 73〜75, 78〜81, 83, 111, 164, 166
間接測定の精度　3
乾燥時間　123
乾燥収縮　8, 36, 56〜58
官能検査　153〜156
含有不純物試験　24

## き

機械的性質　73〜75, 86, 90, 111, 118, 120, 129, 135, 137
気乾状態　16〜18, 21, 23, 26, 43, 73, 75, 111, 141
気乾状態の試験　73
機器分析　129, 173
気硬性　102
キセノンアークランプ　168
気中凍結水中融解法　60, 164
揮発分　102
逆滴定法　64
キャス試験　166
吸光光度法　65
吸水試験　100, 141, 143, 144, 164
吸水速度　141, 144
吸水率　16〜24, 27, 40, 41, 43, 64, 98〜102, 111, 141
吸水率試験　17, 19〜24, 99
急速硬化法　66
吸放湿性　147
凝結試験　8, 9, 48
凝結の始発　9
凝結の終結　9
供試体寸法　52, 57
凝集破壊　126
共振法　68, 69, 82, 92
強制伸縮振動　140
強度試験機　99, 134, 137
強度試験　129
強熱残分　102
鏡面光沢度　158, 170
鏡面光沢度測定装置　158
近似値の計算法　4

## く

空気量　30〜32, 36, 39, 40, 42, 44〜48, 102
クリープ　57, 58, 129, 134, 135, 139

クリープ曲線式　58
クリープ試験　57, 129, 134, 139
繰返し試験　129, 134

## け

計画調合　36, 43, 66
蛍光 X 線分析法　173
軽量細骨材の密度測定用ピクノメータ　21
結合力モデル　132
欠点　62, 73, 89, 99, 100
限界飽水度法　164
建築用セメント防水剤の試験　102, 143
建築用ボード類　83, 110, 111
研摩紙法　172

## こ

小孔法　70
降雨強度　144
降雨時風速　145
高温遮煙性能試験　162
硬化乾燥　123
硬化時間　102
甲種防火戸　162
合成高分子混和剤　102
構造用軽量細骨材の密度および吸水率試験方法　20, 21
構造用軽量粗骨材の密度および吸水率試験方法　23
構造用パネルのはくり試験　85
構造用木質材料の試験　83
光沢度の測定　157, 158
光弾性ひずみ計　137
合板　71, 83〜85, 110, 112, 122, 128, 172
合板の接着力試験　84
降伏点　86, 87, 95, 129, 130, 134
高力ボルト　93
高炉セメント　8
コーンカロリー試験　160
骨材　9, 12〜30, 33, 34, 36, 39〜49, 51, 52, 55〜61, 64〜66, 102, 106, 107, 170, 176
骨材中に含まれる粘土塊量の試験方法　26
骨材のアルカリシリカ反応性試験（化学法）　28
骨材のアルカリシリカ反応性試験（モルタルバー法）　28
骨材の含水状態　18, 43
骨材の耐久性および強度に関する試験　28
骨材の微粒分量試験方法　20, 24
骨材粒の圧縮強度試験方法　28
こて塗り　102, 106
碁盤目テープ法　124
碁盤目法　124
ゴム・プラスチックの試験　115
ゴム・プラスチックの強さ試験　116
コンクリートの凝結時間試験方法　31, 48
コンクリートのブリーディング試験方法　48
コンタクトゲージ　56, 70, 72, 136
コンディショニング　115
コンパレーター　136, 137

## さ

サーモグラフィー法　69

索　引

載荷荷重　51, 57, 163
載荷装置　61, 70, 72, 94, 96
細骨材の塩化物定量分析方法　26
細骨材の表面水率試験方法　23, 24
細骨材の密度および吸水率の試験方法　18
細骨材の有機不純物試験方法　24, 25
細骨材率　40, 43, 44
左官材料の作業性能および硬化後の性能にかかわる実験　103
左官用消石灰　102, 103
左官用セメントモルタル　102
酢酸酸性の塩化ナトリウム溶液を噴霧する試験法　166
サッシ　145
サンシャインカーボンアークランプ　168
散水に対する浸透性の試験　143
酸素消費法　160
3点曲げ試験　94

## し

仕上塗材・吹付材の試験　106
仕上塗材用下地調整塗材　102
紫外線カーボンアークランプ　168
紫外線蛍光ランプ　168
色差　64, 157, 158, 170
色彩　73, 100, 157, 158
色彩計　157, 158
色差計法　64
刺激閾　156
刺激頂　156
刺激量　155
試験片　86～92, 95, 96, 115～118, 120, 122～128, 131, 133, 138～140, 158, 165～169, 171, 176
自己収縮　56, 57
自己水和熱法　67
示差曲線　175
示差熱分析（DTA）法　174
指触乾燥　123
下地調整用　102
ジッキング試験　16, 17
湿気容量　147
実験計画　5, 70, 71
実験室内における安全　2
実験データのまとめ方　2
湿潤状態　24, 43, 50, 144
実積率　16～18, 39～41
実大材の縦振動　82
実大ばりの試験　81
磁粉探傷試験　91, 93
4分法　14, 16～18, 20, 21, 25
絞り　88
遮煙性能　162
遮へい暴露試験　167
集成材　83, 84
集成材のブロックせん断試験　84
住宅防火戸　162
シュミットハンマー　67～69
順序尺度　155
準耐火構造　162, 163
準耐火構造試験　162, 163
準不燃材料　161
準防火構造　162
ショア硬さ　90, 91, 135
使用箇所に応ずる粗骨材の最大寸法　15
衝撃試験　89～91, 111～114, 129, 133
硝酸銀滴定法　65
所要空気量　37, 40
所要スランプ　36, 37, 39, 40, 44
シリカセメント　8

試料分取器による法　13
人工促進暴露試験　168
浸せき試験　33, 34, 119, 165
浸透探傷試験　91, 93
心理量　155

## す

水硬性　102
水中凍結融解法　60
水頭圧　143
水密圧力差　144, 145
水量の試験　64
水和熱　8, 66, 67
数値の丸め方　4, 14, 17, 19, 21, 22
ストーマー粘度計　102
スランプ　18, 21, 31, 32, 36, 39～42, 44～47, 61, 62, 102
スランプ試験　45～47

## せ

静弾性係数　55, 99
静的粘弾性試験　139
赤外線分析法　175
石材　98, 99, 141
設計基準強度　37, 38, 40, 41, 53
せっこうプラスター　102, 103
絶対乾燥状態（絶乾状態）　16～21, 23, 40, 43, 141
絶対誤差（誤差）　3, 4, 7
接着剤のせん断試験　127
接着剤の引張試験　127
接着性試験　101
接着耐久性　102
接着強さ　102, 126～128
セメント混和用ポリマーディスパージョン及び再乳化形粉末樹脂　102, 104
セメント量の試験　64
繊維製品の防水性試験　143
せん断試験　80, 83, 84, 126, 127, 131
せん断弾性係数　31, 55, 68

## そ

早期強度試験　66
早期迅速試験　63, 64
早強ポルトランドセメント　8, 50, 59
走査電子顕微鏡（SEM）観察　175
促進耐候性　125
測定値とその精度　2
粗骨材の最大寸法　13, 15, 16, 20, 25, 46, 49, 55～58
粗骨材の表面水率試験方法　24
粗骨材の密度および吸水率試験方法　20
外断熱外装構造　161
反り　9, 100, 111
粗粒率　13～16, 39, 41, 42

## た

耐火構造試験　162, 163
耐貫入性試験　101
耐朽性　165, 166
耐朽性試験　166
耐久性試験　60
耐久設計基準強度　37, 38, 41
耐光性　125, 167
耐候性　2, 119, 125, 166～168
耐候性試験　119, 125, 166～168
耐湿性　165

耐食性　165～167
耐食性試験　165, 166
耐震保有性能評価試験　94
耐水性　165
耐凍害性試験　99, 101, 164
耐摩耗性試験　170, 172
耐薬品性　101, 125, 165
耐薬品性試験　101, 125, 165
ダイヤルゲージ　56, 57, 61, 70～72, 77, 79, 81, 94, 96, 111, 131, 135, 136
耐油性　165
耐溶剤性　165
太陽集光促進屋外暴露試験　167
耐硫酸塩ポルトランドセメント　8
耐力　1, 11, 70, 78, 83, 86～88, 94, 116, 133
縦圧縮試験方法　75
縦引張試験　78, 79
試し練り　39, 43, 44
たわみ測定器　70, 94, 184
単位細骨材量　33, 37, 40, 42, 44
単位水量　24, 25, 32, 33, 36, 37, 39～41, 43, 44, 56, 66
単位セメント量　37, 40, 41, 56, 57, 62
単位粗骨材かさ容積　16, 40, 42
単位粗骨材量　36, 37, 40, 42, 44
単位容積質量　16～18, 31, 32, 40, 41, 102
単位容積質量および実積率試験　16
断湿性　146
断熱　65, 67, 106, 111, 121, 148, 149, 151, 160, 161
単板積層材　83, 84
単板積層材の水平せん断試験　84
ダンベル状試験片　116

## ち

注意事項　2, 46, 74, 88, 97, 130
中央たわみ　71, 72, 96
中性化　36, 59, 69, 70, 98, 104, 105
中性化試験　59, 104
中性化深さ　59, 69, 70, 102, 105
中性子測定法　65
中庸熱ポルトランドセメント　8
超音波探傷試験　91, 92
調合強度　36～39, 41, 52, 53
調合設計　8, 9, 13, 18, 23, 36, 39, 40, 43
調湿性　147
超早強ポルトランドセメント　8, 50
直接測定の精度　3
直接暴露試験　167

## つ

通過率　14, 16
突き棒　11, 16, 18, 21, 45～51
土の透水試験　142
強さ試験　8, 9, 99, 104, 107, 116, 117, 126, 127

## て

低熱セメント　8
鉄骨ばりの曲げ試験　94
電位差滴定法　32, 33, 65
電磁式膜厚計　122
電子線マイクロアナライザー（EPMA）による分析　176
電食　166

184 索　引

## と

凍害　36, 59, 98, 99, 101, 141, 164, 172
等級　81～83, 92, 99
統計量の表し方　5
凍結融解　28, 31, 32, 59, 60, 98, 99, 101, 102, 141, 164, 165
凍結融解試験　31, 32, 59, 60, 99, 101, 164
凍結融解試験機　60
陶磁器質タイル　98～100, 170, 172
透湿カップ法　146
透湿性　146
透湿抵抗　146, 151
透湿度　102
透湿箱法　146, 147
透湿率　146, 147
透水係数　142, 143
透水試験　108, 142, 143
透水量　102, 108, 142, 143
動弾性係数　31, 32, 55, 60, 68, 69
動的試験法　139
動的熱特性試験　151
特性試験　1, 129, 151
塗装作業性　123
塗装作業のための試験　123
塗装前の試験　122, 123
塗膜の厚さ測定　122
塗膜の外観　123
塗膜の試験　123
塗料　86, 104, 109, 122～124, 158, 167, 168
塗料層の厚さ測定　122
塗料の試験　122
塗料の塗装前の試験　123
塗料の塗膜の試験　123
トルク係数試験　93
ドロマイトプラスター　102, 103

## な

長さ変化率　32, 56, 57, 102

## に

二酸化炭素環境　104

## ね

ねじり自由減衰振動　140
熱拡散率　148, 151
熱拡散率の測定　151
熱重量（TGA）法　174
熱的性質　118, 120
熱的性質に関する試験　118
熱電対　148, 151
熱伝導性試験　148
熱伝導率　2, 148～151
熱天びん　174
熱板法による細骨材の表面水率試験方法　24
熱分析　174
熱変形試験　118
粘性係数　143
粘度　102, 103, 123
粘度計　102
粘度係数　103
粘度試験　102
年輪幅　73～75, 78, 79

## は

配向性ボードOSB　85
破壊エネルギー　132
破壊進行領域　132
破壊靭性　131, 132
破壊靭性試験　131, 132
破壊力学　131, 132
はく離試験　101, 126, 128
破断伸び　87, 88, 116
ばち　100
はっ水性　144
発熱性試験　160, 161
発熱速度　160, 161
パネル　83, 85, 120, 153, 154, 161, 163
半乾燥状態　123

## ひ

被験者　154
比重計法　64, 65
ひずみおよび応力の測定　135
ひずみ測定器　55, 70
被着材破壊　126
ビッカース硬さ　90
引張試験　61, 78, 79, 83, 86～88, 91, 93, 95, 97, 108, 109, 116, 117, 119, 126, 127, 130, 138
引張強さ　86, 87, 95, 98, 116, 169
引張鉄筋　72
比熱　2, 148, 151, 152
非破壊試験　67, 69, 91
ひび割れ　9, 56, 57, 60～62, 70, 72, 96, 103, 107, 108, 112, 118, 131, 132, 142, 165, 166
ひび割れ先端開口変位　131
ひび割れ幅測定器　70
評価尺度　155
表乾状態　18, 20, 40, 43, 48
表乾密度　17, 19～22, 24, 40, 41, 43
標準色液　25
標準偏差　3, 5, 38, 41, 52, 53, 73, 116
表面乾燥飽水状態（表乾状態）　17～22, 40, 43, 48, 49
表面水率　17, 23, 24, 29, 44
比例尺度　155
疲労試験　91, 129, 134
品質基準強度　37, 38, 41

## ふ

風圧力　142, 145
フェノールフタレイン　59, 64, 69, 70, 105
フェヒナーの法則　156
不揮発分　102
複合サイクル試験　166
複合法　67, 69
部材・部位の防水性の試験　144
腐食　33～35, 59, 62, 69, 165, 166, 172
付着試験　61, 62, 124, 132
付着性　61, 62, 107, 124
付着力　48, 60, 61, 132, 133
普通ポルトランドセメント　8, 30, 38, 41, 59, 62
不燃材料　160, 161
不燃性試験　159
部分圧縮試験　77
フライアッシュセメント　8
プラスチックの簡易鑑別法　118
プラスチックの摩耗試験　171
フラッシュオーバー　160, 161
ブリネル硬さ　90, 135
ふるい分け試験　13, 16
ブレーン　9
フレッシュコンクリートの空気量の圧力による試験方法－空気室圧量方法　47
フロー　8, 11, 18, 21, 28, 102, 104
フローコーン　11, 18, 21
フロー試験　8, 11, 104
粉末X線回析法　173
粉末度試験　8

## へ

平均年輪幅　74, 78
平衡含湿率　147
平板直接法　149, 150
平板比較法　148
壁面雨量　145
偏光顕微鏡観察　176
弁別閾　156

## ほ

ポアソン比　31, 55, 68
防火区画貫通部　163
防火構造　162, 163
防火構造・準防火構造試験　162
防火構造・防火戸試験　162
防火材料　159
防火戸試験　162
防湿性の試験　145
放射線透過試験　91
防水材料　144
棒つき試験　16, 17
飽和度　141
保温性　148
保水性　103, 107
保水率試験　103
ポリマーセメントモルタル　102, 104, 109
ポリマーセメントモルタルの試験方法　104

## ま

曲げ及び圧縮強さ　102
曲げおよび圧縮強さ試験　104
曲げ試験　9, 11, 70, 71, 79, 81～84, 88, 89, 91, 94, 97, 101, 111, 112, 117, 130, 132, 137, 138
まだ固まらないコンクリートの単位容積重量試験方法および空気の重量による試験方法（重量方法）　48

## み

見掛比重試験　99
水セメント比　9, 36～42, 44～46, 50, 51, 59, 62, 63, 65, 66
水セメント比の試験　65
水の浸透性・防水性の試験　141
水柱　47, 143
密度試験　8, 19, 21～23
脈動圧　145

## め

名義尺度　155
免震積層ゴム　121
メンブレン防水　145
面分析　176

## も

モールドゲージ　136
木材の摩耗試験　170
木材密度測定方法　75
模型箱試験　160, 161
モックアップ　145
モルタル　8, 9, 11, 24, 28, 29, 44, 49, 51, 56, 57, 64〜66, 70, 99, 102, 104, 107〜109, 122, 132, 136, 143, 153, 162, 176
モルタル及びコンクリートの長さ変化試験方法　56, 136

## や

屋根　1, 110, 121, 142, 144, 145, 159, 161〜163
屋根葺き材の防火試験　161

## ゆ

有害鉱物　27
有害な骨材　24
有効吸水率　18, 43
有効吸水量　18, 44
床仕上材料の摩耗試験　171

## よ

横圧縮試験　76, 77
横座屈　82, 94〜97
横引張試験　78
呼び強度　37, 52, 53
4点曲げ試験　94

## ら

落砂法　172

## り

粒形判定実積率　17
硫酸ナトリウムによる骨材の安定性試験方法　28
リューダースライン　96

## る

ルーム・コーナー試験　161

## れ

レーダ法　69
れんが　98〜100

## ろ

老化・劣化試験　118
ロードセル　70, 71, 94, 96, 137〜140
ロサンゼルス試験機による骨材のすりへり試験方法　28
ロックウェル硬さ　90, 115, 116, 135

## わ

ワーカビリティー　13, 23, 25, 36, 40, 45, 46, 51, 103
ワイヤストレインゲージ　78, 96, 136

建 築 材 料 実 験 用 教 材

| | | | |
|---|---|---|---|
| 1968年 4月29日 | 第1版第1刷 | | |
| 1981年12月20日 | 第2版第1刷 | 編集著作人 | 一般社団法人 日本建築学会 |
| 1989年 4月 1日 | 第3版第1刷 | 印 刷 所 | 三美印刷 株式会社 |
| 2000年 3月 1日 | 第4版第1刷 | 発 行 所 | 一般社団法人 日本建築学会 |
| 2022年 9月15日 | 第17刷 | | 108-8414 東京都港区芝5-26-20 |
| | | | 電 話・(03) 3456-2051 |
| | | | FAX・(03) 3456-2058 |
| | | | http://www.aij.or.jp/ |
| | | 発 売 所 | 丸善出版株式会社 |
| | | | 101-0051 東京都千代田区神田神保町2-17 |
| | | | 神田神保町ビル |
| ⓒ 日本建築学会 2000 | | | 電 話・(03) 3512-3256 |

ISBN 978-4-8189-2206-8 C 3052